中国社会科学院老年学者文库

中国社会科学院**老年学者文库**

拉美和加勒比国家象征标志手册

Handbook of Latin American and Caribbean Countries' Symbol Mark

焦震衡　著

社会科学文献出版社

SOCIAL SCIENCES ACADEMIC PRESS (CHINA)

前　　言

　　一个国家的象征标志，蕴含着历史的传承和传统文化的精髓，同它的历史、文化、经济的发展紧密联系在一起。世界各国毫无二致，都把象征标志作为历史载体，传播其思想与文化，让世人认识它，记住它，感受到它的魅力。象征标志既是一个国家的象征，体现了国家的政治特色和历史文化传统，也是国家发展、社会进步的缩影；了解了一个国家的诸多象征标志，也就能掌握这个国家的基本轮廓和发展脉络，领略其独具特色的风采，进而认识它的发展内涵。

　　拉丁美洲幅员辽阔，物产丰富，是世界重要组成部分，也是近年来世界经济发展的热点之一。改革开放以来，我国同拉丁美洲的官方及民间往来日益频繁。在双方政治、经济、文化等关系越来越密切的今天，向世人展现这块物产丰盈、人杰地灵的大陆，已是发展同拉丁美洲关系的迫切需要。介绍拉美国家的各种象征标志，能够加深人们对拉美国家的认识，为读者提供丰富的拉美历史、地理、文化、语言、体育、饮食、宗教、金融等方面的知识，成为读者了解拉美国家国情的一个窗口，并可作为研究拉美的参考。

　　20世纪80年代，承蒙新华出版社的大力支持，本人撰写的《外国象征标志手册》得以出版，为世人了解世界和普及国际知识尽了一点绵薄之力。然而，书中虽有一些拉美国家的内容，但受当时材料的限制，内容较为简单，而且也不全面。从国内情况来看，截至目前，虽出版过介绍国旗、国徽、国花、国鸟的著作，但还未有一部全面、系统的有关拉美和加勒比国家象征标志的书籍问世。国外情况大体同国内相同，对象征标志的研究也是分散的、孤立的、零星的，至今未发现有关拉美和加勒比国家象征标志的专著。

　　多年来，我一直从事拉美历史和国际问题的研究，撰写一本专门介绍拉美和加勒比国家象征标志的专著是自己的夙愿。近年来我国同拉美国家关系的飞速发展，双方贸易和投资的激增，国人对拉美地区兴趣的高涨，更激发了我写这部书的决心。由于工作的关系，我先后到过委内瑞拉、智利、厄瓜多尔等拉美国家，2004~2008年我又在墨西哥一所大学执教四年，有机会接触、搜集和整理大量最新资料，这增添了我撰写这部著作的信心。从墨西哥回国后，我把主要精力投入梳理、分析浩繁的资料之中，研究拉美和加勒比国家象征标志的起源、发展、现状，以及对国家历史、文化、经济、社会发展的影响和作用，并开始抓紧时间动笔撰写《拉美和加勒比国家象征标志手册》。令人高兴的是，经过5年多的努力，这本书终于脱稿并付梓，我的愿望也终于实现。

本书是一本介绍拉美和加勒比国家基本知识的普及读物，按照汉语拼音的顺序，介绍已同我国建立外交关系的21个拉美和加勒比国家的国名、国都、国庆、国父、国旗、国徽、国歌、国佩、总统绶带、总统玺、总统权杖、国家格言、国家英雄、国语、国教、国家保护神、国币、国球、国家运动、国花、国树、国鸟、国兽、国食、国饮、国酒、国舞、国家乐器、国服、国石等象征标志。既包括有关拉丁美洲的历史、地理、金融、文化、宗教、语言、民俗等知识，又向读者展现上述领域的最新研究成果。

需要提出的是，本书在撰写、出版过程中得到中国社会科学院拉丁美洲研究所所长郑秉文研究员（现为中国社会科学院美国研究所所长）的鼎力支持，曾昭耀和吴德明研究员提出了宝贵的意见，徐京丽为本书立项和成书付出过大量心血，焦灏和焦润为本书提供并翻译了大量资料，社会科学文献出版社编辑张金勇对本书进行了精心、细致的审阅和编辑，在此本人对他们的无私帮助表示衷心感谢。在把这本书奉献给广大读者的时候，我真心希望能对读者有所帮助，能够提供一些有益的精神食粮。然而，由于篇幅和时间所限，对一些未建交国本书还未能提及，有待以后予以补充。另外，尽管本人力求材料翔实，但难免有错漏之处，望读者予以指正。

焦震衡

2014年9月

目　　录

阿根廷 ……………… 1

国　名 ……………… 1

国　都 ……………… 2

国　庆 ……………… 4

国　父 ……………… 5

国　旗 ……………… 6

国　徽 ……………… 8

总统绶带 ……………… 8

总统权杖 ……………… 9

总统旗 ……………… 10

总统府 ……………… 10

总统官邸 ……………… 12

国　佩 ……………… 13

国　歌 ……………… 13

国家格言 ……………… 16

国　语 ……………… 16

国家勋章 ……………… 17

国　花 ……………… 18

国　树 ……………… 19

国　鸟 ……………… 20

国　石 ……………… 20

国家运动 ……………… 20

国　球 ……………… 21

国　舞 ……………… 22

国　食 ……………… 23

国　饮 ……………… 23

宗　教 ……………… 24

国家保护神 ……………… 25

国　币 ……………… 26

安提瓜和巴布达 ……………… 29

国　名 ……………… 29

国　都 ……………… 29

国　庆 ……………… 30

国　旗 ……………… 30

国　徽 ……………… 30

总督旗 ……………… 31

总督府 ……………… 31

国　歌 ……………… 32

国家格言 ……………… 33

国　语 ……………… 33

国家奖章 ……………… 34

国家动物 ……………… 35

国家水果 …………………… 36
国　花 …………………… 36
国　树 …………………… 36
国　鸟 …………………… 36
国家海洋动物 …………… 37
国　石 …………………… 37
国家历史象征 …………… 37
国菜和国食 ……………… 37
国　服 …………………… 38
宗　教 …………………… 38
国　币 …………………… 39

巴巴多斯 ………………… 41

国　名 …………………… 41
国　都 …………………… 41
国　庆 …………………… 42
国　旗 …………………… 42
国　徽 …………………… 43
总督旗 …………………… 43
总理旗 …………………… 44
总理府 …………………… 44
国　歌 …………………… 44
国家格言 ………………… 46
国家誓言 ………………… 46
国　语 …………………… 47
国家勋章 ………………… 48
民族英雄 ………………… 48
国　花 …………………… 49
国　树 …………………… 49
国家运动 ………………… 50
国　食 …………………… 50

国　酒 …………………… 51
宗　教 …………………… 51
国　币 …………………… 52

巴哈马 …………………… 54

国　名 …………………… 54
国　都 …………………… 54
国　庆 …………………… 55
国　父 …………………… 55
国　旗 …………………… 56
国　徽 …………………… 56
总督旗 …………………… 57
总理旗 …………………… 57
总督府 …………………… 57
国　歌 …………………… 58
国家格言 ………………… 59
国　语 …………………… 59
国家勋章 ………………… 60
国　花 …………………… 60
国　树 …………………… 60
国　鸟 …………………… 61
国　鱼 …………………… 61
国　食 …………………… 61
琼卡努 …………………… 62
宗　教 …………………… 63
国　币 …………………… 63

巴　西 …………………… 67

国　名 …………………… 67
国　都 …………………… 68
国　庆 …………………… 69

国　旗 …………………… 69
国　徽 …………………… 71
总统绶带 ………………… 72
总统和副总统旗 ………… 72
总统府 …………………… 72
总统官邸 ………………… 73
国　歌 …………………… 73
国家格言 ………………… 76
国　语 …………………… 76
国家勋章 ………………… 78
国　花 …………………… 79
国　树 …………………… 79
国　鸟 …………………… 79
狂欢节 …………………… 79
桑巴舞 …………………… 80
国　球 …………………… 82
国家运动 ………………… 83
国　饮 …………………… 84
国　菜 …………………… 87
宗　教 …………………… 87
国　币 …………………… 91

秘　鲁 …………………… 95

国　名 …………………… 95
国　都 …………………… 96
国　庆 …………………… 97
国　父 …………………… 98
国　旗 …………………… 99
国　徽 ………………… 100
总统绶带 ……………… 101
总统权杖 ……………… 101

总统旗 ………………… 101
总统府 ………………… 102
国　玺 ………………… 104
国　佩 ………………… 105
国　歌 ………………… 105
国家格言 ……………… 108
国　语 ………………… 109
国家勋章 ……………… 110
国　花 ………………… 111
国　树 ………………… 111
国　鸟 ………………… 112
国　兽 ………………… 112
国　石 ………………… 113
国　舞 ………………… 113
国　菜 ………………… 114
国　酒 ………………… 114
宗　教 ………………… 115
国家保护神 …………… 116
国　币 ………………… 117

玻利维亚 ……………… 120

国　名 ………………… 120
国　都 ………………… 120
苏克雷 ………………… 121
国　庆 ………………… 121
国　旗 ………………… 122
维帕拉旗 ……………… 122
国　徽 ………………… 123
总统绶带 ……………… 124
总统权杖 ……………… 124
总统府 ………………… 124

总统座椅 …………………… 126

国　玺 ……………………… 126

国　佩 ……………………… 126

国　歌 ……………………… 126

国家格言 …………………… 128

国　语 ……………………… 128

国家勋章 …………………… 130

国　花 ……………………… 131

国　树 ……………………… 132

国　鸟 ……………………… 132

国　兽 ……………………… 132

国　舞 ……………………… 133

国　食 ……………………… 133

国　酒 ……………………… 133

宗　教 ……………………… 134

国家保护神 ………………… 135

国　币 ……………………… 135

多米尼克 ………………… 138

国　名 ……………………… 138

国　都 ……………………… 138

国　庆 ……………………… 139

国　旗 ……………………… 139

国　徽 ……………………… 140

总统旗 ……………………… 141

总统府 ……………………… 141

国　歌 ……………………… 141

国家格言 …………………… 143

国　语 ……………………… 143

国家奖章 …………………… 143

国　花 ……………………… 144

国　鸟 ……………………… 145

国　球 ……………………… 145

国　服 ……………………… 146

国　菜 ……………………… 146

国　酒 ……………………… 146

宗　教 ……………………… 146

国　币 ……………………… 147

厄瓜多尔 ………………… 148

国　名 ……………………… 148

国　都 ……………………… 149

国　庆 ……………………… 149

国　旗 ……………………… 150

国　徽 ……………………… 151

总统绶带 …………………… 153

总统旗 ……………………… 153

总统府 ……………………… 154

国　歌 ……………………… 155

国家格言 …………………… 158

国　语 ……………………… 159

国家勋章 …………………… 159

国　花 ……………………… 160

国　树 ……………………… 160

国　鸟 ……………………… 161

国　球 ……………………… 161

国　舞 ……………………… 162

国　菜 ……………………… 162

宗　教 ……………………… 162

国家保护神 ………………… 163

国　币 ……………………… 164

哥伦比亚 ················ 168

　国　名 ················ 168

　国　都 ················ 170

　国　庆 ················ 171

　国　旗 ················ 171

　国　徽 ················ 172

　总统绶带 ············ 174

　总统旗 ·············· 175

　总统府 ·············· 175

　国　歌 ················ 177

　国家格言 ············ 179

　国　语 ················ 180

　国家勋章 ············ 181

　国家代表人物 ········ 182

　国　花 ················ 182

　国　树 ················ 183

　国　鸟 ················ 184

　国　石 ················ 184

　国　舞 ················ 185

　国　球 ················ 185

　国　食 ················ 186

　国　饮 ················ 186

　宗　教 ················ 186

　国家保护神 ·········· 188

　国　币 ················ 189

哥斯达黎加 ············ 192

　国　名 ················ 192

　国　都 ················ 192

　国　庆 ················ 193

　国　旗 ················ 193

　国　徽 ················ 194

　总统绶带 ············ 195

　总统府 ············· 195

　国　歌 ················ 196

　国家格言 ············ 199

　国　语 ················ 199

　国家纪念章 ·········· 199

　国家劳动象征 ········ 200

　独立火炬 ············ 201

　民族英雄 ············ 201

　国家诗人 ············ 202

　国家纪念碑 ·········· 202

　国　花 ················ 203

　国　树 ················ 203

　国　兽 ················ 204

　国　鸟 ················ 204

　国　球 ················ 205

　国　舞 ················ 205

　国家乐器 ············ 206

　国　食 ················ 206

　国　教 ················ 207

　国家保护神 ·········· 208

　国　币 ················ 209

格林纳达 ·············· 212

　国　名 ················ 212

　国　都 ················ 213

　国　庆 ················ 214

　国　旗 ················ 214

　国　徽 ················ 215

总督旗 …………………… 215
国 歌 …………………… 216
国家格言 …………………… 217
国 语 …………………… 217
国 花 …………………… 217
国 鸟 …………………… 218
国 菜 …………………… 218
狂欢节 …………………… 219
宗 教 …………………… 220
国 币 …………………… 220

古 巴 …………………… 221

国 名 …………………… 221
国 都 …………………… 222
国 庆 …………………… 224
国 父 …………………… 224
国 旗 …………………… 225
国 徽 …………………… 227
革命宫 …………………… 228
国 歌 …………………… 228
国家格言 …………………… 230
国 语 …………………… 230
国家勋章 …………………… 232
民族英雄 …………………… 233
国家诗人 …………………… 234
官 服 …………………… 235
国 花 …………………… 236
国 树 …………………… 237
国 鸟 …………………… 237
国 菜 …………………… 237
国 酒 …………………… 238

国 球 …………………… 238
国 舞 …………………… 239
宗 教 …………………… 240
国 币 …………………… 241

圭亚那 …………………… 243

国 名 …………………… 243
国 都 …………………… 243
国 庆 …………………… 244
国 旗 …………………… 244
国 徽 …………………… 245
总统旗 …………………… 245
总统府 …………………… 246
国 歌 …………………… 246
国家格言 …………………… 247
国 语 …………………… 248
国家勋章 …………………… 248
民族英雄 …………………… 249
国 花 …………………… 249
国 鸟 …………………… 249
国 兽 …………………… 250
国家运动 …………………… 250
国 舞 …………………… 250
国 食 …………………… 251
宗 教 …………………… 251
国 币 …………………… 252

墨西哥 …………………… 254

国 名 …………………… 254
国 都 …………………… 255
国 庆 …………………… 256

国　父 …………………… 256
国　旗 …………………… 257
国　徽 …………………… 259
总统绶带 ………………… 259
总统旗 …………………… 260
总统府 …………………… 261
松林别墅 ………………… 264
国　歌 …………………… 265
国家格言 ………………… 269
国　语 …………………… 269
国家勋章 ………………… 271
国　花 …………………… 272
国　树 …………………… 273
国　鸟 …………………… 274
国　石 …………………… 275
国　舞 …………………… 276
国家运动 ………………… 276
国　食 …………………… 277
国　酒 …………………… 278
宗　教 …………………… 279
国家保护神 ……………… 281
国　币 …………………… 282

苏里南 ………………… 289

国　名 …………………… 289
国　都 …………………… 289
国　庆 …………………… 290
国　旗 …………………… 290
国　徽 …………………… 290
总统府 …………………… 291
国　歌 …………………… 291

国家格言 ………………… 293
国　语 …………………… 293
国家勋章 ………………… 294
国　花 …………………… 295
国　兽 …………………… 295
国　鸟 …………………… 296
国家运动 ………………… 296
国　舞 …………………… 296
国　饮 …………………… 297
宗　教 …………………… 297
国　币 …………………… 297

特立尼达和多巴哥 …… 299

国　名 …………………… 299
国　都 …………………… 300
国　庆 …………………… 300
国　父 …………………… 301
国　旗 …………………… 301
国　徽 …………………… 302
总统徽 …………………… 302
总统旗 …………………… 303
总理旗 …………………… 303
总统府 …………………… 303
国　歌 …………………… 304
国家格言 ………………… 305
国家口号 ………………… 305
国　语 …………………… 305
国家勋章 ………………… 306
国　花 …………………… 307
国　鸟 …………………… 308
国家体育运动 …………… 308

国家音乐 …………………… 309

国家乐器 …………………… 309

国　食 …………………… 310

国　酒 …………………… 311

宗　教 …………………… 311

国　币 …………………… 312

委内瑞拉 …………………… 314

国　名 …………………… 314

国　都 …………………… 315

国　庆 …………………… 316

国　父 …………………… 316

国　旗 …………………… 317

国　徽 …………………… 318

总统绶带 …………………… 319

总统旗 …………………… 319

总统府 …………………… 319

总统官邸 …………………… 320

国　歌 …………………… 322

国家格言 …………………… 324

国　语 …………………… 324

国家勋章 …………………… 325

国　花 …………………… 327

国　树 …………………… 327

国　鸟 …………………… 328

国　舞 …………………… 328

国　食 …………………… 329

宗　教 …………………… 330

委内瑞拉保护神 …………………… 331

国　币 …………………… 332

乌拉圭 …………………… 335

国　名 …………………… 335

国　都 …………………… 336

国　庆 …………………… 337

国　父 …………………… 337

国　旗 …………………… 339

国　徽 …………………… 340

总统绶带 …………………… 340

总统旗 …………………… 341

总统府 …………………… 341

总统官邸 …………………… 341

国　佩 …………………… 342

国　歌 …………………… 342

国家格言 …………………… 344

国　语 …………………… 345

国家勋章 …………………… 345

国　花 …………………… 345

国　树 …………………… 346

国　鸟 …………………… 346

国　舞 …………………… 347

国　石 …………………… 347

国　食 …………………… 348

国　饮 …………………… 348

宗　教 …………………… 349

国家保护神 …………………… 349

国　币 …………………… 350

牙买加 …………………… 352

国　名 …………………… 352

国　都 …………………… 352

国　庆 ·················· 353
国　旗 ·················· 353
国　徽 ·················· 353
总督旗 ·················· 354
总督府 ·················· 354
总理旗 ·················· 355
总理府 ·················· 355
国　歌 ·················· 356
国家格言 ················ 357
国　语 ·················· 358
国家勋章 ················ 359
民族英雄 ················ 360
国　花 ·················· 361
国　树 ·················· 362
国　果 ·················· 362
国　鸟 ·················· 363
国家音乐 ················ 363
国　菜 ·················· 364
国　酒 ·················· 364
宗　教 ·················· 364
国　币 ·················· 365

智　利 ·················· 369

国　名 ·················· 369
国　都 ·················· 370
国　庆 ·················· 371

国　父 ·················· 371
国　旗 ·················· 373
国　徽 ·················· 374
总统绶带 ················ 375
奥希金斯徽章 ············· 376
总统旗 ·················· 376
总统府 ·················· 377
国　佩 ·················· 378
国　歌 ·················· 379
国家格言 ················ 382
国　语 ·················· 383
国家勋章 ················ 384
国　花 ·················· 384
国　树 ·················· 386
国　鸟 ·················· 387
国　兽 ·················· 387
国　石 ·················· 388
国　舞 ·················· 389
国家运动 ················ 389
国　食 ·················· 390
国　酒 ·················· 391
宗　教 ·················· 391
国家保护神 ············· 392
国　币 ·················· 393

参考书目和网站 ·············· 399

阿 根 廷

国 名

阿根廷共和国（República Argentina）。位于南美洲东南部，西邻智利，北接玻利维亚和巴拉圭，东北部与巴西和乌拉圭接壤，东濒大西洋，南同南极洲隔海相望。阿根廷（Argentina）的国名源于拉丁语"argentum"，意为"白银"。阿根廷的国名实际上名不副实，因为它根本不产白银。为什么没有白银，又偏偏以"白银"为名？这说起来还有一段故事。1516 年，西班牙探险家胡安·迪亚斯·索利斯（Juan Díaz de Solis）率领船队沿巴西海岸南下，企图寻找一条通向南海（即太平洋）的航路。船行至拉普拉塔河河口，他们误以为这是个海湾，但尝尝"海水"，却没有咸味，于是便称它为"淡水海"（Mar Dulce）。他们继续驾船前行，在一小岛上登陆，不料遭到印第安人的围攻，索利斯当场被打死，探险队也几乎全军覆没。1527 年，意大利探险家塞瓦斯蒂安·加沃托（Sebastián Gaboto，1484～1557 年）率领一支西班牙船队又来到这里。他们看到当地印第安人身上佩戴着闪光耀眼的银饰物，欣喜若狂，以为这里盛产白银，于是把"淡水海"改作拉普拉塔河（Río de la Plata）。"Río"西班牙语意为"河"，"la Plata"意为"银"，全词意即"银河"。1776 年，该地区被正式称为"拉普拉塔河总督辖区"（Virreinato del Río de la Plata）。实际上，这个地区并没有银矿，当地印第安人佩戴的银饰是从玻利维亚等地输入的。后来，从拉丁文"argentum"（意为"银"）演变而来的阿根廷（Argentina）渐渐代替了拉普拉塔，并变成该地区的名字。"阿根廷"这个词第一次出现于 1536 年出版的一张威尼斯地图上。1602 年，胡安·奥尔蒂斯·德萨拉特（Juan Ortíz de Zárate）探险队成员、西班牙人马丁·德尔巴尔科·森特内拉（Martín del Barco Centenera）在西班牙出版名为《阿根廷》（*La Argentina*）的长诗，讲述了拉普拉塔河、秘鲁、图库曼和巴西的历史，描述了拉普拉塔河地区和布宜诺斯艾利斯的建立，并把拉普拉塔河地区称为"埃尔阿根蒂诺"（El Argentino）。他的诗使阿根廷之名广为流传。1612 年西班牙编年史学家鲁伊·迪亚斯·德古斯曼（Ruy Díaz de Guzmán）出版历史著作《拉普拉塔河发现、居民和征服史》（*Historia del descubrimiento, de la población y de la conquista del Río de la Plata*），书中把索利斯发现的地区命名为"阿根廷地区"（Tierra Argentina），从而使阿根廷的名字更加深入人心。18 世纪末，阿根廷的名字已被广泛用来称呼拉普拉塔河地区。19 世纪末 20 世纪初，诗人曼努埃尔·何塞·德拉瓦尔登（Manuel José de Lavardén）在他的作品中使用了"阿根廷"（Argentina）一词，《商品电报报》（*El Telégrafo Mercantil*）把"阿根廷"（Argentina）引申为国名。

不过，阿根廷独立之初，尚未正式使用阿根廷之名。1811 年第一届洪他政府用"拉普拉塔河省"（Provincias del Río de la Plata）作为国名。1813 年国民大会采用"拉普拉塔河联合省"（Provincias Unidas del Río de la Plata）的名字，1816 年改为"南美洲联合省"（Provincias Unidas en Sud América）。1824 年国民大会命国名为"南美洲拉普拉塔河联合省"（Provincias Unidas del Río de la Plata en Sudamérica）。1826 年 12 月 24 日颁布的宪法批准使用"阿根廷共和国"（República Argentina）之名，但该宪法从未生效。1835～1852 年胡安·曼努埃尔·德罗萨斯（Juan Manuel de Rosas）统治时期，曾使用"阿根廷联盟"（Confederación Argentina）、"阿根廷共和国合众国"（Estados Unidos de la República Argentina）、"阿根廷联盟共和国"（República de la Confederación Argentina）和"阿根廷联邦"（Federación Argentina）等国名。1853 年宪法批准使用"阿根廷联盟"（Confederación Argentina）之名，但 1860 年 10 月 1 日颁布修改后的宪法规定国名为"阿根廷国"（Nación Argentina）。1860 年 10 月 8 日，圣地亚哥·德尔基（Santiago Delqui）总统使用"阿根廷共和国"（República Argentina）的名字，此后，阿根廷共和国便成为该国国名。

国　都

布宜诺斯艾利斯（Buenos Aires）。从字面含义来看，布宜诺斯艾利斯

（Buenos Aires）有"好空气"的意思。这个城市前濒大西洋，后依潘帕斯大草原，虽处阿根廷湿润亚热带的中部，但受海洋气流的调节，气候温和，空气清新，因此"好空气"之称却也名实相符。可是，布宜诺斯艾利斯只是简称，它的全称要长得多，而且布宜诺斯艾利斯在这里也同"好空气"毫不相干。布宜诺斯艾利斯的全称为西乌达德·德拉桑蒂希马·特立尼达德·伊·普埃尔托·德努埃斯特拉·塞尼奥拉·德圣玛丽娅·德洛斯布宜诺斯艾利斯（Ciudad de La Santísima Trinidad y Puerto de Nuestra Señora de Santa María de los Buenos Aires），意思是"至圣三位一体神城兼我主圣玛丽亚的一帆风顺港"。了解这个名字的由来还需要追溯其来龙去脉和一段建城的历史。

传说 14 世纪 20 年代，西班牙阿拉贡王国派军队征伐撒丁岛和意大利南部。他们包围了卡利亚里，修筑房屋，并在小博纳伊雷山上建立"博纳伊雷"教堂。"博纳伊雷"（Bonayre）是中世纪卡塔卢尼亚语，意为"好空气"，以此与坎皮达诺地区的坏空气相对应。1370 年，一场暴风雨过后，渔夫们在通往博纳伊雷山的海岸上发现了一个小盒子，里面装有圣母玛丽亚像，随后圣母玛丽亚像被安置在山上的一座教堂中。在圣母的庇护下，出现许多水手获救的奇迹，圣母被尊为"博纳伊雷圣母"（Virgin of Bonaira），受到西班牙、意大利和地中海国家的崇拜，并成为水手的保护神。很多年过去后，一个名叫莱昂纳多·格列博（Leonardo Griebo）的意大利卡利亚里人在科西嘉海岸航行中其船遇难沉没，格列博幸运地被救上岸，随身携带的圣母玛丽亚像也完好无损。之后，他把自己大难不死归因于圣母玛丽亚·博纳伊雷的保佑，从此更加尊崇圣母玛丽亚·博纳伊雷。

1535 年 8 月 24 日，西班牙冒险家佩德罗·德门多萨 – 卢汉（Pedro de Mendoza y Lujan）受西国王卡洛斯五世之命，率由 1200 人、11 艘船组成的庞大舰队从圣卢卡尔港出发驶往南美大陆，格列博作为部将也随同远征。1536 年 2 月 3 日，门多萨的舰队抵达拉普拉塔河河口，与先期到达的其兄迭戈相遇，然后一起驶往里亚丘埃洛河河口附近的拉普拉塔河南岸。门多萨抛锚上岸后建立起居民点，他听从格列博的建议，遂以西班牙安达卢西亚地区信奉的水手保护神"圣玛丽亚"命名，取名"圣玛丽亚·布恩艾雷城"（Ciudad de Nuestra Señora de Santa María del Buen Aire），意为"我主圣玛丽亚的一帆风顺港"。"布恩艾雷"（Buen Aire）是从"博纳伊雷"（Bonaira）转化而来，其复数即"布宜诺斯艾利斯"（Buenos Aires），意为"一帆风顺"。因为对于这些漂洋过海与狂风恶浪进行顽强搏斗的航海者来说，在海上能碰上"一帆风顺"，那是求之不得的美事。

后来，这个小镇因常遭土著人袭击，1541 年便被放弃。1580 年 5 月 29 日"圣三位一体"日，西班牙殖民者胡安·德加拉伊（Juan de Garay）来到此地，6 月 11 日重新建城。为了纪念抵达的日子，加拉伊在原来门多萨所起的城名上加上"圣三位一体"，于是出现"至圣三位一体神城兼我主圣玛丽亚的一帆风顺港"（Ciudad de La Santísima Trinidad y Puerto de Santa María del Buen Ayre）的称呼，简称"布宜诺斯艾利斯"。1880 年，国会宣布布宜诺斯艾利斯为共和国首都。1987 年，劳尔·阿方辛总统建议将首都南迁至别德马市。国会虽通过迁都计划，但未能实施。

布宜诺斯艾利斯的五月广场上，有一个 1815 年 5 月 25 日建成的 13 米高的金字塔形的纪念碑，是为纪念 1810 年"五月革命"中献身的爱国志士而建的。最初该碑基座为两层，碑顶饰有花瓶。1856 年，改建后的纪念碑塔尖竖起自由女神塑像。如今，这座纪念碑是布宜诺斯艾利斯也是国家的象征。

国　庆

5 月 25 日（1810 年）。16 世纪初，西班牙殖民者侵入阿根廷，从此开始对阿根廷长达 300 多年的殖民统治。1776 年，西班牙王室在布宜诺斯艾利斯设立了拉普拉塔总督区。19 世纪初，整个拉普拉塔地区陷入激烈动荡之中。在 1775 年爆发的美国独立战争和 1789 年爆发的法国资产阶级革命的鼓舞下，拉普拉塔地区人民迫切要求摆脱西班牙殖民主义的桎梏，1806 年和 1807 年两次抵抗英军入侵的胜利，更增强了他们争取民族独立与解放的信心。1810 年 5 月中旬，传来了拿破仑入侵西班牙的消息，这大大加速了拉普拉塔人民争取获得独立的进程。在人民群众的压力下，5 月 22 日召开的市议会通过了爱国志士代表提出的罢免总督和成立自己的拉普拉塔政府的决议，但 23 ～ 24 日的市议会又决定总督继续掌权。布宜诺斯艾利斯人民义愤填膺，纷纷走上街头，坚决反对此项决定。5 月 25 日市议会再次召开会议时，人民包围了市议会，递交了组织本地政府的决议。革命军赶走了西班牙在拉普拉塔的总督，建立临时革命"洪他"（委员会）。这一著名事件后被称为阿根廷的"五月革命"，标志着推翻西班牙殖民统治的 5 月 25 日这一天也被定为阿根廷的国庆节，即 1810 年"五月革命"纪念日。

国 父

　　何塞·德圣马丁（José de San Martín）。圣马丁是阿根廷著名的民族英雄和拉丁美洲独立战争的杰出领袖，为阿根廷和拉丁美洲民族解放事业做出了卓越的贡献，故被称为阿根廷以及智利和秘鲁的国父。

　　圣马丁的父亲是个西班牙上校军官，1774 年任拉普拉塔总督区科连特斯的亚佩尤镇副都督。1778 年 2 月 25 日，圣马丁生于亚佩尤镇。1781 年，全家迁往布宜诺斯艾利斯。1786 年他随父母回西班牙，就读于马德里的一所贵族学校。3 年后，年仅 11 岁的圣马丁便投笔从戎，开始了戎马生涯。他曾同摩尔人、法国人、英国人和葡萄牙人作战，因战功显赫而被擢升为中校。在旅居西班牙期间，他阅读了大量的法国资产阶级启蒙学者的著作，经常接触旅欧的拉美爱国者，这使他的思想逐渐发生变化。同时，美国独立战争的胜利和法国资产阶级革命的成功，又激发了他的革命热忱，决心为祖国的独立和自由、为整个拉丁美洲从西班牙殖民统治下解放出来而奋斗终生。1808 年，圣马丁参加了旨在解放美洲的秘密组织"劳塔罗"，宣誓"绝对不承认未经各族人民以自由意志选出的任何美洲政府为合法政府，坚决为建立共和制度而斗争"。1810 年拉美独立运动的普遍爆发和阿根廷"五月革命"的胜利，使他受到莫大的鼓舞。1811 年 9 月他毅然脱离西班牙军队，并于翌年 3 月 9 日返回布宜诺斯艾利斯，投身于火热的民族解放斗争。他着手筹建骑兵团，并组织"劳塔罗"支部，以保卫革命果实和粉碎西班牙殖民军的反扑。同年 10 月 7 日，他率领骑兵团并发动"劳塔罗"支部，推翻了背弃"五月革命"原则和违背人民意愿的第一届三人执政委员会，建立了第二届三人执政委员会。12 月 7 日，圣马丁晋升上校。1813 年 2 月 3 日，他指挥骑兵团在圣洛伦索大败入侵的西班牙殖民军，取得了反击敌人反扑的首次胜利，鼓舞了拉美人民抗击复辟势力的斗争。1814 年年初，圣马丁奉命至图库曼，接任北方军司令，以扭转北方军接连作战失利的状况。到任后他重建军队，灵活指挥，击退了西班牙殖民军的进犯。圣马丁清醒地认识到，不摧毁西班牙殖民军在秘鲁的巢穴，不解放整个南美洲，阿根廷的独立就没有保障。于是，他制订了一个首先解放智利，然后进军秘鲁，最后解放整个南美洲的大胆的计划。他辞去了北方军司令的职务，改任与智利毗邻的库约省省长。1816 年 8 月，圣马丁任新建的安第斯山军总司令，对部队进行了严格的训练。1817 年 1 月 18 日，圣马丁和智利民族英雄贝尔纳多·奥希金斯一起率军翻越安第斯山，向智利的西班牙殖民军发起进攻，2 月解放了智利首府圣地亚哥，4 月 5 日又在迈普一举歼灭西班牙殖民军的主力部队，使智利赢得了真正的独立。智利解放后，圣马丁又率领舰队挥师北上，解放了秘鲁首府利马，为秘鲁共和国的建立奠定了基础。1822 年 7 月 26 日，他在瓜亚基尔与西蒙·玻利瓦尔进行会谈后决定引退，1823 年 2 月返回阿根廷。1824 年 2 月 11 日，圣马丁与其女乘船前往欧洲，4 月 23 日抵法国港口勒阿弗尔。5 月 4 日前往英国，不久后在比利时首都布鲁塞尔定居。1825 年他在巴黎写下遗嘱。1848 年迁居法国滨海城市布洛涅，1850 年 8 月 17 日在那里因病逝世，葬于巴黎布洛涅教堂。

阿根廷人民没有忘记圣马丁的丰功伟绩，1878 年阿根廷政府将他的遗骸迁葬于五月广场西北角布宜诺斯艾利斯大教堂驻圣坛的右面侧厅，铜棺安放在海色大理石基座上。灵柩后面矗立原来圣马丁法国墓地的木制十字架。1950 年圣马丁逝世 100 周年时，教堂的外墙点燃长明灯，称为"阿根廷的火焰"。灯下铜牌写有"这里安放着圣马丁将军和独立战争中其他无名英雄的遗骨。向他们致敬！"的字样。每逢 7 月 9 日国庆节和独立日，阿根廷总统和高级军政官员都要来此默哀，纪念阿根廷的国父——圣马丁。阿根廷几乎每个城镇都有一个广场、一个街道、一所学校或一家俱乐部以圣马丁名字命名，很多城市有圣马丁纪念碑，甚至美国纽约中央公园也矗立着圣马丁铜像。此外，圣马丁像还出现在阿根廷纸币、硬币和邮票上。

国　旗

阿根廷国旗的旗地为浅蓝和白二色，白色居中，上下为浅蓝，各占旗面的 1/3，白色旗地的正中为光芒四射的黄色太阳。太阳形似人脸，源于阿根廷第一批硬币（8 埃斯库多金币和 8 雷阿尔银币）图案。从太阳圆周等距离射出 32 道光线，其中 16 道为直线，另 16 道为波状线，它们交替变换，弯直相间。整个太阳（包括光线）直径占白色旗面高的 5/6，太阳脸直径占白色旗面高的 2/5。正式的阿根廷国旗高 0.9 米，长 1.4 米，即比例为 9∶14。国旗之所以使用蓝白二色，大部分人认为是受到天空颜色的启发。但一些历史学家称蓝白二色是当时统治西班牙的波旁家族的颜色，爱国志士们使用这两种颜色是为了转移殖民当局对即将来临的独立的注意。浅蓝色象征正义，白色象征信念、纯洁、正直和高尚，"五月的太阳"象征自由和黎明。

阿根廷国旗与阿根廷的历史紧密联系在一起，1812 年 2 月 27 日由阿根廷独立领导人之一曼努埃尔·贝尔格拉诺（Manuel Belgrano）在罗萨里奥城设计并由玛利亚·卡塔利娜·埃切瓦里亚·德比达尔（María Catalina Echevarría de Vidal）夫人缝制。当时爱国军队在捍卫阿根廷独立和与殖民势力的战斗中，迫切需要一面鼓舞战士斗志的旗帜。于是，时任帕萨赫河前线炮兵部队司令的贝尔格拉诺，根据当年布宜诺斯艾利斯人民两次抗英斗争中佩戴的蓝、白丝带标志和"五月革命"爱国志士所戴同样的标志，把国旗设计为蓝白二色。而旗面上的黄色太阳，则是根据 1810 年 5 月 25 日爱国志士们向市议会递交组织本地政府的意见和人员名单时，太阳恰好从东方冉冉升起的情况而设计出来的。同年 6 月 20 日，这面国旗飘扬在帕萨赫河沿岸炮兵阵地的上空。1812 年 8 月 23 日，它在布宜诺斯艾利斯圣尼古拉斯·德巴里教堂塔上第一次正式升起。1813 年制宪大会秘密决定使用这面国旗，但尚未有文字上的规定。阿根廷宣布独立后，1816 年 7 月 20 日国会决定采纳该旗为国家标志。1818 年 2 月 25 日国会决定在旗面上增添太阳。1938 年 6 月 8 日，总统罗伯托·M. 奥尔蒂斯（Roberto M. Ortiz）公布第 12361 号法令，规定 6 月 20 日为国旗日和全国休息日，以纪念阿根廷国旗的设计者曼努埃尔·贝尔格拉诺在 1820 年 6 月 20 日逝世。2010 年 3 月 27 日，阿根廷发行了"阿根廷的国家象征"两枚邮票，面值均为 1.5 比索，图案分别为阿根廷国旗和阿根廷国徽。

阿根廷国旗设计者曼努埃尔·贝尔格拉诺 1770 年 6 月 3 日生于布宜诺斯艾利斯。青年时期曾在西班牙萨拉曼卡大学和巴利亚多利德大学学习。1793 年成为律师。1794 年年仅 23 岁就担任政府首任秘书。他创建了绘画、数学和航海学校。在 1806 年英军入侵期间，他参加军队保卫布宜诺斯艾利斯。他积极参加争取独立的"五月革命"，并受托进军巴拉圭。1812 年 2 月 27 日他设计出阿根廷国旗。在北方他率领爱国军队与殖民军浴血战斗，在图库曼、萨尔塔等地多次取得胜利。为此，制宪大会奖给他 4 万金比索，他把钱全部捐出，准备在塔里哈、胡胡伊、图库曼和圣地亚哥－德尔埃斯特罗建立学校，可惜钱被当时的三人委员会和后来的政府挪作他用。1816 年他参加图库曼制宪大会。1820 年 6 月 20 日因病去世。

国　徽

阿根廷国徽是在 1813 年 1 月 31 日制宪大会上通过的。尽管没有文字上的决议，但不久之后，文件中都开始盖带有国徽图案的印玺。现今阿根廷保存有同年 2 月 22 日制宪大会寄发的盖有国徽图案印玺的文件，其中有一个由制宪大会主席卡洛斯·马里亚·阿尔韦亚尔（Carlos María de Alvear）将军和秘书伊波利托·比埃特斯（Hipólito Vieytes）签名的文件保存在国家历史博物馆里。

阿根廷国徽图案为直椭圆形，周围有绿色桂树叶环绕。国徽图案为浅蓝、白二色，与国旗同。浅蓝色在上，白色在下，从白色部分的左右各伸出一只手，在中间紧紧相握，两手中通过一根长竿，竿顶挑着一顶红色的"弗里吉亚帽"，即"自由之帽"。弗里吉亚原是古代小亚细亚西北部的一个国家，弗里吉亚帽则为一种尖端下垂的圆锥形红色软帽。古罗马时代，奴隶在争取自由的起义中就佩戴这种帽子。1789 年法国资产阶级革命时，雅各宾党人都爱戴象征自由解放的弗里吉亚帽。在拉丁美洲独立运动中，阿根廷和其他地区的爱国志士受法国资产阶级革命的影响，也喜欢戴它。在阿根廷国徽中出现弗里吉亚帽，亦取其争取自由解放之意。国徽上端绘有光芒万道的黄色太阳。在阿根廷国徽图案中，桂树叶象征光荣和胜利，绿色代表忠诚和友谊，蓝色意味着正义、真理、忠诚和兄弟情谊，白色代表纯洁、信念、高尚、完整、坚定和温顺，紧握的两只手象征人民团结一致，长竿代表权利、法令、尊严和主权，弗里吉亚帽表示自由、平等、博爱和牺牲，太阳则代表真理、尊严和繁荣，并象征阿根廷像太阳一样升起在大地上。

总统绶带

阿根廷总统绶带已有近 200 年的历史。1814 年 1 月 26 日，立宪大会提出总统绶带的设想。1818 年 2 月 25 日，正式出台总统绶带。但在 1944 年之前，阿根廷没有规定总统绶带的样式，因此各届总统绶带的样式并不统一。例如，有些绶带上出现阿根廷国徽的图案，有些则是太阳的图案。1944 年阿根廷颁布第 10302 号国家象征标志法，其中第 4 条规定了总统绶带的样式。绶带由浅蓝、白、浅蓝三个纵列构成，绶带宽 10 厘米。每条颜色带宽幅相等，人脸形太阳及其光线跨连三条色带。从太阳圆周等距离射出 32 道光线，其中 16 道为直线，另 16 道为波状线，它们交替变换，弯直相间。太阳及光线的直径为 9 厘米，太阳的直径为 4 厘米。太阳、光线和绶带下端的缨穗用永不褪色的金线织成。阿根廷的总统绶带是国家权力的象征，只有佩戴绶带的总统才是宪法总统，才真正代表着国家的尊严和权威。阿根廷历届总统绶带和一些私人物品都保存在总统府玫瑰宫的国家历史博物馆。2009 年 4 月 3 日，存放在该博物馆的 1958～1962 年总统阿图罗·弗朗迪西（Arturo Frondizi）的总统绶带和权杖丢失。2007 年博物馆被窃走 1938～1942 年总统罗伯托·奥尔蒂斯的金圆珠笔，此外还被窃走 1932～1938 年总统阿古斯丁·佩德罗·胡斯托（Agustín Pedro Justo）和 1874～1880 年总统尼古拉斯·阿韦利亚内达（Nicolás Avellaneda）的两块私人旧表。

总统权杖

阿根廷总统权杖继承了西班牙的传统。殖民地时期，都督、总督、军事和司法长官都把权杖作为权力的象征。1695 年布宜诺斯艾利斯市政厅曾规定禁止长官携带权杖进入市政厅，理由是市政厅履行的是民事职能，而不是军事职能。阿根廷独立后，第一个使用权杖的是 1814 年 1 月 31 日任职的拉普拉塔联合省最高执政官赫瓦西奥·博萨达斯（Gervasio Posadas）。第一个使用总统权杖的宪法总统是胡斯托·何塞·德乌尔基萨（Justa José de Urquiza），他的权杖是用象牙、金和银制作的。1932 年阿根廷颁布法令，对总统权杖的材料做出规定：权杖使用马拉卡木或其他优质木料，杖柄錾有 18 克拉纯金，长 8 厘米，上面刻有国徽图案。权杖包头也使用纯金，长短根据各总统的身高确定。这个规定一直延续至今。然而，在历届总统的权杖中，有些权杖与 1932 年的规定有所不同。例如，1983 年为劳尔·阿方辛总统（Raúl Alfonsín）制作总统权杖的师傅胡安·卡洛斯·帕利亚罗尔斯（Juan Carlos Pallarols）就对 1932 年规定的权杖提出过异议，认为材料过于昂贵，风格过于欧化。他提出新权杖用银代替金，因为阿根廷国名同银有关；杖柄刻刺菜花，因为它是阿根廷银器最有代表性的图案之一，象征阿根廷土地的丰盈；使用金黄色、光滑、耐用的乌隆德木，因为它是阿根廷农村栅栏使用的木料。关于总统权杖还有些趣闻：罗克·萨恩斯·培尼亚（Roque Sáenz Peña）使用的权杖是其父路易斯·萨恩斯·培尼亚（Luis Sáenz Peña）用过的权杖；多明戈·F. 萨缅托（Domingo F. Sarmiento）的权杖是乌尔基萨（Urquiza）赠送的；胡利奥·阿亨蒂诺·罗卡（Julio Argentino Roca）总统在同智利签订边界协议时，同智利总统菲德里科·埃拉苏里斯·萨尼亚图（Federico Errázuriz Zañartu）互换了总统权杖。

　　每届总统去职后可以带走自己的总统权杖和绶带，也可以由国家留存下来，放在总统府玫瑰宫的博物馆。

总统旗

　　总统旗是许多国家最高权力和该国文化与传统的标志，代表国家的团结、坚韧、力量、正义、真理和平等。美国、德国、希腊、芬兰、爱尔兰、俄罗斯、乌克兰、印度、巴基斯坦、韩国、以色列、斯里兰卡以及南美众多国家都有总统旗。在这些国家总统轿车、游艇、总统发表演讲的话筒旁或重要场合都插有总统旗，用以显示总统的存在。阿根廷总统旗也是该国总统的标志之一，分为总统陆上旗、总统海上旗、总统交通旗和总统标志旗四种类型。总统陆上旗指总统在国内各种重要场合使用的旗，用的是带有五月太阳的国旗。总统海上旗是指总统作为武装部队总司令在其所在舰船上使用的旗。这种旗为矩形，长与高比例为 3∶2。旗面底色为浅蓝，国徽在旗中央，旗面四角各有一颗白色五角星。总统交通旗是指总统车辆上悬挂的旗。旗地为浅蓝和白二色，白色居中，上下为浅蓝，各占旗面的 1/3，白色旗地的正中为国徽。总统标志旗幅面较小，悬挂在总统府玫瑰宫国旗的下面，表示总统在玫瑰宫内。

总统府

　　玫瑰宫（La Casa Rosada）。阿根廷总统和政府官员的办公地。位于布宜诺斯艾利斯五月广场东侧，背后临拉普拉塔河。因整座建筑呈玫瑰色，故名。

玫瑰宫是一座19世纪意大利风格的三层建筑（东楼还有地下一层，共为四层）。玫瑰宫正门在大楼北面，只在迎接贵宾时使用，门前是代表阿根廷四个支柱的组雕：农业、商业、科学和劳动。

玫瑰宫的前身是1594年西班牙总督费尔南多·奥尔蒂斯·德萨拉特（Fernando Ortiz de Zárate）修建的唐·胡安·巴尔塔萨·德奥斯特里亚皇家城堡（Real Fortaleza de Don Juan Baltasar de Austria）。1713年，改建为更为坚固的城堡，拥有塔、岗楼、护沟、吊桥等防护措施。1720年更名为"圣米格尔城堡"（Castillo de San Miguel），此后一直是西班牙殖民统治机构的所在地。19世纪初阿根廷独立后，圣米格尔城堡成为总统府。1820年，阿根廷首任总统贝尔纳迪诺·里瓦达维亚（Bernardino Rivadavia）对城堡进行了改造，吊桥被门廊所取代。后来该城堡一度被放弃，有些部分被拆除。1850年，英国设计师爱德华·泰勒（Edvard Taylor）设计了新海关大楼，并在南楼原址上兴建。1862年，总统巴托洛梅·米特雷（Bartolomé Mitre）把圣米格尔城堡再次作为总统府，并修缮了总统官邸。1868年继任的多明戈·法斯蒂诺·萨米恩托总统下令将该城堡的正面涂成玫瑰色，以同周围环境相适应。据说萨米恩托为了调节当时中央统一派（unitarios）和联邦派（federales）的矛盾，遂把代表中央统一派的白色和代表联邦派的红色混合而成的玫瑰色当作总统府的颜色。由于当时油漆还未出现，工人们将石灰、牛血、猪油、炉料等混合后，把建筑涂为玫瑰色。1873年，萨米恩托委托瑞典设计师卡洛斯·希尔贝利（Carlos Kihlberg）将圣米格尔城堡南翼拆除后留下的空地建设成一座新文艺复兴时期风格的邮政局大楼，1878年大楼落成。1894年路易斯·萨恩斯·培尼亚总统执政时命意大利建筑师弗朗西斯科·坦布里尼（Francisco Tamburini）修建了一座拱门，将原来分开的海关和邮局两座大楼连接在一起，作为总统府，1898年胡利奥·罗卡总统上任后开始使用，其主体面貌保持至今。1942年玫瑰宫被宣布为国家历史纪念性建筑物。

玫瑰宫的主要大厅有白厅（Salón Blanco）、北厅（Salón Norte）和胸像厅（Galería de Bustos）。白厅是举行总统就职仪式和总统接见国宾的地方，是宫内最重要的场所；北厅是总统和内阁成员开会的地方；胸像厅则是安放历届总统的半身大理石塑像的所在。玫瑰宫东楼地下室为总统博物馆，是1957年5月27日成立的。博物馆内陈列历任总统使用过的私人物品，如制服、绶带、权杖等。根据规定，总统卸任30年后方可展出其物品。星期三至星期日11点至19点对公众免费开放。

总统官邸

阿根廷总统官邸奥利沃斯别墅（Quinta de Olivos）位于首都布宜诺斯艾利斯北郊。

1580 年西班牙殖民者胡安·德加拉伊建立布宜诺斯艾利斯城后不久，把奥利沃斯别墅所在地授予了他的助手罗德里戈·德伊瓦罗拉（Rodrigo de Iba-rola）。1774 年拉普拉塔河总督辖区邮政局长曼努埃尔·德巴萨维尔瓦索（Manuel de Basavilbaso）购买了这块地皮。1833 年他的外孙米格尔·何塞·阿斯奎纳加（Miguel José Azcuénaga）成为继承人，但其被布宜诺斯艾利斯都督流放到智利。1851 年阿斯奎纳加返回阿根廷，委托建筑师兼画家普里利迪亚诺·普埃伦东（Prilidiano Pueyrredón）在这块地皮上建造一座宅第。1854 年，普埃伦东设计的新哥特式与巴洛克式风格相结合的奥利沃斯别墅竣工。这座两层别墅有 3 套洗澡间和若干接待厅。不久，普埃伦东又为阿斯奎纳加绘制了一幅肖像。阿斯奎纳加对别墅周围环境加以美化，栽种了棕榈树和其他多种植物。由于阿斯奎纳加无后，死时他把别墅赠予其外甥安东尼奥·胡斯托·奥拉格尔（Antonio Justo Olaguer）。1903 年，安东尼奥·胡斯托·奥拉格尔临死前又把宅第赠予其侄子卡洛斯·比利亚特·奥拉格尔（Carlos Villate Olaguer），但规定比利亚特死后要把别墅转让给阿根廷政府，作为总统夏宫。1913 年比利亚特去世，按规定将 35 公顷地产交给了政府。由于当时的阿根廷总统都住在自己家中，别墅一度作为公园使用。1918 年，伊波利托·伊里戈延（Hipólito Yrigoyen）总统接收了捐赠的别墅，把它作为外交部长奥诺利奥·普埃伦东（Honorio Pueyrredón）的宅第。1930 年 9 月，何塞·费利克斯·乌里武鲁（José Félix Uriburu）通过政变上台，1932 年第一次把别墅当作总统官邸。继任者奥古斯丁·P. 胡斯托（Augustín P. Justo）曾想把它作为度假胜地，但因原主人比利亚特的反对而作罢。1936 年，乌里武鲁正式宣布别墅为总统官邸。他下令美化周围环境，路旁栽种了一行行蓝花楹属树木。1938 年，罗伯托·M. 奥尔蒂斯总统把它作为度假地。1941 年，最高法院给别墅取名为"奥利沃斯总统别墅"（Quinta Presidencial de Olivos），简称"奥利沃斯别墅"（Quin-ta de Olivos）。1942 年拉蒙·卡斯蒂略（Ramón Castillo）总统入住奥利沃斯别墅，从此成为阿根廷总统长期居住的官邸。1946 年胡安·庇隆（Juan Perón）

总统执政后，夏天在奥利沃斯别墅居住，并增添了比赛场、游泳池、玻璃暖房等设施。1955 年上台的佩德罗·阿兰布鲁（Pedro Aramburu）成为第一个在奥利沃斯别墅常住的阿根廷总统。1969 年奥利沃斯别墅内修建了直升机坪，1972 年修建了一座小教堂，1991 年又修建了一座小型高尔夫球场。

国　徽

阿根廷国徽为浅蓝和白两色，这两种颜色源于当时不在西班牙的费尔南多七世的波旁家族。19 世纪初，阿根廷人民开始自发使用浅蓝和白两色的丝带标志，作为争取独立和解放的标志。1806～1807 年英国军队入侵布宜诺斯艾利斯时，布宜诺斯艾利斯人民组成义勇军，顽强抵抗英国的侵略。在抗英斗争中，他们佩戴了蓝白两色的丝带标志。1810 年爆发的"五月革命"中，阿根廷爱国志士也佩戴了同样的标志。1810 年 5 月 19 日，一批妇女在会见拉普拉塔革命委员会主席科尔内略·萨阿韦德拉（Cornelio Saavedra）上校时佩戴了蓝白两色标志。同年 5 月 25 日，爱国者们纷纷佩戴这种标志。1812 年 2 月 13 日，贝尔戈兰诺向曼努埃尔·德萨拉特阿（Manuel de Sarratea）、胡安·何塞·帕索（Juan José Paso）和费利西亚诺·安东尼奥·契克拉纳（Feliciano Antonio Chiclana）组成的三人执政委员会提出使用蓝白二色国徽。三人执政委员会同意他的建议，下令确定"拉普拉塔河联合省的国徽为白色和浅蓝色"。同年 2 月 18 日，阿根廷政府和国民议会决定采纳浅蓝和白两色的阿根廷国徽，并宣布从即日起停止使用红色丝带标志。1935 年，全国教育委员会决定 5 月 18 日为阿根廷的"国徽日"。

国　歌

《阿根廷国歌》（*Himno Nacional Argentino*）。词作者是阿根廷诗人维森特·洛佩斯－普拉内斯（Vicente López y Planes），曲作者是西班牙作曲家布拉斯·帕雷拉（Blas Parera）。

1813 年 3 月 6 日，制宪大会委托议员洛佩斯－普拉内斯撰写国歌歌词。同年 5 月 11 日他所创作的歌词被制宪大会定为国歌，定名为《祖国进行曲》

（*Marcha Patriótica*），5 月 11 日这一天也被定为阿根廷的"国歌节"。随后，阿根廷执政委员会委托西班牙著名作曲家布拉斯·帕雷拉为其配曲。同年 5 月 14 日，在名媛马里基塔·桑切斯·德汤普森（Mariquita Sanchez de Thompson）夫人家中首次演唱这首国歌。阿根廷国歌的名字变动过几次，《祖国进行曲》曾改为《国家爱国歌》（*Canción Patriótica Nacional*），随后又改为《爱国歌》（*Canción Patriótica*），1847 年更名为《阿根廷国歌》（*Himno Nacional Argentino*），并沿用至今。这首歌共有 9 段，歌颂了阿根廷人民通过艰苦斗争赢得宝贵自由的大无畏精神和他们誓死保卫祖国、坚决与殖民势力做斗争的英雄气概。在阿根廷人民反对西班牙殖民统治的斗争中，这首歌发挥过重要的作用，在南美其他国家也产生过不小的影响。圣马丁曾把它带到了智利和秘鲁，在部队和人民中广为传唱。1860 年作曲家胡安·巴勃罗·埃斯纳奥拉（Juan Pablo Esnaola，1808 ~ 1878 年）对国歌乐曲进行了修改，成为美妙的器乐曲。1900 年胡利奥·阿亨蒂诺·罗卡总统执政期间，规定在节日期间各学校演唱国歌时只唱第一段、最后一段和合唱。1944 年 4 月 24 日，阿根廷政府下令采用埃斯纳奥拉修改过的国歌。

阿根廷国歌词作者维森特·洛佩斯 – 普拉内斯 1784 年 5 月 3 日生于布宜诺斯艾利斯，曾积极参加 1810 年"五月革命"。1806 ~ 1807 年曾参加反对英军入侵的斗争。他曾任 1811 年第一届三人执政委员会秘书、1813 年制宪大会议员、临时总统、布宜诺斯艾利斯省临时省长等。他既是政治家，又是诗人，写过大量爱国诗歌。1856 年 10 月 10 日在布宜诺斯艾利斯去世。

阿根廷国歌曲作者布拉斯·帕雷拉 1776 年 2 月 3 日出生于西班牙穆尔西亚，青年时代在巴塞罗那学习音乐。从 1797 年起定居布宜诺斯艾利斯，在几个教堂任管风琴手，并当过乐队指挥，曾参加反对英军入侵的斗争。关于帕雷拉为国歌配曲还有一段小插曲。据说制宪大会委托他为国歌配曲时，遭到他的拒绝。因为他认为歌词中有侮辱西班牙的地方，而且怕配曲后受到惩罚。阿根廷政府把他关了起来，并说如不配曲将把他枪毙。他只用了一个晚上便配完了曲。随后，他乘船离开阿根廷，前往里约热内卢。1817 年返回西班牙。

阿根廷国歌的修改者胡安·巴勃罗·埃斯纳奥拉是个钢琴家和作曲家，从小随任布宜诺斯艾利斯大教堂音乐指挥的叔叔学习音乐，后两人一同前往法国。1818 ~ 1822 年在巴黎音乐学院深造。1822 年 6 月他和叔叔返回阿根廷，两人建立了一所音乐与歌唱学校。他多年从事音乐教学，创作了大量宗教音乐、管弦乐曲和歌曲。

阿根廷国歌歌词为：

> 人们啊，请听神圣的呼声：
> 自由，自由，自由！
> 请听打碎锁链的声音，
> 看那崇高的平等登上宝座。
>
> 南方联合省赢得胜利，
> 至高无上的权力掌握手中。
> 全世界自由人民高呼：
> 向伟大的阿根廷致敬！
>
> 愿桂冠永世留存，
> 牢记我们怎样取胜。
> 让我们活得荣耀，
> 死得光荣。

国歌歌词原文为：

> Oídmortales el grito sagrado
> Libertad，Libertad，Libertad，
> oíd el ruido de rotas cadenas
> ved en trono a la noble igualdad.
>
> Ya su trono dignísimo abrieron
> las Provincias unidas del Sud，
> y los libres del mundo responden
> al gran Pueblo Argentino Salud.
>
> Sean eternos los laureles
> que supimos conseguir
> coronados de gloria vivamos，
> o juremos con gloria morir.

国歌歌词源于 http：//www. taringa. net/。

国家格言

"处于团结和自由之中"（En unión y libertad）。

国　语

西班牙语。几乎所有阿根廷人都把西班牙语作为第一语言，一些欧洲国家移民把意大利语、英语、法语、德语和俄语等作为第二语言，土著居民则把阿劳科语、克丘亚语、瓜拉尼语等印第安语作为第二语言。在巴塔哥尼亚沿海地区，如特雷利乌和其周围地区、罗森、马德林港的居民讲威尔士语；在科尔多瓦和巴里洛切附近地区，大量德国人和意大利人后裔继续使用德语和意大利语。

西班牙语是随着西班牙殖民者征服阿根廷而传入的。几百年间，阿根廷人所讲的西班牙语已发生许多变化，与西班牙人所讲的西班牙语有很多差异，并且有别于其他拉美国家的西班牙语。由于其他欧洲国家移民的进入，特别是数百万意大利移民的抵达，意大利语和其他欧洲国家语言对阿根廷的西班牙语产生了重大影响，在发音、词汇上有许多类似意大利语的地方，如重音就与意大利语相似。与此同时，阿根廷西班牙语有许多词汇源于土著印第安语。如源于瓜拉尼语的"ananás"（菠萝）、"jaguar"（美洲豹）、"tapioca"（木薯粥），源于克丘亚语的"carancho"（猛禽）、"兀鹰"（cóndor）、"palta"（鳄梨），源于潘帕斯人的词汇"bagual"（非驯养马）、"malón"（虚伪的）等。

阿根廷西班牙语在语音、词法、句法、语义和词汇上同正统西班牙语以及其他拉美国家西班牙语多有差别。

在语音方面，"c""z"与"s"发音相同，如"zapato"（鞋）读成"sapato"；字母"ll"读成"y"。在拉里奥哈省和卡塔马卡省，"rr"读成"y"，如"risa"读成"yisa"，"arreglo"读成"ayeglo"。音节尾的"s"发成送气音，也可理解成不发音，如"dos"（二）读成"do"，"tres"（三）读成"tre"。与前面的词连写的非重读代词要重读，如"siéntese"读成

"sientesé"，"tómenla" 读成 "tomenlá"。

在词汇方面，有一些单词只在阿根廷使用，如 "mate" "puma" "pampa" "tiento" "puestero" "velorio" "churasco" "yuyo" 等。由于土著部族众多和外来移民来自不同地区，因此阿根廷国内各地区之间所讲的西班牙语也有差异。

阿根廷西班牙语和正统西班牙语在一些词汇的表达上有些区别，如 "在这儿"，前者为 "acá"，后者为 "aquí"；"男外衣"，前者为 "saco"，后者为 "chaqueta"；"一套公寓房间"，前者为 "departamento"，后者为 "apartamento"；"香蕉"，前者为 "banana"，后者为 "plátano"；"土豆"，前者为 "papa"，后者为 "patata"；"漂亮的"，前者为 "lindo"，后者为 "bonito" 或 "guapo" 等。

在句法上，阿根廷西班牙语没有第二人称代词复数 "vosotros"（你们），而且不使用第二人称代词单数 "tú"（你），"tú" 用 "vos" 代替。与 vos 有关的动词变位采用第二人称代词复数的变位形式，而且失去二重元音中的 "i"。如 "vos tenes"（你有），"tienes" 中的 "i" 去掉了；"vos sos"（你是），"sois" 中的 "i" 去掉了；"vos estudiás"（你学习），"estudiáis" 中的 "i" 也去掉了。

阿根廷西班牙语中动词的一些时态（如陈述式将来时）用句子代替，如 "saldré"（我要出去），改为 "voy a salir"。条件副句中动词的虚拟式过去时用简单可能式替代，如用 "si tendría ganas lo haría"（如果他想，他就会去做）替代了 "si tuviese ganas lo haría"。现在完成时被简单过去时取代，如 "He visto la peíícula"（我看过了电影）变为 "Vi la película"。用 "lo" 代替 "la casa de "，如 "iré a la casa del médico"（我要去医生家）改为 "iré a lo del médico"。

此外，阿根廷存在一种被称为 "黑话"（Lunfardo）的民间语言。最初是监狱中囚犯之间为了防备狱吏而使用的一种语言，后来这种语言中的许多词汇渗透于现今阿根廷所讲的西班牙语中。

国家勋章

解放者圣马丁勋章（Orden del Libertador San Martín）是阿根廷最高荣誉勋章，根据 1943 年 8 月 17 日第 5000 号令设立。后来几经变动，1957 年 12

月 17 日第 16628 号法令重设该勋章。现在关于该勋章的规定是 1967 年 12 月 18 日颁布的第 16643 号令批准的。解放者圣马丁勋章专门授予对阿根廷做出特殊贡献的外国文职人员和军人。勋章背部是国徽图案。该勋章分为金链（Collar）、大十字（Gran Cruz）、高官（Gran Oficial）、骑士团长（Comendador）、官员（Oficial）和骑士（Caballero）六级。金链级解放者圣马丁勋章授予君主或国家元首；大十字级解放者勋章授予副总统、议长、部长、大使、总司令、中将等；高官级解放者圣马丁勋章授予特使、公使、少将、准将等；其他各级授予相关级别人士。金链级解放者勋章由 18 个镀金银环、安第斯神鹰、桂枝冠和圆形徽章组成。圆形徽章的中心是圣马丁像，像的外圆周上写有"Libertador San Martín"（解放者圣马丁）字样，金色光线环绕着圣马丁像。

五月勋章（Orden de Mayo）是根据 1957 年 12 月 17 日颁布的第 16629 号法令设立的，旨在表彰为促进社会进步、人民福利、文化发展及国家间相互理解和团结而辛勤工作的人士。法令第 2 条指出五月勋章只授给那些做出杰出贡献并值得阿根廷想起和表示感谢的外国文职人员和军人。第 3 条提出五月勋章分为文职人员功绩五月勋章（Orden de Mayo al Mérito）、空军功绩五月勋章（Orden de Mayo al Mérito Aeronáutico）、陆军功绩五月勋章（Orden de Mayo al Mérito Militar）和海军功绩五月勋章（Orden de Mayo al Mérito Naval）四种。根据该法令第 4 条，五月勋章共分金链（Collar）、大十字（Gran Cruz）、高官（Gran Oficial）、骑士团长（Comendador）、官员（Oficial）和骑士（Caballero）六级。金链级五月勋章在文职人员功绩五月勋章范畴内。

阿根廷还有文职功绩勋章（Orden del Mérito Civil）、海军功绩勋章（Orden del Mérito Naval）、陆军功绩勋章（Orden del Mérito Militar）、空军功绩勋章（Orden del Mérito Aeronáutico）、英勇战斗十字勋章（Cruz de la Nación Argentina al Heróico Valor en Combate）等。

国　花

赛波花（Seibo 或 Ceibo）。学名"Erythrina crista - galli"。赛波树属豆科类植物，是美洲亚热带地区特有的树木，生长于巴拉那河与拉普拉塔河河岸地区。树高 5~10 米，树干直径可达 70 厘米。树枝光秃呈弓形，有刺，树龄长，木质白、轻且柔软，用于建造木筏、蜂房、航空模型、玩具等。赛波花制成的糖浆可治感冒和咳嗽。

赛波花呈洋红色，花朵硕大，鲜艳夺目，深受阿根廷人民喜爱。1942年 12 月 2 日，根据农业部关于任命以里卡多·黑尔曼（Ricardo Helman）博士为首的特别委员会的提议，并根据历史科学院、农业部、哲学与语言学院和拉普拉塔博物馆组织的有关国花的民意测验的结果，阿根廷政府颁布第 138474/42 号法令，宣布赛波花为阿根廷国花，每年 11 月 22 日为阿根廷"国花日"。

关于赛波花，在阿根廷民间流传着一个动人的传说：相传 15 世纪中叶，西班牙殖民者的铁蹄踏上阿根廷的土地。当地印第安人浴血奋战，酋长不幸战死。酋长女儿阿娜伊（Anahí）挺身而出，带领印第安人继续与敌人英勇搏斗，最后因寡不敌众被俘。面对敌人的严刑拷打，她英勇不屈。一天深夜，阿娜伊趁看管她的哨兵睡着，偷偷逃走。不料哨兵突然醒来，追赶上她。她用匕首刺死哨兵，急忙逃入雨林。哨兵的呼喊惊动了西班牙殖民者，他们蜂拥扑向阿娜伊，阿娜伊不幸再次被俘。殖民者把她绑在一棵赛波树上，决定活活将她烧死。阿娜伊视死如归，一言不发，怒视殖民者。殖民者残忍地火烧阿娜伊，烈火之中阿娜伊变成了一株开满殷红似血的花朵的赛波树。阿根廷人民喜爱赛波花，把它看作争取自由和独立的象征，故将它定为国花。

国　树

赛波树（Seibo）或奥布树（Ombu）。赛波树详见上述国花。奥布树（Ombu）源于印第安瓜拉尼语，意为"阴影"，学名"Phytolacca dioca L."。奥布树是拉普拉塔河流域的特有植物，也是草原的象征。奥布树枝繁叶茂，高大粗壮，高可达 15 米。树冠呈蘑菇状，树干呈圆柱体，两个人展臂搂不过来。树皮粗，呈褐黄色，木质松软。绿色互生叶呈椭圆形或长形，叶柄长 2~8 厘米。春季开花，花为白色，呈串行，雌雄异株。奥布树有多种医药用途：互生叶煮后可做泻药；用奥布树皮煮过的水漱口可治喉炎，其糊敷伤口和脓疮可消毒；赛波树果实和根可制染料。

国　鸟

炉鸟（Hornero）。炉鸟为棕褐色，体长约 20 厘米，雌鸟体形更小一些。它是非候鸟，栖息于阿根廷各地。这种鸟筑巢技术颇高，它用湿泥、草等筑的巢犹如"面包烤炉"，故被誉为"面包师"，炉鸟之名也由此而来。1927 年经民意测验被评为"阿根廷国鸟"。炉鸟亦为乌拉圭国鸟（详见乌拉圭国鸟）。

国　石

红纹石。学名菱锰矿（Rodocrosita），又称印加玫瑰（Rosa del Inca）、印加石（Piedra del Inca）和阿根廷石（Piedra de Argentina）。红纹石成菱面体状，是一种粉红色火山石，主要产于阿根廷卡塔马卡省卡皮利塔斯山脉地区。其名"Rodocrosita"来自两个希腊语词"rodo"和"crosita"。"rodo"意为"玫瑰红或粉红色"，"crosita"意为"颜色"，全词即为"玫瑰红或粉红色"。红纹石化学成分为 $MnCO_3$，三方晶系，硬度为 3~5，比重 3.60 左右，玻璃光泽，透明至半透明。红纹石是一种象征爱情美满、家庭幸福的宝石，被誉为"爱神之石"。除可做饰物外，在工业上还可用于提取钢铁业所需的锰。

国家运动

帕托（Pato）。西班牙语意为"鸭子"。帕托是阿根廷特有的一种运动，起源于 400 多年前潘帕斯草原高乔骑士跑马逮鸭的比赛。在将装有一只活鸭的带长柄皮袋向空中抛出后，两队骑士开始争抢鸭子。骑士们策马奔驰在庄园之间的开阔场地上，鸭子被夺来夺去，最后得到鸭子的人将鸭装入设在终点的篮中，分数多的一方获胜。由于缺乏规则和有效的保护，许多参赛者因从马上滚落或被其他马踩踏而亡，也曾发生双方斗殴造成伤亡的现象。1790 年 8 月 20 日，帕托遭阿雷东多总督禁止。1796 年，天主教会下令不准将参加帕托而丧命的人葬入天主教墓地。1822 年,布宜诺斯艾利斯省政府下令禁止帕托运动。对帕托的禁令一直维持到 1829~1852 年执政的胡安·曼努埃尔·德罗萨斯政府,传说此人非常讨厌帕托。后来,鸭子被换成白色皮球,直径为 40 厘米,重 1250 克。20 世纪 30 年代,布宜诺斯艾利斯庄园主阿尔韦托·德尔卡斯蒂略·波塞(Alberto del Castillo Posse)对帕托运动进行了改造,规定了应遵守的规章,形成了现代的帕托运动,帕托重新恢复和发展起来。1941 年 4 月 3 日,阿根廷帕托联盟宣告成立。1953 年,胡安·庇隆总统下令帕托为阿根廷的民族运动。帕托与马球有相似之处:运动场地差不多,场地要平整,长 180~220 米,宽 80~90 米。帕托比赛分为 6 节,每节 8 分钟,各节之间休息 5 分钟。与马球不同的是,帕托用手夺球和扔球。终点的篮筐直径为 1 米,筐下的网 1.4 米长,篮筐垂直挂在 2.4 米高的柱子上。"鸭子"为充气胎,有 6 个柄,一般为白色。直径为 40 厘米,体重最多为 1250 克。参加比赛的双方各有 4 人。在预定地点裁判抛出球后,两队开始激烈争抢。得球的运动员不能手握球不放,而要传给同伴。在终点线得球的队员把球投入篮内得分,分数多者胜。尽管帕托被定为阿根廷的民族运动,但这项运动只能在农村开阔场地开展,所以在城市里影响并不大。

国 球

足球。有人说"足球是阿根廷人的骄傲",此话一点儿不假。阿根廷人酷爱足球,甚至到痴迷的程度。在阿根廷有一种说法:你可以改变宗教信仰,可以再婚,但永远不能改变你支持的球队。阿根廷诞生过众多世界顶级球员,一代球王迭戈·马拉多纳(Diego Maradona)便是典型代表。阿根廷球员技术精湛,配合默契,传接灵活,深得世界球迷喜爱。阿根廷足球已有 100 多年的历史。自 1867 年抵阿的英国海员与当地渔民举行了第一场足球赛后,足球运动从此就在阿根廷流行起来。1893 年,阿根廷足球协会成立,1912 年加入国际足联。截至 2010 年南非世界杯,阿根廷足球已 20 次入围大赛决赛圈,1978 年首次夺得世界杯,球星马里奥·肯佩斯(Mario Kempes)获最佳射手称号;1986 年再次获得世界杯冠军,马拉多纳获最佳球员称号。此外,阿根廷球队还夺得 14 次美洲杯、2 次奥运男足金牌(2004 年、2008 年)、6 次世青杯冠军(1979 年、1995 年、1997 年、2001 年、2005 年和 2007 年)。

国　舞

佩里孔舞（El pericón）。它也是乌拉圭国舞。佩里孔舞起源于阿根廷谢利托舞（Cielito）和梅蒂亚卡尼亚舞（Media Caña）的民间集体舞。男舞者中的一人负责舞蹈节奏和协调，舞蹈指挥名叫佩里孔（El pericón），于是该舞以此为名。佩里孔舞一般有八对男女参加，至少也有四对，故又称"四对舞"（Baile de Cuatro）。舞者均挥舞手帕，女手帕为蓝色，男手帕为白色，但其中一人手持象征太阳的黄色手帕，这几种颜色与阿根廷和乌拉圭国旗相对应。男女在结队而舞的过程中，不时停下来，舞蹈指挥高呼"祖国万岁"，众舞者回应"万岁"。1816 年庆祝独立时，阿根廷人民跳起欢快的佩里孔舞。1817年，圣马丁把已成为独立舞蹈的佩里孔舞和其他舞蹈带到智利，使佩里孔舞在阿根廷周边国家得到普及。佩里孔舞在布宜诺斯艾利斯省一直流行到 1840年。尽管后来人们对佩里孔舞的关注有所下降，但 1880 年波德斯塔兄弟（著名杂技演员）仍把佩里孔舞赞为"国舞"。

然而，在阿根廷影响最大的舞蹈是探戈舞（El Tango），它被称为"阿根廷人的灵魂"，是阿根廷的标志文化之一。跳舞时，女士着一侧高开衩长裙，男士打领结，穿深色晚礼服。探戈舞曲为 2/4 拍，音乐节奏明快，舞蹈动作刚劲有力，华丽高雅，热情奔放。头部左顾右盼，快速转动。交叉步、踢腿、跳跃、旋转令人眼花缭乱，叹为观止。"探戈舞"一词有几种解释：一是鼓音的象声词；二是源自拉丁文"tangere"，意为"弹奏"；三是源于非洲语，意为"碰面的地方"，是指交换奴隶的地方，后引申为黑人们聚集跳舞的地方；四是非洲一部落的名字。探戈舞起源于非洲中西部的民间舞蹈"探戈诺舞"，16 世纪末随着黑奴进入美洲。现代阿根廷探戈舞始于 1850～1890 年的拉普拉塔河地区，在圣特尔默南部、蒙特塞拉特和庞佩亚等区得到发展，称为"郊区探戈舞"（tango arrabalero）。当时社会下层人士钟爱这种豪放、健美的舞蹈，但教会却斥其与淫荡、酗酒联系在一起。探戈舞曾一度遭禁，人们只能在深夜里躲在暗处跳。尽管如此，"郊区探戈舞"并没有消失，反而逐渐进入城市，形成现代的探戈舞。有人说，探戈舞的节奏、旋律乃至舞步都融进了阿根廷民族的历史，成为阿根廷民族的象征，这是一点也不为过的。最初探戈舞的伴奏为笛子、小提琴和吉他三重奏，20 世纪才增加了手风琴。第一个探戈舞曲的作者名叫胡安·佩雷斯（Juan Pérez），他于 1880 年谱写出《给我打》（*Dame la lata*）的探戈舞曲。而历史上最重要的探戈舞歌词作者则是 20世纪 20 年代的帕斯夸尔·科图尔希（Pascual Cotursi）。卡洛斯·加德尔（Carlos Gardel）和阿斯托·皮亚索利亚（Astor Piazzolla）两个人都对探戈舞的发展起了重要作用。

国　食

阿根廷烤肉。有人说"烤肉是阿根廷人的生命"，意思是说阿根廷人日常生活离不开烤肉。在城市中，烤肉店比比皆是，随处可见。而且，老百姓家中也都备有烤炉或烤肉架，以烤肉迎接来客是司空见惯的事。餐馆里的烤肉一般有两种，一是烤牛排，一是将肉、肉肠、小肠、胸腺等混合在一起烤。盐是烤肉的主要调料，有时加上用洋葱、番茄、醋和香料拌成的调料。烤肉喷香扑鼻，令人垂涎欲滴。吃烤肉时，喝些红酒，就些凉菜，更是爽口。阿根廷烤肉与巴西烤肉同时闻名天下，许多国家开设有阿根廷烤肉店。近年来，阿根廷烤肉在我国落户，如北京机场附近就有一家规模很大的阿根廷烤肉店，上海淮海中路也有一家"阿根廷烧烤餐厅"，所制烤肉香嫩清爽，别具风味。

国　饮

马黛茶（Mate）。源于克丘亚语的"Mati"，意为"饮料"或"酒"。学名"llex paraguarensi"。阿根廷是世界上最大的马黛茶生产国，马黛茶也是该国的"国饮"，甚至有人说，"不喝马黛茶就不算来到阿根廷"。马黛茶产于阿根廷等南美国家，取自一种名叫耶尔巴的多年生常绿灌木树。树高可达 15米，叶呈椭圆形，枝叶间开白花。马黛茶含有 196 种天然营养成分与生物活性物质，其中抗氧化成分占 50% 以上。古代土著印第安人把绿叶和嫩芽采摘下来，晾晒、分拣后直接冲泡饮用。后来增加烘烤、发酵、研磨等工序，成为现今世界四大饮料之一的马黛茶。马黛茶是阿根廷人离不开的饮料，品种分叶茶和粉末茶。吸茶用的茶壶是重要的茶具，阿根廷人认为使用的茶壶比喝马黛茶还重要。普通百姓的茶壶一般用挖空的竹筒或葫芦制成，吸嘴是一根金属管。富贵人家的茶壶则是金属模压或硬木雕成，上绘各种图案，镶嵌各色宝石。喝茶时，全家或与朋友围坐一起，一个接一个传着用吸管吸茶。初喝感觉有些苦，但习惯后便觉芬芳、爽口。每年 11 月第二周为马黛茶节，这是阿根廷的全国性节日。阿根廷气候湿润，阳光充足，含有矿物质的红色土壤适宜马黛茶的生长。近年来，阿根廷马黛茶生产快速发展，年产达 40 多万吨，居世界第一位，大量出口欧美和日本等国家，并于 2005 年正式进入中国市场，以其独特口感和保健功效得到市场认可。

宗　教

　　阿根廷宪法第 14 条虽规定宗教信仰自由，但天主教与其他宗教相比处于至高无上的地位，具有国教的性质。2001 年 4 月，根据 Gallup - Argentina 的调查，70% 的人信奉天主教，11% 的人信奉新教，3% 的人信奉其他宗教，16% 的人不信教。根据 CEIL - PIETTE - CONICET 在 2008 年 1～2 月的调查，阿根廷天主教教徒占人口总数的 76.5%，新教教徒占 9.0%，其他宗教教徒占 3.3%，不信教者占 11.3%。根据阿根廷社会学家伊拉里奥·维纳克齐克（Hilario Wynarczyk）2009 年 5 月的调查，新教教徒占阿根廷人口总数的 10%～13%。

　　1502 年，阿梅里戈·韦斯普奇（Amerigo Vespucci）率西班牙船队抵达拉普拉塔河河口，1516 年西班牙殖民者在阿根廷建立拓居点。1536 年方济各会传教士抵达阿根廷后，在该地区建立起罗马天主教会。1580 年，第一座天主教大教堂出现在布宜诺斯艾利斯。1586 年耶稣会进入阿根廷，在土著人中大力开展传道活动。1620 年，在西班牙国王菲利普三世的要求下，教皇保罗五世下令建立布宜诺斯艾利斯主教管区，佩德罗·卡兰萨（Pedro Carranza）教士任阿根廷首任主教。1767 年，耶稣会被逐出阿根廷。1791 年，布宜诺斯艾利斯大教堂建成。1810 年阿根廷独立后，采取了一些限制天主教的措施。国家对教会实行监督，宣布信仰自由，取消宗教法庭、什一税以及僧侣的各种特权，并试图成立一个独立的阿根廷天主教会。1866 年，布宜诺斯艾利斯主教管区升格为大主教管区。1850～1950 年，主要来自欧洲天主教国家（意大利、西班牙、爱尔兰和波兰）的 400 万移民进入阿根廷，使天主教势力大增。19 世纪末，天主教教徒已占阿根廷人口总数的 99%，天主教成为国教。1910

年 1 月，布宜诺斯艾利斯大主教管区下设 130 个教区，共有居民 170 万人，大部分为天主教教徒。1946～1955 年胡安·庇隆执政时期，采取了一些限制天主教的措施，1955 年宣布离婚合法化并把两名批评政府的天主教教士驱逐出境。1994 年阿根廷宪法改革后，取消当选共和国总统和副总统必须是天主教教徒的规定。不过，天主教会在阿根廷仍享有很多优惠。譬如，宪法第 2 条规定联邦政府支持罗马天主教会，国家对天主教会提供经济支持，每年给予教会的资助约合 1200 万美元，每名主教的月薪约为 1430 美元。政府还资助很多隶属于天主教会的私立学校。目前，阿根廷共有 14 个教省、50 个教区。布宜诺斯艾利斯大主教、红衣主教豪尔赫·马里奥·贝戈格里奥（Jorge Mario Bergoglio）也是阿根廷主教会议主席，他从 1998 年起任布宜诺斯艾利斯大主教，2001 年成为红衣主教。

国家保护神

卢汉圣母（Nuestra Señora de Luján）。其圣地卢汉圣母院在布宜诺斯艾利斯城西 65 公里处，是红衣主教的驻节地，也是全国天主教的圣地。卢汉圣母院又称卢汉大教堂，始建于 1887 年，是一座著名的哥特式建筑。教堂正面有两座对称的尖塔形钟楼，拱形大门内的大堂富丽堂皇，保存一尊具有 300 多年历史的卢汉圣母雕像。圣母雕像用陶器制成，塑像高 38 厘米，褐色皮肤，椭圆形脸，蓝色眼睛。身着白色长衫，披浅蓝色斗篷，双手合掌于胸前。相传 1630 年，在巴西塑制的圣母受孕像被运往阿根廷，准备安置在圣地亚哥－德尔埃斯特罗一个牧场的小教堂中。运送圣母像的牛车行驶到卢汉河河畔时，突然停下来不走。赶车人把圣像卸下，牛开始拉空车前行。圣母像再装上车时，牛又停止前行。如此反复多次，人们开始明白圣母想留在此地。河边牧场主人罗森多专为圣母修建了一个小教堂，里面供奉圣母像，圣母被封为卢汉地方的保护神。卢汉圣母教堂经多次改建或扩建。1685 年，在卢汉城建立了一座规模更大、更壮观的圣母教堂。1910 年 12 月 4 日，一座豪华的卢汉圣母教堂面世，从此成为阿根廷的天主教圣地。每年 12 月 8 日圣母日，卢汉城热闹非凡。成千上万的天主教教徒拥向此地，将圣母像请出教堂，举行盛大的游行活动。阿根廷大部分省和城市有自己的保护神，如北方的萨尔萨省，人们在每年的 9 月 15 日朝圣"奇迹基督"。

国　币

阿根廷比索（Peso）。1 比索等于 100 分（Centavos）。

阿根廷货币有 200 多年的历史。1813 年，根据制宪大会的安排，阿根廷第一批钱币开始在波托西铸造。在这些钱币上，铭文 "En Unión y Libertad"（团结与自由）代替了原来钱币使用的西班牙国王像。1815 年，铸模被从波托西带到科尔多瓦，在那里建立起阿根廷第一家造币厂。之后，所有省都建立了自己的造币厂。1822 年成立布宜诺斯艾利斯银行（Banco de Buenos Aires），发行由英国印制的纸币。1824 年，拉里奥哈省开始铸造金币和银币，这些金币与银币与波托西的设计相仿。1853 年，阿根廷宪法规定国家负责铸造钱币。根据这项规定，各省造币厂纷纷关闭。当时货币流通非常混乱，流通的货币有通用货币比索（Peso Moneda Corriente）、硬比索（pesos fuerte）等。此外，外国货币也自由流通。

阿根廷政府 1881 年 11 月 5 日颁布第 1130 号法，国币比索（Peso Moneda Nacional）成为阿根廷的统一货币单位。同年，阿根廷成立国家造币厂，开始铸造由法国雕刻家欧仁·乌迪内（Eugene Oudiné）设计的金币、银币和铜币。币的正面是国徽，反面是自由女神头像。1 阿根蒂诺金币（Un Argentino）等于 5 国币比索，0.5 阿根蒂诺金币等于 2.5 国币比索。与此同时铸造出 1 国币比索银币。比索之下为分币，1881 年、1882 年和 1883 年分别铸造出 10、20和 50 分。1882 年和 1896 年分别铸造出 1 分和 2 分铜币。1881 ~ 1884 年国家银行（Banco Nacional）发行了一套金比索纸币。

1887 年 11 月 3 日，阿根廷国会批准国家担保银行法，以遏制各省发行货币的混乱现象。1890 年 10 月 7 日，卡洛斯·佩列格里尼（Carlos Pellegrini）总统宣布成立兑换银行（Caja de Conversión），负责印制和发行全国的纸币。1890 年 9 月 5 日，第一批纸币发行。1891 年国家银行关闭，阿根廷国家银行（Banco de la Nación Argentina）成立。1897 年 11 月 20 日，第 3505 号法授权兑换银行更新所有当时流通的纸币。新设计的纸币被称为 "进步像"（Efigie del Progreso），图案是一位坐着的妇女左手持点燃的火炬，右手扶着国徽。1900 年，兑换银行发行纸币，模板由欧洲带来。

1935 年，阿根廷共和国中央银行（Banco Central de la República Argentina）

成立，取代兑换银行，并于 1942 年发行第一批货币。1951 年，阿根廷实现纸币生产国产化。根据 1969 年阿根廷颁布的第 18188 号法，从 1970 年 1 月 1 日起发行新货币比索莱伊（Peso Ley），1 比索莱伊等于 100 国币比索。根据阿根廷政府下达的第 22707 号令，1983 年 6 月 1 日新的货币单位阿根廷比索（Peso Argentino）取代比索莱伊，1 阿根廷比索等于 10000 比索莱伊。为了控制愈演愈烈的通货膨胀，1985 年 6 月 14 日，总统劳尔·阿方辛（Raúl Alfonsín）颁布第 1096 号令，从 1985 年 6 月 15 日起开始流通新的货币奥斯特拉尔（Austral），1 奥斯特拉尔等于 1000 阿根廷比索。最初，通货膨胀有所减轻，但从 1986 年开始，情况又继续恶化，出现了恶性通货膨胀，阿根廷只能靠印刷钞票来弥补财政赤字。到 1989 年，奥斯特拉尔年均贬值约 5000%。根据 1991 年 10 月 10 日梅内姆总统颁布的第 2128 号总统令，1992 年 1 月 1 日阿根廷货币单位重新改为比索（Peso），1 比索等于 10000 奥斯特拉尔。比索与美元挂钩，采取比索与美元 1 比 1 的固定汇率制度。德拉鲁阿上台以后，沿用了这种固定汇率制度。比索这个货币单位一直沿用至今。

1992 年发行的阿根廷纸币面额有 2、5、10、50 和 100 比索，各面值比索纸币大小相同，均长 155 毫米，高 65 毫米。1997 年发行的纸币在印制质量和水印等方面有了一些小的变化。2 比索颜色为浅蓝，正面绘有 1862~1868 年执政的阿根廷总统巴托洛梅·米特雷像，背面为米特雷博物馆（米特雷故居）。5 比索为绿色，正面绘有阿根廷国父何塞·德圣马丁像，背面为格洛里亚山（光荣山）。10 比索为棕色，正面绘有国旗作者曼努埃尔·贝尔格拉诺像，背面为国旗纪念碑。20 比索为红色，正面绘有 1829~1832 年和 1835~1852 年执政的胡安·曼努埃尔·德洛萨斯像，背面为拉布埃尔塔德奥弗利加多战役。50 比索为黑色，正面绘有 1868~1874 年执政的阿根廷总统多明戈·法斯蒂诺·萨米恩托（Domingo Faustino Sarmiento，1811~1888 年）像，背面为布宜诺斯艾利斯五月广场。100 比索为紫罗兰色，正面绘有 1880~1886 年执政的阿根廷总统胡利奥·阿亨蒂诺·罗卡总统像，背面为沙漠战役。

阿根廷铸币有六种面值，分别为 1、5、10、25、50 分和 1 比索。1、5、10、25、50 分铸币正面均为面值和铸造年份，1 比索铸币正面中心为五月太阳，圆周为面值和桂枝。1 分铸币于 1992~2001 年铸造，背面桂枝，直径 16.2 毫米，重 1.77 克，铜铝合金，后改为铜。5 分铸币于 1992~1995 年和 2004~2009 年铸造，背面五月太阳，直径 17.2 毫米，重 2.25 克，铜铝、铜镍合金，后改为含铜钢。10 分铸币于 1992~1994 年和 2004~2010 年铸造，背面为阿根廷国徽，直径 18.2 毫米，重 2.25 克，铜铝合金，后改为含铜钢。25 分铸币于 1992～1996 年和 2009～2010 年铸造，背面是布宜诺斯艾利斯市政厅，直径 24.2 毫米，重 6.10 克，铜镍合金与铜铝合金。50 分铸币于 1992～1994 年和 2009～2010 年铸造，背面是图库曼宫，直径 25.2 毫米，重 5.80 克，铜铝合金。1 比索铸币于 1992～1996 年和 2006～2010 年铸造，背面是联合省省徽和火炬，直径 23 毫米，重 6.35 克，圆环铜镍合金，中心铜铝合金。

安提瓜和巴布达

国 名

安提瓜和巴布达（Antigua and Barbuda）。位于加勒比海小安的列斯群岛北部背风群岛中，由安提瓜、巴布达和雷东达（Redonda）三岛组成。该国西临圣基茨和尼维斯（又称圣克里斯托弗和尼维斯），南同瓜德卢普岛相望。安提瓜岛是该国最大的岛屿，面积为 280 平方公里。岛上最早的居民为来自委内瑞拉的被称为"石头人"（stone people）的西博内人（Ciboney）。公元 700年左右，来自亚马逊地区的加勒比人侵占了岛屿，将该岛取名为"瓦达德利"（Wadadli），意为"我们自己的"，现今"瓦达德利"的旧名仍为该国啤酒的品牌。1493 年哥伦布第二次远航美洲时发现安提瓜岛，遂以西班牙塞维利亚安提瓜教堂（Iglesia de Santa Maria de la Antigua）的名字命名，并沿用至今。巴布达面积为 160 平方公里，旧名为"瓦奥莫尼"（Wa'omoni），也是加勒比人所取。"巴布达"西班牙语意为"大胡子"，得名与巴巴多斯类似，因为该岛上的无花果树的气生根看上去像人的胡子。"雷东达"则是哥伦布以雷东达圣母命名。

国 都

圣约翰（St. John's）。安提瓜和巴布达最大的城市，是经济和文化中心。位于安提瓜岛西北海岸，濒临大西洋，以施洗约翰命名。施洗约翰是耶稣基督的表兄，在耶稣基督开始传福音前，曾为耶稣基督施洗，因抨击犹太王希律·安提帕斯而被杀。

国　庆

11 月 1 日（1981 年）。1632 年英国占领安提瓜岛，1667 年正式成为英国殖民地。1958 年加入西印度联邦。1981 年 11 月 1 日安提瓜和巴布达宣布独立，这一天成为该国独立日，也为国庆日。

国　旗

安提瓜和巴布达国旗为长方形，长与高的比例为 3∶2。国旗由 3 个三角形组成。左右是两个相等的红色直角三角形，中间是一个由黑蓝白三色组成的等腰三角形，三角形的两个腰组成"V"字，"V"字象征胜利。黑色部分中间绘有半轮 7 角太阳，象征新时代的开端。红色象征奴隶先辈洒下的鲜血和人民的活力；蓝色象征希望和海洋；黑色象征土地和非洲的遗产。金色、蓝色和白色相结合象征安提瓜和巴布达拥有的得天独厚的旅游资源：太阳、海洋和沙。

安提瓜和巴布达国旗是 1966 年雷金纳德·塞缪尔（Reginald Samuel）设计的。在有 600 多人参加的安提瓜和巴布达国旗设计比赛中，他设计的国旗拔得头筹，1967 年 2 月 27 日被安提瓜和巴布达自治政府采用。1981 年 11 月 1 日安提瓜和巴布达独立后，继续成为该国国旗。每年 2 月 27 日为安提瓜和巴布达国旗日。

国　徽

安提瓜和巴布达国徽主题图案为盾徽，盾徽的下半部是蓝、白相间的波纹，代表围绕安提瓜和巴布达的海洋——加勒比海。盾徽上半部有一轮在蓝白相间波纹上冉冉升起的太阳，代表新的开端，象征独立与自由。太阳的底色为黑色，象征岛国大部分人的祖先来自非洲。盾徽下端的一片绿地上，矗立着一座榨糖汁塔，象征制糖业为岛国最重要的工业，是财政收入的重要来源。盾徽顶上有花环缠绕的头盔，头盔之上是国家水果——菠萝，菠萝两侧各有两朵红色的木槿属植物花，代表该国的各种鲜花。盾徽两侧各有一只该国的国家动物——鹿，它们分别用左前肢和右前肢扶着盾徽，用右前肢和左前肢扶着甘蔗秆和开黄花的剑叶木花，它们的后肢踩在绿色的土地上。鹿是东加勒比地区唯一的大型动物，而且仅出现在安提瓜和巴布达。盾徽下面的飘带上用红色大写英文字母写有詹姆斯·H. 卡罗特（James H. Carrot）创作的国家格言"EACH ENDEAVOURING, ALL ACHIEVING"（人人全力以赴，定能取得胜利）。

安提瓜和巴布达国徽是 1981 年由加拿大籍安提瓜画家、雕刻家戈登·克里斯托弗（Gordon Christopher）设计的，当时的财政部长唐·吉布斯（Don Gibbs）加以修改，1967 年 2 月 16 日经英国女王伊丽莎白二世批准为安提瓜和巴布达国徽。

总督旗

安提瓜和巴布达国家元首是英国女王，总督为女王的代表，必须由本国人担任，执掌国家的行政权。现任总督路易丝·莱克–塔克（Louise Lake–Tack）于 2007 年 7 月 17 日就任。安提瓜和巴布达总督旗旗地为深蓝色，旗地中央绘有王冠，冠上伫立一头金狮，象征与英国的关系。王冠下的黄色丝带上写有"Antigua and Barbuda"（安提瓜和巴布达）。

总督府

安提瓜和巴布达总督府（Government House）是总督工作和生活的地方，也是首都圣约翰的标志性建筑之一，是 17 世纪英国殖民地时期的建筑佳作。这座漂亮的木制建筑位于圣约翰的东部，环境非常幽美。总督府内有多位安提瓜和巴布达总督和领导人的画像。总督府内的乔治·韦斯特比纪念馆，是为纪念西印度主教乔治·沃尔·韦斯特比（George Wall Westerby）而设立的。总督府的餐厅是乔治时期风格的建筑，厅内悬挂的枝形吊灯别具一格。

国 歌

《美丽的安提瓜和巴布达》（*Fair Antigua and Barbuda*）。词作者是诺韦列·汉密尔顿·理查兹（Novelle Hamilton Richards），曲作者是沃尔特·皮卡尔·钱伯斯（Walter Picart Chambers）。

1966 年安提瓜和巴布达举行国歌选拔比赛，沃尔特·皮卡尔·钱伯斯作曲、诺韦列·汉密尔顿·理查兹作词的歌曲《美丽的安提瓜和巴布达》获胜。1967 年，他们创作的歌曲被定为安提瓜和巴布达国歌。1981 年安提瓜和巴布达获得完全独立时，歌词做了修改。

词作者诺韦列·汉密尔顿·理查兹是安提瓜和巴布达著名的作家、诗人，也是著名的政治家。他 1951 年当选安提瓜立法委员会成员。1958 年成为西印度联邦议会议员，后任联邦总理。1967 年任安提瓜和巴布达参议院首任议长。他除撰写国歌歌词外，还出版过《热带宝石》（*Tropic Gems*）等著作。1986 年去世。

曲作者沃尔特·皮卡尔·钱伯斯是教堂管风琴手和钢琴调音师。

安提瓜和巴布达国歌共有 3 段，第一段歌词为：

> 美丽的安提瓜和巴布达，
> 我们永远是你的儿女，
> 无论和平或危险时都刚强坚定。
> 为了捍卫我们的祖国，
> 我们保证建设一个，
> 真正美好、自由的国家。
> 永远奋斗、永远追寻，
> 在爱与团结中安家。

歌词原文为：

Fair Antigua and Barbuda,

We thy sons and daughters stand,

Strong and firm in peace or danger.

To safe guard our native land,

We commit ourselves to building.

A true nation brave and free.

Ever striving ever seeking,

Dwell in love and unity.

国歌歌词原文来源：http：//www. antiguanice. com/。

国家格言

"人人全力以赴，定能取得胜利"（Each endeavouring, all achieving）。作者为帝国勋章获得者詹姆斯·H. 卡罗特（James H. Carrot）。

国　语

英语。安提瓜和巴布达的官方语言是英语，在学校、政府机关和中上层人士中使用，但大部分安提瓜和巴布达人讲安提瓜克里奥尔语，并很容易从英语转换成克里奥尔语。安提瓜克里奥尔语是英语、地方俚语和西非语言的混合体，是在英国统治期间作为庄园主和奴隶相互沟通的工具而形成和发展起来的。标准英语用于学校和政府机构，安提瓜克里奥尔语则是民族语言。

安提瓜克里奥尔语和英语在读音、语法和词汇上有一些变化。由于奴隶们很难发出西非语言中没有的"v"和"tb"的两种音，因此英语中一些词在变成克里奥尔语时删去了"v"和"tb"这两个音，如"tbink"读成"tink"，"live"读成"lib"。安提瓜克里奥尔语在语法上也出现了变化，如英语句子"he is my father"（他是我的父亲）变为克里奥尔语"him my father"时，代词宾格成为主语，并省略了动词"is"。英语句子"you walk to my house"（你步行到我家）变为克里奥尔语"you walk me house"时，不仅代词发生变化，而且前置词也被省略。安提瓜克里奥尔语含有很多西非语词汇，如"Bassa"意为"鬼混"，"Catta"意为放在头上的"一块布"，用于帮助顶负重物。

国家奖章

1998 年安提瓜和巴布达颁布并施行国家奖章制度。国家奖章共有以下 8 种：民族英雄勋章（Order of the National Hero），国家勋章（Order of the Nation），功绩勋章（Order of Merit），王室遗产勋章（Order of Princely Heritage），功绩服务奖章（Meritorious Service Medal），一般服务奖章（General Service Medal），长期服务和良好行为奖章（Long Service and Good Conduct Medal），高效服务奖章（Efficient Service Medal）。

民族英雄勋章是安提瓜和巴布达最高一级奖章，授予为该国或人类提供突出、卓越服务的安提瓜和巴布达公民。男性民族英雄勋章获得者可获终生爵士（Sir）称号，用在姓名前，姓名后可加写字母 KNH（爵士民族英雄勋章）；女性可获终生女爵士（Dame）称号，用在姓名前，姓名后可加写字母 DNH（女爵士民族英雄勋章）。安提瓜和巴布达获得民族英雄勋章的有首任总理维尔·康沃尔·伯德（Vere Cornwall Bird），板球运动员维维安·亚历山大·理查兹（Vivian Alexander Richards），教育家乔治亚娜·内利·鲁宾逊（Georgiana Nellie Robinson），奴隶领袖"普林斯·克拉斯"考特国王（King "Prince Klass" Court），第二任总理乔治·H. 沃尔特（George H. Walter）。每年 12 月 9 日是安提瓜和巴布达"民族英雄日"，纪念首任总理伯德诞辰。

国家勋章仅次于民族英雄勋章，授予为安提瓜和巴布达提供过杰出服务的人。国家勋章分为以下六级：爵士或女爵士大项链国家勋章（Knight or Dame Grand Collar），爵士或女爵士大十字国家勋章（Knight or Dame Grand Cross），爵士或女爵士大司令官国家勋章（Knight or Dame Grand Commander），司令官国家勋章（Commander），官员国家勋章（Officer），议员国家勋章（Member）。

爵士或女爵士大项链国家勋章、爵士或女爵士大十字国家勋章和爵士或女爵士司令官国家勋章获得者可获终生爵士或终生女爵士称号，用在姓名前。爵士夫人可获终生夫人（Lady）称号。爵士或女爵士大项链国家勋章获得者姓名后加写字母 KGN（爵士大项链国家勋章）或 DGN（女爵士大项链国家勋章）；爵士或女爵士大十字国家勋章获得者姓名后可加写字母 KGCN（爵士大十字国家勋章）或 DGCN（女爵士大十字国家勋章）；爵士或女爵士大司令官国家勋章获得者姓名后可加写字母 KCN（爵士司令官国家勋章）或 DCN（女爵士司令官国家勋章）；司令官国家勋章获得者姓名后可加写字母 CN（司令官国家勋章）；官员国家勋章获得者姓名后可加写字母 ON（官员国家勋章）；议员国家勋章获得者姓名后可加写字母 MN（议员国家勋章）。

功绩勋章授予立过功的任何人。功绩勋章分为以下五级：大十字功绩勋章（Grand Cross），高官功绩勋章（Grand officier），司令官功绩勋章（Commander），官员功绩勋章（Officier），议员功绩勋章（Member）。

大十字功绩勋章获得者姓名后可加写字母 GCM（大十字功绩勋章）；高官功绩勋章获得者姓名后可加写字母 GOM（高官功绩勋章）；司令官功绩勋章获得者姓名后可加写字母 CM（司令官功绩勋章）；官员功绩勋章获得者姓名后可加写字母 OM（官员功绩勋章）；议员功绩勋章获得者姓名后可加写字母 MM（议员功绩勋章）。

王室遗产勋章授予为安提瓜和巴布达的遗产和文化各领域提供过宝贵服务的任何人。王室遗产勋章分为大十字王室遗产勋章（Grand Cross），高官王室遗产勋章（Grand officier），司令官王室遗产勋章（Commander），官员王室遗产勋章（Officier），议员王室遗产勋章（Member）五级。

大十字王室遗产勋章获得者姓名后可加写字母 GCH（大十字王室遗产勋章）；高官王室遗产勋章获得者姓名后可加写字母 GOH（高官王室遗产勋章）；司令官王室遗产勋章获得者姓名后可加写字母 CH（司令官王室遗产勋章）；官员王室遗产勋章获得者姓名后可加写字母 OH（官员王室遗产勋章）；议员王室遗产勋章获得者姓名后可加写字母 MH（议员王室遗产勋章）。

国家动物

欧洲黇鹿（European Fallow Deer）。大部分呈栗色，带白色斑点，也有呈黑色、白色、棕色和黄色的黇鹿。雄鹿有漂亮的鹿角，长可达 39 厘米。雄鹿重 55~70 公斤，高 90~95 厘米。雌鹿重 40~45 公斤，高 80~85 厘米。17世纪，欧洲黇鹿由科德林顿家族（Codringtons）带至安提瓜和巴布达，仅在巴布达岛生活、繁殖。

国家水果

菠萝。阿拉瓦克人将菠萝从南美洲引入安提瓜和巴布达，称它为"伯尼亚马"（Boniama）或"亚亚马"（Yayama），认为它是神的食物。菠萝的用途很广，安提瓜和巴布达把它视为国果。人们曾用其多刺的叶子制作细绳、纤维织物和药物，用果实制作美酒。菠萝还被用来医治泌尿系统疾病和堕胎。历史上菠萝曾作为维生素 C 的来源，用于制作蛋糕和布丁。果汁用于治疗发热、腹痛、黄蜂蜇，叶子可外贴治扭伤。1640 年，来到安提瓜的移民开始在英吉利港（English Harbour）附近种植菠萝。

国　花

剑叶木花（Dagger Log's）。学名"Agave karatto Miller"，百合属植物，生长 10～20 年后开花，花为黄色。花开之后，树木便随之死亡。人们还称它为"龙舌兰"或"世纪树"（Century Plant）。阿拉瓦克人称它为"Maguey"或"Kabuya"，也意为"龙舌兰"。其叶纤维可制吊床、弹簧、绳、粗线和手工艺品，其木可制渔筏。可做治疗结核的药物，还可作防护的栅栏。

国　树

白木树（Whitewood Tree）。学名"Bucida buceras/font L"，是一种观赏遮阴树，其枝几乎与地面平行。属使君子科，与美洲红树和杏仁树有关。其木重而硬，曾用作制造炮架、地板、门、手推车和长凳。因用途广泛，曾遭大量砍伐，目前这种树在安提瓜已留存不多。

国　鸟

弗里加特鸟（Frigate），它又称天气鸟（Weather bird），与鹈鹕有关。其体重约 1.3 千克，展开的羽翼长可达 2.5 米。尾分叉，每小时飞行 35 千米。雄鸟为黑色，为了吸引雌鸟，雄鸟把鲜红的喉咙撑得很大。

国家海洋动物

玳瑁（Hawksbill）。属海龟科，爬行动物，形状像龟，嘴长而尖，壳两边呈锯齿状。主要食物为海绵，也食鱼虾和贝类。其壳可制工艺品和饰物，因贵重而常遭捕杀。

国　石

木化石。长期埋在含有火山灰的泥浆中的木头变成的化石。安提瓜的木化石属于地质学的渐新世时期，在安提瓜中部地区仍可发现木化石。

国家历史象征

榨糖厂。来自爱尔兰的皮戈特家族的人在安提瓜的卡拉尔蒙特（Claremont）建立起第一家榨糖厂。1705 年，该国已有 34 家榨糖厂。现在共有 114 家榨糖厂，成为该国发展的象征。

国菜和国食

安提瓜和巴布达国菜名叫红胡椒炖肉（Pepperpot）。它是由肉、蔬菜、茄子、秋葵、洋葱、香料和佐料相混合烧制而成的汤菜。配料有新鲜的绿色埃多（eddo，类似芋头的热带蔬菜）叶、去皮茄子、切碎的秋葵（Okras，又称羊角豆）、烧过的牛肉、切碎的猪嘴肉、切碎的绿色巴婆果、切碎的小南瓜、盐、胡椒、切碎的蒜瓣、植物油、牛肉片及骨和皮、番茄酱、人造黄油、百里香、细香葱、切碎的菠菜和绿豌豆等。制作时先在盐水中洗菜叶和蔬菜。

把切过的蔬菜、茄子、南瓜和菜叶浸泡在淡水中。把咸牛肉在淡水中煮 10 分钟，去除水分后捞出。在锅中放入植物油加热，放入咸牛肉煎 15 分钟，加入洋葱和鲜肉，另煎 5 分钟，然后放入所有蔬菜（豌豆除外）一起搅拌。加入适量水，没过肉和菜，烧至变软。菜和肉烧熟后，加入豌豆和所有调味料。小火炖约 15 分钟即可。

安提瓜和巴布达国食名叫"芬吉"（Funjee）。它是用玉米粉和秋葵制成的。配料有切成小块的秋葵、玉米粉、盐和水。制作时，先把水、盐和切成小块的秋葵放入锅中烧开，秋葵煮熟后，去掉一半汤，用木匙搅汤。玉米粉加入凉水搅拌成糊，倒入锅中，变小火煮，直至玉米糊变硬并能出锅即可。吃时附以煮鱼、煮海螺、炖鸡或咸鱼。

国　服

安提瓜和巴布达男女国服是 1834 年由安提瓜人希瑟·多拉姆（Heather Doram）根据市场销售员和面包师的工作服式样设计出来的。男服为黑裤、浆过的长袖白衬衫，外套花色马甲，脚穿白色短袜和黑鞋。女服是花色短袖衬衫和长裙，外套白色围裙样的裙子。国庆日期间，安提瓜和巴布达人都要穿上民族服装，载歌载舞庆祝节日。

宗　教

安提瓜和巴布达宪法规定宗教信仰自由。占人口总量 74% 的居民信奉基督教。英国圣公会是该国最大的基督教教派，占 32%，摩拉维亚教派占 12%，卫理公会占 9%。安提瓜和巴布达和背风群岛的英国圣公会主教管区建于 1842 年。现任安提瓜英国圣公会主教为莱奥伊·埃罗尔·布鲁克斯（Leoy Errol Brroks），1998 年上任。安提瓜分为 6 个教区，分别是圣乔治、圣约翰、圣玛丽、圣保罗、圣彼得和圣菲利普。圣约翰英国圣公会大教堂（St. John's Anglican Cathedral）位于城市中心的东北，建于 1683 年。原为木结构教堂，1843 年遭地震破坏后，外部用石头重建。

天主教在该国影响也很大，天主教教徒占人口总量的 10% 以上。天主教圣约翰－巴斯特尔主教管区辖安提瓜和巴布达、圣基茨和内维斯、蒙特塞拉特、安圭拉和英属维尔京群岛。天主教圣约翰－巴斯特尔主教管区建于 1971 年，从属于卡斯特里大主教管区，是安的列斯主教会议成员。安提瓜主教加布里埃尔·马尔扎雷（Gabriel Malzaire）于 2009 年上任。

国 币

东加勒比元（The East Caribbean Dollar）。1 东加勒比元等于 100 分（Cents）。现流通的纸币面值为 5、10、20 和 100 东加勒比元，铸币面值为 1、2、5、10 分和 1 元。建于 1983 年 10 月的东加勒比中央银行（Eastern Caribbean Central Bank）负责发行东加勒比元。该货币实行固定汇率制，1 美元等于 2.76 东加勒比元。东加勒比元是东加勒比国家组织格林纳达、安提瓜和巴布达、多米尼克国、圣基茨和内维斯、圣卢西亚、蒙特塞拉特、圣文森特和格林纳丁斯 7 个正式成员与英国海外领地安圭拉、英属维尔京群岛 2 个非正式成员共同使用的货币。

1949 年，英国政府批准英属加勒比货币发行局（British Caribbean Currency Board，BCCB）发行的西印度元（British West Indies dollar，BWI＄）在东加勒比地区流通，安提瓜和巴布达货币正式与英属东加勒比地区的货币联系在一起。1965 年年底，东加勒比货币管理局（The Eastern Caribbean Currency Authority，ECCA）发行了面值为 1、5、20 和 100 元的东加勒比元纸币，取代了西印度元，西印度元铸币继续流通。1981 年，开始发行东加勒比元铸币。1983 年 10 月，东加勒比中央银行（Eastern Caribbean Central Bank）建立，接管货币的发行。为纪念东加勒比中央银行成立一周年，1984 年 11 月 15 日发行 1、5、10、20 和 100 元的东加勒比元纸币。各面额纸币上印有代表各成员国的代码：安圭拉是 U，安提瓜和巴布达是 A，多米尼克国是 D，蒙特塞拉特是 M，格林纳达是 G，圣基茨和内维斯是 K，圣卢西亚是 L，圣文森特和格林纳丁斯是 V。1989 年，1 元纸币停止发行。1993 年，东加勒比中央银行发行第二套纸币，增加发行 50 元纸币。各种纸币的设计做了修改，纸币正面除英国女王伊丽莎白二世头像外，增添了东加勒比中央银行大楼、动物，纸币背面绘有几个成员国的特色风景。1995 年发行的第三套纸币，对面额数字和颜色做出一些改变。2000 年和 2004 年发行的第四套和第五套纸币，加强了防伪。2008 年发行的第六套纸币，取消了几个成员国的代码，进一步升级防伪。

2008 年东加勒比中央银行发行的各面额纸币正面右侧均绘有英国女王伊丽莎白二世半身像，女王左侧绘有东加勒比中央银行大楼、鱼和海龟图案，并有伊丽莎白二世水印。5 元纸币背面绘有安提瓜和巴布达的上将宫（Admiral's House）和多米尼克国的特拉法加瀑布（Trafalgar Falls）；10 元纸币背面绘有圣文森特和格林纳丁斯的阿德默勒尔海湾（Admiralty Bay）、加勒比地图、安圭拉的航行中的瓦尔斯皮特船（The Warspite sailing ship）、褐色鹈鹕和鱼；20 元纸币背面绘有蒙特塞拉特的政府宫（Government House）和肉豆蔻；50 元纸币背面绘有圣卢西亚西南海岸的双峰（Les Pitons）以及圣基茨和内维斯的硫黄山堡垒（Brimstone Hill）；100 元纸币背面绘有东加勒比中央银行大楼和阿瑟·刘易斯爵士（Arthur Lewis）。

2002 年东加勒比中央银行发行的铸币均为圆形，正面均为英国女王伊丽莎白二世近照头像，圆周写有大写英文"QUEEN ELIZABETH THE SECOND"（女王伊丽莎白二世）。1、2、5 分铸币背面图案是两枝棕榈枝相交叉，棕榈枝之间是面值的阿拉伯数字，均为铝制。10 分、25 分和 1 元铸币背面图案是爵士弗兰西斯·德雷克斯船，面值的阿拉伯数字在船的两侧，均为铜镍合金。1 分铸币直径为 18.42 毫米，重 1.03 克，边缘光滑；2 分铸币直径为 21.46 毫米，重 1.42 克，边缘光滑；5 分铸币直径为 23.11 毫米，重 1.74 克，边缘光滑；10 分铸币直径为 18.06 毫米，重 2.59 克，边缘为棱纹；25 分铸币直径为 23.98 毫米，重 6.48 克，边缘为棱纹；1 元铸币直径为 26.50 毫米，重 7.98 克，边缘为棱纹。

巴巴多斯

国　名

　　巴巴多斯（Barbados）。它是位于加勒比海西印度群岛最东端的独立岛国。在欧洲殖民者抵达巴巴多斯之前，当地印第安阿拉瓦克人曾称它为"伊奇鲁加纳伊姆"（Ichirouganaim），意为"外有礁石的红石头岛"。后来，葡萄牙人在前往巴西途中经过巴巴多斯，成为来到巴巴多斯的第一批欧洲人，并给该岛取名"Os Barbados"（巴巴多斯），其葡萄牙语意为"长胡须的人们"。这个称呼要么是指当地无花果树悬挂似胡须的须根，要么是指曾在该岛居住过的长须的加勒比人，要么是指冲击岛外围礁石的浪花像是人的白色胡须。1519 年，热那亚地图绘制员贝斯孔德·德马焦拉（Vesconde de Maggiola）绘制的地图上第一次出现了巴巴多斯的地名和其在多巴哥岛之北的准确位置。巴巴多斯岛风景秀丽，被称为"西印度群岛的疗养院"。巴巴多斯还被称为"小英格兰"，因为其景色与英国南部沿海相仿，而且其司法、教育和政治制度也深受英国影响。

国　都

　　布里奇敦（Bridgetown）。巴巴多斯首都、政治、经济、商业中心和全国唯一的港口。位于巴巴多斯岛西南沿海康斯提蒂尤欣河入海处，面临卡莱尔湾。1628 年英国殖民者建城时，发现这里有一座印第安阿拉瓦克人建造的木桥，故称之为"印第安布里奇"（Indian Bridge），意为"印第安人桥"。在有关巴巴多斯的官方文件里，布里奇敦曾一度被称为圣迈克尔城（Town of St. Michael）。1654年，木桥被重建，最后该城改称为"布里奇敦"（Bridge-town），意为"桥城"。

国　庆

11月30日（1966年）。巴巴多斯最早的主人是印第安阿拉瓦克人，后来加勒比人取而代之，将阿拉瓦克人赶出了巴巴多斯。16世纪初，西班牙和葡萄牙先后登上该岛。1625年，英国人在巴巴多斯建立殖民点，从此巴巴多斯经历了英国300多年的殖民统治。17世纪，大批黑奴被从非洲运至巴巴多斯，在甘蔗种植园从事繁重的奴隶劳动。1649年，巴巴多斯爆发第一次农奴起义。1834年，英国被迫宣布废除奴隶制。20世纪20年代以后，巴巴多斯劳工运动不断高涨。1938年，以格兰特利·赫伯特·亚当斯（Grantley Herbert Adams）为领袖的巴巴多斯工党宣告成立，领导该国的民族独立运动。1946年，巴巴多斯工党在大选中获胜，亚当斯出任第一任总理。1958年，巴巴多斯成为西印度联邦成员，亚当斯任联邦总理。1961年10月，巴巴多斯取得内部自治地位。同年，民主工党领袖巴罗（Errol Walton Barrow）取得大选胜利，成为巴巴多斯总理。1962年5月，西印度联邦解体，巴罗领导了巴巴多斯人民争取独立的斗争。1966年11月30日，巴巴多斯宣布独立，成为英联邦成员国。这一天成为巴巴多斯的独立日和国庆日。

国　旗

巴巴多斯国旗呈长方形，长和高的比例为3∶2。由三个平行相等的垂直长方形组成，左、右为蓝色，中间为黄色。蓝色象征巴巴多斯的海洋和天空，黄色象征海岛沿岸的沙滩。黄色长方形中央绘有一把黑色破碎的三叉戟。罗马神话中海神尼普顿手持的三叉戟，曾是殖民地时期巴巴多斯国玺中的标志（独立后被国徽所取代）。巴巴多斯国旗中戟杆被折断的三叉戟则象征该国摆脱英国的殖民统治，并象征民有、民享和民治。

1966 年，巴巴多斯政府组织国旗设计选拔比赛，在参赛的 1029 件作品中格兰特利·W. 普雷斯科德（Grantley W. Prescod，1926～2003 年）设计的旗帜脱颖而出，获得金奖和 500 美元奖金，并被定为巴巴多斯国旗。普雷斯科德曾先后在布里斯托尔大学和美国费城坦普尔大学学习美术，后任帕金森中学（Parkinson School）美术教师。1977 年 9 月开始，他担任教育局官员，1987 年 2 月退休。2003 年 11 月 12 日病逝。

国　徽

1966 年 2 月 14 日，英国女王伊丽莎白二世在访问巴巴多斯期间授予该岛参议院议长巴巴多斯国徽批准书。

国徽主体为金色盾牌。盾的上部绘有两朵红色的巴巴多斯国花——蝴蝶花，下部有一棵无花果树。海豚和鹈鹕从左右两侧扶着盾。海豚代表巴巴多斯的渔业，鹈鹕代表鹈鹕岛（Pelican Island，巴巴多斯一座小岛，后成为深水港的一部分）。盾徽上端为头盔和覆盖物，头盔之上一只手紧握交叉成十字形的甘蔗，甘蔗代表了巴巴多斯的蔗糖业。十字形代表耶稣的十二使徒之一安德烈被钉死以殉道的萨尔蒂雷 "X" 十字架（Saltire Cruz）。盾徽下方的绶带上用大写英文写有 "PRIDE AND INDUSTRY"（自尊和勤勉）。

巴巴多斯国徽的设计者为内维尔·克拉克·康奈尔（Neville Clarke Connell，1907～1973 年），青年时期就学于巴巴多斯哈里森学院和剑桥菲茨威廉学院。他担任巴巴多斯博物馆馆长 24 年，为博物馆的杂志、地方报刊和海外刊物撰写过大量文章。他曾从师著名美术家希尔达·英斯（Hilda Ince），学习纹章和美术。经过长期探索和研究，康奈尔设计出巴巴多斯国徽。他的国徽图案草稿存于巴巴多斯博物馆和历史学会。1993 年 1 月 19 日病逝。

总督旗

巴巴多斯总督旗旗面为蓝色，旗地中央为皇冠，皇冠下的黄色绶带上写有大写英文 "BARBADOS"（巴巴多斯）。旗帜的长与高的比例为 4∶3。

总理旗

巴巴多斯总理旗旗地由黄色和蓝色三角形组成，黄色在右，蓝色在左。一条似绳的黑白相间的长带从右下角直到左上角，并在旗地中央围住白色圆盘，白色圆盘上绘有巴巴多斯国徽。旗帜长与高之比为 3：2。

总理府

巴巴多斯总理府称为"利亚罗庭院"（Llaro Court），1919 年由美国人吉尔伯特·卡特（Lady Gilbert Carter）夫人设计，她是 1904~1911 年巴巴多斯总督吉尔伯特·托马斯·卡特（Gilbert Thomas Carter）的妻子。利亚罗庭院的名称源于南非的一个村庄，这位巴巴多斯总督曾作为官员在那里生活。利亚罗庭院用当地的珊瑚石灰石建造，融合了爱德华七世时代、意大利和加勒比的建筑风格。小巧的白色凉亭点缀在草木葱茏的院中，别有情趣。1976 年，以约翰·亚当斯（John Adams）为总理的巴巴多斯工党政府买下了这栋当时作为文化中心的房子，把它作为总理府。经过重新装修并增添许多古式家具后，亚当斯总理于 1984 年正式入住利亚罗庭院。此后，除埃罗尔·巴罗外，其他所有总理都在此办公和居住。

国　歌

《在熟年，在荒年》（In Plenty and in Time of Need）。曲作者为范罗兰·爱德华兹（Van Roland Edwards），词作者为欧文·布尔吉（Irving Burgie）。

1966 年，巴巴多斯政府举办国歌选拔比赛，欧文·布尔吉和范罗兰·爱德华兹创作的国歌被伊妮德·林奇（Enid Lynch）夫人等人组成的评选委员会选中，并获得 500 美元奖金。1967 年，巴巴多斯皇家警察乐团检察员普林斯·凯夫（Prince Cave）对国歌曲谱做了修改。巴巴多斯政府规定，多数情况下只演奏国歌第一节与合唱。演奏国歌时，巴巴多斯人应肃立并脱帽。国歌演奏不能用于跳舞和广告宣传。

　　曲作者范罗兰·爱德华兹在圣彼得教会儿童学校读书时已开始作曲。他未受过正规训练，但从 1933 年起成为英国歌会成员。因眼睛部分失明，他的两个女儿帮助他作曲。其著名作品有《古德曼之歌》（*The Goodman Song*）、《联邦之歌》（*The Federation Song*）和《欢迎英国女王伊丽莎白二世》（*Welcome to her Majesty the Queen Elizabeth II*）等。

　　词作者欧文·布尔吉，艺名洛德·伯吉斯（Lord Burgess），是位抒情诗人，生于美国纽约，父亲为美国人，母亲为巴巴多斯人。他曾在南加利福尼亚大学学习音乐，代表作有《巴巴多斯民谣》（*Ballad for Bimshire*）、《太阳岛》（*Island*）等。他还为多名国际知名作曲家填词。他的作品收集在《西印度歌集》（*The West Indian Song Book*）之中。他经常访问巴巴多斯，1980 年他为巴巴多斯儿童设立欧文·布尔吉文学奖。

　　巴巴多斯国歌歌词为：

　　第一节：

　　　　　　无论是丰年还是荒年，
　　　　　　早先在这美丽的土地上，
　　　　　　我们勇敢的祖先种了田，
　　　　　　从此生发出我们的光荣，
　　　　　　这光荣并非夸夸其谈。
　　　　　　它曾经受考验，
　　　　　　光荣的国家，
　　　　　　把我们的心从一个海岸连至另一海岸。

　　合唱：

　　　　　　我们全体忠诚的儿女，
　　　　　　以此让祖国声名远扬。
　　　　　　这复苏的田野和山峦完全由我们来执掌。
　　　　　　满怀希望，把我们的名字镌刻在历史簿上。
　　　　　　严格卫护我们的遗产，
　　　　　　做自己命运坚定的工匠。

国歌歌词原文为:

I:

> In plenty and in time of need,
> When this fair land was young,
> Our brave forefathers sowed the seed,
> From which our pride is sprung,
> A pride that makes no wanton boast.
> Of what it has withstood,
> That binds our hearts from coast to coast,
> The pride of nationhood.

Coro:

> We loyal sons and daughters all,
> Do hereby make it known.
> These fields and hills beyond recall,
> Are now our very own.
> We write our names on history's page,
> With expectations great,
> Strict guardians of our heritage,
> Firm craftsmen of our fate.

国歌原文源于 http://www. barbados. org/。

国家格言

"自尊和勤勉"(Pride and industry)。

国家誓言

在巴巴多斯政府举办的国家誓言选拔比赛中,莱斯特·沃恩(Lester Vaughan)

的作品从参赛的 167 件作品中脱颖而出，被定为国家誓言，并获得 100 美元奖金。1973 年 4 月 12 日，巴巴多斯教育部长厄斯金·桑迪福特（Erskine Sandiford）正式宣布其为国家誓言。沃恩曾是小学教师和学校领导，2003 年 9 月去世。

誓言译文：

> 我宣誓忠于我的祖国巴巴多斯和我的国旗，
> 支持和捍卫它们的荣誉。
> 无论走到哪里，
> 毕生都要为我的国家带来光荣。

原文：

> I pledge allegiance to my country Barbados and to my flag,
> To uphold and defend their honour,
> And by my living to do credit
> to my nation wherever I go.

国　语

英语为官方语言，用于正式场合、官方文件、行政和教育机构，但巴巴多斯人通常讲巴詹语（Bajan）。巴詹（Bajan）源于"barbajians"（巴巴多斯的），巴巴多斯人自称巴詹人。巴詹语是以英语为基础的巴巴多斯克里奥尔语，也是最接近标准英语语法的克里奥尔语。与此同时，巴詹语受西非语言的深刻影响，是英语和多种西非语相结合的一种语言，有很多词来自西非语，如"duppu"，意为"幽灵"，"wunna"（你们）则源于伊格博语（Igbo）。巴詹语独特的句法结构、短语变化和讲话的快节奏，使很多操英语者都难以听懂。很多含有字母"th"的读音改为"d"，如"that"读成"dat"，"this"读成"dis"，"the"读成"de"等。有些词的词尾被缩短，如"happened"变成"happen"，"what"变成"wha"等。巴詹语很少说"very"（非常）一词，常用多次重复其后的形容词来替代。如"that girl is very pretty"，巴詹语

则说"da girl pretty, pretty, pretty"。巴詹语动词不进行时态变化，如英语的
"I ate all of the food yesterday"（昨天我把所有食品都吃了），而巴詹语则为"I
eat all de food yestuhday"。单词"gine"常被用作将来时，如"I gine eat"
（我要吃饭了）。

国家勋章

巴巴多斯的国家勋章主要有下列几种。

圣安德鲁骑士（夫人）勋章（Knight/Dame of St. Andrew）是巴巴多斯最
高荣誉勋章，设立于 1980 年 11 月，授予对该国和人类做出重要贡献和取得
突出成就的人。

功绩王冠勋章（Crown of Merit）分为金质勋章（Gold Crown of Merit）和
银质勋章（Silver Crown of Merit）两级，设立于 1980 年 11 月，授予在科学、
艺术、文学、体育等领域做出突出贡献或取得突出成就的人。

巴巴多斯服务勋章（Barbados Service Award）分为服务金星（Service
Star）和服务奖章（Service Medal）两级，设立于 1980 年 11 月，授予在民事、
消防、军事、警察、监狱等领域工作突出的巴巴多斯人。

巴巴多斯国防部队荣誉勋章（Barbados Defence Force Medal of Honour）设
立于 1980 年 11 月，授予在国防部队忠诚服役 15 ~ 25 年的军人。

民族英雄

1998 年 4 月 28 日格兰特利·亚当斯百年诞辰这一天，巴巴多斯国会确定
了民族英雄名单。根据巴巴多斯政府的命令，4 月 28 日为巴巴多斯民族英雄
日。巴巴多斯正式承认的民族英雄共有下列 10 位：

巴萨（Bussa，? ~1816 年）：原非洲自由人，被掳往巴巴多斯充当奴隶，
是 1816 年反抗种族主义和巴巴多斯白人庄园主的奴隶起义领袖。

萨拉·安·吉尔（Sarah Ann Gill，1795 ~ 1866 年）：卫理公会女教士。

塞缪尔·杰克逊·普雷斯科德（SamuelJaxkson Prescod，1806 ~ 1971 年）：
当选第一位议会议员，创建自由党，并为该党领袖。

查尔斯·邓肯·奥尼尔（Charles Duncan O'Nea，1879～1936年）：著名医生，为劳苦大众的医疗贡献了一生，积极提倡儿童义务教育和免费牙科治疗。

克莱门特·奥斯本·佩因（Clement Osbourne Payne，1904～1941年）：巴巴多斯工会运动领袖，提倡改革，勇于与殖民当局进行斗争。

格兰特利·赫伯特·亚当斯：巴巴多斯首任总理，也是西印度联邦首任总理，同时还是著名律师。

埃罗尔·沃尔顿·巴罗：被誉为"巴巴多斯独立之父"。他青年时期在英国学习经济学和法律，二战期间在空军服役，是巴巴多斯独立后的首任总理。在任期间，他实行各级学校义务教育、取消教育的隔离政策、改善卫生服务、促进工业和旅游业的发展。

休·沃雷尔·斯普林格（HughWorrell Springer，1913～1994年）：巴巴多斯第三任总督，曾任国会议员，巴巴多斯工党总书记等。

加菲尔德·圣奥宾·索伯斯（Garfield St. Aubyn Sobers）：巴巴多斯著名板球运动员。

弗兰克·沃尔科特（Frank Walcott，1916～1999年）：国际工会运动著名人士，曾任加勒比劳工大会主席和国际自由工会联合会执行委员会主席。

国　花

矮黄蝴蝶花（Dwarf Poinciana）。学名"Caesalpinia Pulcherrima"，被称为"巴巴多斯骄傲之花"（Pride of Barbados），1657年被定为国花。矮黄蝴蝶花树属豆科植物，常绿灌木，高可达3～4.6米。全年大部分时间开花，有5个火红色带黄边的花瓣，但也有其他颜色的花。花朵硕大，约46厘米宽，有5个椭圆形、绿色萼片。树顶为球形，枝杈散开，多刺。巴巴多斯国徽图案上绘有矮黄蝴蝶花，殖民地时期巴巴多斯国旗上也绘有两朵红色矮黄蝴蝶花。

国　树

长须无花果树（Bearded Fig Tree）。学名"Ficus Citrifolia"或"Ficus Aurea"。它是巴巴多斯岛土生植物，生长于沿海沙土地区的热带雨林中，树龄长，树高可达 45 米，树冠巨大。该树有悬空长的须根，像是人的胡须，巴巴多斯国名即由此而来。种子常落在其他树上，在那里发芽、生长，像是一棵附生植物，而被其附着的树最终会死亡。

国家运动

板球。板球又称木球，其比赛规则类似于棒球，板球又被称为"棒球之父"。板球是以击球、投球和接球为主的运动，参赛的两队各有 11 人，一队攻击，另一队防守。攻方的击球局结束后，两队攻守对调，得分高的队获胜。板球起源于英国，早在 13 世纪英国国王爱德华一世就曾参与类似板球的运动。17 世纪时，板球在英国已非常流行，并陆续传入其殖民地，成为流行于英联邦的一项体育运动。1975 年，国际板球理事会在英国举办了第一届板球世界杯，此后每隔 4 年便举行一次。2007 年，在西印度群岛举行了第 9 届板球世界杯。目前，板球比赛是世界上观赏人数最多的体育运动之一，国际板球理事会力争在 2020 年进入奥运会。巴巴多斯板球协会（Barbados Cricket Association）和巴巴多斯板球联盟（Barbados Cricket League）负责组织该国的板球比赛。该国的弗兰克·沃雷尔（Frank Worrell）和加菲尔德·索伯斯是世界著名板球运动员。巴巴多斯是国际板球运动中心之一，每年 1~4 月都要举行国际板球比赛，参赛国有西印度群岛国家、英国、澳大利亚、新西兰、印度、巴基斯坦和南非等国。

国　食

库库（Cou-Cou）和飞鱼（Flying Fish）。库库是 17 世纪时黑奴从西非带到巴巴多斯的一种食物，主要原料为粗磨玉米粉和奥克拉（Okra，一种佐料），因价格便宜，成为巴巴多斯人的主要饭食之一。制作库库的主要工具为库库棒，是长约 30 厘米的木棒，用其在罐中搅拌玉米粉和奥克拉成光滑硬团。此后，在沸水中煮奥克拉 8~10 分钟，变软后，用木匙把奥克拉库库面团和盐搅拌在一起，放在平底锅上烧烤，库库不粘锅时即成。最后，把库库放入盛黄油的碗中摇动，然后放在盘上，此菜即成。

飞鱼是巴巴多斯沿海的一种鱼，长约 25 厘米，遇到危险时可跃出水面，在空中滑翔 30~40 米，其胸鳍犹如鸟翼一样张开，故被称为飞鱼。巴巴多斯被称为"飞鱼之国"，是其出口的重要产品之一，而且是巴巴多斯国菜之一。制作飞鱼时，先把柠檬汁、盐和水调在一起，然后放入鱼，浸泡 15 分钟。此后再捞出晾干，加上调味品和洋葱，剔骨后压紧。最后，把每条鱼都放进鸡蛋汁中，涂一层面包屑，接着在热油中煎，每面煎几分钟，至呈淡褐色，即可食用。

国　酒

朗姆酒（Rum）。巴巴多斯是朗姆酒的摇篮，从 17 世纪开始巴巴多斯人就用甘蔗制作朗姆酒。巴巴多斯拥有多种在国际上享有盛名的朗姆酒，最著名的是山盖（Mount Gai Rum）。这种品牌的朗姆酒从 1703 年开始生产，至今已有 300 多年的历史。山盖朗姆酒公司每天接待来访的国内外游客，游客可参观酿造朗姆酒的全过程，用时 45 分钟。参观过后，游客可在其商店购买各式瓶装的山盖朗姆酒。朗姆酒是巴巴多斯重要的出口产品之一，主要出口到美国、欧洲、加拿大、加勒比和拉美地区。

宗　教

巴巴多斯总人口的 90% 信仰英国圣公会、新教其他教派和天主教，其中英国圣公会教徒占巴巴多斯总人口的 40%。英国圣公会曾为巴巴多斯国教，直至巴巴多斯独立。17 世纪初，随着英国移民来到巴巴多斯，英国圣公会也传入该岛，霍尔敦建立了巴巴多斯第一座教堂——圣詹姆斯·帕里什教堂。这座木结构教堂后遭飓风破坏，1690 年重建起一座石结构教堂。1838 年巴巴多斯取消奴隶制后，许多原来的奴隶加入了英国圣公会。1824 年建立巴巴多斯英国圣公会教区，首任巴巴多斯英国圣公会主教是威廉斯·哈特·科尔里奇（Williams Hart Coleridge，1789~1849 年）。1825~1842 年，他在巴巴多斯农村地区建立起 10 座教堂，并在布里奇敦建立了 11 座教会学校，扩大了英国圣公会的影响。巴巴多斯英国圣公会教区原包括特立尼达、英属圭亚那、背风群岛和向风群岛，1842年威廉斯·哈特·科尔里奇卸任时巴巴多斯教区独立出来。现在，巴巴多斯已有60座英国圣公会教堂以及大量其他教派教堂。现任主教约翰·瓦尔德·邓洛普·霍尔德（John Walder Dunlop Holder）于2000年上任。天主教于1839年随圭亚那、圣卢西亚等地移民的进入而传到巴巴多斯，现有信徒约1.1万人。其他宗教还有印度教、佛教、伊斯兰教、犹太教等。

国 币

巴巴多斯元（Barbadian Dollar）。1元等于100分（Cent）。

巴巴多斯原为英国殖民地，1949年开始使用的货币为西印度元（West Indies Dollar）。1965年，巴巴多斯加入东加勒比货币协定，同年10月发行东加勒比元（East Caribbean Dollar），取代了西印度元。1972年，巴巴多斯中央银行宣告成立，负责生产和发行巴巴多斯货币。巴巴多斯独立后，1973年12月巴巴多斯中央银行开始发行本国货币巴巴多斯元。1975年7月，巴巴多斯货币不再盯住英镑，改与美元挂钩。除本国货币巴巴多斯元外，还授权流通美元和加拿大元。

目前，巴巴多斯流通的纸币有2、5、10、20、50、100巴巴多斯元。各种面值纸币的图案都是相同的，正面为各种面值数字、国徽、飞鱼、总督签名、英文"Central Bank of Barbados"（巴巴多斯中央银行），右侧有名人像，背面为布里奇敦议会大厦和修船厂。

2元纸币为蓝色和红色，正面绘有约翰·雷德曼·博弗尔（John Redman Bovell）像。

5元纸币为绿色和褐色，正面绘有弗兰克·沃尔科特像。

10元纸币为微红色和绿色，正面绘有查尔斯·邓肯·奥尼尔像。

20元纸币为紫红色和紫色，正面绘有塞缪尔·杰克逊·普雷斯科德像。

50元纸币为橙色和蓝绿色，正面绘有埃罗尔·沃尔顿·巴罗像。

100元纸币为灰色、蓝色和红色，正面绘有格兰特利·赫伯特·亚当斯像。

目前，巴巴多斯流通的铸币有1、5、10、25分和1巴巴多斯元。

1分铸币直径长18.86毫米，厚1.565毫米，重2.78克。圆形，铜锌合金制成，币的背面有无柄的三叉戟图案和面值 1 分，正面绘有国徽、巴巴多斯国名和铸造年份。

5 分铸币直径长 20.975 毫米，厚 1.625 毫米，重 3.46 克。圆形，黄铜制成，币的背面有南点灯塔图案和面值 5 分，正面有国徽、巴巴多斯国名和铸造年份。

10 分铸币直径长 17.773 毫米，厚 1.354 毫米，重 2.09 克。圆形，铜镍合金制成，币的背面有燕鸥图案和面值 10 分，正面有国徽、巴巴多斯国名和铸造年份。

25 分铸币直径长 23.664 毫米，厚 1.826 毫米，重 5.1 克。圆形，币的背面有摩根·刘易斯的风车图案和面值 20 分，正面有国徽、巴巴多斯国名和铸造年份。

1 元铸币直径长 25.85 毫米，厚 1.65 毫米，重 5.95 克。七角形，币的背面有飞翔的飞鱼图案和面值 1 元，正面有国徽、巴巴多斯国名和铸造年份。

巴哈马

国　名

　　巴哈马联邦（The Commonwealth of the Bahamas）。位于西印度群岛最北部，美国佛罗里达州东南海岸对面，古巴北侧，由 700 多个岛屿及 2400 多个岩礁和珊瑚礁组成。巴哈马最早的主人是印第安卢卡扬人（Lucayan，即阿拉瓦克人）。巴哈马名字的来源，一说源于卢卡扬人所取的大巴哈马岛（Grand Bahama）的名字，"ba－ha－ma" 意为 "大型上中层土地"。另一说为，1492 年 10 月 12 日哥伦布首航美洲时，在巴哈马东部的圣萨尔瓦多岛（San Salvador）、卢卡扬人称为瓜纳哈尼岛（Guanahani）登陆，看到围绕群岛的浅滩和阻碍船只前进的珊瑚礁，遂说到 "Baja mar"，西班牙语意为 "浅水" 或 "浅海"，后遂成该群岛名字，并演化为 "Bahamas"。还有一说是 1513 年西班牙驻波多黎各总督庞塞·德莱昂（Ponce de León）来此地寻找传说中的 "青春之泉"，青春之泉没有找到，却发现了一些岛屿。他看到群岛周围的浅滩，便把群岛取名为 "巴哈马"（Baja mar）。

国　都

　　拿骚（Nassau）。位于新普罗维登斯岛，是巴哈马的商业中心。17 世纪 30 年代，英国人在此建立殖民点。1670 年，英格兰国王查尔斯二世（Charles II）将巴哈马群岛授封给英国的 6 位贵族，他们将居住在百慕大群岛的英国人迁到新普罗维登斯岛，建立起堡垒，并逐渐成为一座城镇。为了纪念查尔斯二世，人们称这座城镇为"查尔斯顿"（Charles Town）。1684 年，西班牙人将该城烧为灰烬。1695 年改建时，重新取名"拿骚"，以纪念奥兰治－拿骚家族（Orange－Nassau）的奥兰治王子——威廉三世（William III，1650 ~ 1702 年）。奥兰治－拿骚家族是从中世纪起延续至今的荷兰王族。"拿骚"原是莱茵河畔一个古堡的名称，拿骚家族是位于德国黑森州的拿骚伯爵家族。"拿骚伯爵"的称号于 1160 年得到正式认可。威廉三世即来自荷兰奥兰治－拿骚家族，是荷兰执政者，也是英国国王。

国　庆

7 月 10 日（1973 年）。哥伦布发现巴哈马群岛后，西班牙人把大批印第安卢卡扬人掠往海地等岛充当奴隶，致使卢卡扬人大量减少。殖民者带来的天花等传染病的流行，又使巴哈马群岛的卢卡扬人惨遭灭绝。1648 年，来自百慕大的英国清教徒在巴哈马建立起第一个殖民点。1670 年，英国国王查尔斯二世把巴哈马群岛授予北美南卡罗来纳和北卡罗来纳的领主。17 世纪末到 18 世纪初，大批非洲黑奴被贩运到巴哈马群岛。1703 年，西法联军占领拿骚。1717 年，英国宣布巴哈马群岛为英国属地。1718 年，伍兹·罗杰斯（Woodes Rogers）被任命为巴哈马首任总督。美国独立战争期间，西班牙人占领拿骚。1783 年，英国、法国和西班牙签订条约，巴哈马群岛正式归属英国。长期以来，巴哈马人民为争取独立进行了不懈斗争。1964 年 1 月 7 日，巴哈马实行"内部自治"。1973 年 7 月 10 日，巴哈马宣布独立，成为英联邦成员国。当天零时，在拿骚德克利福德公园举行了独立仪式，5 万名巴哈马群众参加了庆典，巴哈马新国旗在"前进，巴哈马！"的国歌声中高高升起。后来，7 月 10 日这一天便成为巴哈马的独立日和国庆日。

国　父

林登·奥斯卡·平德林（Lynden Oscar Pindling）。1930 年 3 月 22 日生于拿骚。1948 年赴英国，1952 年获伦敦大学法学学士学位。1953 年返回巴哈马，同年底加入进步自由党，1963 年成为该党主席。1967 年，以林登·奥斯卡·平德林为总理的进步自由党政府开始执政，他也成为巴哈马第一位黑人总理。平德林政府提出了独立主张，并采取了一些维护民族利益的措施。1972 年 9 月大选，平德林再次获胜，成为独立后的巴哈马总理。此后，他在 1977 年、1982 年和 1987 年大选连续胜出，一直执政至 1992 年。他于 1997 年退休。巴哈马人热爱自己的黑人领袖，把他誉为巴哈马"国父"，并将首都国际机场命名为"林登·平德林国际机场"，巴哈马纸币上也印有他的头像。2000 年，平德林因前列腺癌去世。

国　旗

1971 年 11 月，巴哈马举行国旗设计比赛，该国画家、牧师赫维斯·贝恩（Hervis L. Bain Junior）和哈罗德·A. 芒宁斯（Harold A. Munnings）的作品胜出。1972 年 11 月 14 日，巴哈马政府批准其为该国国旗。巴哈马国旗为长方形，长与高之比为 2：1。靠旗杆一边有一个黑色等边三角形，右边由蓝、黄、蓝三条平行且大小相等的宽条组成。黑色三角形象征巴哈马人民（85% 的人口是黑人）和他们团结一心开发利用群岛的海陆资源，蓝色象征环绕岛国的海洋，黄色则象征着阳光和沙滩。

国　徽

1971 年 12 月 7 日，经英国女王伊丽莎白二世批准，巴哈马现国徽代替了1959 年 6 月 5 日英王室授予的旧国徽。巴哈马国徽的主题图案是盾徽。盾徽分为上下两部分：上面部分在蓝色背景中有一轮冉冉升起的太阳，放射万道光芒，象征巴拿马获得独立和新生；下面部分是哥伦布的"圣玛丽亚号"旗舰航行在海面上。盾徽的上端是头盔，头盔上有海螺和棕榈叶。海螺象征岛国周围的海洋生物，棕榈叶象征群岛的植物。盾徽下端的飘带上写有该国格言 "Forward, Upward, Onward, Together!"（迈步向前，一道前进!）盾徽左右两侧分别有一条蓝枪鱼和一只火烈鸟扶持，蓝枪鱼站在海面上，火烈鸟站在陆地上。蓝枪鱼是巴哈马的国鱼，火烈鸟则是国鸟。

　　巴哈马国徽设计者为赫维斯·贝恩博士，他还同哈罗德·A.芒宁斯设计了该国国旗。赫维斯·贝恩毕业于拿骚的圣约翰学院、新斯科蒂亚美术学院和哈佛大学美术管理学院。他是国际知名画家，其作品曾在加拿大、美国、墨西哥和加勒比地区展出。

总督旗

　　总督是英国女王的代表，由女王根据总理提名任命。现任总督阿瑟·福尔克斯（Arthur Foulkes）于 2010 年 4 月就任，曾获圣迈克尔和圣乔治勋章。巴哈马总督旗为蓝色，其中央绘有金狮和王冠，代表同英国的关系，王冠下的黄色飘带上写有黑色大写英文"COMMONWEALTH OF THE BAHAMAS"（巴哈马联邦）。

总理旗

　　巴哈马实行议会制民主，进步自由党和自由民族运动轮流执政。现任总理休伯特·英格拉汉姆（Hubert Ingraham）曾于 1992～2001 年任总理，2007年再次就职。巴哈马总理旗是在原有国旗旗地的右面加上一根垂直竖立的黄色议会权杖。

总督府

　　巴哈马总督是巴哈马的代行国家元首（真正的国家元首是英王），巴哈马总督府（Government House）位于首都拿骚菲茨威廉山公爵大街，是首都拿骚的标志性建筑之一，也是巴哈马的象征标志之一。总督府所在地原有总督理查德·菲茨威廉（Richard Fitzwilliam）的一座宅第。1803 年开始兴建新的总督府，1806 年竣工。这座殖民地时期新古典主义风格建筑融合了巴哈马、英国和美国建筑的风格。两层建筑用灰泥粉饰的珊瑚石盖成，粉白相间，显得优雅、整洁，气度非凡，是乔治王朝时期殖民地建筑的典型代表之一，也是西印度群岛最漂亮的建筑之一。建筑最初长 30 多米，1909 年又增添了东翼和西翼。1929 年总督府遭飓风破坏，甚至屋顶都被掀掉。20 世纪 30 年代和 40 年代初，总督府进行了两次大修。翻新了门口的凉廊，4 根爱奥尼亚柱支撑着人形山头前门。总督府台阶前矗立着一尊大约 1830 年制作的哥伦布塑像，令人想起 1492 年哥伦布发现巴哈马群岛的历史。塑像高 3.6 米，设计者是创作《哥伦布传》的美国作家华盛顿·欧文（Washington Irving）的一名助手。

国　歌

《巴哈马，向前进!》（*March on Bahamaland*）。词、曲作者都是蒂莫西·吉布森（Timothy Gibson，1903～1979 年）。

1972 年，巴哈马举行国歌选拔赛，由蒂莫西·吉布森作词和作曲的国歌在比赛中获胜，1973 年 7 月 10 日，其在巴哈马独立时被采用为国歌。

蒂莫西·吉布森 1903 年 4 月 12 日生于伊柳塞拉岛的萨凡纳海峡。从小受其兄熏陶喜爱音乐，并学会管风琴演奏，曾在伦敦三位一体学院学习音乐理论。他长期在学校从事音乐教学工作，并创作了大量歌曲。除巴哈马国歌外，他创作的著名歌曲有《拿骚感召》（*Nassau Calling*）；为菲利普亲王来访谱写的《水手亲王》（*Sailor Prince*）；为伊丽莎白二世来访谱写的《陛下》（*Your Majesty*）；为玛格丽特公主来访谱写的《欢呼英国公主》（*Hail Princess Britannia*）等。《欢呼英国公主》后改称《美丽的巴哈马》（*Beautiful Bahamaland*）。为纪念这位音乐家，巴哈马的一座学校以他的名字命名。1979 年蒂莫西·吉布森去世，享年 76 岁。

《巴哈马，向前进!》歌词为：

> 抬起头迎着初升的太阳，巴哈马联邦；
> 光辉的旗帜迎风飘扬，走向光荣的前方。
> 看世界多么关注你的行动，
> 誓要友爱团结力创辉煌。

奔向崇高的目标，一齐前进，绝不彷徨，

跃过险滩暗礁，坚定朝向太阳。

抬起头迎着初升的太阳，巴哈马联邦，

走向通往上帝的地方。巴哈马，向前方！

巴哈马国歌歌词原文为：

Lift up your head to the rising sun, Bahamaland;

March on to glory your bright banners waving high.

See how the world marks the manner of your bearing!

Pledge to excel through love and unity.

Pressing onward, march together to a common loftier goal;

Steady sunward, tho' the weather hide the wide and treachrous shoal.

Lift up your head to the rising sun, Bahamaland,

'Til the road you've trod lead unto your God,

March On, Bahamaland.

歌词原文源于 http://www.bahamaslibraries.org/。

国家格言

"迈步向前，一道前进！"（Forward, Upward, Onward, Together!）在巴哈马举行的国家格言比赛中，两名年仅 11 岁的拿骚学生维维安·F. 莫尔特里（Vivian F. Moultrie）和梅尔维恩·B. 鲍（Melvern B. Bowe）创作的格言获胜，成为巴哈马国家格言。

国　语

英语。许多巴哈马人所讲的英语已有变异，书写时"th"变为"t"，字母"h"常常被省略，如"happy birthday"（生日快乐）写成"appy birthday"；字母"w"变成字母"v";字母"s"变成"z"等。在语法上,过去时和将来时常用现在时代替。在巴哈马,一些人讲其他加勒比语,其中包括来自海地移民所讲的克里奥尔语。

国家勋章

功绩勋章(Orden of Merit)设立于1996年,授予取得突出成就和做出杰出贡献的巴哈马公民,并获尊称Honourable,其名字后加字母OM。巴哈马总督会向获奖者颁发勋章。

巴哈马勋章(Order of The Bahamas)授予对国家忠诚服务的巴哈马公民,并获尊称Rt. Honourable,其名字后加字母OB。

国 花

黄接骨木花(Yellow Elder)。学名"Tecoma Stans"或"Stenolobium"。黄接骨木花树是巴哈马全岛特有的常绿树,树高可达6米。终年开花(另一说每年10~12月开花),树上缀满一串串黄色花朵,管形花朵形状似钟,美丽异常。花宽约2厘米,长约5厘米,花冠上带有轻微的红色条纹。一个个小钟悬挂在五点萼中,9~13片小叶组成奇数羽状叶。开花前,如被挤压的蓓蕾,会砰的一声爆裂。在20世纪70年代巴哈马举行的国花竞选中,新普罗维登斯四家花园俱乐部——拿骚花园俱乐部、卡弗花园俱乐部、国际花园俱乐部和YWCA花园俱乐部一致投票赞成黄接骨木花,故而其成为该国国花。

国 树

生命树(Lignum vitae)。学名"Guaiacum Officinale"。其木质坚硬且重,可用作轮船上螺旋桨轴承或衬套,亦可用作钢厂轴承、保龄球和滑轮。二战期间,新普罗维登斯邓库姆和巴特勒公司曾在当地用其为英国和美国制造木船。生命树在造船时用作船骨，其皮和根可制药。巴哈马人常用其皮泡水充当催欲剂饮用。据说教皇使用的权杖也是用生命树制作的。

国 鸟

火烈鸟（Flamingo）。又称红鹳和火鹳。主要生活于巴哈马的大伊纳瓜岛、墨西哥的尤卡坦半岛和荷属安的列斯群岛。目前，巴哈马约有8万只火烈鸟，其中大伊纳瓜岛约有5万只。火烈鸟身披红色羽毛，两腿修长，颈长而弯。体高1~1.4米，翼长1~1.6米，可飞翔。寿命20~30年。每年10月至次年2月是火烈鸟的交配季节，3月和4月为筑巢季节。喜群居，以藻类和浮游生物为食。由于人们的滥捕滥杀，巴哈马火烈鸟的数量急剧减少。1959年，巴哈马成立了保护火烈鸟的机构，并制定了保护火烈鸟的法律，此后火烈鸟的数量有所上升。1973年巴哈马独立后，把火烈鸟定为国鸟，并成立"保护火烈鸟委员会"。巴哈马人民非常喜爱火烈鸟，在巴哈马国徽和纸币上都绘有火烈鸟。

国 鱼

蓝枪鱼（The Blue Marlin）。学名"Makaira nigriccans"。大型鱼类，最大的蓝枪鱼体长可达4米，体重可达500公斤，是旗鱼和箭鱼的近亲。蓝枪鱼的背部呈钴蓝色，肋和下腹呈银白色。体两侧有淡白色或淡紫色竖条纹。其前颌骨延长成枪状。背鳍高而尖。蓝枪鱼的攻击性很强，常用"枪"抽打其他鱼类，并食之。蓝枪鱼可潜于深水，并能跃出水面，可在加勒比海长途迁徙。

国 食

碎海螺豌豆米饭（Crack Conch with Peas and Rice）。巴哈马是由多个岛屿组成的国家，沿海盛产海螺。海螺是海中的软体动物，肉为白色，上有淡淡的绒毛。新鲜的海螺肉鲜美可口，巴哈马人喜欢以海螺为原料制作佳肴，其中碎海螺豌豆米饭为该国国食。碎海螺豌豆米饭以海螺为主，辅以巴哈马豌豆和米饭。制作碎海螺时，先用石灰水清洗数只海螺，去其鱼腥味。用锤击打海螺使其松软，然后把海螺切成拇指样的小块，倒上天妇罗面糊（用面粉、打碎的鸡蛋、黑胡椒、大蒜末、百里香和水搅拌成的面糊），盖住每块海螺。用旺火煎炸至其变金黄即可，放在盘中备用。制作豌豆米饭时，先把切成丁的熏猪肉或咸猪肉放入带盖的大锅中，接着放入切成丁的洋葱头、切成条的西红柿、百里香，然后加入豌豆、盐和胡椒，再放上水煮沸。随后，加上白米搅拌，盖上盖，中等火烧约 30 分钟，至米变软，水分被吸收。然后把巴哈马豌豆和米饭放在盛海螺的盘中，便可一起食用。

琼卡努

琼卡努（Junkanoo）是巴哈马最重大的文化活动，每年 12 月 26 日节礼日和元旦举行，形式为街头游行，类似于狂欢节。琼卡努主要在首都拿骚举行，但在大巴哈马岛、伊柳塞拉、比米尼和阿巴科也可见到。节礼日和元旦这两天，从凌晨 2 点钟起直到早晨 8 点，成千上万的群众身穿用绉纸制作的服装，头戴用彩色布和皮革制作的面具，拥上街头，行进在游行队伍中，边舞边唱，兴高采烈地向商业区的贝街（Bay Street）聚集。踩高跷舞者、街头舞者、小丑和杂技舞者伴随着羊皮鼓、颈铃、角号、哨子、海螺号的强烈节奏，在街上翩翩起舞。鼓用金属石油桶和羊皮（山羊皮或绵羊皮）制成，桶一端箍上羊皮，鼓手用手击打。在鼓声和音乐声的伴奏下，一人在场地中央领舞，其他人合着舞步在领舞者周围跳舞。领舞者要经常轮换，以使舞蹈延续下去。

巴哈马的琼卡努源于西非，具有强烈的非洲传统的印记。有一种说法认为，琼卡努之名源于 17 世纪非洲黄金海岸一位名叫"John Canoe"的非洲酋长，他曾打败英国人，被视为奴隶的英雄并受到崇拜。被贩卖到巴哈马和其他加勒比岛的奴隶，以此名来继续崇拜他。另一说法则认为琼卡努源于法语"gens inconnus"，意为"不明身份的人"，是指身穿伪装衣、不被人了解的人。在奴隶制时代，巴哈马的奴隶只有在圣诞节 12 月 25 日和 26 日（节礼日）以及元旦才能休息。他们利用这几天节日携家人走出种植园，戴上面具，穿上彩衣，又唱又跳，举行琼卡努狂欢活动。奴隶制取消后，琼卡努曾几乎消失，但最终巴哈马人保留了这种文化活动。20世纪20年代，巴哈马开发委员会对琼卡努进行商业化，并对优胜者实施奖励，使狂欢游行更具有竞争性，琼卡努逐渐成为巴哈马最吸引游客的活动之一。50年代，琼卡努狂欢游行更有组织性，出现了多个琼卡努舞队。60年代，几个大的舞队应运而生，诸如"谷地少年"（Valley Boys）、"撒克逊人明星"（Saxons Superstars）、"一个家庭"（One Family）、"乐坛新秀"（Music Makers）等，至今它们仍活跃在巴哈马琼卡努狂欢节上。1976年琼卡努乐队引入的铜管乐器，成为每个乐队的组成部分。80年代起，琼卡努舞更加专业化。琼卡努舞队参加表演前，要确定表演的主题，设计表演服装，精心排练几个月。由于竞争激烈，每个队都对自己的节目严格保密。每逢节礼日和元旦街头游行时，专业琼卡努舞队便会进行舞蹈表演和比赛。节日过后，优胜者获得奖励，有创意的服装将存入拿骚的琼卡努博物馆。

宗　教

巴哈马宪法规定宗教信仰自由。该国从未有过国教，但大多数人信仰基督教，其中浸礼会占35%；英国圣公会占15%；五旬节派教会（Pentecostals）占8%；神的教会（Church of God）占5%；基督复临安息日会（Seventh-day Adventists）占5%；卫理公会（Methodists）占4%。天主教在巴哈马的信徒也很多，占14%。此外，还有犹太教、巴哈教派、耶和华见证会、塔法里教、伊斯兰教、印度教等。宗教是巴哈马人生活的一个重要部分，发挥着很大的作用。巴哈马的教堂很多，每个小城镇也至少有一两座教堂，人均教堂数位居世界第一。

国　币

巴哈马元（Bahamian Dollar）。1巴哈马元等于100分（Cent）。巴哈马元与美元同值，即1巴哈马元等于1美元。

1966年，巴哈马发行面值为1/2、1、3、5、10、20、50和100巴哈马元的纸币，巴哈马元代替了英镑，1巴哈马元等于7先令。1968年，巴哈马金融管理局（The Bahamas Monetary Authority）接管该国货币的发行，发行了同样面值的纸币。1974 年，巴哈马中央银行接管纸币的生产，发行了面值为 1、5、10、20、50 和 100 元的纸币，但 1984 年又发行了 1/2 元和 3 元纸币。为了防伪，近 20 年间巴哈马纸币设计经历过多次修改，特别是庆祝哥伦布登陆巴哈马圣萨尔瓦多岛 500 周年的纸币设计的修改。像美元一样，巴哈马纸币大小都一样。10 元新币于 2005 年 8 月 5 日发行，20 元新币于 2006 年 9 月 6 日发行。

以前巴哈马纸币上都印有英国女王伊丽莎白二世（国家元首）像，但后来一些纸币上也出现了一些已离世的巴哈马著名政治家的肖像。不过现在这项政策又有所倒退，在 10 元纸币上重新出现了英国女王像。

1966 年，面值为 1、5、10、15、25 和 50 分的铸币开始流通。1 分铸币当时用镍 - 黄铜合金铸造；5、10 和 15 分铸币用铜镍合金铸造；25 分铸币用镍铸造；50 分和 1 巴哈马元为银币。10 分铸币为扇贝形，15 分铸币为方形。1966 年后银币没有发行、流通。1970 年，1 分镍 - 黄铜币被铜币取代，1974 年又被黄铜币代替，1984 年再被铜镀锌币替换。1989 年，巴哈马发行流通 50 分和 1 巴哈马元铜镍合金币。所有铸币正面都有国徽图案、Commonwealth of the Bahamas（巴哈马联邦）字样和铸造日期。背面则是反映巴哈马文化的物体：1 分铸币上的图案是一只海星；5 分铸币上的图案是一个菠萝；10 分铸币上的图案是两条骨鱼（Bonefish）；15 分铸币上的图案是一棵木槿属植物；25 分铸币上的图案是一艘当地的帆船。

目前，巴哈马流通的纸币面值为 1/2、1、3、5、10、20、50 和 100 巴哈马元，1/2 元纸币为绿色、灰色和青绿色，长 156 毫米，宽 67 毫米。纸币正面右侧偏中为英国女王伊丽莎白二世（Elizabeth II）半身像，巴哈马中央银行总裁的签字以及英文"Central Bank of The Bahamas"（巴哈马中央银行）的字样。纸币中央为巴哈马轮廓图，纸币左侧有稻草市场的编织物、自由港和巴哈马中央银行的标识。纸币右侧有西班牙大帆船水印。纸币背面绘有拿骚市场的撒拉妹妹，右侧有巴哈马联邦国徽、巴哈马中央银行标识和数字 1/2 字样，左侧底部为一只香蕉手。

1 元纸币为绿色、灰色和褐色，长 156 毫米，宽 67 毫米。纸币正面右侧绘有林登·平德林像，巴哈马中央银行总裁的签字以及"巴哈马中央银行"的英文字样；右侧有林登·平德林水印；左侧写有数字"＄1"，中央绘有巴哈马地图；纸币背面是巴哈马皇家警察部队乐队的画面；左侧写有数字"＄1"和

"One Dollar"（1 元）的字样，上面写有"巴哈马中央银行"的英文字样，右侧是国花黄接骨木花，底部中央为巴哈马联邦国徽。

3 元纸币为洋红色，长 156 毫米，宽 67 毫米。纸币正面右侧偏中为英国女王伊丽莎白二世半身像，巴哈马中央银行总裁的签字以及"巴哈马中央银行"的英文字样。纸币右侧有西班牙大帆船水印；中央绘有巴哈马轮廓图；左侧是天堂海滩度假者的画面和巴哈马中央银行的标识。纸币背面是家庭岛帆船比赛画面；右侧为巴哈马联邦国徽、巴哈马中央银行的标识和数字"＄3"字样；左侧底部绘有一艘巴哈马帆船。

5 元纸币为橙色、褐色和蓝色，长 156 毫米，宽 67 毫米。纸币正面右侧偏中为塞西尔·华莱士·怀特菲尔德（Cecil Wallace Whitfield）像，巴哈马中央银行总裁的签字以及"巴哈马中央银行"的英文字样；纸币左侧有塞西尔·华莱士·怀特菲尔德水印和数字 5 的字样；中央为一巴哈马地图。纸币背面是琼卡努狂欢节游行狂欢的人群，人群的周围写有数字"＄5"和"Five Dollars"（5 元）及"巴哈马中央银行"的英文字样，底部中央绘有巴哈马联邦国徽。

10 元纸币为蓝色、绿色和栗色，长 156 毫米，宽 67 毫米。纸币正面右侧偏中为英国女王伊丽莎白二世半身像，代替了斯塔福德·桑兹（Stafford Sands）像，巴哈马中央银行总裁的签字以及"巴哈马中央银行"的英文字样；左侧有伊丽莎白二世水印和数字 10；中央为一巴哈马地图。纸币背面是阿巴科群岛的霍普·汤（Hope Town），左侧写有数字"＄10"和"Ten Dollars"（10 元）字样，上端写有"巴哈马中央银行"的英文字样，下端中央绘有巴哈马联邦国徽。

20 元纸币为黑色、红色和绿色，长 156 毫米，宽 67 毫米。纸币正面右侧偏中为米洛·巴特勒（Milo Butler）像，巴哈马中央银行总裁的签字以及"巴哈马中央银行"的英文字样；左侧有米洛·巴特勒水印和数字 20，中央为一巴哈马地图。纸币背面是新普罗维登斯岛的拿骚港画面，左侧写有数字"＄20"和"Twenty Dollars"（20 元）字样，上端写有"巴哈马中央银行"的英文字样，下端中央绘有巴哈马联邦国徽。

50 元纸币为橙色、褐色和绿色，长 156 毫米，宽 67 毫米。纸币正面右侧偏中为罗兰·西莫内特（Roland Symonette）像、巴哈马中央银行总裁的签字以及"巴哈马中央银行"的英文字样；左侧有罗兰·西莫内特水印和数字 50，中央为一巴哈马地图。纸币背面是拿骚巴哈马中央银行大楼，左侧写有数字"＄50"和"Fifty Dollars"（50 元）字样，上端写有"巴哈马中央银行"的英文字样，下端中央绘有巴哈马联邦国徽。

100 元纸币为紫色、蓝色、绿色和紫红色，长 156 毫米，宽 67 毫米。纸币正面右侧偏中为英国女王伊丽莎白二世半身像，巴哈马中央银行总裁的签字以及"巴哈马中央银行"的英文字样；左侧有伊丽莎白二世水印和数字 100，中央为巴哈马地图。纸币背面是巴哈马国鱼蓝枪鱼。左侧写有数字"＄100"和"One Hundred Dollars"（100 元）字样，上端写有"巴哈马中央银行"的英文字样，下端中央绘有巴哈马联邦国徽。

目前，巴哈马流通的铸币面值为 1、5、10、15 和 25 分。

1 分铸币为圆形，直径 17.029 毫米，厚 1.269 毫米。铸币正面为巴哈马国徽，圆周上英文"COMMONWEALTH OF THE BAHAMAS"（巴哈马联邦）的字样成冠形围绕国徽，国徽下为铸造日期。铸币背面为海星和"1 Cent"（1 分）字样。

5 分铸币为圆形，直径 23.50 毫米，厚 1.8 毫米。铸币正面为巴哈马国徽，圆周上英文"COMMONWEALTH OF THE BAHAMAS"（巴哈马联邦）的字样成冠形围绕国徽，国徽下为铸造日期。铸币背面为菠萝和"FIVE CENTS"（5 分）字样。

10 分铸币为扇贝形，直径 21 毫米。铸币正面为巴哈马国徽，圆周上英文"COMMONWEALTH OF THE BAHAMAS"（巴哈马联邦）的字样成冠形围绕国徽，国徽下为铸造日期。铸币背面为两条骨鱼，骨鱼上方写有"10 CENTS"（10 分）的字样。

15 分铸币为方形，长 21.5 毫米。圆周上英文"COMMONWEALTH OF THE BAHAMAS"（巴哈马联邦）的字样成冠形围绕国徽，国徽下为铸造日期。铸币背面为木槿属植物和英文"FIFTEEN CENTS"（15 分）字样。

25 分铸币为圆形，直径 24.26 毫米。圆周上英文"COMMONWEALTH OF THE BAHAMAS"（巴哈马联邦）的字样成冠形围绕国徽，国徽下为铸造日期。铸币背面为一艘帆船和"TWENTY FIVE CENTS"（25 分）字样。

巴　西

国　名

巴西联邦共和国（República Federativa do Brasil）。巴西位于南美洲东南部，是南美洲面积最大、人口最多的国家，也是南美洲第一经济大国。意大利著名航海家哥伦布"发现"新大陆之前，巴西还处于与世隔绝的状态，当地土著人把巴西称作"平多拉马"（Pindorama）或"棕榈地"（Terra de Palmeras）。最早登上巴西土地的欧洲人是葡萄牙航海家佩德罗·阿尔瓦雷斯·卡布拉尔（Pedro Álvares Cabral）。1500 年 3 月，卡布拉尔率领一支船队驶向印度的过程中，不知是因为迷失了方向，还是受洋流和飓风的影响，船队没有沿着非洲海岸绕过好望角，而是朝西驶去。4 月 22 日，他们到达了一块不知名的陆地。卡布拉尔以为他们登上了一座岛屿，便在岸边竖起了一块刻有葡萄牙王室徽章的十字架，把这个地方取名为"真正的十字架岛"（Isla de Vera Cruz），并宣布该地属于葡萄牙国王。后来才知道，他们所发现的土地并不是一个岛，而是美洲大陆的一部分，于是又更其名为"圣十字架地"（Terra de Santa Cruz）。以后来到这里的葡萄牙殖民者发现了一种名贵的红木，这种树平均每年生长 1 米，可生长二三十年，树高一般在 15 米以上，最高可达 30 米，直径达 1 米。这种树的木材纹路细密、色泽鲜艳、坚固耐用，是制作高级家具和造船的优质原料，可经百年而不烂。它的木质中还含有一种当时欧洲紧缺的红色染料，这对于喜欢穿红色服装的欧洲权贵来说是很有吸引力的。由于那时这种树木还没有名称，葡萄牙殖民者就借用东方一种类似的红木的名字，称它为"pau – brasil"，葡萄牙语的意思就是"巴西木"（红木）。后来，葡萄牙人疯狂采伐"巴西木"，"巴西木"成为当地唯一出口的物资。1856 年化学合成染料问世后，滥采滥伐"巴西木"的行为才逐渐减少。但是后来，法国人土特父子发明了现代提琴弓，"巴西木"成为制作大、小提琴弓的最佳原料。据说制作一个琴弓，竟需要砍倒 8 吨到 10 吨的"巴西木"。"巴西"这个原来属于木头的名称，慢慢地代替了"圣十字架地"，成为巴西的国名。如今，"巴西木"受到国家的保护，对其贸易实行了国家垄断，禁止私自采伐。

国　都

巴西利亚（Brasilia）。巴西利亚是一座建筑新颖的现代化城市，位于巴西中部高原上。海拔 1150 米，气候温和。年均温度为 19.6°C，最高气温为 26°C，最低为 2°C。城名由该国国名的葡萄牙文"Brasil"加后缀"ia"组成。巴西利亚是巴西的新都，原来的首都为萨尔瓦多（Salvador，意为救世主）和里约热内卢（Rio de Janeiro，意为正月之河）。

早在 18 世纪初，葡萄牙彭巴尔侯爵最早提议把首都从沿海迁到内地。在 1789 年"拔牙者起义"中，起义领袖们都主张迁都内地。1809 年，巴西报刊上又掀起了一场关于里约热内卢是否适宜做国都的争论。不少人提议在巴西内地另立新都，理由是里约热内卢处在一个角落里，与其他州联系十分不便。1822 年，众议院第一次讨论关于迁都的提案。1891 年，巴西第一部宪法规定了新首都的面积和地理位置。1892 年，当时的巴西国会授权一支考察队考察该国的中部地区。经过 3 个多月的工作，考察队认为在戈亚斯高原上建都是适宜的。1922 年，总统埃皮塔西奥·达席尔瓦·佩索阿（Epitacio da Silva pessoa）在巴西利亚埋下了象征性的基石。但因条件所限，迁都计划被搁置了半个多世纪，直至 1956 年儒塞利奥·库比契克（Juscelino Kubitschek）任巴西总统后，为发展国内荒芜地区并减轻首都里约热内卢和圣保罗的人口压力，决定在距里约热内卢西北 600 公里的处女地上兴建新首都——巴西利亚。

世界各国著名设计师闻风而动，纷纷向巴西总统提出计划和方案。最后，在 26 个设计方案中，库比契克总统还是选中了本国路西奥·科斯塔（Lucio Costa）教授的方案，并任命曾参加联合国大厦建筑的巴西著名建筑师奥斯卡·尼梅耶尔（Oscar Niemeyer）为城市建设的总建筑师。5 万名工人参加了建设新首都的会战，仅用了 3 年零 2 个月的时间，一座崭新、漂亮的现代化城市就出现在中部高原一片荒凉的大地上。1960 年，巴西首都从里约热内卢迁到了巴西利亚。该城城市布局别出心裁，建筑新颖别致，有"世界建筑博览会"之称。1987 年 12 月 7 日，联合国教科文组织宣布将巴西利亚城列为"人类文化财富"。

国 庆

9 月 7 日（1822 年）。自 16 世纪中叶开始，巴西人民遭受了 300 多年的葡萄牙殖民统治。18 世纪末，美国独立战争、法国资产阶级革命和海地革命的胜利，鼓舞了巴西人民争取独立的信心。1808 年，拿破仑军队攻入葡萄牙，葡萄牙王室于 3 月由美国军舰护航抵达巴西。1815 年，葡萄牙摄政王阿尔加尔弗宣布成立"葡萄牙、巴西和阿尔加尔弗联合王国"，他自任国王，称"若奥六世"。1820 年 8 月，葡萄牙发生资产阶级革命，新议会要求若奥六世回国，以维护葡萄牙对巴西的统治。此时，巴西人民要求独立的呼声已响彻全国。若奥六世在 1821 年 4 月离开巴西时，留其子佩德罗亲王摄政，并嘱如形势发生变化，应立即宣布独立，以保持布拉甘萨家族的统治地位。1822 年 1 月，葡萄牙议会决定召回佩德罗，但遭拒绝。7 月，佩德罗召集议会开会，开始起草巴西独立宣言。9 月 7 日，他发出"不独立，毋宁死"的呼声。同年 12 月 1 日，佩德罗自立为帝，称"佩德罗一世"（Pedro I）。为了纪念巴西摆脱葡萄牙的殖民统治获得自由的日子，巴西把 1822 年 9 月 7 日作为独立日，并视为国庆节。

国 旗

早在 1789 年，巴西人民为推翻葡萄牙的殖民统治爆发"拔牙者起义"（因其主要组织者做过牙科医生）时，就曾设计巴西国旗。1815 年，逃往巴西的若奥六世宣布成立"葡萄牙、巴西和阿尔加尔弗联合王国"，翌年 5 月颁布法令，规定联合王国国旗为白色旗面上饰有联合王国的国徽，国徽主要由以天蓝为底色的黄色天球仪构成，球体中央为一代表葡萄牙王室的盾牌，球体上端为一顶王冠。1822 年 9 月 7 日佩德罗发表独立宣言后，宣布巴西国家的颜色为绿色和黄色，绿色象征巴西广大的丛林，黄色象征丰富的矿藏和资源。规定国旗为绿色长方形旗面，中间镶以黄色菱形，菱形中心饰有帝国国徽。帝国国徽为绿底色上的一个金色天球仪，基督骑士团的十字从天球仪上穿过，位于天蓝色天空上的 19 颗星星环绕着天球仪，徽的两侧有两片咖啡叶和烟草叶烘托，它们在天球仪的底部交叉成结。旗的设计者为让－巴蒂斯特·德布雷特（Jean – Baptiste Debret）。

19 世纪中叶后，巴西人民掀起了废除奴隶制度和消灭君主专制政体的运动，1888 年取得了废奴斗争的胜利。第二年 6 月 11 日提出了"打倒王权，共和万岁"的口号，7 月 14 日又爆发了要求推翻帝制的大规模示威活动。共和运动的领导人金蒂诺·博卡尤瓦（Quintino Bocayuva）、阿里斯蒂德斯·洛博（Arístides Lobo）等人，趁此时机准备起义的组织工作，曼努埃尔·德奥多罗·达·丰塞卡（Manuel Deodoro da Fonseca，1827 ~ 1892 年）元帅成为起义的指挥者。1889 年 11 月 15 日，起义部队推翻了佩德罗二世（Pedro II，1831 ~ 1889 年）皇帝的政权，成立了以丰塞卡为首的共和国临时政府。临时政府把洛佩斯特罗瓦奥共和俱乐部的旗子定为临时国旗，这面旗模仿了美国国旗的式样，由绿黄二色的 13 条宽条构成，绿色 7 条，黄色 6 条。旗的左上角为一蓝色正方形，正方形上有 5 行平行的白星，前 4 行各为 4 颗，第 5 行为 5 颗，共 21 颗星，代表当时巴西的 20 个州和 1 个联邦区。其条纹的绿黄二色及蓝色正方形上的白星，来源于巴西独立时期创制的帝国国旗。但临时国旗只用了 4 天，11 月 19 日由临时政府重要成员本雅明·康斯坦（Benjamín Constant）起草的共和国政府第 4 号法令便宣布了巴西的正式国旗，并沿用至今。

巴西的正式国旗代替了帝国国旗，其创制者是实证主义教会成员雷蒙多·特谢拉·门德斯（Raimundo Teixeira mendes）、米格尔·莱莫斯（Miguel Lemos）和佩雷拉·雷斯（Pereira Reis）。图案设计者是画家德西奥·比拉雷斯（Décio Vilares）。这面国旗与帝国国旗有相似处，一是旗地为绿色，二是旗地中间也有一个黄色的菱形。不同的是，菱形中的帝国国徽被取消，代之以蓝色的天球仪。一条拱形白带把天球仪分为上下两部分，白带上用绿色的葡萄牙文写着国家的格言："Ordem e Progresso"（秩序和进步）。它是法国哲学家奥古斯都·孔德（Auguste Comte，1798 ~ 1857 年）思想 19 世纪末在巴西的反映，是实证主义的格言，是"为了原则的爱，为了基础的秩序，为了目的的进步"的缩写。天球仪的下部象征南半球太空，上有 21 颗星，象征巴西当时的 20 个州和 1 个联邦区。后来随着行政区域的变化，21 颗星改为 27 颗星，代表巴西的 26 个州和 1 个联邦区。26 个州分别是戈亚斯、马托格罗索、南马托格罗索、阿拉戈斯、巴伊亚、塞阿拉、马拉尼昂、帕拉伊巴、伯南布哥、皮奥伊、贝里奥格兰德、赛尔希培、阿克里、阿马帕、亚马孙、帕拉、朗多尼亚、罗赖马、托坎廷斯、圣埃斯皮里图、米纳斯吉拉斯、里约热内卢、圣保罗、巴拉那、南里奥格兰德和圣卡塔琳娜。包括 27 颗星的巴西国旗经 1992 年 5 月 12 日颁布的第 8241 号法正式批准。巴西国旗长与高的比例为 10：7。每年 11 月 19 日为巴西国旗日，这一天全国 12 点升国旗，18 点降国旗。

巴西国旗的推动者本雅明·康斯坦生于 1836 年，去世于 1891 年 1 月 22 日。他是个实证主义者，受法国哲学家奥古斯都·孔德深刻影响，是巴西实证主义运动的奠基者，并积极参加巴西共和运动，1887 年 5 月同丰塞卡一起建立军事俱乐部，参与推翻佩德罗二世和建立共和国的活动，并成为临时政府成员。

国 徽

巴西国徽是根据 1889 年 4 月 19 日临时政府颁布的第 4 号令创制的。国徽正中为一颗大五角星，大五角星为绿黄二色，代表巴西国家的颜色，象征国家的联邦团结。星的中心有一蓝色圆形，20 颗银星环绕着蓝色圆形，象征着当时巴西的 20 个州（如今已改为 27 颗星）。蓝色圆形上有 5 颗大一些的银星，代表南十字星座。大五角星后有一把银剑，在大五角星的下方露出其剑柄，十字形的剑柄上有一个内镶一颗银星的红方格。银剑象征正义。咖啡叶和烟草叶围绕在大五角星的周围，咖啡和烟草是当时巴西的主要产品。大五角星后光芒万道，象征共和国的黎明。大五角星下方有 3 条呈品字形的蓝色绶带，上面的绶带上用葡萄牙文写着"República Federativa Estados"（巴西合众国），下面两条绶带上分别写着"1889 年"和"11 月 15 日"，以纪念巴西推翻帝制、成立共和国的日子。根据 1968 年 2 月 22 日颁布的第 5389 号法和 5 月 28 日颁布的第 5443 号法，"República Federativa Estados"（巴西合众国）的铭文被"República Federativa do Brasil"（巴西联邦共和国）的铭文所取代。

总统绶带

由绿、黄、绿三色纵列构成，每条颜色宽幅相等，中间的国徽图案跨连三条颜色带。巴西的总统绶带是国家权力的象征，只有佩戴绶带的总统才是宪法总统，才真正代表着国家的尊严和权威。2011 年元旦，当选巴西总统的迪尔玛·罗塞夫（Dilma Rousseff）接受了象征总统权力的总统绶带。

总统和副总统旗

总统旗是巴西总统的标志之一。总统旗长与高之比为 3：2 或 4：3。旗地为绿色，国徽在旗地中央，占旗高的 3/4。根据 1971 年 8 月 6 日第 69026 号法令，巴西正式采用副总统旗。副总统旗长与高之比为 3：2 或 4：3。旗地为黄色，成十字形的蓝色五角星把旗地分为四部分，左上部分中央为巴西国徽。呈十字形的星共有 23 颗，横排星有 15 颗，竖行星有 9 颗（其中有 1 颗星共用，在旗的中央）。

总统府

总统府和总统官邸是巴西的象征，也是首都巴西利亚的标志性建筑。

巴西总统府高原宫（Palácio do Planalto）位于首都巴西利亚三权广场的西边，因坐落在内地高原而得名。高原宫是巴西著名设计师奥斯卡·尼梅耶尔于 1956 年设计的，也是巴西利亚落成的第一批建筑之一。他是世界著名建筑设计师，曾获得世界建筑界的最高荣誉——英国大不列颠皇家建筑学院金奖。巴西总统办公室设在高原宫，但官邸在震旦宫。包括副总统在内的一些高官在高原宫也有办公室。高原宫为长方形，呈优美曲线的廊柱支撑建筑的顶层。建筑共有 4 层，面积为 36000 平方米。总统府卫队被称为"独立龙"（Dragões da Independência），其名起源于独立战争时期。高原宫每天早上 8 点和下午 6 点举行换岗仪式，每星期日早上 9 点 30 分至下午1 点对游客开放。

总统官邸

　　巴西总统官邸震旦宫（Palácio do Alvorada）的设计师也是奥斯卡·尼梅耶尔。1956 年儒塞利诺·库比契克就任巴西总统后，决定在中部高原上兴建新都巴西利亚，并任命奥斯卡·尼梅耶尔为城市建设的总建筑师。1958 年，巴西利亚落成的第一座建筑是尼梅耶尔设计的震旦宫，其名由库比契克总统亲自命名，意喻巴西历史上一个新时代的开始。震旦宫是一座典雅精巧的二层建筑，立于帕拉诺阿湖岸边。整个建筑几乎全用玻璃建造，两侧廊柱呈不规则的菱形，像是停泊在蓝色大海中的一艘华丽的游艇。

国　歌

　　《听，伊比兰加的呼声》。曲作者是弗朗西斯科·马诺埃尔·达·席尔瓦（Francisco Manoel da Silva），词作者是若阿金·奥索里奥·杜克·埃斯特拉达（Joajim Osório Duque Estrada）。4 月 13 日为巴西国歌日。

　　巴西独立后的第一首国歌是由佩德罗一世亲自创作的。佩德罗一世颇有音乐才华，1816～1821 年，他的父母曾聘请奥地利音乐家齐格斯蒙德·诺埃科姆做他的音乐教师。1819 年，他以巴西通俗歌曲为曲调，写出了巴西最早的钢琴曲。1822 年 9 月 7 日，在佩德罗一世宣告巴西独立的当天，创作了《啊祖国，啊皇帝，啊人民》的歌曲，并亲自在那天晚上圣保罗的爱国集会上演唱，由合唱队伴唱，这首歌成为巴西的第一首国歌。佩德罗一世即位后，对内镇压人民的反抗，对外发动战争，国内经济情况恶化，危机重重。巴西人民决定发动武装起义，推翻反动统治。1831 年 4 月 5 日，巴西人民激烈反对佩德罗一世任命的一个新内阁，并发生骚乱。第二天人们聚集在里约热内卢的德圣安纳广场，争取得到军队的支持。4 月 7 日，佩德罗一世被迫退位，把王位让给他的 6 岁儿子佩德罗·德阿尔坎塔拉（Pedro de Alcantara）。

　　在庆祝胜利的时刻，巴西产生了由里约热内卢国立音乐学院的创办者弗朗西斯科·马诺埃尔·达·席尔瓦创作的国歌《四月七日颂歌》（*Hino ao 7 de abril*）。这首歌只有曲，没有歌词，它热情歌颂了 4 月 7 日这 "难忘的一天"，并祝愿它"万古长新，永垂不朽"。1890 年，巴西政府颁布第 171 号令，宣布弗朗西斯科·马诺埃尔·达·席尔瓦作曲的歌为巴西国歌。1922 年，根据作曲家阿尔贝托·内波穆塞诺（Alberto Nepomuceno）的建议，巴西政府任命一个负责评选国歌歌词的委员会。经过评选，著名诗人若阿金·奥索里奥·杜克·埃斯特拉达 1909 年创作的《听，伊比兰加的呼声》的诗歌被定为国歌。同年 9 月 6 日，巴西政府颁布第 15671 号令正式宣布其为巴西国歌。歌词回顾了 1822 年 9 月 7 日佩德罗一世在圣保罗郊外伊比兰加河畔发出"不独立，毋宁死"呼声的情景，歌颂祖国获得了独立，充满了巴西人民对祖国的爱恋之情。1988 年宪法规定，巴西国歌与国旗、国徽和国玺一起共为巴西的象征标志。

巴西国歌作曲者弗朗西斯科·马诺埃尔·达·席尔瓦 1795 年 2 月 21 日生于里约热内卢。1809 年起曾是皇家室内乐队歌手，后成为大提琴手。他曾受教于若泽·毛里西奥·努内斯·加西亚（José Maurício Nunes Garcia）教士和西吉斯蒙德·内乌科姆（Sigismund Neukomm），1831 年谱写了巴西国歌，1833 年成为皇家室内乐队作曲大师。他还是巴西音乐学院的创建者之一，1865 年因病去世。1889 年，巴西政府宣布弗朗西斯科·马诺埃尔·达·席尔瓦所作歌曲为巴西国歌，第二年颁布法令正式批准。

巴西国歌词作者若阿金·奥索里奥·杜克·埃斯特拉达 1870 年 4 月 29 日生于里约热内卢州瓦索拉斯，他是诗人、历史学家、戏剧家、教授、文学院成员，留有大量诗作。1927 年 2 月 6 日因病去世。

巴西国歌共有两段，法律规定演奏国歌时只演奏第一段，但歌唱时两段都要唱。第一段歌词为：

> 从宁静的伊比兰加河岸边，
> 传来了英雄人民震耳欲聋的呼喊。
> 自由太阳的灿烂光辉，
> 照耀在祖国的天空。
>
> 如果我们凭借强健的臂膀取得成功，
> 那么就获得了平等的保证。
> 自由啊，在你胸中。
> 我们的勇气可战胜死亡。

啊，亲爱的祖国，令人崇敬的祖国，向你致敬，致敬！
巴西，壮丽的梦闪烁着活跃的光芒，
带给大地爱和希望。
在你美妙、宜人、明净的天空上，
南十字星闪闪发光。

你是幅员广阔的巨人，
美丽、强健、勇敢坚强，
你的前景无比辉煌。

可爱的国土，巴西，你是千里挑一！
啊，可爱的祖国，你是这片土地
孩子们谦恭的母亲！
亲爱的祖国，巴西！

巴西国歌歌词原文为：

Ouviram do Ipiranga às margens plácidas
De um povo heróico o brado retumbante,
E o sol da liberdade, em raios fúlgidos,
Brilhou no céu da Pátria nesse instante.

Se openhor dessa igualdade
Conseguimos conquistar com braço forte,
Em teu seio ó liberdade,
Desafia o nosso peito a própria morte!

Ó Pátria amada
Idolatrada
Salve! Salve!

Brasil de umsonho intenso, um raio vívido,
De amor e de esperança à terra desce
Se em teu formoso céu risonho e límpido
A imagem do Cruzeiro resplandece

Gigante pela própria natureza

És belo, és forte, impávido colosso,

E o teu futuro espelha essa grandeza,

Terraadorada!

Entre outras mil

És tu, Brasil,

Ó Pátria amada.

Dosfilhos deste solo és mãe gentil,

Pátria amada,

Brasil!

歌词原文源于 http：//www. brazil. org. za/。

国家格言

"秩序和进步"（Ordem e Progresso）。

国　语

　　葡萄牙语。葡萄牙语是巴西全国通行的语言，16 世纪时随着葡萄牙殖民者抵达巴西而引入的。除巴西外，安哥拉、佛得角、东帝汶、几内亚比绍、莫桑比克、圣多美和普林西比等国也以葡萄牙语为官方语言。在亚洲，中国澳门特别行政区、印度果阿邦等地也有不少人使用葡萄牙语。巴西现存 170 种印第安语，属于 20 个不同语族。1999 年约有 15 万印第安人讲印第安语，但很大一部分人也能讲葡萄牙语，主要的印第安语有图皮语、阿拉瓦克语、马克罗 - 耶语和加勒比语。

　　几百年来，巴西葡萄牙语的发展深受印第安语和非洲语言的影响，同其发源地的葡萄牙语已有很大不同，其中掺杂了大量印第安语和非洲语言的词汇，甚至一些地名、动植物名称都直接来自非洲语言。如今，在巴西葡萄牙语中仍留有成百上千图皮 – 瓜拉尼语和约鲁巴语词汇。图皮 – 瓜拉尼语留下的地名和动植物很多，地名如"卡鲁阿鲁"（Caruaru）、"帕拉伊巴州"（Paraíba）和伊帕内马（Ipanema）等，动物名如"jacaré"（鳄鱼）等，植物名如"mandioca"（木薯属植物）、"abacaxi"（凤梨）等。非洲语言在食品、宗教信仰、巴西非洲音乐、地名等方面的名字中也留有许多，如食品中的"quitute""quindim""acarajé"和"moqueca"等，巴西非洲音乐中的"samba""lundu""maxixe"等，地名中的"cacimba""quilombo""mocambo"等，宗教中的"mandinga""macumba""orixá"等。

巴西葡萄牙语还借用了大量欧美语言的词汇，来自英语的词汇特别表现在现代科学、金融方面，如"app""mod""layout"和"briefing"等，贸易词汇"kingsizi""fast food"和"self service"等；来自法语的词汇特别表现在食品、家具、奢侈品制造方面，如"batom""soutien""ménage"等。此外，还有来自德国、意大利等国的词汇。

巴西葡萄牙语和正统葡萄牙语在读音、句法上也有很多差异。发音上最大的区别是在重音上。巴西葡萄牙语中元音的重读和非重读比正统葡萄牙语更为稳定和保守。巴西葡萄牙语中"t""d"和元音"i"组合时，发出塞擦腭音。"rata"和"carro"中多击颤音"rr"，在巴西葡萄牙语中变为软腭音。

在书写上，巴西葡萄牙语常删掉不发音的字母，如正统葡萄牙语的"acção"（行动）改成"ação"，"contacto"（接触）改成"contato"，"eléctrico"（电的）改成"elétrico"，"Egipto"（埃及）改成"Egito"等。巴西葡萄牙语使用分读符号"¨"，以把"que""qui""gue""gui"中通常不发音的"u"变成发音"ü"，如巴西葡萄牙语"linguiça"（香肠）变为"lingüiça"。巴西葡萄牙语中重音落在"m""n"前的倒数第三个音节的元音上时，使用长音符号"^"，如"cómodo"变成"cômodo"，"fenómeno"变成"fenômeno"，"génio"变成"gênio"等。

正统葡萄牙语中副动词在葡萄牙大部分地区使用不多，被动词不定式所取代，但在巴西葡萄牙语中却经常使用。正统葡萄牙语中自复动词用得很多，而巴西葡萄牙语中一些动词的自复形式往往省略。

国家勋章

南十字国家勋章（Ordem Nacional do Cruzeiro do Sul）是巴西皇帝佩德罗一世 1822 年 12 月 1 日设立的一种巴西骑士勋章，以纪念巴西独立和佩德罗一世加冕，原名为南十字帝国勋章（Imperial Order do Cruzeiro do Sul）。其名源于巴西地理位置在南十字星座之下，也源于最初发现巴西时所取的名字"圣十字架地"（Terra de Santa Cruz）。帝国时期的南十字帝国勋章并不是最高级的勋章，其地位要低于葡萄牙的一些勋章，巴西人和外国人都可获得这种勋章。巴西共和国成立后，1891 年 2 月 24 日颁布的法令禁止了包括南十字帝国勋章在内的所有帝国勋章。1932 年 12 月 5 日，瓦加斯（Getúlio Vargas）政府颁布第 22165 号法令，重新恢复该勋章，更名为"南十字国家勋章"（Ordem Nacional do Cruzeiro do Sul）。南十字国家勋章成为最高荣誉勋章，但只授予赢得巴西政府感谢的杰出的外国文职人员和军人。1933 年颁布的第 22610 号法令规定，南十字国家勋章分为大十字（Grã-cruz）、高官（Grande Oficial）、骑士团长（Comendador）、官员（Oficial）和骑士（cavaleiro）五级。1939 年颁布的第 1424 号法令为该勋章增加大金链级（Grande Colar），这样南十字国家勋章变为六级。

里奥布朗库勋章（Ordem do Rio Branco）根据 1963 年 2 月 5 日颁布的第 51697 号法令设立，授予杰出的巴西外交官，也授予其他官员。该勋章分为大十字（Grã-cruz）、高官（Grande Oficial）、骑士团长（Comendador）、官员（Oficial）和骑士（cavaleiro）五级。其名是为纪念巴西外交家、历史学家若泽·马里亚·达席尔瓦·帕拉诺斯（José María da Silva Paranhos，1845~1912 年），1888 年他获里奥布朗库男爵称号。

塔曼达雷勋章（MedalTamandaré）是为纪念巴西海军上将塔曼达雷（1807~1897 年），根据 1957 年 8 月 20 日第 42111 号法令而设立的，授予为巴西海军做出杰出贡献的巴西军人、文职人员和机构。

海军功绩勋章（Ordem do Merito Naval）根据 1934 年 7 月 4 日颁布的联邦第 24569 号令设立，以表彰为巴西做出突出贡献的巴西和外国海军人员和为巴西海军做出杰出服务的文职人员。该勋章分为大十字（Grã-cruz）、高官（Grande Oficial）、骑士团长（Comendador）、官员（Oficial）和骑士（Cavaleiro）五级。

国　花

黄色伊蓓花（Ipe Amarillo）。又名黄色凤铃木花，学名"Tababuia chry-sotricha"。紫葳科，属落叶乔木。生长于巴西大西洋岸的热带雨林。树高 7 ~ 11 米，树干粗，有龟裂。树枝呈圆柱形，叶对生，叶为指状。春季 10 月开花，圆锥花序，花冠呈钟形，花色金黄，呈漏斗状。夏季结果。

国　树

巴西木（详见国名）。

国　鸟

赤褐色鸫鸟（Sabia – Laranjeira），学名"Turdus rufiventris"。1965 年，萨维阿鸟成为圣保罗州州鸟。1987 年，根据巴西鸟类学家约翰·达尔加斯·弗里施（Johan Dalgas Frisch）的提议，巴西承认萨维阿鸟为国鸟。2002 年 10 月 4 日，巴西总统费尔南多·恩里克·卡多佐（fernando Henrique Cardoso）下令宣布赤褐色鸫鸟为国鸟。

赤褐色鸫鸟是 12 种鸫鸟中的一种，栖息于巴西各地。赤褐色鸫鸟体长约 25 厘米，羽毛棕褐色，腹部以下橘红色，寿命 25 ~ 30 年，以小型昆虫、水果为食。巴西人民喜爱这种羽毛艳丽、啼声婉转的鸟，在诗歌中经常提及。

狂欢节

在巴西为数众多的节日中，最盛大的莫过于一年一度的狂欢节（Carnaval），其于每年四旬节的前三天举行。在三天的庆祝活动中，人们不分肤色种族、男女老幼，不论朝野官民、贫富贵贱，人们载歌载舞、欢呼雀跃、尽情宣泄，举国上下沉浸在欢乐的气氛中。

狂欢节源于欧洲，出现于 12 世纪。在西班牙文、葡萄牙文和法文中，狂欢节的书写均为 Carnaval，英文为 Carnival。它们都从拉丁文而来，直译应为"谢肉节"。关于谢肉节，现今存在两种完全不同的解释。一种说法是感谢上帝赐予人们肉食之意，人们以唱歌、跳舞欢度这个节日。另一种说法是"向肉类告别"。按照天主教的规矩，复活节的前 40 天"四旬节"期间，天主教教徒须停止一切娱乐活动，不沾酒肉，以虔诚而洁净的身心迎接耶稣复活。因此，教徒在四旬节前抓紧时间山吃海喝、狂歌乱舞，狂欢三天三夜，狂欢节由此产生。还有人认为，狂欢节是从古代埃及、罗马和希腊等地流行的神牛节、神农节、酒神节等演变而来的。后来，由于这个节日发展成为纵酒、纵欲和无节制的狂欢而被取缔。到中世纪时，狂欢节在意大利的罗马、都灵、威尼斯和佛罗伦萨等地又死灰复燃，不过形式已有不同，人们在节日期间相互泼水嬉戏，因而也成为泼水节。后来，人们又在水中掺上香料、颜料等物，使节日更加闹剧化。

17 世纪时，葡萄牙人把狂欢节从亚速尔群岛传入巴西。1641 年，萨尔瓦多举行了马队和花车的游行，从而开创了巴西欢度狂欢节的先河。1846 年，巴西首次举行狂欢节化装舞会。到了 19 世纪下半期，随着巴西奴隶贸易的逐步取消和奴隶制的最后废除，广大黑人兴高采烈地加入了狂欢节游行大军，在非洲传统乐器伴奏下，跳起带有浓郁非洲风格的舞蹈。1889 年巴西推翻帝制、成立共和国后，狂欢节从形式到内容都有了变化，桑巴舞逐渐成为节日的主角。

在巴西各地庆祝狂欢节的活动中，以里约热内卢、萨尔瓦多、累西腓和奥林达最为热烈，其中尤以里约热内卢最为火爆，该城素有"狂欢节之城"的美称。

桑巴舞

从 16 世纪时起，起源于非洲西海岸的桑巴舞随黑奴传到巴西，它吸收了葡萄牙人和印第安人舞蹈和音乐艺术的风格，演变成巴西的桑巴舞（Samba）。这种舞蹈紧张、欢快、热烈活泼，舞蹈者的每一块肌肉都在抖动，因而不同于一般的轻歌曼舞。随着时间的推移，巴西的狂欢节已离不开桑巴舞，桑巴舞成为巴西狂欢节的代名词。巴西人说"没有桑巴舞，就不存在狂欢节"，甚至说"桑巴舞已渗透到巴西人的血液中"。

1928 年，里约热内卢出现了被称为"桑巴舞学校"的表演团体。从那时起到现在，桑巴舞学校一直是里约热内卢狂欢节桑巴舞大赛的主角。狂欢节来临前的几个月内，各桑巴舞学校便要编排舞蹈、创作乐曲、自制独特的服饰和彩车，经过精心排练，选出训练有素的舞蹈"国王"和"王后"。此外，还要宰杀数百只鸡，用麂皮制作声调悦耳的长鼓。根据表演水平，里约热内卢的桑巴舞学校分为 4 类，现在里约热内卢的第一类桑巴舞学校有 16 所，第二类学校有 10 所。这两类学校可参加在里约热内卢市中心马克斯·德萨帕卡伊大街露天剧场的表演比赛。巨大的露天剧场长 600 米，在大街两边搭有阶梯式的看台和包厢，设有 6 万个座位，能容纳 7.5 万名观众。露天剧场的入场券 2 美元一张，带遮阳篷和座位的包厢式看台的票价为 100 ~ 1000 美元不等，而主席台周围有 12 个座位的包厢看台的票价竟高达 1 万美元。位置和设备较好的 4 区和 11 区座位专门留给外国游客，6 区和 13 区则是廉价座位。第二类桑巴舞学校参加狂欢节第一天的表演，而水平最高的第一类桑巴舞学校的表演则是在狂欢节的第二天和第三天，水平较低的第三类和第四类桑巴舞学校被安排在布兰科大街做行进表演。

马克斯·德萨帕卡伊大街露天剧场进行的桑巴舞大赛由专门设立的评委会评定成绩。第一类桑巴舞学校的出场顺序由抽签决定，每所学校拥有 30 部彩车，出场的 3000 ~ 5000 名队员分成 40 个组，表演时间为 90 分钟，超时的队要被扣分。比赛开始后，走在前面的开路队员簇拥着学校标志，高唱主题歌引导整个队伍前进。接着是一辆辆装饰华丽的彩车。车头上站着被推选为"国王"和"王后"的俊男靓女。化装成古代或神话人物的青年男女，在彩车上表演历史故事、神话故事、伟人功绩等节目。随后是桑巴舞队，舞者服饰各异，有的头戴羽毛帽，有的身穿古装，有的画花脸，有的戴面具，他们随着舞曲翩翩起舞，腰、背、臀、腹剧烈地抖动，展现娴熟的舞技，充满风趣，令人兴奋。

在桑巴舞学校行进表演时，整条大街变成欢乐的海洋和神奇的舞台。电子仪器、遥控焰火发射器、数字音响技术、霓虹灯、激光以及最现代化的视听技术都派上了用场，使节日气氛更加热烈。狂欢节不仅是巴西人的节日，而且招揽了大批外国游客，他们都以一睹巴西狂欢节的盛况为快。

狂欢节过后的第一个周末，由桑巴舞学校代表组成的评委会通过投票选出优胜队，优胜队可得到 100 万美元的奖金。除评比优胜队外，还要决定各学校的升降级，得分高的升入高一类学校，得分低的学校则被降级。狂欢节全部活动结束后，过不了多久许多桑巴舞学校又要开始准备来年的狂欢节了。

国　球

足球。巴西人酷爱足球运动，与足球有着不解之缘。据说，在巴西不会踢足球的人，没有资格竞选总统。不管这个说法是真是假，在巴西，上至总统，下到平民百姓，对足球的关心都是相同的。巴西前总统菲格雷多曾说过一段十分生动、深刻的话："巴西人什么都可以没有，就是不能没有足球；巴西人什么都可以接受，就是不能接受自己的球队输球。"由此可见足球对巴西的重要性。1994 年 6 月世界杯足球赛期间，佛朗哥总统指示内阁部长下午 2 点放下属回家看球，自己则与几个阁僚在办公室共同观看实况转播。此时全国各地的商店、学校也都停业、停课，人们都在家中观赏足球比赛。

巴西的足球队多如牛毛，光职业足球队就有 2000 多个，此外，还有 20 多万个登记在册的足球队以及为数众多的"球迷"俱乐部。巴西国家足球队由巴西足球联会建立于 1914 年，并于 1924 年加入国际足联。巴西拥有 27 个可容纳 4.5 万名观众的足球场，其中里约热内卢的马拉卡纳足球场是世界最大的足球场。马拉卡纳足球场兴建于 1948 年 8 月，1950 年 6 月竣工。这个足球场的正式名称是小马里奥体育场，名称的由来是为了纪念对兴建体育场做出重大贡献的新闻工作者小马里奥。椭圆形的马拉卡纳足球场周长为 940 米，高 32 米。场内设有 15.5 万个座位、300 个包厢，加上站位，可容纳 20 多万名观众。足球场设备完善齐全，有 5 个电视转播室、30 个播音室、220 个扩音器、110 个电话分机、75 个计时钟、70 个警报器，此外还有一个大餐厅、46 个小卖部以及运动员宿舍、更衣室、淋浴室、按摩间等。1950 年第 4 届世界杯赛也是二战后的第一次世界杯赛，就在新落成的马拉卡纳足球场举行。当时巴西队和巴拉圭队闯入决赛。巴西满以为冠军非它莫属，因而备下大量爆竹，准备庆祝胜利。谁知阴沟翻船，决赛中竟输给了巴拉圭队。巴西人大失所望，把成车爆竹倾入海中。但巴西足球队并未气馁，从此卧薪尝胆，最终于 1958 年、1962 年、1970 年、1994 年和 2002 年 5 次夺得世界杯冠军，成为世界上最成功的国家足球队之一。

　　在巴西和世界足球运动发展史上，球王贝利（Pelé Eterno）占有十分重要的地位。贝利原名为埃德森·阿兰特斯·多纳西门托（Edson Arantes do Nascimento），1940 年 10 月 23 日出生于米纳斯吉拉斯州圣多斯市一个小镇的贫苦家庭。贝利是他小时候得来的别名，据说是他家乡的土耳其人无意中给他取的。他擦过皮鞋，干过杂工，但受热爱足球的父亲影响，从小喜欢足球。他买不起足球，就把破布塞在一只大袜子里捏成球形，用绳子扎紧，当作球踢。没钱买球鞋，他就索性光着脚踢。被称为"黑钻石"的巴西著名球星莱昂尼达斯·达席尔瓦（Leonidas da Silva）是他的偶像。1913 年生于里约热内卢的莱昂尼达斯（Leonidas）是黑白混血儿，他球技高超、善于创新。1938 年，他在法国举行的世界杯上大出风头，四场比赛踢进八个球，成为进球最多的球员。可惜的是，二战使这位球星过早挂靴。贝利以莱昂尼达斯为楷模，代表国家队参加了 1958 年、1962 年和 1970 年三届世界杯赛，为巴西队夺冠立下了汗马功劳。

　　1971 年 7 月 18 日，巴西队同南斯拉夫队在里约热内卢马拉卡纳足球场的比赛是贝利最后效力于巴西国家队的比赛。在这场比赛中，他踢进了自披甲以来的第 1000 个球。他参加的最后一场比赛是在 1974 年 10 月 2 日，当比赛进行到 20 分钟时，贝利双手接住球，带球跑到场地中央，把球放在中圈，然后双腿跪下，把身体转向各个看台，满含热泪向多年支持他的热情观众致谢，并向观众告别。

　　在贝利 18 年的足球生涯中，一共射进 1200 多个球，创下足球史上空前的个人纪录。20 世纪 80 年代初，圣保罗城建立了一所贝利博物馆，展出包括他第一次登上圣保罗球场时穿的运动服装、他所获得的各种奖杯和奖品等。1997 年 11 月 27 日，贝利被评为最伟大的球员，来自 110 个国家和地区共 50 多万人参加了投票评选。这一结果使贝利成为第一批被列入世界足球名人堂的球员中的一员。

国家运动

　　卡波埃拉（Capoeira）。它是从非洲安哥拉传到巴西的舞蹈，也是一种运动，500 年前最早流行于巴西东北部巴伊亚州地区和伯南布哥州的累西腓周围地区。当时的黑人奴隶为了反抗奴隶制和争取自由解放，创作了这种战斗力非常强的舞蹈。由于这个舞蹈具有强烈的反对殖民当局的倾向，所以表演者受到残酷的迫害。如果有人跳卡波埃拉，哪怕只跳一步，就要被关押三个月，甚至被流放到费尔南多·迪诺罗尼亚岛。20世纪卡波埃拉在巴西逐渐得到普及，30年代从街头发展到学校，出现了卡波埃拉学校，专门教授这种舞蹈。后来，卡波埃拉被尊为国家运动。舞者通过踢腿、旋转和翻筋斗攻击对方，做出打斗的种种动作。舞者翻筋斗时，经常擦过对方的头部和腹部，看起来非常惊险。在舞者相互打斗时，伴奏的是一种叫作"贝利姆巴乌"的乐器。这种乐器一点儿也不复杂，一根金属丝连在一个葫芦音响上，演奏时用金属片拨击绷紧的金属丝，发出特殊的呜咽声，使葫芦外壳发出格格的响声。

国　饮

咖啡。咖啡、茶和可可是世界三大饮料。在三大饮料之中，巴西人对咖啡可谓情有独钟。他们每天都离不开咖啡，招待客人也总是端上一杯香浓美味的咖啡。喝咖啡时，巴西人大多喜欢同时加入牛奶和糖，也有些人爱喝带有苦味的纯咖啡。咖啡树高约3米，叶呈椭圆形，对生，每年3~4月开花，花开在叶腋部分，分为5瓣。果实为青色，成熟时变为深红色，内含两粒咖啡种子，5月或6月收获一次。生咖啡豆中含有糖、蛋白质、脂肪以及单宁酸、矿物盐和维生素，此外，还有具提神、强心、利尿等作用的咖啡因和能散发香味的咖啡油，人们所喝的咖啡就是用干燥的咖啡籽碾成的粉末。

巴西是世界上最大的咖啡生产国，素有"咖啡王国"之称。那里的人们把咖啡称为"绿色的金子"。巴西有17个州出产咖啡，巴拉那州、圣保罗州、米纳斯吉拉斯州和圣埃斯皮里图州4个州的咖啡产量占全国总产量的98%，其中巴拉那州咖啡产量占全国总产量的50%。然而，咖啡的故乡并非巴西。有人认为咖啡最早产于阿比西尼亚，即今埃塞俄比亚。咖啡是埃塞俄比亚咖法省的谐音。早在3000多年前，那里的人就已种植和饮用咖啡。还有人说，咖啡饮料是阿拉伯人发明的，这其中还有一段有趣的故事呢！

传说在很久以前，一个名叫卡尔笛的阿拉伯牧羊人在草地放羊时，发现有几只羊吃了灌木丛中的一种鲜红的浆果后显得特别兴奋、活跃。卡尔笛把这种奇怪现象告诉了他的一位朋友。这位朋友摘来浆果放入锅里煮，可汤味苦涩难咽，他只好把汤倒掉。可巧的是，几粒煮过的浆果掉到火上，发出浓郁的香味。于是，他把浆果烤过后再煮，熬出的汤非常好喝，从此一种新的饮料——咖啡便问世了。

15 世纪初，咖啡传入阿拉伯半岛的也门，在亚丁种植成活，随后传入麦加、埃及、土耳其、印度和东南亚。18 世纪初，荷兰人把咖啡从印度移植到欧洲，栽植在阿姆斯特丹的植物园中。后来，一个名叫维盖的荷兰牧师送给法国国王路易十六的几株咖啡树在巴黎植物园中生根结果，咖啡作为饮料便在欧洲各国普及开来。到 17 世纪下半叶，美国也开始有人喝咖啡了。

咖啡落户于巴西和拉丁美洲是在 18 世纪。1720 年，法国军人德克利厄在前往法属马提尼克岛前，特意从巴黎植物园要了 3 棵咖啡树苗，准备移植到新大陆。在大西洋航行途中，为了保护咖啡树苗，他把分到的不多的淡水多半用于浇灌树苗，但仍有两株未能存活。到达马提尼克岛后，德克利厄赶忙把仅剩的一株咖啡树苗栽上。1722 年，咖啡树苗引入法属圭亚那，在总督府后院成活后又扩展到其他地方。巴西很想得到咖啡树苗，可惜一直没有机会。1727 年，巴西与法属圭亚那发生边界冲突。为缓和关系，巴西派弗朗西斯科·巴雷塔率外交使团前往法属圭亚那。巴雷塔抵达法属圭亚那后，一直想搞到咖啡种子，但因法国总督多维雷列斯防范严密而未能得手。后来，巴雷塔设法接近总督夫人，得到总督夫人的好感。总督夫人不仅招待他喝咖啡，而且带他到咖啡园参观，并把一些成熟的咖啡豆和咖啡树苗赠送给他。当天巴雷塔便携咖啡豆和树苗返国，从此咖啡便在巴西安家落户，最终成为巴西的国饮。

也有一些巴西人爱喝马黛茶。马黛茶又叫巴拉圭冬青茶。马黛茶取自一种名为耶尔巴的灌木。耶尔巴灌木的树叶粗糙，长 15～20 厘米，呈齿状，叶柄较短。把绿叶烘干后研成粉末，即成芳香扑鼻的马黛茶，十分可口。茶内含咖啡因，能兴奋神经中枢，提神醒脑，还能助消化，消暑解热，具有生津止渴、爽喉清音的效果。

马黛茶对人体医疗作用的秘密最早由一位法国医生及其合作者于 20 世纪上半叶揭开。他们发现耶尔巴树树叶中含有大量的维生素、矿物质和蛋白质，饮用用耶尔巴树树叶制成的马黛茶，能保证人体血管里具有适量的肾上腺素，可促进细胞生长，调节神经，增强记忆力，减轻大脑疲劳。耶尔巴树树叶中的胆碱是人体内肝脏及控制胆固醇不可缺少的元素。由于它含有很多叶绿素，因此还能起到清洁人体血液的作用。

巴西的马黛茶主要产于南里奥格兰德州和巴拉那州西部地区，当地印第安人称其为"长生不老药"。由于过去印第安人饮这种茶时用一种叫马黛的葫芦，马黛茶因此得名。

巴西人在家招待客人喝马黛茶时，先在一个壶嘴细长的茶壶里放上茶叶、冲上开水，然后把茶水倒进一个圆球形的茶壶里泡一会儿，茶壶内插有吸管，客人一起吸吮茶水。如果谁不愿意共用吸管，便被认为是对人的一种侮辱。现在，马黛茶的茶具已有改进，圆形茶壶一般用金属制作，吸管也由芦苇或竹管改为金属管，吸管的底部设有过滤器，另一端为扁平形以便吸吮。

在印第安人中流传着有关马黛茶由来的动人传说。在很久很久以前的一个傍晚，在外出游的造物主图帕路过一间茅舍，他请求茅舍主人和他的女儿耶尔巴让他留宿一夜。老翁和姑娘热情地接待了他，照顾得很周到。图帕被他们的好心所感动，便把耶尔巴姑娘变成能产马黛茶的耶尔巴树，使她能永驻于世并被人们所喜爱。还有一个传说，说的是月里仙娥亚西和云彩姑娘阿赖在森林中玩耍时，突然有一只饿虎向她们扑来。正在危急关头，路过此地的一位印第安老人向老虎射出一支利箭。腹部受伤的老虎转身扑向老人，老人又向它射去致命一箭，救出了亚西和阿赖。为了酬谢老人，亚西便为老人创造了一株能产马黛茶的树。

可可是巴西人爱喝的另一种饮料。巴西的可可一年可收获两次。由于可可果呈金黄色，所以巴西人把它称为"黄金果"。可可果实里是一排排花生米大小的果仁，这就是可可豆。很早以前，巴西印第安人就知道把玉米面和可可粉混合在一起加工成饮料，这种饮料被称为巧克力。现在，巧克力已成为巴西人和世界各国人民喜欢的甜食和饮料。

瓜拉那是近年来巴西新开发的饮料，在巴西各地餐馆和冷饮店中都有出售。瓜拉那原为巴西亚马逊地区特有的一种热带野生水果，属无患子科，1826年被植物学家马尔蒂乌斯发现。瓜拉那内含大量的咖啡因和维生素，还含有丰富的生物碱、单宁酸、蛋白等。配制瓜拉那饮料时，先把黑色的果核磨碎烘干成粉，再添加一定比例的果汁和糖。巴西规定在瓜拉那饮料中，瓜拉那的比例只能为0.02%~0.2%。这种饮料具有促进血管特别是脑血管血液流通的功效，特别适于中老年人饮用，因而受到人们热烈欢迎。

在巴西，至今还有关于瓜拉那来源的神奇传说。很久以前，在亚马逊河河畔住着一对勤劳的印第安夫妇。他们有两个男孩和一个女孩。女孩长大后既聪明又漂亮。有一天她在路边采花时，突然被一条蛇咬伤，之后便生下一个两眼圆睁的怪胎。一家人非常害怕，赶忙把怪胎埋在屋后。不久，地上长出一棵树苗并开花结果。果子成熟后，外壳破开露出一个黑黝黝的圆果，很像是圆睁的眼睛。人们传说，这就是那小生灵的眼睛。此后，这种树就在亚马逊地区繁衍开来。

国 菜

烩费让（Feijoada）。它是把巴西特产中的黑豆、猪肉香肠、腌熏肉、橄榄菜和橘子片用砂锅烹制炖熟后，浇在白米饭或香菜上的一种菜肴。费让即指杂豆，包括黑豆和红豆等。这种菜是葡萄牙殖民者统治巴西时流传下来的，深受巴西人民喜爱，被封为国菜。它不仅是巴西人民的日常食品，四季可食，也是宴会上款待外宾和客人的佳肴，甚至巴西足球队出访、比赛时也要带着费让和烹制费让的厨师。

巴西的烤肉在世界上也享有盛名，已被奉为国菜。制作的方法是把肉串在烤扦上，然后置于烤炉壁上，下面点起炭火进行火烤，烤肉上只撒些盐末，不加其他调料。肉经火烤，表层油脂渗出，外焦里嫩，肉香扑鼻，别有风味。巴西烤肉风靡世界，许多国家都有巴西烤肉店。现在，北京、上海等城市也有巴西烤肉店，每天都吸引大批食客前来品尝。

宗 教

巴西是一个主要由移民组成的国家，移民来自世界许多国家和地区，因而集中了从西方到东方的多种宗教信仰。在巴西的城市中，随处可见各种宗教的教堂、庙宇。例如，在全国最大城市圣保罗，除有大批天主教堂外，还有新教派的联合教堂、共济会教堂、国际浸礼会教堂、瑞典教堂、斯堪的纳维亚教堂、犹太教堂、佛教庙宇和清真寺等。古城萨尔瓦多共有166座天主教堂和4000多座坎东布莱教堂，教堂几乎布满每个街区。在巴西，宗教节日数不胜数，连续不断，像巴伊亚州一年就有35个宗教和地方节日。可以说，巴西是世界上宗教气氛十分浓厚的国家之一。

天主教是巴西各种宗教中最大的宗教，根据2010年的人口调查，巴西的天主教教徒为1.23亿人，占全国总人口的64.6%。近年来，新教在巴西也发展很快，达到 4230 万人，已占全国总人口的 22.2%。

天主教又称罗马公教，是基督教的一个分支，与东正教、新教并称为基督教的三大派别，主要分布于意大利、法国、比利时、西班牙、葡萄牙、匈牙利、波兰、美国和包括巴西在内的拉丁美洲各国。

基督教原为犹太教中的一个派别。基督教把耶稣视为"救世主"。《圣经》上说，耶稣出生于犹太的伯利恒城。长大后，接受了说教者约翰的洗礼。他自称上帝（天主）的儿子，带领十二"使徒"在犹太各地传教。犹太教当权者把他视为眼中钉，将他逮捕并送交罗马帝国驻犹太总督彼拉多，之后以"自封救世主"的罪名将他钉死在十字架上。死后三天，耶稣复活显圣，然后升天。传说耶稣死后，使徒彼得继承他的事业前往罗马传教，奠定了基督教的基础，到公元 4 世纪初基督教已成为罗马帝国的国教。9 世纪开始后，教会内部发生分裂。到 11 世纪，终于形成以罗马为中心的西方教会和以君士坦丁堡为中心的东方教会。西方教会称为"天主教"或"公教"，东方教会称为"正教"。在 16 世纪的宗教改革运动中，基督教又出现了一个新的派别，称为"新教"。罗马教廷设在梵蒂冈，是天主教的中央机关。天主教的最高首领是罗马教皇，由红衣主教选举产生，终生任职。教皇的咨询机构为红衣主教团。主教是天主教的高级神职人员，通常是世界各地教区教会的管理人。最高一级的主教，是身穿红色礼服的枢机主教，又称红衣主教。神父是一般神职人员，通常是一个教堂的负责人。

天主教伴随葡萄牙殖民者进入巴西。1500 年 4 月 22 日，佩德罗·阿尔瓦雷斯·卡布拉尔发现巴西，把它取名为"真正的十字架岛"（后改称"圣十字架地"），从此天主教便同巴西紧紧联系在一起。来到巴西的葡萄牙移民，只有天主教教徒才能得到分封的土地，并向教会交纳什一税。1549 年，以曼努埃尔·诺布雷加（Manuel Nobrega）为首的 6 名耶稣会士随第一任巴西总督托梅·德索萨（Tome de Sousa）抵达巴西，从事传教活动。1551 年，罗马教皇下谕规定葡萄牙国王及其继承者掌握巴西天主教会的最高权力，拥有圣职人员推荐权，任命巴西的大主教、主教及其他教职人员，征收教会的什一税，然后从宗教总收入中拨出一部分分给教会各级人员。这种政教合一的形式使天主教在巴西占据了统治地位，成为殖民统治的一个重要支柱。1552 年，葡萄牙王室派往巴西的主教在巴伊亚建立了第一个主教辖区，天主教成为巴西的国教。1676 年，葡萄牙王室批准在巴西萨尔瓦多设立大主教辖区，管辖巴西的各主教辖区以及非洲的圣托梅和安哥拉两个主教辖区。

殖民地时期，天主教成为毒害巴西人民的精神鸦片和殖民当局的帮凶。它主要表现为：强迫印第安人和黑奴改变自己的宗教信仰而皈依天主教；以恐怖手段维持自身的特权，设立宗教裁判所，残酷迫害"异端"；霸占大量土地，对人民横征暴敛、巧取豪夺，积累了巨额财富；控制教育，变学校为宣传天主教教义的场所；到处修建教堂，使巴西的教堂数目名列世界第一。

1759 年，耶稣会教士因反对王权至上论而被驱逐出巴西，教会与葡萄牙王室的矛盾加剧。19 世纪 20 年代，在巴西人民反对葡萄牙殖民统治的斗争中，大多数天主教教士支持佩德罗一世宣告巴西独立，一些反对独立的教士则于 1824 年被赶出巴西。巴西帝国成立后，天主教保持了国教的地位，巴西皇帝继承了葡萄牙国王的圣职人员推荐权，负责征收什一税和支付教士的经费。此外，还拥有在罗马教廷和巴西天主教会之间进行干预的权力。天主教在巴西帝国的政治活动中发挥着重要作用。例如，在 1826～1829 年巴西第一届立法机关的 100 个代表席位中，神父代表就占 23 席，其数量超过其他社会集团。圣保罗神父迪奥戈·安东尼奥·费若（Diogo Antonio Feijó）还在 1835～1837 年担任过巴西摄政。然而，人们越来越认识到，天主教是阻碍巴西发展和进步的障碍。1889 年，君主制被推翻，共和国宣布诞生。1890 年 1 月 7 日，巴西公布政教分离法。1 月 23 日，巴西宣布婚礼可不按照宗教仪式进行，这标志着天主教不再是巴西的国教。1891 年，巴西宪法正式确认政教分离的原则。尽管如此，天主教在巴西的影响力仍然很大，并在继续发展。1891 年，巴西的主教辖区只有 12 个，1900 年增加到 17 个，1910 年上升到 30 个，1928 年已达 58 个。

长期以来，巴西天主教作为落后保守势力的精神支柱，敌视科学与社会进步，与现代社会格格不入。在 20 世纪五六十年代以后，巴西出现了宗教信仰危机，天主教的影响力逐渐下降，教士和信徒的人数日趋减少。在实行保守政策难以为继的情况下，教会内部开始分化并出现革新浪潮。60 年代产生的"基层基督徒团体"（Chrostian Base Communities，"基基团"）是巴西教会下层革新派的代表。这个组织揭露和抨击社会的不平等和不公正的丑恶现象，为"解放神学"在拉美的形成奠定了思想基础。解放神学创始人、秘鲁人古铁雷斯神父指出，"解放神学就是从'基基团'所孕育的神学智慧中孵化出来的思想体系"。为了扭转影响力日趋下降的局面，巴西教会上层不得不放弃保守路线，转向改良和革新，其中大主教埃尔德尔·佩索阿·卡马拉（Helder Pessoa Camara）就是一位著名的革新派人物。卡马拉鼓励巴西教会在社会变革中发挥积极作用，支持罗马天主教会的改良主义政策。他提出，"使教会的活动适应现代要求"，主张让贫苦群众得到平等地位。由于他对穷人表示关怀并进行电视布道，因而赢得了"穷人保护者"的声誉。1964年4月，卡马拉被教皇保禄六世任命为巴西最重要的奥利达和累西腓区大主教。他在担任巴西主教会议秘书长后，立即制订出社会方案并在每周的广播节目中倡议改革。他的思想和主张在教会内得到广泛支持，巴西教会从而成为当时拉美教会中最为激进的教会。卡马拉当上大主教的时候，巴西刚刚发生了推翻古拉特文人政权的军事政变。军政府实行的高压政策和无视教会的做法，激起了教会的强烈不满和对学生反军政权运动的同情。一些激进教士直接参加学生斗争，甚至加入城市游击队，从事武装斗争。与此同时，以卡马拉为代表的教会上层同军人集团的矛盾也日益加深。军政府不仅干涉卡马拉在贫民区传教，而且还在1966年怂恿人用机枪扫射他的住宅。70年代初，随着解放神学在巴西的广泛传播，教会开始公开反对军人集团的统治，同情人民的民主要求，主张政治开放。1971年，圣保罗大主教阿拉斯严厉谴责当局迫害和折磨狱中的工人天主教教徒。1973年，巴西圣保罗大主教人权委员会专门发表支持学生反对军事独裁的文告。红衣主教洛斯维奇公开指出，巴西"现政权的形式不能令人满意，必须寻找其他的形式才行"。他的话实际上是要求军政府赶快下台的宣言。随着时间的推移，教会成为一支反对军政府的强大势力。在拉美民主化进程的推动下，巴西人民经过多年的艰苦斗争，终于迫使军政府在1985年把政权还给文人。

而今，尽管天主教并不是巴西的国教，但它无处不在，影响力很大。在城市街头到处可见身着长袍的教士和修女，出租车和公共汽车上贴有醒目的基督像，儿童在校必须学习教义问题手册。甚至总统在宣誓就职时，也必须有一名手持圣经的教士在场。在巴西，教士享有一定的政治权力，可担任公职。宪法保证教徒履行宗教职务，"只要这与社会秩序和道德规范不相抵触"。教士在和平时期可免服兵役，但须履行法律规定的其他义务。在部队中，允许官兵做礼拜。举行过宗教仪式的婚姻同不举行宗教仪式的婚姻一样有效。然而，近年来，巴西天主教的影响力呈下降趋势，教士和信徒的人数日趋减少。在巴西这样一个天主教教徒占绝对多数的国家，在职教士只有1.3万名。教士短缺的原因是教士结婚的现象增多。20世纪90年代初，巴西有6000多名教士因结婚而被剥夺主持弥撒、听取忏悔等宗教活动的权利。

坎东布莱教（Candomblé）是许多非洲裔巴西人信奉的宗教，其名称通行于巴伊亚，在里约热内卢则称为马昆巴（Macumba），在圣保罗叫作温班达（Umbanda）。该教原为非洲尼日利亚、贝宁等地流行的一种原始宗教，供奉祖先和信仰自然神。他们信奉的最高神灵叫奥洛伦，有时也称为赞比。奥洛伦下面的诸神通称为奥里沙斯。信徒们在发生重大事情或遭到天灾不幸时，都要向祖先神灵举行集体祈祷，祈求神灵赐福、摆脱灾难。非洲黑奴被贩运到巴西后，也带来了他们的宗教和他们所信仰的神灵，其中最主要的神灵是海洋女神莱曼雅、男性生殖与收获神奥沙拉和邪恶神埃舒，此外还有奥贡、奥肖西和扬桑等神灵。巴西天主教会害怕黑奴带来的原始宗教的传播会对天主教会造成威胁和影响对黑奴的控制，因而残酷迫害信仰旧有宗教的奴隶，并威胁把未能控制奴隶宗教信仰的白人逐出教会。为避免原始宗教毁于一旦，许多黑奴表面上皈依了天主教，但同时巧妙地把非洲宗教的神灵与天主教的神明融合在一起。他们把自己信奉的奥沙拉、莱曼雅、埃舒、奥贡、奥巴吕阿耶、扬桑和奥肖西分别同天主教的耶稣、圣母、撒旦、圣安东尼、圣弗朗西斯、圣巴巴拉和圣乔治挂钩，融为一体。他们还把原有的宗教节日同天主教节日相互对应，并借用天主教的祈祷和礼仪。黑人教堂的祭坛上，在摆放白色羽毛、念珠等原始宗教物件的同时，也放上基督、圣母玛利亚的石膏像和十字架。天主教会为了扩大在黑人中的影响力和削弱、毁灭原始宗教，对原始宗教与天主教相互渗透、相互结合的现象采取了默认的态度。于是，两教相结合并掺和了一些印第安宗教信仰的坎东布莱教便在巴西全国慢慢流行开来。如今在巴西，既信仰天主教又信仰原始宗教，或者信仰这两种宗教的混合体坎东布莱教的教徒，不仅有大量黑人，而且还包括属于各种阶层其他肤色的人，坎东布莱教的影响力在不断扩大。

国　币

雷亚尔（Real）。1雷亚尔等于100分（Centavo）。

1568年，葡萄牙国王D.塞巴斯蒂昂（D. Sebastião）下令在新发现的地区流通葡萄牙钱币。巴西沦为葡萄牙殖民地后，殖民者携带的金、银、铜币开始在巴西流通。最初在巴西流通的葡萄牙钱币的单位是雷亚尔（Real），因其购买力逐渐下降，货币单位变为雷亚伊斯（Reais，雷亚尔的复数），简称雷斯（Reis）。1580～1640年葡萄牙王室与西班牙王室合并期间，西班牙在美洲铸造的钱币与葡萄牙钱币同时在巴西流通。法国和荷兰入侵后，它们的钱币也在巴西出现。与此同时，海盗常在巴西沿海交易，刺激了各种钱币在巴西的流通。1640 年，葡萄牙脱离西班牙后，葡国王 D. 若昂（D. João）下令将巴西流通的葡萄牙和西班牙的钱币添加葡王室标记。1654 年荷兰人占领巴西东北部后，铸造了带有雷亚尔（Real）名称的金币。

1694 年巴伊亚建立了巴西第一家造币厂，把曾流通或从葡萄牙带来的金币和银币重铸成雷斯，与葡萄牙钱币一起流通。1699 年里约热内卢、1700 年伯南布哥分别建立造币厂。1695 ~ 1698 年，巴西本地生产的第一批金币面值为 4000、2000 和 1000 雷斯，分别称为"币""半个币"和"1/4 币"。巴伊亚、里约热内卢和伯南布哥造币厂还铸造面值为 640、320、160、80、40 和 20 雷斯的银币，称为"帕塔卡"（Pataca），其中 320 雷斯银币从 1695 年一直流通至 1834 年。这些钱币第一次拥有了巴西铸造的标记。1703 ~ 1707 年，里约热内卢铸造了 4000 雷斯和 2000 雷斯金币，除在巴西流通外，一部分还在葡萄牙流通。由于巴西小额钱币短缺，葡萄牙波尔图造币厂生产的小额铜币一部分供应巴西。

1706 ~ 1750 年，因金矿开采的发展，巴西开始为葡萄牙铸造金币。1729 年，巴伊亚造币厂开始生产铜币。1750 ~ 1777 年，里约热内卢和巴伊亚的造币厂分别为葡萄牙铸造了面值为 6400、3200、1600 和 800 雷斯的金币"埃斯库多"（Escudo）。后因采金业衰落，最高面值为 12800 雷斯的金币未能铸造。与此同时，里斯本、里约热内卢和巴伊亚为巴西铸造了面值为 4000、2000 和 1000 雷斯的金币。为了便于交易，还铸造了面值为 600、300、150 和 75 雷斯的银币。

1807 年 11 月，葡萄牙摄政王若昂（Dom João）亲王因面临拿破仑入侵威胁而逃亡巴西，在巴西建立了巴西银行，随后发行了纸币。1808 年 9 月 1 日，巴西货币单位名称雷斯得到王室正式批准，一直使用至 1833 年。1809 年，若昂亲王下令铸造面值为 960 雷斯的新银币，称为"帕塔卡奥"（Patacao）。1810 年，巴西银行首次发行纸币。1811 ~ 1815 年，里约热内卢造币厂铸造了面值为 20、40 和 80 雷斯的铜币，供应葡萄牙在非洲的殖民地莫桑比克与圣多美和普林西比，这些钱币被称为"马库塔斯"（Macutas）。此外，为安哥拉铸造的面值为 1/4、1/2 和 2 雷斯铜币也在巴西正式流通。

巴西独立后，巴西生产的金币开始销往国外，以应付贸易赤字，国内流通的钱币主要是铜币。1823 ~ 1831 年，库亚巴造币厂、米纳斯吉拉斯造币厂和圣保罗造币厂铸造的铜币在当地流通。铜币不受控制的发行导致假币大量出现。1827 年，巴西政府决定在巴伊亚取消铜币，在 8～24 个月内用国家财政部发行的纸币兑换铜币。1828 年，巴西银行发行 1000 雷斯和 2000 雷斯纸币。1829 年 9 月 23 日，巴西政府下令关闭巴西银行，转由政府负责发行纸币。1833 年，巴西全国取消铜币，并用纸币换回铜币。

根据 1833 年 10 月 8 日颁布的 59 号法，米雷斯（Mil Reis）替代雷斯成为巴西的货币单位，1 米雷斯等于 1000 雷斯。巴西铸造出面值为 10000 雷斯的金币，面值为 100、200、400、800 和 1200 雷斯的银币。1836～1853 年，除国家发行纸币外，各省的私人银行也大量发行纸币。1849～1853 年，巴西铸造了面值为 20000 雷斯和 50000 雷斯的金币，面值为 500、1000 和 2000 雷斯的银币。此后，巴西广泛使用纸币，有限生产铜币，金币和银币的生产大大减少。1870 年，里约热内卢造币厂开始生产铜币，1874 年开始铸造铜镍合金币。

1942 年 10 月 5 日第 4791 号法出台，克鲁赛罗（Cruzeiro）取代米雷斯成为巴西的货币单位，1 克鲁赛罗等于 1000 米雷斯，同年 11 月 1 日生效。1964 年 12 月 1 日，巴西颁布第 4511 号法，不带分（Centavo）的克鲁赛罗出炉。1965 年 11 月 13 日第 1 号法出台，决定用新克鲁赛罗（Crizeiro Novo）代替克鲁赛罗，1 新克鲁赛罗等于 1000 克鲁赛罗，1967 年 2 月 14 日生效。1970 年 3 月 31 日，巴西中央银行颁布第 144 号决议，决定将新克鲁赛罗恢复旧称克鲁赛罗，1 新克鲁赛罗等于 1 克鲁赛罗，同年 5 月 15 日生效。1984 年 8 月 15 日第 7214 号法出台，不带分（Centavo）的克鲁赛罗再次面世。根据 1986 年 2 月 27 日颁布的第 2283 号法，翌日克鲁扎多（Cruzado）面世，1 克鲁扎多等于 1000 克鲁赛罗。1989 年 1 月 15 日，巴西颁布第 32 号临时措施，新克鲁扎多（Cruzado Novo）顶替克鲁扎多，1 新克鲁扎多等于 1000 克鲁扎多，翌日生效。根据第 168 号临时措施，1990 年 3 月 16 日巴西再次发行克鲁塞罗，替代新克鲁扎多，实行有弹性的汇率政策。1993 年 7 月 28 日，巴西颁布第 336 号临时措施，克鲁塞罗雷亚尔（Cruzairo Real）替代克鲁塞罗，1 克鲁塞罗雷亚尔等于 1000 克鲁塞罗，8 月 1 日生效。1994 年 5 月 27 日颁布第 8880 号法，巴西发行雷亚尔，取代克鲁塞罗雷亚尔，1 雷亚尔等于 1000 克鲁塞罗雷亚尔，并沿用至今。

巴西现在流通的纸币面值为 1、2、5、10、20、50、100 雷亚尔。各种面值的纸币正面皆为象征巴西国家的妇女头像雕塑。

1 雷亚尔纸币为绿色，背面绘蜂鸟。蜂鸟产于南美洲，巴西有 100 多种蜂鸟。

2 雷亚尔纸币为蓝色和灰色，背面绘玳瑁海龟，它是巴西沿海的 5 种海龟之一。

5 雷亚尔纸币为紫色，背面绘大白鹭，它是长腿涉禽。

10 雷亚尔为红色，背面绘绿翼鹦鹉（Guacamayo，Macaw）。它是鹦鹉科大个彩色鹦鹉，栖息于巴西和其他拉美国家。

20 雷亚尔为黄色和橙色，背面绘金狮狨。它是猴的一种，面若狮，生活于巴西大西洋沿岸森林。

50 雷亚尔为褐色，背面绘美洲豹。美洲豹是大而美丽的猫科动物，濒临灭绝，在亚马逊河流域和马托格罗索森林皆可见。

100 雷亚尔为蓝色，背面绘黑鲔。它是巴西沿海产出的最著名的鱼类之一。

巴西现在流通的铸币面值为 1、5、10、25、50 分和 1 雷亚尔。铸币正面右边皆为南十字星座，左边为面值。

1 分铸币背面是葡萄牙航海家佩德罗·阿尔瓦雷斯·卡布拉尔像。1500年 4 月 22 日，卡布拉尔率领的船队抵巴伊亚附近海岸，称新发现的巴西地区属葡萄牙王室所有，并取名为"真正的十字架岛"。

5 分铸币背面是巴西独立运动的先驱、巴西民族英雄若阿金·若泽·达席尔瓦·沙维尔（Joaquim Joséda Silva Xavier，1748 ~ 1792 年，即拔牙者）像。席尔瓦·沙维尔于 1789 年成立秘密组织，进行推翻葡萄牙殖民统治的斗争。席尔瓦·沙维尔等人制定了革命纲领，设计了国旗，并在里约热内卢、圣保罗等大城市开展争取独立的斗争。后因叛徒出卖，"拔牙者"于 1789 年 4 月被捕，1792 年 4 月 21 日在里约热内卢慷慨就义。

10 分铸币背面是巴西皇帝佩德罗一世像。1822 年 9 月 7 日，他正式宣布巴西脱离葡萄牙独立。1822 年 12 月 1 日，他在里约热内卢举行加冕典礼，称为巴西皇帝佩德罗一世。

25 分铸币背面是巴西共和国首任总统丰塞卡元帅像，背景是国徽。

50 分铸币背面是巴西政治家、外交家、历史学家若泽·马里亚·达席尔瓦·帕拉诺斯（José Maria da Silva Paranhos，即里奥布朗库男爵）像，他是巴西外交的象征。

1 雷亚尔铸币是象征巴西的妇女头像。

秘　鲁

国　名

　　秘鲁共和国（República del Perú）。位于南美洲西部，北与厄瓜多尔、哥伦比亚接壤，南与智利为邻，东与巴西相接，东南与玻利维亚毗连，西濒太平洋。秘鲁是南美洲的文明古国，印加部族世世代代生活在这里，发展了印第安三大文化之一——印加文化。他们所建立的印加帝国（Imperio Incaico）曾鼎盛一时，疆域非常辽阔。"印加"（Inca）一词在克丘亚语中即"太阳的子孙"之义。帝国的国王也自称"印加"。"印加帝国"这一名字是由西班牙人所起的。印加人所讲的克丘亚语则称自己的国家为"塔万廷苏约"（Tawantinsuyu），意即"世界的西方"。他们认为印加古国首都库斯科是世界的中心，在克丘亚语里，"库斯科"就是"宇宙中心"的意思。关于秘鲁（Perú）国名的来源，存在不同的看法。有人认为其源自印第安语，与玉米有密切联系。玉米是秘鲁印第安人的基本口粮，是古代秘鲁文明的基石，他们为自己培植的玉米而感到自豪。"秘鲁"（Perú）的名字是从克丘亚语"皮鲁阿"（pirua）演变而来，而"皮鲁阿"即"大玉米穗"或"玉米之仓"之意。也有人提出"秘鲁"一词源于第一位印加国王的名字"Pirua Pacaric Manco"。也有人说 1522 年西班牙殖民者抵达此地时，听到当地印第安人用"Pelu"或"Biru"称呼该地区或该地区的一条河，于是他们就以"Perú"称呼该地区，后来便成为国名。关于"秘鲁"的来历，还有一个传说。相传1513 年瓦斯科·努涅斯·德巴尔沃亚发现南海（即今太平洋）后，被西班牙国王授予南海和巴拿马海军总督之职。他几次派人前往南美沿海探险。一次，西班牙殖民者乘船驶抵秘鲁海岸，在一条河的河口捉住一位正在捕鱼的印第安人。殖民者问印第安人这个地方叫什么名字，印第安人不懂西班牙语，以为他们在打听他的名字，便回答说："我的名字叫 Berú，我在 Pelú（河）里。"西班牙人也同样不懂印第安语，以为"Berú"和"Pelú"就是这个地方的名字，以后秘鲁便作为国家的名字沿用下来。

然而，上述说法并未得到许多专家的赞同。秘鲁历史学家劳尔·波拉斯·巴雷内切亚（Raúl Porras Barrenechea）独辟蹊径，提出了一种全新的说法。他在其撰写的《秘鲁的国名》（*El Nombre de Perú*）一书中指出，秘鲁的国名不是源于克丘亚语，也不是源于加勒比语，而是来自巴拿马地区圣米格尔湾附近一个巴拿马部族酋长的名字"Birú"。他说，16 世纪 20 年代，西班牙殖民者帕斯夸尔·德安达戈亚（Pascual de Andagoya，1495~1548 年）率领船队穿过圣米格尔湾，抵达巴拿马的一个地区。登陆后，他询问当地土著人该地区的名字，土著人以为问的是酋长的名字，于是便答道："Birú"。随后，安达戈亚认识了那位土著酋长。后来安达戈亚在圣胡安河重新上船，船突然倾覆，危急之中那位土著酋长将他救起。随着安达戈亚的远征，西班牙人知道了"Birú"的名字。安达戈亚征服中美地区后，1522 年率军入侵秘鲁，但因病返回巴拿马。1524 年，弗朗西斯科·皮萨罗（Francisco Pizarro）代替安达戈亚征服秘鲁。最初，皮萨罗等人想称秘鲁为"南海的新土地"（Tierra Nueva de la Mar del Sur）或"新卡斯蒂利亚"（Nueva Castilla），也想以他们途经的重要城市的土著名字，如通贝斯（Tumbes）、库斯科（Cusco）、钦查（Chincha）等为秘鲁命名，但最后还是使用了西班牙语化的巴拿马部族酋长的名字秘鲁（Perú）。

国　都

利马（Lima）。利马坐落在离太平洋海面不远的一片肥沃绿洲上，蓝色的利马河穿城而过注入大海。利马是南美洲一座古老的城市。利马（亦为秘鲁一区名）也是印第安语名字。1535 年 1 月 18 日弗朗西斯科·皮萨罗建立利马城，取名"诸王之城"（Ciudad de los Reyes），以纪念西班牙国王卡洛斯一世和他的母亲胡安娜女王。可是这个名字却未被人们所接受，随着时间的推移，该城恢复了土著名称"利马"。关于"利马"一词的来源存在不同的解释。

第一种说法认为其源于艾马拉语 "Limac"，它是一种黄色花的名字，是学者佩德罗·比利亚尔·科尔多瓦（Pedro Villar Córdova）在其撰写的《利马考古》（*Arqueología de Lima*）一书中提出来的；第二种说法认为其源于克丘亚语 "利马克"（rimaq），意为 "讲演者"，指当地土著人非常敬重的前印加时代一个被神化了的人，此人居住于利马附近，后来利马克慢慢演化成利马；第三种说法认为其源于利马克河（Rio Rímac），"Rímac" 是前印加时期当地语言的一个词。利马终年少雨多雾，这里房子的屋顶一般都是平的，没有房檐，有些屋顶上还特意砌一圈矮墙，以堆放东西，利马人也根本不需要准备雨具，所以利马有 "无雨之都" 的美称。造成这种情况的原因是，由南极北上的 "温博特寒流" 使秘鲁海域的水分蒸发很少，而从大海上吹来的潮湿空气却被寒流冷却，凝聚成雾，而且高耸的安第斯山脉也挡住了大西洋信风，所以形成包括利马在内的安第斯山西麓干燥缺雨的状况。利马古城存留大量殖民地时期的建筑和广场，如大教堂、圣弗朗西斯科修道院、圣马丁广场等，近郊有著名的 "黄金博物馆"。1991 年，联合国教科文组织授予该城 "人类文化遗产" 称号。

国 庆

7 月 28 日（1821 年）。哥伦布于 1492 年 "发现" 新大陆后，欧洲殖民者蜂拥而来。1533 年，西班牙殖民者征服 "印加帝国"，秘鲁沦为殖民地。在近 300 年的殖民统治中，秘鲁人民进行了长期的艰苦斗争。特别是在 1780 年，印第安人首领图帕克·阿玛鲁二世（Túpac Amaru II）率众起义，掀起了拉丁美洲史上最大的印第安人反殖风暴，震撼了西班牙殖民统治的基础。19 世纪初，独立运动之火燃遍整个拉丁美洲，秘鲁人民也投身于争取独立和解放的斗争中。但由于秘鲁是当时西班牙殖民者最反动、最顽固的堡垒，集中了比拉美其他地区更多的殖民军，所以历次革命运动均遭殖民当局的残酷镇压。1818 年，拉丁美洲民族英雄圣马丁和奥希金斯率领安第斯军解放智利后，着手准备进军西班牙殖民者的巢穴——秘鲁。1820 年 8 月，在奥希金斯与智利政府的全力支持下，圣马丁率舰队从海路挥师北上，9 月在秘鲁登陆。1821 年 7 月击溃西班牙殖民军，7 月 28 日利马人民成立 "洪他"，并宣布秘鲁独立。秘鲁共和国成立后，定 7 月 28 日民族独立日为国庆。

国　父

何塞·德圣马丁（José de San Martin，1778～1850 年）。圣马丁的一生与南美的解放事业紧紧联系在一起，同时被阿根廷、智利和秘鲁人民誉为"祖国之父"。智利解放后，圣马丁创建了拉美独立国家的第一支海军，准备进军秘鲁。1820 年 8 月 20 日，他率领一支由 4430 人组成的、拥有 24 艘战舰和武装运输船的远征军，从瓦尔帕莱索港出发，从海上进军秘鲁。圣马丁豪迈地对战士们说："我们将开始解放秘鲁的伟大事业，这是我们革命中最伟大日子的黎明。"同年 9 月远征军登上秘鲁海岸后，受到当地居民的热烈欢迎，并踊跃参军，革命形势发展很快，形成对殖民总督府利马的战略包围。利马四面楚歌，殖民者惶惶不可终日。经过激烈战斗，秘鲁总督拉塞尔仓皇逃往西班牙。1821 年 7 月 9 日，圣马丁率军攻入利马城。当人民高呼"圣马丁将军万岁"时，他连连摆手，高呼"独立万岁""祖国万岁""自由万岁"。7 月 28 日在宣布秘鲁独立的同时，圣马丁被拥戴为秘鲁的最高执政者——"护国公"。他在执政期间进行了一系列改革：解放奴隶，取消人头税，废除奴役印第安人的"米达制"，建立秘鲁军队，撤销宗教裁判所，发展经济，改革教育，建立利马师范学校，设立国家图书馆，并确定秘鲁的国歌、国旗和国徽等，对巩固秘鲁的独立起到了重要作用。圣马丁在秘鲁人民中享有崇高威望，他克己奉公，把自己当作一名普通公民。他虽然接受了"护国公"职务，但他宣布秘鲁一旦获得完全解放，就把权力交给秘鲁人选出的政府。1822 年 7 月，圣马丁与玻利瓦尔会在瓜亚基尔谈后，他从大局出发，主动放弃自己在秘鲁的军政大权，让玻利瓦尔统帅整个拉美的爱国武装力量，表现他以拉美解放事业为重的宽广胸怀。9 月 22 日秘鲁召开国会，圣马丁在会上发表最后一次演说后辞去了政府首脑和军队统帅的职务。秘鲁国会宣布他为"秘鲁自由的奠基者"，并给予他和美国开国元勋华盛顿同样多的终身年金，但他分文未受。圣马丁离开秘鲁后，经智利返回阿根廷。1824 年，圣马丁去法国定居，1850 年在法国病逝。秘鲁人民深切怀念这位为拉美和秘鲁解放事业呕心沥血的英雄，把他尊为"国父"，并在利马市中心广场上竖立起他的纪念碑。

国　旗

　　秘鲁国旗的颜色为红白二色，白色居中，左右两边为红色，各占旗面的1/3。白色旗面的中心镶嵌着秘鲁国徽图案。国徽由左边的月桂枝和右边的棕榈枝环绕，在下面交叉。国旗的长与高之比为3∶2。

　　秘鲁国旗颜色是圣马丁于1820年10月21日确定下来的。那一天，他在皮斯科远征军司令部颁布的法令中提出了他所设计的秘鲁国旗和国徽式样。他宣布国旗长8英尺，宽6英尺。两条对角线把旗面分成4部分。上下两部分为白色，左右两部分为红色。旗面的中央是国徽，由椭圆形绿色月桂冠包围，月桂冠的下面被一金色飘带系住。月桂冠内的金色太阳光芒四射，在蓝绿色海洋和暗褐色山峦之后浮出。圣马丁选择国旗的红白二色有几种说法。第一种说法是，根据秘鲁诗人、小说家亚伯拉罕·巴尔德洛马尔（Abraham Valdelomar）1917年撰写的《圣马丁的梦》（*El Sueño de San Martin*）中所说，1820年9月8日，圣马丁率领的远征军在皮斯科港登陆，驻扎在海滩。中午，圣马丁因劳累过度躺在一棵棕榈树下睡着，梦见大批人拥上街头，挥舞着漂亮的旗帜。当他醒来时，发现海洋上空有一群火烈鸟在自由翱翔。它们的双翅是红色的，而胸脯是雪白的。圣马丁触景生情，浮想联翩，指着红白二色的鸟，对随从人员激动地说："看！这是象征自由的旗帜！"从此，按照圣马丁的意图，秘鲁国旗采用了红白相间的颜色。第二种说法是，19世纪下半叶，秘鲁历史学家马里亚诺·费利佩·帕斯·索尔丹（Mariano Felipe Paz Soldán）认为，圣马丁把阿根廷国旗的白色和智利国旗的红色结合了起来，作为秘鲁国旗的颜色。第三种说法是，秘鲁国旗的颜色源于印加帝国战旗。第四种说法是，红色象征英雄和烈士洒出的鲜血，白色象征纯洁的感情、自由、社会正义与和平。第五种说法是，豪尔赫·费尔南德斯·斯托尔（Jorge Fernández Stoll）认为，圣马丁赞成独立后的秘鲁政体为君主立宪制，国旗也要同印加帝国和卡斯蒂利亚王国有联系。印加帝国崇尚红色，卡斯蒂利亚王国崇尚红白二色，圣马丁把他们的颜色结合在一起组成了秘鲁国旗的颜色。

　　由于4个三角形的国旗制作困难，1822年3月15日，接替圣马丁执政的共和国最高代表托雷·塔格莱侯爵何塞·贝尔纳多·德塔格来（José Bernardo de Tagle）

下令修改国旗。新国旗在保留红白二色的基础上，由红、白、红三个水平长方形组成，中间白色旗面上绘有放射光芒的红色太阳图案。1822 年 3 月 16 日，第 22 号政府公报正式颁布了秘鲁的第二面国旗。

由于上述国旗与西班牙军旗容易混淆，1822 年 5 月 31 日，何塞·贝尔纳多重新修改了国旗，把水平长方形改为垂直长方形，中间白色旗面仍绘有太阳图案，但太阳为红色，四周光芒为金色。这是秘鲁的第三面国旗。

1825 年 2 月 25 日，秘鲁立宪大会通过再次修改国旗的法令，经西蒙·玻利瓦尔同日签发法令批准。这是秘鲁的第四面国旗，于 1825 年 3 月 19 日第 22 号政府公报正式颁布使用，1950 年 3 月 31 日秘鲁政府第 11323 号法令批准，并沿用至今。每年 6 月 7 日是秘鲁国旗日。

国　徽

秘鲁的第一面国徽也是由圣马丁设计的，1821 年 10 月 21 日他在皮斯科远征军司令部颁发了关于国旗和国徽的法令。这面国徽由椭圆形绿色月桂冠包围，月桂冠的下面被一金色飘带系住。月桂冠内的金色太阳光芒四射，在蓝绿色海洋和暗褐色山峦之后浮出。

现行国徽是由立宪大会主席何塞·格雷戈里奥·帕雷德斯（José Gregorio Paredes）和弗朗西斯科·哈维尔·科尔特斯（Francisco Javier Cortés）创制的，与国旗一起于 1825 年 2 月 25 日由立宪大会通过并由西蒙·玻利瓦尔下令颁布。秘鲁国徽是一个带金边的盾徽。盾面分为三部分，展现秘鲁的三大资源：左上部分底色为天蓝色，绘有一只金黄色骆马，代表秘鲁的动物资源；右上部分底色为白色，绘有金鸡纳树，代表秘鲁的植物资源；下部底色为红色，绘有一只口朝左的金色丰饶杯，杯口流出许多金币，象征秘鲁的矿物资源。盾徽顶绘有椭圆形圣栎树枝花冠，其两侧各有两面国旗。

秘鲁国徽的设计者何塞·格雷戈里奥·帕雷德斯生于 1778 年 3 月 19 日，青年时期就读于圣马科斯大学和圣费尔南多医学院，后任圣马科斯大学图书管理员、利马市政会刊物《利马公报》主编、圣费尔南多医学院教授。圣马丁远征军进入利马后，他曾任立宪大会利马议员、立宪大会主席，1827～1828 年担任财政部长。秘鲁国徽的绘画者为弗朗西斯科·哈维尔·科尔特斯。科尔特斯和帕雷德斯曾是圣费尔南多医学院同事，帕雷德斯任绘画教授，绘画技术精湛，曾参加该医学院组织的生物考察。圣马丁来到秘鲁后，帕雷德斯成为圣马丁办公室的官方画师，他还为秘鲁早期货币绘过图。

总统绶带

秘鲁总统绶带为红白两色，与国旗颜色相同。2006 年起，绶带中部是用金线绣的国徽。从秘鲁共和国成立之初起，继承殖民地时期总督佩戴绶带的传统，秘鲁总统在就职仪式上佩戴总统绶带。利马有一家庭祖传制作总统绶带，根据每个总统的体型决定绶带长短。关于总统绶带，流传着一段趣事：18 世纪 40 年代上半期，秘鲁局势混乱。一天，大批示威群众拥到总统府前，他们高声向胡斯托·菲格罗拉（Justo Figuerola）总统抗议。菲格罗拉赶紧叫女儿从柜子中取出总统绶带，从阳台上交给示威人群。人们高呼菲格罗拉万岁，兴高采烈地离开，去寻找披戴总统绶带的人。过去，总统绶带是人们梦寐以求的圣物，而这一次却没有一个人想得到它。

总统权杖

秘鲁总统使用总统权杖，这种习惯是在 18 世纪从西班牙传到安第斯地区的。与阿根廷不同的是，在秘鲁历史上，军人总统无数次不使用权杖，而是使用军刀或剑。只有为数不多的总统使用权杖，如马里亚诺·伊格纳西奥·普拉多（Mariano Ygnacio Prado）、何塞·巴尔塔（José Balta）和奥古斯托·B. 莱吉亚（Augusto B. Leguía）。近年来，亚历杭德罗·托莱多（Alejandro Toledo）总统在库斯科就职仪式上使用了总统权杖。在 2008 年 7 月 29 日的军事检阅式上，阿兰·加西亚（Alan García）也携带了总统权杖。

总统旗

秘鲁总统旗旗地为白色，白边，旗的中央为秘鲁国徽，四角各有一金色人面太阳。

总统府

秘鲁总统府被称为"政府宫"（Palacio de Gobierno）或"皮萨罗宫"（Casa de Pizarro）。皮萨罗宫之名源于西班牙探险家、秘鲁印加帝国的征服者弗朗西斯科·皮萨罗。1535 年 1 月 18 日，弗朗西斯科·皮萨罗在兴建"诸王之城"（即利马城）的同时，在原印加首领塔乌利丘斯科（Taulichusco）的宅第的基础上为自己修建新卡斯蒂利亚总督官邸。1535 年 1 月 18 日破土动工，1536 年建筑竣工。这座西班牙卡斯蒂利亚风格的总督官邸位于马约尔广场一侧，背靠里马克河，建筑的中心有两个院子和一个花园。院内驻扎骑兵和步兵，并有马厩。皮萨罗亲自在花园里种下一棵从西班牙带来的无花果树，这棵树历经近 500 年，存活至今。1541 年 6 月 26 日皮萨罗在宫内被杀后，从此后抵达秘鲁的第一任总督布拉斯科·努涅斯·德贝拉（Blasco Nuñez de Vela）到最后一任总督，共有 43 位总督都以皮萨罗宫作为总督官邸和办公地。皮萨罗宫经过多次装修、改建和重建。1569～1581 年任职的总督弗朗西斯科·托莱多（Francisco Toledo）经西班牙国王授权，改建了总督府。圆屋顶的新建筑为长方形，长 220 米，宽 160 米。建筑周围有防护墙，墙的每个角落都有瞭望塔楼。1586 年 7 月 9 日，皮萨罗宫遭地震摧毁，1596 年上任的总督路易斯·德贝拉斯科（Luis de Velasco）修建了新的总督府。1746 年，地震又摧毁了皮萨罗宫的正面，总督安东尼奥·曼索·德贝拉斯科（Antonio Manso de Velasco）下令重建。1821 年 7 月 28 日，何塞·德圣马丁曾暂住皮萨罗宫，并在此处宣告秘鲁独立，皮萨罗宫从此成为秘鲁总统府。1865 年，瑞士建筑师米歇勒·特雷福格利（Michele Trefogli）奉命在宫内修建了水晶大餐厅。尼古拉斯·德彼罗拉（Nicolás de Pierola）在 1895～1899 年第二次执政时，在皮萨罗宫正面两端修建了两个露天阳台。1921 年，皮萨罗宫右翼发生火灾，摧毁了包括总统办公室在内的大部分建筑。1926 年奥古斯托·莱吉亚总统二次执政时，委托法国建筑师克劳迪奥·萨于特（Claudio Sahut）设计新的总统府。1930 年 8 月，莱吉亚被推翻，工程遂陷于停顿。1937 年奥斯卡·贝纳维德斯总统（Oscar Benavides）命波兰建筑师亚沙·马拉绍夫斯基（Jaxa Malachowski）完成总统府的建设。当年 8 月 24 日开工，翌年一座法式巴洛克风格的新总统府正式落成。此后，每逢庆典，总统都要在皮萨罗宫靠近市政府一端的阳台上向公众发表讲话，并观看庆祝活动。

皮萨罗宫由豪尔赫·巴萨德雷大厅、格兰大厅、塞维利亚大厅、和平大厅、图帕克·阿马鲁大厅、大使大厅、总统官邸等组成，每个大厅都有总统卫队把守。

豪尔赫·巴萨德雷大厅（Salón de Jorge Basadre）原称埃莱斯普鲁和乔克万卡大厅（Hall Eléspuru y Choquehuanca），以纪念1909年5月29日为保卫皮萨罗宫而献出生命的军人欧洛希奥·埃莱斯普鲁·德乌斯图亚（Eulogio Eléspuru Deustua）和佩德罗·波滕夏诺·乔克万卡（Pedro Potenciano Choquehuanca）。这是一座具有西班牙文艺复兴时期风格的大厅，其镶板式平顶、摩尔风格的拱门、意大利大理石铺就的地板别具特色，4扇大窗引人注目。大厅的一面矗立着乔克万卡的半身雕像，墙上挂着匿名作者17世纪绘制的佩德罗·费尔南德斯·德卡斯特罗（Pedro Fernandez de Castro）总督画像。厅内摆放两辆19世纪秘鲁总统专用的四轮马车，胡宁团轻骑兵在车旁护卫。其中，英国Peters and Sons公司制作的冬季马车车篷内顶用金银两种线绣着印加太阳，车门上绣着秘鲁国徽。法国Kellner公司的另一辆夏季马车用木和铁制作。外国大使递交国书等重要礼仪活动时会使用这两辆马车，一直用到1974年。

格兰大厅（Gran Hall）意为"大的厅"，是皮萨罗宫最大的厅。厅内有漂亮的圆柱、精美的浮雕、意大利大理石地板、五彩斑斓的玻璃窗，以及雕刻家米格尔·巴卡·罗西（Miguel Bacca Rossi）雕刻的拉美历史人物半身雕像和路易斯·阿古尔托（Luis Agurto）制作的玻利瓦尔和圣马丁雕像。大厅的二层是部长会议办公室。

塞维利亚大厅（Salón de Sevilla）铺满产自西班牙塞维利亚的上釉蓝色瓷砖，墙壁上装饰着秘鲁国徽、利马市徽和皮萨罗盾牌，厅内摆放着西班牙复兴时期的家具。

和平大厅（Salón de la Paz）原称大餐厅（Gran Comedor），可容纳250名食客。改名为和平大厅有两个原因，一是1980年10月30日，经秘鲁总统何塞·路易斯·布斯塔曼特-里韦罗（José Luis Bustamante y Rivero）调停后，萨尔瓦多和洪都拉斯在此签订和平条约；二是1985年2月第一次访问秘鲁的教皇若望·保禄二世在该厅要求秘鲁实现和平。大厅中央悬挂一个4米高巨型波希米亚枝形水晶吊灯，重达1.5吨，含175个聚光灯。四壁挂有6幅殖民地时期的油画，4幅是17世纪画家亚伯拉罕·勃鲁盖尔（Abraham Brueghel）

的画作，2 幅是 18 世纪那不勒斯画家赫罗尼莫·塞纳铁姆波（Gerónimo Cena-tiempo）的画作。

图帕克·阿马鲁大厅（Salón de TúpacAmaru）原称弗朗西斯科·皮萨罗大厅（Salón de Francisco Pizarro），是因厅内有一幅皮萨罗肖像。该厅原为皮萨罗宫的第一个餐厅，可容纳 172 名食客。贝纳维德斯总统执政时期新大餐厅建成后，该饭厅被弃之不用。现作为总统和部长举行记者招待会和其他各种官方活动的场所。1972 年胡安·贝拉斯科·阿尔瓦拉多（Juan Velasco Alvarado）执政时期改为现名，以纪念印加领袖图帕克·阿马鲁二世，图帕克·阿马鲁二世巨幅画像取代了皮萨罗画像。

大使大厅（Salón deEmbajadores）的得名是因外国大使在此厅向秘鲁总统递交国书。墙上悬挂着秘鲁民族英雄马里亚诺·桑托斯·马特奥斯（Mariano Santos Mateos）像和塔拉帕卡战役大捷的油画。玻璃橱柜里摆放着马特奥斯所获勋章、宝剑的复制品以及其他有纪念意义的物件。

总统官邸（Residencia Presidencial）于 1938 年落成并开始使用，其风格仿照 18 世纪的法国建筑。官邸的入口处是一座椭圆形二层大厅，里面有绿厅（Salón Verde）、中国大厅（Salón Chino）、白厅（Salón Blanco）和黄金大厅（Salón Dorado）。黄金大厅是总统府内最重要、最气派、最漂亮的大厅。该大厅模仿巴黎凡尔赛宫的镜厅，宽阔的大厅以壁柱作为支撑，各处用黄金箔片装饰，厅顶复制了利马教堂的一些画作。厅内摆放路易十四时期风格的家具，厅中央大理石板上有一只古色古香的钟表，钟上放有意大利萨伏依公爵伊曼纽尔·菲里贝托像。该厅是内阁部长宣誓和外国大使向总统递交国书之地，也是举行招待会的主要地方。

国　玺

在秘鲁国家机构的正式文件中使用国玺。国玺图案与国徽相同，唯一区别是前者在国徽上方印有呈弧形的西班牙语铭文"REPÚBILICA DEL PERÚ"，意为"秘鲁共和国"。西班牙铭文原为"República Peruana"，也意为"秘鲁共和国"，1986 年 12 月 19 日颁布的第 24615 号法令改为现行的铭文。

国 佩

　　根据西蒙·玻利瓦尔 1825 年 2 月 25 日签发的法令第 5 条，秘鲁国佩为红白二色。国佩来源于法国国王路易十四，他提出在军队的新军服军帽上插上彩色鸡毛，作为军事识别标志。随着时间的推移，鸡毛被彩色花结所取代。彩色花结扎成玫瑰花结样，也放在显眼位置。这种花结在 18 世纪初就已出现，在当时爆发的西班牙继承王位战争（1701～1714 年）中，西法联军使用了白红二色花结作为他们的军队和联盟的标志。法国大革命时期，市民也开始使用彩色花结。1789 年 6 月 13 日，巴黎市政当局要求其居民携带代表巴黎的红蓝二色花结。路易十六使这种花结增加了他所使用的白色，成为红、蓝、白三色花结，后来法兰西共和政权便采用了红蓝白三色旗。秘鲁的红白二色国佩是 1820 年 10 月 21 日由圣马丁提出来的。他下令秘鲁各省居民使用红白二色国佩，白色在下，红色在上。当时，不仅军人使用，平民也使用。从某种程度上说，国佩已成为拥护独立运动的识别标志。

　　现在秘鲁没有强制军民携带国佩的规定，但在 7 月庆祝国庆日期间，很多秘鲁人仍有在左胸上佩戴国佩的习惯，而且还出现了上有别针的金属制的国佩。

国 歌

　　《我们是自由的，让我们永远保持自由》（*Somos libres，seámoslo siempre*）。词作者为何塞·德拉托雷·乌加尔特（José de la Torre Ugarte），曲作者为何塞·贝尔纳多·阿尔塞多（José Bernardo Alcedo）

　　1821 年 7 月 28 日秘鲁宣布独立后，圣马丁为使秘鲁人民永远铭记光辉的斗争历程，与外交部长胡安·加西亚·德尔里奥（Juan García del Río）举办了秘鲁民族进行曲（Marcha Nacional del Perú）及秘鲁国歌竞赛。他下令在 1821 年 8 月 7 日外交部公报上刊登通知，要求作词者和作曲者在当年 9 月 18 日前上交作品，由评选委员会选出秘鲁国歌。经过筛选，7 首作品入围决赛。最后出场的何塞·贝尔纳多·阿尔塞多演奏结束后，圣马丁站起身，大声说道："毫无疑问，这就是秘鲁国歌。"第二天，圣马丁签发命令，确认何塞·德拉托雷·乌加尔特作词、何塞·贝尔纳多·阿尔塞多作曲的歌曲为秘鲁国歌。秘鲁国歌有 6 节及合唱。1821 年 9 月 18 日，秘鲁军队占领西班牙保皇军控制的雷阿尔－费利佩堡。23 日，在利马剧场举行的庆祝会上，阿尔塞多亲自指挥，著名女歌唱家罗莎·梅里诺（Rosa Merino）首次演唱了国歌，圣马丁和秘鲁高级军政官员也都参加了合唱。此后，为了宣传自由、独立思想，圣马丁等人在军人和平民中大力推广秘鲁国歌，军队各团成立了演奏国歌的军乐队，公共活动和剧院演出前都要演奏国歌。1822 年 4 月 13 日，秘鲁政府下令每星期日下午 4 点在利马独立广场（兵器广场）由学生演唱秘鲁国歌，并规定学校上午上课前至少唱 3 节国歌，下午唱完其余各节国歌。同年 4 月 15 日秘鲁政府正式下令，宣布何塞·德拉托雷·乌加尔特作词、何塞·贝尔纳多·阿尔塞多作曲的歌曲为秘鲁国歌。随着时间的推移，歌词和歌谱曾多次修改，歌词从 6 节改为 4 节或 3 节。1869 年意大利青年作曲家克劳迪奥·雷瓦戈利亚蒂（Claudio Rebagliati）请求阿尔塞多修订国歌歌谱，以结束世间流传的国歌歌谱混杂不清的状况。阿尔塞多因年老体衰、视力不清而无力承担这项工作。在征得阿尔塞多的同意和支持下，雷瓦戈利亚蒂对国歌歌谱做了修订，并加乐器。此后几十年间，一直存在对秘鲁国歌歌词的争议，一些秘鲁诗人和作家认为国歌歌词质量不高。诗人路易斯·本哈明·西斯内罗斯（Luis benjamín Cisneros）和历史学家欧热尼奥·拉腊布雷－乌纳努埃（Eugenio Larrabure y Unanue）以国歌歌词有明显缺点为由，向利马文学俱乐部提议 1874 年 7 月 28 日举办修改国歌的竞赛。利马文学俱乐部同意他们的要求，在报刊上刊登举办比赛的通知。这种做法遭到公众舆论的抵制，特别是利马《商报》发表了反对这些诗人的文章。这样，国歌歌词的修改未能实现。

　　1900 年 7 月 25 日在利马剧院举行的一次晚会上，克劳迪奥·雷瓦戈利亚蒂指挥乐队第一次演奏了他在 1869 年修改过的秘鲁国歌。1901 年 5 月 8 日，爱德华多·洛佩斯·德拉罗马尼亚（Eduardo López de la Romaña）总统下令正式批准克劳迪奥·雷瓦戈利亚蒂修改过的国歌曲谱，同时提出举办征集新歌词用以替代老歌词的比赛，理由是何塞·德拉托雷·乌加尔特的歌词已不适应秘鲁和西班牙的友好关系。通过比赛，确定诗人何塞·桑托斯·乔卡诺（José Santos Chocano）的歌词入选。他撰写了几段歌词，保留了乌加尔特的合唱部分。但公众一致反对新歌词，要求恢复老歌词，《商报》再次站出来反对政府的做法。在强大的压力下，国会被迫于 1913 年 2 月 26 日（吉列尔莫·比林古尔特执政时期）颁布第 1801 号法令，宣布国歌歌词不做修改。2005 年秘鲁宪法法院宣布，在正式官方活动中，只演唱秘鲁国歌第一节。

作曲家何塞·贝尔纳多·阿尔塞多 1788 年 10 月 20 日生于利马，父母是梅斯蒂索人（印欧混血儿）。圣阿古斯丁和圣多明各修道院教堂的教士西普里亚诺·阿吉拉尔（Cipriano Aguilar）和帕斯夸尔·涅韦斯（Pascual Nieves）把他带入音乐的殿堂。他天资聪颖，很快掌握了演奏宗教音乐的高超技巧，也学会了创作民间歌曲。1821 年他谱写的歌曲在比赛中夺魁时，他已是一位成熟的音乐家、作曲家。他离开修道院加入了爱国军队，成为智利军队第四营的乐师。他参加过多次军事行动，后前往圣地亚哥，成为少尉。1823 ~ 1828 年，他担任军队最高乐师，后来成为音乐教师和教堂乐师。他在智利生活了40 年，1864 年返回秘鲁，成为军乐团总指挥。他一生创作了大量受欢迎的歌曲，如《奇恰酒》（*La Chicha*）、《拉波拉》（*La Pola*）、《野草》（*La Cora*）、《歌唱阿亚库乔战役》（*Canción a la batalla de Ayacucho*）、《战士之歌》（*Himno Guerrero*）等。阿尔塞多于 1878 年 12 月 28 日去世。

词作者何塞·德拉托雷·乌加尔特 1786 年 3 月 19 日生于伊卡，父亲是西班牙人，18 世纪末来到秘鲁，曾担任圣菲总督的主管。19 世纪初，何塞·德拉托雷·乌加尔特来到利马，在圣马尔科大学学习。1812 年毕业成为律师，在利马法院任职。他热衷诗歌创作，写出了大量爱国诗作，如《奇恰酒》和秘鲁国歌。1827 年他被任命为军法顾问，后成为总统府秘书处主任、昌凯法官。1831 年被任命为拉利伯塔德最高法院法官，直至同年 9 月 1 日在特鲁希略城去世。

秘鲁国歌歌词为：

> 我们是自由人，
> 让我们永远拥有自由。
> 太阳别再发出光亮，
> 如果我们违背了庄严的誓言，
> 那是祖国对上帝发出的誓言。
>
> 长期受压迫的秘鲁人，
> 拖着可恶的锁链，

饱受残酷奴役的折磨，
默默长久呻吟。
神圣的呐喊突然响起，
海岸上听到自由的声音！
摆脱奴隶的惰性，
卑贱者的头高高昂起。

歌词原文为：
Coro：

Somos libres，seámoslo siempre，
y antes niegue sus luces el sol，
que faltemos al voto solemne
que la patria al Eterno elevó。

I：

Largotiempo el peruano oprimido
la ominosa cadena arrastró；
condenado a cruel servidumbre
largo tiempo en silencio gimió。
Mas apenas el grito sagrado
！Libertad！en sus costas se oyó，
la indolencia de esclavo sacude，
la humillada cerviz levantó。

歌词原文源于 http：//www. redperuana. com/。

国家格言

"坚定团结，欢乐高兴"（Firme y feliz por la unión）。

国　语

西班牙语和克丘亚语。秘鲁讲西班牙语的人口占全国总人口的 83.9%。随着西班牙殖民者入侵秘鲁，1532 年西班牙的埃斯特雷马杜拉语、安达卢西亚语和加那利语传入了秘鲁。后来，卡斯蒂利亚语（即正统西班牙语）在秘鲁的影响越来越大。最初只是西班牙人和城市的印欧混血种人讲西班牙语。长达 4 个世纪中，广大农村地区仍继续讲克丘亚语和其他印第安语。20 世纪上半叶，由于秘鲁政府大力推行西班牙语、农村人口大量流入城市，西班牙语逐渐在全国流行。然而，秘鲁西班牙语同正统西班牙语仍有一定差别，它融合了印第安语与非洲语的因素。秘鲁西班牙语分为海岸地区、安第斯地区、亚马逊地区和赤道地区 4 种方言。

海岸地区西班牙语又称利马西班牙语，是南美洲海岸地区最纯正的西班牙语，秘鲁知识阶层、海岸人、首都利马人操利马西班牙语。尽管讲这种方言的秘鲁人并不太多，但其是秘鲁标准西班牙语的基础。利马西班牙语有以下特点：所有元音发音很清楚，而且持续时间相同；"rr" 和 "r" 发音清楚，没有摩擦音化；"g" 在 "j" 和 "e" 与 "i" 之前，腭音多于软腭音；音节尾的 "n" 发软腭音；"ll" 读成 "y"；带有后缀的单词不再有元音连读的倾向。利马西班牙语既有美洲西班牙语的句子结构，又有正统西班牙语的句子结构。

秘鲁山地或农村地区操安第斯地区西班牙语，这种语言与厄瓜多尔和玻利维亚西班牙语相似。它有一些特点：单词经常加 "ito" 或 "ita" 变成指小词，如 "Vete aquicito"（你到这儿来）；名词的性和数混淆，如 "A ellas la recibí bien"（我很好地接待了他们）；冠词的使用不规范，如 "Plaza de Armas es acá"（武器广场在那儿）、"La Daniela está loca"（达涅拉疯了）等。

亚马逊西班牙语是介于山地西班牙语和利马西班牙语之间的语言，有不同的音调结构；咝音 "s" 不读送气音等。

赤道西班牙语流行于通贝斯省。介于海岸西班牙语和加勒比西班牙语之间，具有明显的加那利语和安达卢西亚语以及非洲语言和塔伊诺语言的痕迹。

在秘鲁人口中，印第安人占 41%。秘鲁印第安人主要讲克丘亚语，现为秘鲁国语之一。克丘亚人（Quechua）是南美印第安人中的重要一支，而且是人数最多的印第安部族，人口约有 1281 万，他们主要分布在秘鲁、厄瓜多尔和玻利维亚，少数生活于哥伦比亚、智利和阿根廷。克丘亚人原为库斯科地区的一个小部落，后异军突起，不断发展壮大，最终形成地域广阔的印加帝国。秘鲁是古代印加帝国的发祥地，克丘亚人创造出灿烂的印加文明。克丘亚人使用的克丘亚语，其起源于公元前 2600 年左右秘鲁的卡拉尔地区（Caral）。14 世纪，随着印加帝国的扩张，克丘亚语成为秘鲁地区的通用语。后来，克丘亚语流传到南美的很多地方。16 世纪起，随着西班牙殖民者的到来，大批克丘亚人惨遭杀戮。然而，克丘亚人并未屈服，长期坚持反抗西班牙殖民统治的斗争，顽强地保留自己所讲的克丘亚语。秘鲁的克丘亚语共有 25 种，讲克丘亚语的人口占秘鲁全国总人口的 13.2%。除克丘亚语外，秘鲁也有不少印第安人讲艾马拉语，占全国总人口的 1.8%。

国家勋章

秘鲁太阳勋章（Orden El Sol del Perú）是秘鲁最高荣誉勋章，其前身是何塞·德圣马丁于 1821 年 10 月 8 日下令设立的"太阳勋章"（Orden del Sol）。"太阳勋章"分为"创建者"（Fundador）、"立功者"（Benemérico）和"合作者"（Asociado）三级，授予为独立事业做出突出贡献的人。由于有些获奖者利用该奖搞特权，1825 年 3 月 9 日太阳勋章被取消。在独立 100 周年前夕，奥古斯托·B. 莱吉亚（Augusto B. Leguía）总统 1921 年 4 月 21 日下令重新恢复该勋章，但改名为"秘鲁太阳勋章"。现在基本实行 1923 年 8 月 31 日和 9 月 6 日有关秘鲁太阳勋章的规定。该勋章分为"大十字"（Gran Cruz）、"高官"（Gran Oficial）、"骑士团长"（Comendador）、"官员"（Oficial）和"骑士"（Caballero）五级，授予对国家做出杰出贡献的秘鲁人和外国人。

杰出服务功绩勋章（Orden Al Mérito por Servicios Distinguidos）是根据 1950 年塞农·诺列加（Zenón Noriega）将军军政府 1950 年 7 月 18 日颁布的第 11474 号法令设立的。1951 年 12 月 6 日曼努埃尔·A. 奥德里亚（Manuel A. Odría）总统批准了有关杰出服务功绩勋章的规定。该勋章分为"大十字"（Gran Cruz）、"高官"（Gran Oficial）、"骑士团长"（Comendador）、"官员"（Oficial）和"骑士"（Caballero）五级，授予在艺术、科学、工业和贸易等方面为国家做出杰出贡献的秘鲁人和外国人。

除上述两种勋章外，秘鲁还有阿亚库乔军功勋章（Orden Militar de Ayacucho）、伊波利托·乌纳努埃勋章（Orden Hipólito Unánue）、达尼埃尔·阿尔西德斯·卡里翁勋章（Orden Daniel Alcides Carrión）、农业功绩勋章（Orden Al Mérito Agrícola）、工业功绩勋章（Orden del Mérito Industrial）等。

国　花

　　石竹（Kantuta）。学名"Cantua buxifolia"。原产于安第斯地区，这种多年生灌木高 2～3 米。其花无味，但色彩鲜艳，深受印加人喜爱，广为种植，并把它奉献给太阳神，称为"印加人神圣的花"。石竹也是玻利维亚国花之一。秘鲁人还喜爱向日葵，即太阳花。秘鲁是古代印加帝国所在地。古代印加人认为他们的祖先是太阳神在的的喀喀湖中的太阳岛上创造出来的一对男女。在克丘亚语中，印加即"太阳的子孙"之意。帝国的国王也自称"印加"。他们崇拜太阳，在他们心目中，太阳是万物之源，它赋予人类无穷无尽的力量。在印加人中流传着一个传说：相传在太古时代，印第安人还过着渔猎和采集的原始生活，太阳神为他们的艰苦奋斗精神所感动，就把金犁和种子赐给他们。他们用金犁开垦了沉睡的大地，播上种子，使地里长出了可供食用的五谷。秘鲁人民对太阳怀有深厚的感情，十分宠爱这种永远朝向太阳的向日葵。

国　树

　　金鸡纳树（Quina，Quinina，Cinchona 或 Cascarilla）。学名"Cinchona spp"。秘鲁是金鸡纳树的故乡，金鸡纳树主要生长于塔拉波托和查查波亚斯地区，也见于沿海省份的安第斯地区。它是一种茜草科的名贵热带树木，树高15～30 米。叶为对生单叶，呈椭圆形。花朵有白色、黄色和红色，芳香扑鼻。果实为蒴果状，内含大量椭圆形种子。树内含有多种生物碱，治疗疟疾的良药奎宁即是从金鸡纳树树皮中提取出来的，其还可治疗贫血、虚弱和食欲不振。当地印第安人早就知道利用这种树治疗疟疾，他们把金鸡纳树的皮研成粉末，然后加水冲服，疗效特高。所以，他们把这种树称为"生命之树"，并严禁将此药方传给白人殖民者。1638 年，秘鲁一个西班牙殖民者的妻子金奇娜身染疟疾，虽经医生治疗，但病情却不断恶化。金奇娜的女仆珠玛是一个善良的印第安姑娘，与金奇娜相处很好。她看到女主人生命垂危，就悄悄采集了金鸡纳树树皮，制成粉末，倒入女主人的药碗。正在这时，金奇娜的丈夫走进房门，他发现珠玛往碗里倒东西，误以为她要下毒药害死金奇娜。他夺过药碗，厉声责问珠玛放的是什么。珠玛为严守印第安人的秘密，始终一声不吭。金奇娜的丈夫见此情景，更加信以为真，于是要活活烧死珠玛。金奇娜被丈夫的吼声惊醒，听说丈夫要处死珠玛，便跌跌撞撞地奔出屋外，说服丈夫饶恕了珠玛。珠玛被女主人所感动，便把治疟疾的秘方告诉了金奇娜。金奇娜服用此药几天后，身体便复原了。这样，西班牙人才得知金鸡纳树树皮的妙用。他们把金鸡纳树的树皮带回欧洲，不久之后，瑞典科学家里纳古斯发明了抗疟疾药奎宁。金鸡纳树的名字，不仅同金奇娜同音，而且与印第安人称呼这种树的树名同音。当然，珠玛与金奇娜的故事不过是一个美丽的传说，但秘鲁人以金鸡纳树原产于秘鲁而自豪，不仅把它绘在国徽图案上，而且将其定为国树。

国　鸟

通基鸟（Tunqui）。Tunqui 为克丘亚文，西班牙文为 "Gallito de las Rocas"。学名 "Rupicola Peruviana" 为拉丁文，意为 "秘鲁岩石上的鸟"。通基鸟生活于委内瑞拉、哥伦比亚、厄瓜多尔、玻利维亚和秘鲁海拔 1400～2400 米的高原地区的热带雨林中。通基鸟长约 32 厘米，是秘鲁最美丽的鸟。雄鸟羽毛为橙红色，眼为橙色，嘴和爪为橙黄色。羽冠直立于嘴的羽毛上。前额、翅膀和尾为黑色，有些鸟的尾为灰色。雌鸟为红棕色，羽冠比雄鸟小。通基鸟喜静，只是在发情期或恐慌时才发出叫声。每年 1～9 月，通基鸟在靠近河边的岩石上用苔藓、地衣等植物筑巢，每次产两蛋。通基鸟被视为秘鲁国鸟，并受到保护，禁止猎杀和交易。

国　兽

骆马（LLama）。骆驼科美洲驼属的珍贵野生动物，身高 70～90 厘米，体重 70 余斤，生活在海拔 3000～4600 米的安第斯地区高原地带。秘鲁是拥有骆马最多的南美国家，其骆驼占南美大陆骆马总数的 80%，比厄瓜多尔、玻利维亚、智利和阿根廷的骆马加起来还要多得多。秘鲁是骆马的故乡之一，骆马在当地人民的生活中发挥过重要作用。古代印加人把骆马毛当作最好的纳贡品，又是献给太阳神的最佳贡品，每年 6 月的太阳节时把它投入湖中。16 世纪上半叶西班牙殖民者抵达时，秘鲁的骆马曾达 200 万头。由于殖民者的任意捕杀，又没有采取保护措施，骆马大大减少，甚至濒临灭绝。1964 年，秘鲁仅存 5000～10000 头骆马。秘鲁政府为了保护骆马采取了多种措施。1964 年在潘帕加莱拉斯（阿亚库乔）建立骆马保护区，1969 年与玻利维亚、智利和阿根廷签订保护骆马的协定，努力增加骆马的头数。1998 年，秘鲁骆马已达 10.2 万头。骆马本身的经济价值很高，其毛是世界上的最佳纺织原料之一。秘鲁人民把这种珍贵动物当作"秘鲁民族的象征之一"，绘于国徽和国旗上，并作为秘鲁的国兽。

国　石

祖母绿（Esmeralda）。又称绿宝石。秘鲁的国石与哥伦比亚的国石相同（详见哥伦比亚国石）。

国　舞

马里内拉舞（Marinera）。马里内拉舞是秘鲁最为普及和流行的舞蹈，特别是在北部沿海地区。拉利伯塔德省省会特鲁希略城被称为"马里内拉舞之都"。马里内拉舞之名产生于 1893 年。在一次音乐会上，秘鲁作家阿韦拉多·加马拉·龙多（Abelardo Gamarra Rondó，1850～1924 年，绰号"二流子"）把这种舞称为马里内拉舞，以表示对米格尔·格劳上将率领的秘鲁海军舰队（Marina de Guerra）的敬意。"Marinera"在西班牙语中意为"海军服"。秘鲁马里内拉舞共有三种风格，它们是利马马里内拉舞、沿海马里内拉舞和山地马里内拉舞。利马马里内拉舞音调高，高雅、欢乐、活跃，舞步快速，以滑行舞和赋格曲结束。沿海马里内拉舞流行于秘鲁北部沿海和南部沿海地沿海马里内拉舞音调低于利马马里内拉舞，舞蹈比利马马里内拉舞更为活跃。山地马里内拉舞一般音调低，舞步更为缓慢，带有印第安舞蹈的特色。利马马里内拉舞和沿海马里内拉舞则带有一些西班牙舞的特色，同时还受黑人舞蹈的影响。马里内拉舞为双人舞，是欧洲舞蹈（萨马奎卡舞、阿拉贡的霍塔舞、方丹戈舞、法国小步舞）、印第安人的瓦伊诺舞（Huayno）、下土地舞（Baile de la Tierra Baja）和非洲黑人舞蹈相结合的产物。女舞者身穿鲜艳的民族服装，手拿手帕，沿海马里内拉舞和山地马里内拉舞舞者赤脚，利马马里内拉舞舞者穿鞋；男舞者身着驯马人服装、穗饰披巾（形似毡子，中间开有领口）、宽沿草帽和鞋，北部地区有些男舞者则穿本地风格的白衣白裤和鞋。每年9月秘鲁都会举办国际马里内拉舞节，舞蹈比赛前后持续一个星期。

国　菜

塞维切（Ceviche，Cebiche 或 Seviche）。秘鲁美食融合了土著印第安人和西班牙人的烹调风格，并受到非洲、阿拉伯和其他地区的影响。在秘鲁众多菜肴中，一种名为塞维切的菜肴最受欢迎，被誉为秘鲁国菜。这道菜源于殖民地时期，那时秘鲁渔民捕鱼时常常使用生鱼丁作诱饵。饿了时，便在生鱼丁上加上盐和柠檬汁，当作饭吃。后来，其逐渐发展成独具风味的菜肴。塞维切以新鲜的生鱼片、虾肉和其他海产品为原料，用柠檬汁、盐、辣椒、葱头和大蒜等辅料腌制而成。柠檬汁的酸和盐消灭了鱼片中的微生物，同时使鱼纤维变软。吃时可配以莴苣、凉土豆和玉米粒。肉、菜入口清爽，辣椒和柠檬汁让人胃口大开。秘鲁有许多专门经营塞维切的餐馆，叫作"塞维切餐馆"（Cevichería）。2004年4月，秘鲁全国文化协会宣布将"塞维切"列为国家文化遗产。每年6月28日为秘鲁"塞维切节"。

国　酒

皮斯科（Pisco）。一种由葡萄蒸馏酿成的38～46度烈性酒。这种酒味道醇厚、清香可口，是秘鲁人不可缺少的佐餐佳品。16世纪上半叶，为了满足教堂礼拜仪式对葡萄酒的需要，秘鲁殖民当局委派弗朗西斯科·德卡拉万特斯（Francisco de Caravantes）侯爵负责从加那利群岛进口葡萄藤，在秘鲁广为栽培。16 世纪末，秘鲁开始生产皮斯科酒。17 世纪起，秘鲁产皮斯科酒开始出口海外。因从皮斯科港装货上船，皮斯科酒名字由此而来。每年 3 月秘鲁开始制作皮斯科酒，7 公斤葡萄可制成 1 升皮斯科酒。皮斯科酒的生产和出口一直延续下来，到 2009 年，秘鲁皮斯科酒产量已达 887 万升。秘鲁皮斯科酒在国际市场上大受欢迎，主要市场是美国、智利、欧盟国家等。据秘鲁出口商协会统计，2010 年该国皮斯科酒出口额达 250 万美元，比上一年度增长26%。2010 年 5 月在布鲁塞尔国际葡萄酒大赛上，秘鲁"老托内尔"等 4 个品牌的皮斯科酒获得金奖，"阿乔拉多"等 3 个品牌的皮斯科酒获得银奖。目前，秘鲁约有 387 家公司生产皮斯科酒，主要在利马省、伊卡省、阿雷基帕省、莫克瓜省和塔克纳省。根据 1999 年 5 月 6 日秘鲁政府的规定，每年 7 月的第 4 个星期日是秘鲁"皮斯科酒节"（Día del Pisco）。1988 年 4 月 7 日，秘鲁国家文化协会规定皮斯科酒为秘鲁国家文化遗产。2004 年 4 月 22 日秘鲁政府又规定，每年 2 月的第 1 个星期六是秘鲁"索乌尔皮斯科酒节"（Día del Pisco Sour）。索乌尔皮斯科酒（Pisco Sour）是秘鲁最著名的鸡尾酒，它是 1916 年利马莫里斯酒吧以皮斯科酒为基本原料，勾兑柠檬汁、鸡蛋清、冰和苦啤酒混合而成的鸡尾酒，深受秘鲁人民欢迎。

宗　教

秘鲁的主要宗教是天主教。根据 2007 年 10 月秘鲁对全国人口的统计数字，天主教教徒占全国总人口的 81.3%，新教教徒占 12.5%，其他宗教教徒占 3.3%，没有宗教或不明确者占 2.9%。1993 年则分别为 89%、6.7%、2.8% 和 1.4%。

1535 年，施恩会教士随西班牙殖民者进入秘鲁。1535 年皮萨罗兴建利马城时，就已计划在利马建立第一座天主教教堂。1538 年在今利马大教堂的原址上正式动工修建教堂，1540 年竣工。一年后的 1541 年 5 月 14 日，教皇保罗三世宣布其为"大教堂"。后来，该教堂经多次重建，1746 年是最后一次重建，并保留至今，呈现出新古典主义、哥特式等多种建筑风格。从 1974 年起，利马大教堂成为宗教艺术博物馆。1539 年，在松图尔·瓦锡（Suntur Wasi）建立起第一座库斯科大教堂。1560 年又在基斯维尔坎查（Kiswir Kancha）建立起新的大教堂。与此同时，他们把自己信奉的天上保护神拉美尔塞德圣母（Virgen de la Merced，意为施恩圣母）也带入秘鲁。

西班牙长期的殖民统治，对秘鲁宗教产生了深刻影响，其中天主教托钵修会的成员多明我会、圣方济各会和奥古斯丁会对秘鲁的影响尤大。很长时期天主教都是秘鲁的国教。据传，17世纪时利马的2万多人中，10%的人是修女、主教、教士和僧侣，被称为"南美洲的罗马"。当地居民把自己的土著信仰融合到天主教中，创造出一种混合宗教体系。直至1980年，秘鲁政府才宣布政教分离，宪法第50条规定居民有信仰宗教的自由，但承认天主教起到"国家历史、文化和道德发展中的重要组成部分"的作用。秘鲁虽1997年颁布了《宗教自由法草案》，但天主教会在秘鲁仍享有各种优惠待遇。天主教教士除得到教会发给的薪金外，还得到政府的酬劳。此外，政府还每月惯常发放给每个主教管区津贴。1980年，秘鲁与罗马教廷签订的条约给予天主教在秘鲁的特殊地位。根据该条约，天主教会在教育、税费等方面享有优惠待遇。规定在所有公立或私立学校中实施宗教教育，作为整个初等和中等教育课程的一部分。天主教在秘鲁无处不在，对其历史、文化、社会等方面产生重大影响。秘鲁的宗教气氛浓郁，教堂遍布，天主教节日众多。每年10月秘鲁都要举行"游神节"的庆祝活动，天主教教徒们抬着神像上街游行，并举行斗牛、斗鸡等活动。

国家保护神

拉美尔塞德圣母（Nuestra Señora de la Merced）。1535年，天主教随西班牙殖民者进入秘鲁，同时将拉美尔塞德圣母的信仰也传了进来。拉美尔塞德圣母是13世纪圣母玛利亚的名称。拉美尔塞德意为"施恩会"，建于1218年的西班牙巴塞罗那，主要负责从摩尔人手中赎回俘虏的事宜。从17世纪初起，秘鲁首都利马拉美尔塞德圣母大教堂开始供奉拉美尔塞德圣母像。她头戴金冠，身着白色长袍，披白色披风，白色头巾遮住长发，左手执念珠。1730年，她被宣布为"秘鲁乡村保护神"；1823年，她被宣布为"共和国武装部队保护神"。1921年9月24日秘鲁独立100周年时，拉美尔塞德圣母被加冕，接受"秘鲁大元帅"称号，并宣布这一天为全国性节日。1970年，利马市政会授予她"城市的钥匙"。1971年，秘鲁总统给她戴上秘鲁大十字海军军功章。许多秘鲁人把她视为国家保护神。

国 币

新索尔（Nuevo Sol）。关于索尔名字的由来，在秘鲁流传着一个脍炙人口的神话故事。传说古代印加帝国的缔造者曼科·卡帕克和妻子玛玛·奥克约都是的的喀喀湖中的索尔岛人，为纪念他们，故把秘鲁货币称为"索尔"。

秘鲁的钱币是从西班牙人抵达后才开始有的。为弥补钱币的缺乏，秘鲁总督迭戈·洛佩斯·德苏尼加（Diego López Zúñiga）请求西班牙王室在秘鲁建立造币厂。1565 年 8 月 21 日，西班牙国王费利佩二世下令在利马建立秘鲁总督辖区造币厂，并规定只铸造银币，禁止铸造金币。秘鲁总督洛佩·加西亚·德卡斯特罗（Lope Gárcia de Castro）统治时期造币厂上马，铸造出 1/4、1/2、1、2、4 和 8 雷阿尔。1588 年，西班牙国王下令关闭利马造币厂，保留波多西造币厂。1659 年，秘鲁总督阿尔巴·德里斯特（Alba de Liste）伯爵因钱币匮乏，没有等到西班牙国王下达的敕令，便急忙重新启动利马造币厂，并于 1659 ~ 1660 年铸造了面值为 1/4、1/2、1、2、4、8 雷阿尔和 8 埃斯库多钱币，这些钱币被称为"利马之星"。1660 年，西班牙国王再次下令关闭造币厂。1683 年利马造币厂重新开放，继续铸造钱币并运行至今。1751 年铸造的新铸模钱币被称为"世界与海洋币"或"双柱币"，是当时美洲最漂亮的钱币，面值为 1 ~ 8 埃斯库多金币，流通于整个秘鲁辖区。1810 年，利马造币厂铸造了有费尔南多像的钱币。

1821 年秘鲁独立后，圣马丁考虑铸造秘鲁货币，第二年即铸造出第一批 1/4 雷阿尔钱币。1821 年 12 月成立的纸币辅助银行（Banco Auxiliar de Papel Moneda）发行了面值为 1 比索与 4 雷阿尔和 2 雷阿尔纸币。1822 年 5 月，圣马丁委托卡耶塔诺·比道雷（Cayetano Vidaurre）铸造出 1/8 比索和 1/4 比索钱币。1822 年 7 月 15 日圣马丁下令铸造秘鲁本国货币后，伊波利托·乌纳克（Hipolito Unaque）负责钱币的设计，维持了八进位制。1823 年 6 月 17 日，保皇军进入利马，破坏了造币厂。同年 9 月，玻利瓦尔收复利马。1825 年 2 月 25 日，比索被确定为秘鲁货币单位。1831 年，秘鲁政府下令建立阿雷基帕和特鲁希略造币厂。1835 年，特鲁希略造币厂正式运行。1863 年，米格尔·德圣罗曼（Miguel de San Román）铸造了 1/2、1/4 和 1/10 索尔银币（Sol）与 20、10、5 和 2 索尔金币。由于货币流通短缺，秘鲁于 1862 年成立了一家发行纸币的私人银行，但不久因控制不了信贷和纸币的发行而关闭。1879 年，马里亚诺·伊格纳西奥·普拉多总统下令发行面值为 1、2、5、10、20、50、100 和 500 索尔纸币。

1880 年 3 月 23 日，尼古拉斯·德彼罗拉总统下令建立新的货币单位"印加"（Inca），并铸造金币和银币。"印加"的名称是为纪念具有灿烂古代文化的印加帝国。同年 10 月 18 日，德彼罗拉又下令发行面值为 1、5、20 和 100 印加的纸币。1 印加等于 8 索尔。这个时期还铸造出 1/2 秘鲁镑和 1/5 秘鲁镑（Libra）。1881 年 4 月 7 日，弗朗西斯科·加西亚·卡尔德隆（Francisco Gúrcia Calderón）总统下令收集印加纸币并废弃印制印加的铅版。接着，马格达莱纳政府宣布把印加转换成索尔，1 印加等于 10 索尔。

1931 年秘鲁进行货币改革，批准金索尔为秘鲁货币单位。这一年成立的秘鲁中央储备银行（Banco central de Reserva del Perú）是唯一被授权发行纸币和铸币的银行。金索尔流通了 55 年。因通货膨胀，1985 年费尔南多·贝朗德·特里（Fernando Belaúnde Terry）总统颁布第 24064 号令，宣布创建新的货币单位"印蒂"（Inti），1 印蒂等于 1000 索尔，于 1986 年 1 月 10 日开始使用。

1991 年秘鲁政府下令发行新货币，以新索尔代替印蒂，1 新索尔等于 100 万印蒂。面额分别为 10、20、50、100、200 新索尔。

2011 年，在新索尔面世 20 周年之际，秘鲁发行新版纸币，面额仍为 10、20、50、100、200 新索尔。纸币正面图案的人物没有变化，背面图案出现很大变化。

10 新索尔纸币正面是秘鲁空军英雄何塞·阿韦拉多·基尼奥内斯·冈萨雷斯（José Abelardo Quiñones Gonzáles）像，他驾驶飞机在作战中牺牲。背面为马丘比丘城堡。

20 新索尔纸币正面是外交家劳尔·波拉斯·巴雷内切亚（Raúl Porras Barrenechea）教授像，1958 ~ 1960 年曾任外交部长。背面为昌昌一座古城的城墙。

50 新索尔纸币正面是著名作家、历史学家阿夫拉姆·巴尔德洛马尔·平托像。背面是新查文德万塔尔庙。

100 新索尔纸币正面是秘鲁著名历史学家豪尔赫·巴萨德雷·格罗曼（Jorge Basadre Grohmann）像。1943 年，他被任命为国家图书馆长。图书馆毁于大火后，他重建了图书馆，并成立了国家图书管理员学校。背面是圣马丁的大帕哈滕（Gran Pajatén）。

200 新索尔纸币正面是利马的圣罗丝像，她是拉丁美洲、印第安人和菲律宾的保护神。她是美洲第一个被教皇克莱门特十世谥为"圣徒"的天主教教徒（1671 年）。背面是卡拉尔-苏佩的圣城（Ciudad Sagrada de Caral - Supe）。

目前流通的秘鲁铸币为 5、10、20、50 分和 1、2、5 新索尔，1 分铸币从 2011 年 5 月 1 日起停止流通。

秘鲁铸币均为圆形，币正面中心均为秘鲁国徽，圆周写有"BANCO CENTRAL DE RESERVA DEL PERU"（秘鲁中央储备银行）的铭文和铸造的年份，币背面的图案则反映了该国悠久的历史。5 分铸币为铝制，直径 18 毫米，厚 1.698 毫米，重 1.02 克。背面是哥伦布发现美洲前的"昌昌"城堡（位于秘鲁北部特鲁希略城）的图案。10 分铸币为黄铜制，直径 20.50 毫米，厚 1.44 毫米，重 3.5 克。背面图案与 5 分铸币相同。20 分铸币为黄铜制，直径 23 毫米，厚 1.4 毫米，重 4.4 克。背面图案与 5 分铸币相同。2012 年发行的 50 分铸币为锌镍铜合金，直径 22 毫米，厚 1.88 毫米，重 5.45 克。背面左边为月桂和栎叶枝，右边是竖线几何图案上的国家造币厂的标识。1 新索尔铸币为锌镍铜合金，直径 25.50 毫米，重 7.32 克。背面中心为 SAYWITE 石，其左边写有"1 NUEVO SOL"（1 新索尔），右边为国家造币厂标识。此外，还有几种以前发行的 1 新索尔铸币：背面图案分别为"大帕哈滕"（Gran Pajatén）、"马丘比丘"（Machu Bicchu）、"圣卡塔利娜修道院"（Monasterio de Santa Catalina）、"西柳斯塔尼墓碑"（Chullpas de Sillustani）、"赖蒙迪石碑"（Estela de Raimondi）、"卡拉希亚棺"（Sarcófagos de Karajía）和"金图米"（Tumi de Oro）。2 新索尔铸币中心部分为铜铝合金，外环部分是不锈钢合金，直径 22.20 毫米，厚 2.06 毫米，重 5.62 克。背面是秘鲁南部伊卡省纳斯卡地线上的蜂鸟图案。新发行的 2 新索尔铸币直径 22.38 毫米，重 5.62 克，背面仍为蜂鸟，但背景有些变化。5 新索尔铸币中心部分为铜铝合金，外环部分是不锈钢合金，直径 24.32 毫米，厚 2.00 毫米，重 6.67 克。背面图案同 2 新索尔铸币。新发行的 5 新索尔铸币直径 24.38 毫米，重 6.67 克，背面是纳斯卡地线上的军舰鸟图案。

玻利维亚

国　名

多民族玻利维亚国（Estado Plurinacional de Bolivia）。南美洲中部的内陆国。西邻秘鲁和智利，北部和东部与巴西交界，南部同阿根廷和巴拉圭接壤。1825 年 10 月，丘基萨卡召开的玻利瓦尔第一届国会根据神父曼努埃尔·马丁·克鲁斯（Manuel Martín Cruz）的提议，取国名为玻利瓦尔共和国（República de Bolívar），以表达对解放者西蒙·玻利瓦尔的尊敬。后改名为玻利维亚共和国（República de Bolivia），2009 年易名为多民族玻利维亚国。

国　都

拉巴斯（La Paz）。政府、议会所在地。位于玻利维亚高原东部，西距世界上最高的大淡水湖之——的的喀喀湖 55 公里。市区地势陡峭，山峦起伏，是世界海拔最高的首都。"拉巴斯"西班牙语意为"和平"。取此名的背景是秘鲁征服者弗朗西斯科·皮萨罗死后，西班牙国王任命布拉斯科·努涅斯·贝拉（Blasco Núñez Vela）为秘鲁总督。由于他颁布了一些令殖民军不满的法令，弗朗西斯科·皮萨罗之弟冈萨洛·皮萨罗（Gonzalo Pizarro）率军发动叛乱。利马检审庭主席佩德罗·德拉加斯卡（Pedro de la Gasca）平息了叛乱，逮捕并处死了冈萨洛·皮萨罗，秘鲁局势得以安定。受佩德罗·德拉加斯卡派遣，西班牙殖民者阿隆索·德门多萨（Alonso de Mendoza）来到拉哈地区。1548 年 10 月 20 日，殖民者兴建该城，作为波托西和库斯科之间游客的歇脚地。当时取名为"圣母和平城"（Nuestra Señora de La Paz），以纪念结束秘鲁首任总督布拉斯科·努涅斯·贝拉与冈萨洛·皮萨罗之间的内战，恢复和平。1825 年阿亚库乔战役后，圣母和平城曾改名为"拉巴斯·德阿亚库乔"（La Paz de Ayacucho），即阿亚库乔和平城，以纪念爱国者取得对西班牙殖民军的决定性胜利。后又恢复原名圣母和平城，简称"拉巴斯"。

苏克雷

苏克雷（Sucre）是玻利维亚法定首都、最高法院所在地和丘基萨卡省省会，位于东科迪勒拉山脉东麓卡奇马约河谷地。苏克雷是玻利维亚建成的第一座城市。1538 年，苏克雷城称为"查尔卡斯"（Charcas），这是用当地土著查尔卡斯人的名字命名的。如今，查尔卡斯人已被称为"亚姆帕拉人"（Yamparas）和"莫霍科亚人"（Mojocoyas）。1538 年 11 月 30 日，坎波雷东多伯爵佩德罗·德安苏雷斯（Pedro de Anzures）奉弗朗西斯科·皮萨罗之命兴建该城，取名为新托莱多银城（Ciudad de la Plata de la Nueva Toledo），简称"银城"（Ciudad de la Plata），银城名字的得来是因当地有几处大银矿。1776～1839 年"银城"改称"丘基萨卡"（Chuquisaca），这是土著人曾给该城取的名字，意为"银桥"，是从难发音的"乔克查卡"（Choquechaca）变化而来的。1839 年丘基萨卡成为玻利维亚首都后改称"尊贵而英勇的苏克雷"（Ilustre y Heróica Sucre），简称"苏克雷"，以纪念民族英雄、阿亚库乔大元帅安东尼奥·何塞·苏克雷（Antonio José Sucre）。城内许多建筑和住宅的房顶和墙壁呈白色，故有"白色城市"（Ciudad Blanca）之称。1991 年 12 月 13 日，联合国教科文组织授予苏克雷"世界文化遗产"称号。苏克雷是玻利维亚第二座获得该称号的城市，此前 1987 年波托西曾获此殊荣。

国　庆

8 月 6 日（1825 年）。自古以来，玻利维亚地区居住着艾马拉、克丘亚等族印第安人。15 世纪，玻利维亚成为印加帝国的一部分。1533 年，西班牙殖民者占领玻利维亚高原。1542 年。玻利维亚划归秘鲁总督区，称为上秘鲁。1776 年又归拉普拉塔总督区管辖。1809 年 5 月，玻利维亚人民在丘基萨卡发动武装起义，标志着上秘鲁独立运动的开始。1824 年，苏克雷将军遵照玻利瓦尔的命令进军玻利维亚，1825 年年初，西班牙殖民者被驱逐出境。同年 8 月 6 日国会宣布上秘鲁独立，改称玻利维亚。后来，这一天便成为玻利维亚的独立日和国庆日。

国　旗

玻利维亚国旗从 1851 年 10 月 31 日开始采用，当时由曼努埃尔·伊西多罗·贝尔苏（Manuel Isidoro Belzu）政府执政。国旗由自上而下红、黄、绿三个平行和同等的长方形组成，长与高的比例为 3∶2。红色代表为解放而牺牲的烈士的鲜血，黄色象征国家的矿产资源，绿色代表漫山遍野的植物资源。同年 11 月 5 日，玻利维亚国旗正式开始使用。1888 年 7 月 14 日格雷戈里奥·帕切科（Gregorio Pacheco）总统颁布法令，对国旗和国徽的形状和使用做出明文规定，并规定国旗日为 8 月 17 日（玻利维亚第一面国旗采用的日期）。该法还规定军队、国会、政府和国家公共建筑物上悬挂中央绘有国徽的国旗，公民使用的国旗不带国徽。

历史上，玻利维亚还出现过两面国旗。1825 年 8 月 17 日采用第一面国旗。这面国旗分为平行的三部分，上、下为绿色，中间为红色。中间部分要比上、下部分宽，并绘有代表当时组成玻利维亚的 5 个省的 5 颗金黄色星，月桂叶环绕着每一颗星。1826 年采用的第二面国旗，由自上而下黄、红、绿三个平行和同等的长方形组成，国旗的中央绘有玻利维亚第一枚国徽图案。

维帕拉旗

根据新宪法第六条，维帕拉旗（Whipala）为玻利维亚象征标志之一。维帕拉（Whipala）源于艾马拉语，意为"旗"。维帕拉旗为七色正方形安第斯旗，代表组织、和谐、团结与平等，是玻利维亚印第安人的象征。

国　徽

现在使用的国徽是由 2004 年 7 月 19 日卡洛斯·梅萨（Carlos Mesa）政府颁布的第 27630 号法令第 5 条确定的。玻利维亚国徽为椭圆形。椭圆面中央为由里科山和梅诺尔山组成的波托西山，前面的梅诺尔山顶有一座耶稣圣心祈祷室。山前绿地的左边有一只白色羊驼，中间矗立着一捆麦子，左边是油橄榄树。波托西山后是一轮冉冉升起的红日和清晨缭绕的祥云。环绕国徽的天蓝色椭圆形上部写有金色西班牙文"Bolivia"（玻利维亚），下部是 10 颗金色五角星，代表玻利维亚 9 个省和原科维哈省（1879 年被智利占领）。国徽两旁各有三面玻利维亚国旗，一门大炮，两支步枪。左边还有一项自由帽，右边有一柄印加斧。国徽之上有一展翅欲飞的安第斯雄鹰。国徽后左边的月桂枝和右边的橄榄枝相交叉组成冠状。

在组成国徽的景物中，国鸟安第斯雄鹰象征追寻高远的目标；月桂枝象征战后的胜利和光荣；橄榄枝象征和平和人民的光荣；枪炮象征国家的武器；斧象征国家的权力；波托西山象征国家丰富的自然资源；太阳和云彩象征国家的兴起；羊驼象征国家的动物资源；小麦捆象征国家丰富的食品资源；棕榈树象征国家的植物资源。

历史上，玻利维亚曾出现几枚国徽。最早的国徽出现于 1825 年 8 月 17 日。当时的盾形徽分为四部分，第一部分在上部，蓝底色上有呈弧形的 5 颗白星。第二、三部分在盾的中间。左边的第二部分白底色上绘有一棵面包树，右边的第三部分绿底色上绘有一只羊驼。下面的第四部分金底色上绘有波托西的里科山。盾顶中间是红色自由帽。自由帽两侧各有一位印第安妇女，她们各用一只手托起一金色丝带，上面用西班牙文写有"REPUBLICA BOLIVI-ANA"（玻利瓦尔共和国）的铭文。

根据 1826 年 7 月 26 日苏克雷元帅颁布的法令，国徽改为椭圆形，太阳从波托西的里科山升起，里科山前左侧绘有一只羊驼，右侧绘有一株面包树、一个造币厂和一个麦捆。椭圆外环下部蓝底色上有 6 颗星，代表当时的 6 个省，外环上部写有西班牙文"República de Bolivia"（玻利维亚共和国）。徽的上端仍有一项自由帽和印加斧，两侧各有两面国旗和枪炮武器。

1851 年玻利维亚再次修改国徽，国徽上端的自由帽被安第斯秃鹰所替代。

1888 年格雷戈里奥·帕切科总统颁布法令，确定了玻利维亚国徽。这面国徽保留了原国徽图案的大部分，但椭圆蓝色外环的铭文和星出现一些变化，上部改写为"BOLIVIA"（玻利维亚），下部改为 10 颗星。

总统绶带

原由红、黄、绿三色纵列构成，每条颜色宽幅相等，中间的国徽图案跨连三条颜色。2010 年 1 月 22 日，埃沃·莫拉雷斯（Evo Morales）第二次就任总统后，总统绶带发生了一些变化，在原有的三色绶带下端增加维帕拉旗的颜色，代表玻利维亚的土著居民。玻利维亚的总统绶带是国家权力的象征，只有佩戴绶带的总统才是宪法总统，才真正代表着国家的尊严和权威。玻利维亚总统绶带专门由科恰班巴的修女制作，需要一个半月到两个月。根据每届总统的身材，制成的总统绶带长短有所不同。比如，卡洛斯·梅萨个子高，他的总统绶带就很长。

总统权杖

玻利维亚总统身兼武装部队总司令，在就职仪式上除获得总统绶带外，还要接受代表军事权力的权杖。1829 年 12 月 9 日，安德烈斯·德圣克鲁斯总统规定使用权杖。与徽章不同的是，每任总统都有自己的权杖，上面铭刻自己的名字。权杖长达 50 厘米，从卡洛斯·梅萨总统开始，权杖顶端装饰了带有红眼睛的秃鹰头。梅萨认为秃鹰是玻利维亚国鸟，权杖上带有秃鹰头是合乎逻辑的。

总统府

玻利维亚总统府被称为"克马多宫"（Palacio Quemado）或"政府宫"

（Palacio de Gobierno），位于首都拉巴斯佩德罗·多明戈·穆里略广场拉巴斯圣母大教堂旁。克马多宫西班牙语意为"焚宫"。玻利维亚总统及其内阁在克马多宫内办公，内设不对外服务的直升机场和庞大的汽车库。

克马多宫所在地原为一栋古老建筑。1551 年，利马总督给予玻利维亚1.2 万比索贷款兴建克马多宫，1562 年落成。1830 年，这座古老建筑与大教堂一起倒塌。在其废墟上，1845 年开始兴建具有古典派建筑风格的克马多宫，1853 年完工。1875 年托马斯·弗里亚斯（Tomás Frías）执政期间被焚毁，后重建，故称"焚宫"。

历史上，克马多宫曾因在任总统的喜好而多次改动，但建筑的二层门上的科帕卡瓦纳圣母像却一直矗立在原处，未有变化。随着时间的推移，宫内有些古老建筑消失了，如理发厅、饭厅、副官宿舍、马厩、垃圾站和被称为"圣巴尔瓦拉""圣西蒙""小地狱"的三个小监牢。这三个小监牢曾关押待处决的犯人。拉巴斯革命英雄佩德罗·多明戈·穆里略（Pedro Domingo Murillo）曾在"小地狱"度过最后的时光。1952 年维克托·帕斯·埃斯滕索罗（Víctor Paz Estenssoro）执政时在克马多宫的中央添加了壁画和大理石地板。1970 年乌戈·班塞尔·苏亚雷斯（Hugo Banzer Suárez）上台后在一层和三层间增加了两根柱子。1976～1977 年，他打算在房顶修建一个直升机场，但因大教堂的两个圆屋顶有碍直升机着陆而作罢。1990 年海梅·帕斯·萨莫拉（Jaime Paz Zamora）当选总统后，把总统办公室和内阁会议厅从三层搬到了二层。他在举办了 66 位前总统画像比赛后，于 1992 年在三层设立了肖像厅，悬挂历届总统肖像。他把总统办公室旁边的三间卧室改为黄金厅，把饭厅和副官宿舍改为私人秘书办公室。1995 年冈萨洛·桑切斯·德洛萨达（Gonzalo Sánchez Lozada）执掌大权后，在政府宫一层大门西翼墙上放置了由画家加斯通·乌加尔德（Gastón Ugalde）创作的西蒙·玻利瓦尔和安东尼奥·何塞·苏克雷身着军服骑马的画像。据说，最初的苏克雷画像中，马的脖子太长，苏克雷的一条腿又太短，乌加尔德不得不做了修改。2000 年豪尔赫·基罗加·拉米雷斯（Jorge Quiroga Ramires）登上总统宝座后，把总统办公室和内阁会议室又搬回三层，将总统肖像厅搬到一层。2005 年卡洛斯·梅萨成为总统后，重新组合了一层的各厅，在南翼新建了一个能供总统和 15 个以上人洽谈的会议厅，在玻利瓦尔和苏克雷画像对面的东翼墙上悬挂了画家加斯通·乌加尔德创作的安德烈斯·德圣克鲁斯元帅（Andrés de Santa Cruz）的画像。

总统座椅

2004 年 7 月 21 日，卡洛斯·梅萨颁布第 27630 号令，宣布从 7 月 19 日起，把 1940～1943 年执政的恩里克·佩尼亚兰达·德尔坎蒂略（Enrique Peñaranda del Cantillo，1892～1969 年）总统和后几届总统坐过的一把座椅作为国家象征标志之一，这把总统座椅被放在总统府洛斯埃斯佩霍大厅中。

国　玺

1888 年格雷戈里奥·帕切科总统颁布的法令规定，国玺的形状与国徽完全相同。中央政府使用的国玺长 80 毫米，宽 78 毫米，用于批准各种法律、条约、协定和驻外代表委任状。国会、最高法院、国家审计局、军事法院使用的国玺缩小到长 48 毫米，国家各部和驻外使团使用的国玺长 38 毫米，各省、领事馆和海关使用的国玺长 30 毫米，省以下当局使用的国玺长 20 毫米。

国　佩

玻利维亚国佩是由红、黄、绿三色带褶成圆形的花结，红色在外，中间为黄色，最里边为绿色。红、黄、绿三色是玻利维亚国旗的颜色。在游行、公共活动中，人们一般把国佩戴在胸前。

国　歌

《玻利维亚国歌》（*Himno Nacional de Bolivia*）。词作者为何塞·伊格纳西奥·圣希内斯博士（José Ignacio de Sanjinés），曲作者为莱奥波尔多·贝内德托·文森蒂（Leopoldo Benedetto Vincentti）。

1845 年，玻利维亚总统何塞·巴利维安（José Ballivián）在智利瓦尔帕莱索期间，巧遇智利军乐团指挥、意大利作曲家莱奥波尔多·贝内德托·文森蒂。巴利维安邀请文森蒂去玻利维亚担任军乐团指挥并创作该国国歌。文森蒂欣然同意，随后来到拉巴斯。他在军乐团创作国歌时，回绝了许多诗人送交的歌词，唯独接受玻利维亚诗人何塞·伊格纳西奥·圣希内斯撰写的歌词。1845 年 11 月 18 日，为纪念因加维战役（Batalla de Ingavi）4 周年和纪念维护国家领土完整的战士，军乐队在拉巴斯市立剧院首次演奏由何塞·伊格纳西奥·圣希内斯作词、莱奥波尔多·贝内德托·文森蒂作曲的《爱国歌》（*Canción Patriótica*），时任总统何塞·巴利维安等人出席了纪念活动。1851年，曼努埃尔·伊西多罗·贝尔苏政府颁布法令，宣布《爱国歌》为国歌，规定各学校和官方活动都要演唱或演奏国歌，每天中午 12 点在拉巴斯穆利略广场升国旗时也要奏国歌。从此，《爱国歌》成为玻利维亚象征标志之一。

词作者、爱国人士何塞·伊格纳西奥·圣希内斯是诗人和律师，而且是玻利维亚独立宣言和第一部宪法签字者之一。他 1786 年生于丘基萨卡，1864年 8 月 15 日逝世于苏克雷。

曲作者意大利人莱奥波尔多·贝内德托·文森蒂 1815 年生于罗马，自小是个孤儿，青年时代就学于巴黎音乐学院。在巴黎，文森蒂与舰队司令珀蒂·图阿斯（Petit Thouars）签约，陪他第二次周游世界。在秘鲁期间，文森蒂曾组织军乐团。途经智利时，他受聘成为智利军乐团指挥。在瓦尔帕莱索与玻利维亚总统何塞·巴利维安巧遇，受邀担任玻利维亚军乐团指挥。1845年 9 月，他来到拉巴斯。在玻期间，与玻利维亚一女子结婚。他在丘基萨卡生活的时间要多于拉巴斯。后返回意大利并在那里去世。

玻利维亚国歌共有 4 节，最后为合唱。现在只唱前两节歌词。

第一节：

玻利维亚人，命运美好，
实现了誓言和渴望。
奴隶地位不再继续，
这片国土已成自由的地方。
昨天还是炮火隆隆，
战火可怕地飞扬。
今天完全变样，
和平团结的和谐乐章响彻四方。

合唱：

>让我们保持祖国崇高名字的荣耀
>
>在祭坛前重新发出誓言：
>
>宁死不当奴隶！

玻利维亚国歌歌词原文为：

I：

>¡ Bolivianos！ … ¡ Elhado propicio
>
>coronó nuestros votos y anhelo；
>
>es ya libre，ya libre este suelo，
>
>ya cesó su servil condición.
>
>Alestruendo marcial que ayer fuera
>
>y al clamor de la guerra，horroroso，
>
>siguen hoy，en contraste armonioso，
>
>dulces himnos de paz y de unión.

Coro：

>De la patria el alto nombre
>
>en glorioso esplendor conservemos
>
>y en sus aras de nuevo juremos
>
>¡ Morir antes que esclavos vivir！

歌词原文源于 http：//www. eabolivia. com/。

国家格言

"团结就是力量！"（ ¡ La unión es la fuerza！）

国　语

玻利维亚国语是西班牙语，全国总人口的 88.4% 的人讲西班牙语。2009

年宪法规定，玻利维亚是个多民族国家，除西班牙语为官方语言外，全国 37 种土著语言亦为该国的官方语言，其中包括克丘亚语、艾马拉语（aimara）、阿拉纳奥语（araona）、包雷语（baure）、贝西罗语（bésiro）、卡尼查纳语（canichana）、卡维内尼奥语（cavineño）等。公务员至少要会讲一种印第安语。根据 2001 年统计，占总人口 28% 的人讲克丘亚语，克丘亚语是古印加帝国时期的国语，现今主要在科恰班巴省、丘基萨卡省和波托西省使用这种语言。占总人口 18% 的人讲艾马拉语，主要在拉巴斯省和奥鲁罗省使用这种语言。占总人口 1% 的人讲瓜拉尼语，主要在圣克鲁斯省和大查科地区。

玻利维亚是个多民族国家，玻利维亚西班牙语不免受到克丘亚语、艾马拉语等土著语言的影响，在发音、句法和词汇上同正统西班牙语存在差异。在发音上，"cia" 和 "cio" 分别发成 "cha" 和 "cho"，如 "financiamento"（财政）和 "comercio"（贸易）分别读成 "financhamento" 和 "comercho"。在句法、口语对话中，常重复否定副词 "no"，如 "...no...no estabamos nosotros..."（不，我们没在……）；常使用指小词，如 "igualito"（相等）、"rapidito"（快）和 "canchita"（场地）等；一些副词和形容词常重复，如 "depende de cada padre, ...de cada padre"；人称代词、副词或动词常重复，如 "...yo siempre, yo estaba..."，"...hemos venido, hemos venido..."；用人称代词 lo 代替 le。

根据地理位置、原住居民和相邻国家的不同，玻利维亚西班牙语分为安第斯西班牙语、坎巴西班牙语、查帕科西班牙语和巴耶格兰迪诺西班牙语。

安第斯西班牙语流行于拉巴斯、科恰班巴圣奥鲁罗省和波托西省大部分地区。社会阶层之间讲话有差异，权贵阶层讲西班牙殖民者留下来的西班牙语，下层民众讲带有克丘亚语、艾马拉语等土著语因素的西班牙语。

坎巴西班牙语是以安达卢西亚语为基础，与奇基塔诺、查内和瓜拉尼等土著语以及葡萄牙语和阿拉伯语相融合的语言。用 "vos" 代替 "tú"（你），这与阿根廷语相同。词尾的字母 "s" 发成送气音。加 " – ingo" 变成指小词；加 " – ango" 变成指大词。

查帕科西班牙语主要在塔里哈省山谷使用，"vos" 和 "tú" 结合起来使用是其特点。

巴耶格兰迪诺西班牙语是以殖民地时期的西班牙语为基础，与克丘亚语、瓜拉尼语及外国语言相融合的语言。这种语言用 "vos" 代替 "tú"，并保留了一些古老的词汇。

国家勋章

安第斯神鹰国家勋章（Orden Nacional del Cóndor de los Andes）根据玻利维亚 1925 年 4 月 18 日颁布最高法令设立，1997 年 3 月 5 日颁布的第 1762 号法令重申了该法令。该勋章分为大金链（Gran Collar）、大十字（Gran Cruz）、高官（Gran oficial）、骑士团长（Comendador）、官员（Oficial）和骑士（Caballero）六级。第 1762 号法令规定安第斯神鹰国家勋章是玻利维亚最高荣誉勋章，授予获得特殊民事或军事功绩的玻利维亚人或外国人。第 1762 号法令第 5 条规定，玻利维亚总统获大金链级安第斯神鹰国家勋章，卸任时可保留该勋章。根据上述法令第 8 条规定，大金链级安第斯神鹰国家勋章可授予对玻利维亚和人类做出杰出贡献的外国君主、总统和国家元首。

西蒙·玻利瓦尔国家勋章（Orden Nacional Simón Bolívar）是玻利维亚仅次于安第斯神鹰国家勋章的荣誉勋章，授予对该国发展与进步做出特殊贡献的本国人和外国人。该勋章分为大十字（Gran Cruz）、官员（Oficial）和骑士团长（Comendador）三级。

玻利维亚历届总统在就职仪式上都要佩戴总统徽章——西蒙·玻利瓦尔徽章（Medalla de Simón Bolívar）。

西蒙·玻利瓦尔徽章是 1826 年首届立宪大会下令制作的，以感谢玻利维亚首任总统西蒙·玻利瓦尔。这枚徽章由一名金银匠用黄金制作，并镶嵌钻石和水晶。徽章正面是波托西里科山上的西蒙·玻利瓦尔像，并镌刻 "La república agredecida al héroe cuyo nombre lleva"（玻利瓦尔共和国感谢英雄玻利瓦尔）的西班牙语铭文，当时价值 8002 比索。玻利瓦尔离开玻利维亚 1 年后，当时的拉巴斯市市长安德烈斯·德圣克鲁斯 - 卡拉乌马纳元帅把徽章赠给了玻利瓦尔。玻利瓦尔在去世前立下遗嘱，把这枚徽章交还玻利维亚。玻利瓦尔去世后，其遗嘱执行人履行了遗嘱，把玻利瓦尔徽章送还了玻利维亚。后来，玻利维亚国会决定将玻利瓦尔徽章永远送给安德烈斯·德圣克鲁斯总统。1839 年安德烈斯·德圣克鲁斯被智利军队击败下台后，新政府从他妻子手中收回了玻利瓦尔徽章。1839 年 10 月 28 日，何塞·米格尔·贝拉斯科（José Miguel Velasco）总统下令将玻利瓦尔徽章作为总统标志，从此新任总统在就职仪式中佩戴西蒙·玻利瓦尔徽章成为惯例。但有几位总统未佩戴西蒙·玻利瓦尔徽章，其中苏克雷、何塞·马里亚·佩雷斯·德乌尔迪尼内阿（José María Pérez de Urdininea）、佩德罗·布兰科·索托（Pedro Blanco Soto）和塞瓦斯蒂安·阿格雷达（Sebastián Agreda）是因执政时西蒙·玻利瓦尔徽章还不是总统象征标志；何塞·马里亚·利纳雷斯（José María Linares）是因被他赶下台的豪尔赫·科尔多瓦（Jorge Córdova）将军拒绝把玻利瓦尔徽章交给他；内斯托尔·纪廉（Néstor Guillén）是因执政时间太短；托马斯·蒙赫（Tomás Monje）是因他认为宪法总统才应佩戴；阿尔贝托·纳图什（Alberto Natusch）是因没有时间戴；塞尔索·托雷利奥（Celso Torrelio）是因用"q'encha"代替了玻利瓦尔徽章。最初，总统就职仪式后，西蒙·玻利瓦尔徽章存放在克马多宫（Palacio Quemado），后改存放在玻利维亚中央银行的拱形地下室，新总统就职时再取出来使用。

2002年，豪尔赫·基罗加总统为了将挂在脖子上的徽章改挂在胸前，命人将链子增长到34厘米，用去22克黄金。随着岁月的流逝，徽章正面上的"La república agredecida al héroe cuyo nombre lleva"（玻利瓦尔共和国感谢英雄玻利瓦尔）的西班牙语铭文已经消失，豪尔赫·基罗加下令将铭文添加在徽章的背面。改动后的西蒙·玻利瓦尔徽章重约66克，其价值超过28万美元。

大金链安德烈斯·德圣克鲁斯－卡拉乌马纳元帅荣誉军团勋章（Gran Collar dela Región de Honor del Mariscal Andrés de Santa Cruz y Calahumana）是由卡洛斯·梅萨总统当政时设立的。埃沃·莫拉雷斯总统就职时第一次佩戴该勋章。

军功勋章（Orden del Mérito Militar）设立于1927年1月19日，授予取得特殊军事功绩的玻利维亚人和外国人。该勋章分为一等、二等和三等三级。

除上述勋章外，玻利维亚还有海军功绩勋章（Orden del Mérito Naval）、航空功绩勋章（Orden del Mérito Aeronáutico）、荣誉军团勋章（Legiñon de Honor）等。

国　花

玻利维亚西部安第斯地区山谷的石竹（Kantuta）和东部平原地区的帕图胡花（Patujú）同为玻利维亚国花，象征国家西部和东部的统一和团结。同时两种花又都具有国旗的三种颜色，因而成为该国的象征。1924年1月1日颁布的最高法令最先宣布石竹为玻利维亚国花。在古代强盛的塔万蒂苏约帝国的纹章中就绘有石竹这种美丽的花朵图案。1990 年 4 月 27 日颁布第 22482 号法令，正式宣布石竹和帕图胡花为玻利维亚国花。

国　树

孙卡棕榈树（Palma Zunkha）。棕榈科的一种开花棕榈树，是玻利维亚圣克鲁斯省特有植物，生长于海拔 1700～2500 米的山区。树高不超过 8 米，是棕榈树中最小的一种。叶为墨绿色，叶轴为淡黄色。果实和种子小于其他棕榈树。孙卡棕榈树用途很多，其纤维可制床垫、绳索和鞍垫，树叶可制帽子、篮子和扇子。叶子和果实可作饲料。

国　鸟

安第斯神鹰（Cóndor）。从头至尾长达 1.2 米，翼展可达 3.3 米，一天可飞行 300 千米，高度可达 6000 米，是世界最大的飞禽。其羽毛几乎全黑，带有光泽，翼上有一条灰白色带，颈有一白色羽环。喜群居，其形象与骆马同绘于玻利维亚国徽上。

国　兽

骆马（Llama）。属骆驼科，与骆驼有关，但无驼峰。它与同属骆驼科共同生长于安第斯地区的羊驼（Alpaca）、小羊驼（Vicuña）和原驼（Guanaco）联系更为密切，在玻利维亚、秘鲁、厄瓜多尔和安第斯地区其他山区和高原可见。骆马坚韧、强壮，古代印加人很早就知道利用骆马在崎岖山路上驮运东西。玻利维亚人用骆马毛织毛线衫、手套、帽子和冬天穿的外套。玻利维亚有些地方的人吃骆马肉，用来做传统菜肴，甚至是汉堡包的夹肉。几千年来，骆马是安第斯文化和印加文化的组成部分。艾玛拉人和克丘亚人会在其宗教仪式中使用骆马。例如建新房时，人们会把一只未出生的骆马的胎埋在新房的墙角石下。他们认为给大地送去骆马胎，大地会给他们健康、财富、幸福和新房的安全。玻利维亚的巫医、占卜者也常常使用骆马、骆马毛和骆马胎。

国　舞

奎卡舞（Cueca）。该舞为玻利维亚和智利的国舞，在阿根廷等国也能见到。该舞为双人舞，男女舞者装作公鸡和母鸡追逐、嬉戏，舞动的手帕象征羽毛或鸡冠（见智利国舞）。

国　食

萨尔特尼亚（Salteña）。最先创制玻利维亚国食的女厨师是来自阿根廷的萨雷塔（Salta），故以她的家乡城市名字萨尔特尼亚命名。萨尔特尼亚其实是一种馅饼，因含有胭脂果调味汁，并混有其他香草，如欧芹萝、牛至等，使这种馅饼具有一种特殊的香味和味道而风靡玻利维亚全国。萨尔特尼亚内有牛肉丁、鸡肉丁、葡萄干、土豆丁、辣调味汁、胡椒等。

国　酒

奇查酒（Chicha）。其名源于印第安库纳语（Kuna）的"Chichab"，意为"玉米"。但也有人说源于纳华语的"Chichiatl"，意为"发酵水"。奇查酒是南美一些地区人民饮用的一种酒，主要原料为长芽玉米。酒呈淡黄色，略带一点儿乳白色，并有一点儿酸味。奇查酒也有用木薯或水果制成的。制作奇查酒同啤酒的制作过程相仿，先让玉米发芽，抽取麦芽糖，煮沸麦芽汁，然后放在一个大的器皿（一般是大的陶器缸）里发酵几天，便制成了奇查酒。古代印加人在宗教仪式上用奇查酒同神灵进行交流，而现在只是作为人们畅饮的一种酒。玻利维亚还有一种名叫紫奇查酒（Chicha Morada）的酒，它的制作不用发酵，通常是把紫玉米穗随同凤梨皮、樟树内皮和丁香一起煮沸，成为深紫色液体，然后加糖和柠檬混合而成。紫奇查酒一般作为饮料喝，玻利维亚人把它叫作阿皮（Api），和馅饼一起食用。

宗　教

2009 年 3 月颁布的玻利维亚新宪法规定，玻利维亚是个非教会（世俗）国家。宪法第 4 条规定宗教信仰自由。但天主教是玻利维亚的主要宗教，在历史上曾长期作为该国国教。根据 2003 年玻利维亚国家统计局（INE）的统计，天主教教徒占玻利维亚总人口的 78%，新教教徒占 20%。注册的天主教团体有 200 多个。

天主教随着西班牙人的入侵传入玻利维亚。1552 年罗马天主教皇尤利乌斯三世（Julius III）在玻利维亚建立了拉普拉塔主教管区，随后在 17 世纪初又建立起拉巴斯主教管区和圣克鲁斯主教管区。方济各会、施恩会、多明我会、耶稣会等纷纷来到玻利维亚。教士多为欧洲人，只有极少数教士是梅斯蒂索 – 欧印混血种人。1692 年，兴建了拉巴斯大教堂（1831 年倒塌，1835 年重建）。殖民地时期的玻利维亚政教合一，天主教是玻利维亚的国教，也是殖民统治的主要支柱之一。教会掌握了大量土地和社会财富。玻利维亚摆脱殖民统治获得独立后，尽管很长时期内天主教依然是该国的唯一宗教，但教会的权力有所削弱。1826 年苏克雷总统废除了教会的什一税，封闭了修道院，没收了教会的土地。1880 年玻利维亚开始向其他宗教开放，但天主教仍占有突出地位，例如教皇在玻利维亚的使节领导着在礼仪仪式中的外交使团。1906 年，玻利维亚政府宣布宗教信仰自由，允许建立非罗马天主教会。1938 年宪法重申宗教信仰自由，宣称在承认和支持罗马天主教的同时，也保证信仰其他宗教的自由。尽管如此，天主教仍是玻利维亚影响力最大的宗教，1967 年宪法仍给予天主教国教的地位，同时保证宗教信仰自由，直至 2009 年宪法的颁布才正式取消天主教的国教地位。1986 年，玻利维亚天主教会被组织成 4 个大主教管区（拉巴斯、圣克鲁斯、科查班巴和苏克雷）、7 个主教管区、2 个高级教士管区和 5 个代理主教（副主教）管区。天主教教士按月领取政府发放的工资。1988 年，教皇若望·保禄二世曾访问玻利维亚。现圣克鲁斯大主教胡利奥·特拉萨斯（Julio Terrazas）是红衣主教。玻利维亚主教会议（La Conferencia Boliviana）是由所有玻利维亚主教组成的组织，每年召开两次会议，旨在协调和促进玻利维亚天主教会的主教工作，同时关注国内的现实。

国家保护神

科帕卡巴纳圣母（Virgen de Copacabana）。1925 年 7 月 28 日梵蒂冈下令将科帕卡巴纳圣母作为玻利维亚保护神和女王，同年 8 月 2 日得到确认。的的喀喀湖所在的科帕卡巴纳半岛曾有一座绿松石雕刻的神像，艾马拉人称其为"QOPAQHAWANA"。它是湖神，受到当地艾马拉人的崇拜。印加人征服此地后，湖神被太阳神和月神所取代。西班牙殖民者到达后，迫使人民改信天主教，并在当地建立起天主教堂。"QOPAQHAWANA"被用西班牙语"Copacabana"所取代。当地印第安人弗朗西斯科·蒂托·尤潘基（Francisco Tito Yupanky）信奉圣母玛利亚，在拉巴斯圣弗朗西斯科教堂学习了雕刻技术，其在当酋长的哥哥的支持下，于 1583 年 2 月 2 日雕刻出玻利维亚第一个圣烛圣母像，并把雕像放入科帕卡巴纳教堂中，如今这个教堂称为科帕卡巴纳圣母大教堂。科帕卡巴纳圣母像高 83 厘米，拥有 11 个金、银冠（其中一个是实心金冠），保存有圣母每个季度披的斗篷。此外，圣母还拥有各国赠送的许多珍贵艺术品。

国　币

玻利维亚诺（Boliviano）。1 玻利维亚诺等于 100 分（Centavo）。负责货币发行的机构为玻利维亚中央银行。

殖民地时期，西班牙在波多西建立造币厂，该厂铸造的银币曾在整个美洲流通。玻利维亚独立两年后的 1825 年，该国第一批货币面世。钱币正面是玻利瓦尔像，背面绘有一棵高原树和一只羊驼。1853 年，拉巴斯又建立了一家造币厂。1859 年，其因成本太高而被关闭。20 世纪开始后，玻利维亚停止在本国铸造硬币，先后委托智利圣地亚哥、法国巴黎、英国伯明翰和美国费城等地的造币厂铸造硬币。

1873 年，玻利维亚国家银行发行的纸币开始流通。查科战争期间，玻利维亚曾在伦敦设计和印刷纸币，1985年又在巴黎印刷纸币。

玻利维亚诺是1863~1963年玻利维亚的货币单位，1963年被玻利维亚比索（peso boliviano）取代。根据1986年11月28日下达的第901号法令，玻利维亚诺重新成为玻利维亚的货币单位，并于1987年1月10日开始流通。1988年1月10日，玻利维亚比索停止流通。2009年6月9日，玻利维亚中央银行宣布，根据玻利维亚的新宪法将国名"玻利维亚共和国"更改为"多民族玻利维亚国"，该行将更改纸币和硬币上的国名。同年12月11日，玻利维亚中央银行开始发行流通新的货币，并从2010年起逐渐取代旧货币。

目前，玻利维亚流通的纸币面值有10、20、50、100、200玻利维亚诺。

10玻利维亚诺纸币正面是画家塞西利奥·古斯曼·德罗哈斯（Cecilio Guzmán de Rojas）自画像。背面绘有科查班巴城景色和科洛尼利亚英雄纪念碑。

20玻利维亚诺纸币正面绘有玻利维亚律师庞塔莱翁·达伦斯（Pantaleon Dalence，1815~1892年）像，他曾任玻利维亚总检察长和财政部长。背面是拉巴斯文化宫，是设计师安东尼奥·坎波诺沃（Antonio Camponovo）的建筑杰作。

50玻利维亚诺纸币正面绘有殖民地时期著名画家梅尔乔·佩雷斯·奥尔（Melchor Pérez Holgu）像。他出生于科查班巴，青年时期前往波托西，并一直生活在那里，造币厂藏有他的大量画作。背面是波托西教堂尖塔。

100玻利维亚诺纸币正面绘有玻利维亚历史学家、文艺批评家加布里埃尔·莫雷诺（Gabriel Moreno，1836 – 1908？年）像，圣克鲁斯城的州立大学以他的名字命名。背面是1624年建于苏克雷城的丘基萨卡斯圣克鲁斯大主教皇家大学正院。

200玻利维亚诺纸币正面绘有玻利维亚作家、诗人弗兰斯·塔马约（Franz Tamayo）像，背面是的的喀喀湖附近前印加时代的蒂亚乌纳库遗迹。

目前，玻利维亚流通的铸币面值有1、2、5玻利维亚诺和10、20、50分。

1玻利维亚诺铸币为圆形，重5克，直径27毫米，厚1.3毫米，430不锈钢制。硬币背面中心绘有国徽，圆周上部写有"玻利维亚共和国"的西班牙文字体，圆周下部是一颗五角星。铸币正面中心有一个圆，圆的上部写有"1 BOLIVIANO"（1玻利维亚诺），圆的下部是桂枝和橄榄枝交叉。圆周写有"团结就是力量"的西班牙文国家格言。

2玻利维亚诺铸币为多面角形，重6.25克，直径27毫米，厚1.4毫米，

430 不锈钢制。图案设计同 1 玻利维亚诺，只是改为 "2 BOLIVIANOS"（2 玻利维亚诺）。

5 玻利维亚诺铸币为圆形，中心圆为铜制，外环为钢制，银色。重 5 克，直径 23 毫米，厚 1.9 毫米。图案同 1 玻利维亚诺硬币，只是改为 "5 BOLIVI-ANOS"（5 玻利维亚诺）。

10 分铸币为圆形，钢制，铜镶面。重 1.85 克，直径 19 毫米，厚 1 毫米。图案同玻利维亚诺，只是正面写有 "10 CENTAVOS"（10 分）。

20 分铸币为圆形，430 不锈钢制。重 3.25 克，直径 22 毫米，厚 1.2 毫米。图案同玻利维亚诺，只是正面写有 "20 CENTAVOS"（20 分）。

50 分铸币为圆形，430 不锈钢制。重 3.75 克，直径 24 毫米，厚 1.2 毫米。图案同玻利维亚诺，只是正面写有 "50 CENTAVOS"（50 分）。

玻利维亚还发行过纪念银币和纪念金币。纪念银币包括舞蹈和服装拉迪亚布拉达银币（Danzas y Trajes La Diablada），直径 40 毫米，重 27 克。拉巴斯成立 450 周年银币，直径 40 毫米，重 27 克。玻利维亚中央银行成立 70 周年银币，直径 40 毫米，重 27 克。国际儿童年银币，直径 27 毫米，有重 46.33 克和重 23.33 克两种。150 周年银币，一枚直径 34 毫米，重 22 克；一枚直径 30 毫米，重 15 克；一枚直径 15 毫米，重 10 克。纪念金币包括国际儿童年金币，直径 27 毫米，有重 34.34 克和重 17.17 克两种；经济独立矿业纪念金币，直径 23.5 毫米，重 7 克；经济独立印第安纪念金币，直径 17 毫米，重 3.5 克。

多米尼克

国　名

多米尼克国（The Commonwealth of Dominica），现多称为多米尼克。位于东加勒比海小安的列斯群岛中向风群岛北段，北部隔海与马提尼克岛为邻，南部隔海与瓜德罗普岛相望。1493 年 11 月 3 日哥伦布第二次远航美洲登上该岛时正值星期日，于是以拉丁文"Dominica"命名（另一说以意大利文"Domenica"命名），即"星期日"。因为多米尼克岛上多山，所以岛上最早的主人加勒比人曾称它为"Waitukubuli"，意为"她的身材高"。由于多米尼克有一种天然的美，故被称为"加勒比海的天然岛"（The Nature of the Caribbean）。

国　都

罗素（Roseau）。位于多米尼克西海岸，是多米尼克最大城市，也是全国主要港口。其名来自法语，意为"芦苇"。17 世纪法国砍柴者来到该岛，发现流经这个地方的一条河上长满芦苇，便把该河命名为"罗素"，后来该城也以罗素命名。1768 年，英国人将多米尼克的首府从朴茨茅斯（Portsmouth）迁往罗素，并把罗素改名为夏洛特维尔（Charlotteville），以纪念卡洛塔女王（Carlota）。与此同时，还有人将罗素改名为"新城"（Newtown）。然而，夏洛特维尔和新城的名字并未得到承认，而罗素之名却继续存在下来。多米尼克还有许多以法文命名的城镇，如维埃耶卡塞（Vieille Case），意为"老房子"；莫内奥迪亚布莱斯（Morne Aux Diables），意为"魔鬼山"；莫内特鲁瓦皮东斯（Morne Trois Pitons），意为"三峰山"。

国　庆

11 月 3 日（1978 年）。1493 年哥伦布发现多米尼克岛后，欧洲殖民者多次企图占领该岛，但都未能得手。英国和法国为占领该岛进行激烈争夺，1748 年两国承认该岛独立，但仍继续争夺对该岛的控制权。1805 年英国获得多米尼克的所有权，随着 1815 年《维也纳条约》的签订，多米尼克最终归属英国。1958～1962 年该岛成为西印度群岛成员，1967 年实行"内部自治"，为英国"联系邦"。1978 年 11 月 3 日正式宣布独立，为英联邦成员。11 月 3 日这一天，成为多米尼克国的独立日和国庆日。

国　旗

多米尼克国旗为长方形，长与高的比例为 2∶1。在绿色旗地上，由等幅的黄、黑、白三色条纹组成的十字将旗地分成 4 个相等的长方形。旗地中心为一红色圆盘，将十字的中心覆盖。红色象征多米尼克支持社会正义。圆盘的圆周绘有 10 颗黄边绿色五角星。绿色五角星是希望的象征，10 颗星代表多米尼克的 10 个区，分别是圣安德鲁（Saint Andrew）、圣戴维（Saint David）、圣乔治（Saint George）、圣约翰（Saint John）、圣约瑟夫（Saint Joseph）、圣卢克（Saint Luke）、圣马克（Saint Mark）、圣帕特里克（Saint Patrick）、圣保罗（Saint Paul）和圣彼得（Saint Peter）。圆盘的中间绘有头部向左的西塞鲁鹦鹉，它是该国国鸟，象征飞往更高处和实现理想。三色条纹组成的十字代表三位一体，并表明对上帝的信仰。黄色条纹代表照耀多米尼克大地的阳光、该国的主要农产品柠檬和香蕉，也是该岛最早的居民加勒比人的象征。黑色条纹代表该国农业的基础——肥沃的黑土地和该国人民与非洲的关系。白色条纹象征清澈的河流、瀑布和人民纯洁的愿望。旗地的绿色象征富饶的森林和多米尼克岛葱绿的土地。

多米尼克国旗是 1978 年 11 月 3 日宣布独立时开始采用的。1988 年做了一些修改，10 颗绿色星加上了黄边，白色和黑色条纹的位置相互交换，鹦鹉头由向右改为向左。

多米尼克国旗的设计者是多米尼克画家、剧作家阿尔温·比利（Alwin Bully）。为了迎接多米尼克独立，1978 年年初阿尔温·比利设计出国旗，内阁对该设计做了一些改动。

阿尔温·比利 1948 年生于罗素，青年时期就读于西印度大学，后从教，并参与戏剧、绘画、舞蹈等方面的创作。1978 年前往牙买加联合国教科文组织工作。根据 1978 年 10 月 31 日颁布的第 18 号多米尼克国家象征标志法，阿尔温·比利设计的国旗成为多米尼克国旗。

国　徽

多米尼克国徽的主体图案是盾徽，十字把盾分为四部分。十字与该岛的名字有关，因为该岛是在一个星期日发现的。左上部分为黑色火山土上的一棵椰子树；右上部分是一只蟾蜍或称山鸡；左下部分是一艘加勒比人的独木帆船行驶在加勒比海海面上；右下部分则是一棵挂有一串成熟果实的香蕉树。椰子树和香蕉树代表该国的农业，蟾蜍代表当地特有的动物，独木舟代表土著人和象征多米尼克的捕鱼业。盾徽左右两侧各有一只色彩绚丽的西塞鲁鹦鹉用爪扶盾。盾上端有一白蓝相间的花环，盔在花环上，盔上伫立一只金狮，盔和金狮代表多米尼克曾受英国的殖民统治。盾下的黄色飘带上用克里奥尔文写有 "APRES BONDIE C'EST LA TER"（在仁慈的上帝之下，我们热爱大地），突出了以农业为经济基础的岛国中土地的重要性。国徽图案也是多米尼克的正式国玺图案，国徽印在多米尼克护照和大多数官方信件中。

多米尼克国徽于 1960 年由多米尼克首任总理弗兰克林·A. 巴龙（Franklin A. Baron）、多米尼克总督亚历克·洛夫莱斯（Alec Lovelace）上校和其妻埃莉诺（Eleanor）设计。1961 年 7 月 21 日，该设计图案获英皇室批准并开始采用。同年 8 月 16 日，多米尼克国徽在伦敦纹章学院注册。1978 年多米尼克独立后继续使用该国徽。

总统旗

多米尼克总统旗为长方形，长与高的比例为 2∶1。在绿色旗地的中央绘有该国国徽。总统旗的使用有一定规则：总统旗应在总统的住所及总统所乘的车辆上日夜飘扬。总统旗不降半旗，总统去世时例外。重大节日或活动期间，总统府同时升起国旗和总统旗，总统旗在国旗左侧。两旗各用一旗杆，所升高度一致。多米尼克总理的车辆上悬挂国旗。

总统府

总统府"国家宫"（State Palace）原为总督府（Government House），位于首都罗索商业区南部的小山上。1770 年威廉·杨（William Young）总督就职后，兴建了巴哈马第一座总督府。总督府曾多次遭受飓风袭击，1834 年的一场飓风几乎摧毁整座总督府二层木制建筑，1836 年重建新的总督府。19 世纪 90 年代和 1930 年，总督府两次扩建。1978 年多米尼克国独立后实行议会民主制，总统是国家元首，总督府改为总统府。1979 年的飓风"戴维"又对总统府造成严重破坏，1980 年修复并扩建总统府。2011 年修建了新的总统府。

国　歌

《美丽岛》（*Isle of Beauty*）。词作者是威尔弗雷德·奥斯卡·摩根·蓬（Wilfred Oscar Morgan Pond）。曲作者是莱缪尔·麦克弗森·克里斯琴（Lemuael McPherson Christian）。

1965 年为庆祝当地一个民族日而创作，1967 年多米尼克实行"内部自治"时成为多米尼克国歌。1967～1978 年内部自治期间，多米尼克总督抵达时演奏英国国歌《神佑女王》，多米尼克总理抵达时演奏《美丽岛》。1978 年多米尼克独立后，《美丽岛》正式成为该国国歌。

　　词作者威尔弗雷德·奥斯卡·摩根·蓬（1912～1981 年）一生从事教育工作，退休前为教育官员，从事诗歌创作多年，特别专长离合诗（几行诗句头一个词的首字母或最后一个词的尾字母能组合成词的一种诗体）。他用这种诗体为国家周年纪念等重大活动撰写了大量诗歌，并写出许多反映多米尼克生活的诗歌，其中包括富有抒情色彩的国歌。他在 20 世纪 60 年代获 MBE 奖（Member of the British Empire），70 年代获罗素荣誉奖。

　　曲作者莱缪尔·麦克弗森·克里斯琴（1913～2000 年）生于圣基茨，自幼来到多米尼克，在德利塞斯长大。最初在背风群岛警察部队当警官，在安提瓜和多米尼克服役，后来在农业部等部门工作。1944 年，他开设了多米尼克第一家音乐学校。他除了是一名吉他手，还能演奏 25 种乐器。1963 年他为多米尼克语法学校创作了校歌，1965 年又创作了多米尼克国歌。20 世纪 60 年代获 MBE 奖，70 年代获罗素荣誉奖，1984 年获金鼓奖。

　　多米尼克国歌共有三节，歌颂了祖国的大好河山，激励人民坚定信念奋勇向前。

　　第一节：

美丽的岛，壮丽的岛，

人人都道它那么纯洁、美妙。

你的神奇吸引众人的目光，

你的礼物那么丰富又稀少。

河流、峡谷、丘陵和山峦，

所有这些厚礼令人惊叫。

健康的国土犹如甘泉，

温暖着土地让人欢笑。

　　歌词原文为：

Isle of beauty, isle of splendour,

Isle to all so sweet and fair,

All must surely gaze in wonder,

At thy gifts so rich and rare,

Rivers, valleys, hills and mountains,

All these gifts we do extol,

Healthy lands so like all fountains,

Giving cheer that warms the soul.

歌词原文源于 http：//www. dominica. gov. dm/。

国家格言

"在仁慈的上帝之下，我们热爱大地"（Apres bondie c'est la ter）。该格言是罗马天主教教士雷蒙德·普洛埃斯曼斯（Raymond Proesmand）从一个农民口中搜集来的。普洛埃斯曼斯游走于多米尼克各地，把听到的谚语、格言记在本子上。一天下午，普洛埃斯曼斯在米歇尔角城附近散步，碰到一个从山上的花园下来的农民。普洛埃斯曼斯向农民致意，并对当地的水果和蔬菜进行了评论。这个农民把他带到自己的花园，对他说"Wi mon pe, apwe Bondye se la te"。普洛埃斯曼斯把他的话记了下来。弗兰克林·A. 巴龙和亚历克·洛夫莱斯在设计国徽图案时，要求普洛埃斯曼斯挑出一句克里奥尔格言，于是普洛埃斯曼斯便把农民所说的话奉献出来。他的话演变成"在仁慈的上帝之下，我们热爱大地"，对上帝和大地进行赞美。这句话被写在国徽上，并成为多米尼克的国家格言。

国　语

英语。英语在多米尼克既是官方语言，也是国语。该国广泛使用英语，特别是年轻一代。学校、政府机关都使用英语。由于 17 世纪多米尼克曾遭法国统治，该岛紧邻马提尼克和瓜达卢佩等法语国家，所以，多米尼克有很多人讲以法语为基础的克里奥尔方言，特别是老一代人。克里奥尔方言是多米尼克文化的重要组成部分，现在多米尼克政府正采取措施努力保留这种语言，以免失传。

国家奖章

根据多米尼克功绩服务荣誉法（Meritorious Service Honours Act），每年 11

月 3 日多米尼克总统都要对为国家提供优质服务的人士授予多米尼克荣誉勋章、罗素荣誉勋章、功绩服务勋章、服务荣誉奖章和长期服务奖章。

多米尼克荣誉勋章（Dominica Award of Honour）是多米尼克最高一级勋章，授予对本国发展做出重要贡献的人士。多米尼克总统都被授予该勋章，例如，现总统尼古拉斯·利弗普尔（Nicholas J. O. Liverpooer）、前总统克拉伦斯·塞格诺雷特（Clarence Seignoret）、弗农·洛登·肖（Vernon Lorden Shaw）和克里斯平·索尔海恩多（Crispin Sorhaindo）。此外，多米尼克总理玛丽·尤金妮亚·查尔斯（Mary Eugenia Charles）、英国女王伊丽莎白二世（Elizabeth II）、菲德尔·卡斯特罗（Fidel Castro）、ICM 修女艾丽西亚·德特雷梅里埃（Alicia de Tremmerie）、主教凯尔文·费利克斯（Kelvin Felix）等人也获得过该奖章。

罗素荣誉勋章（Sisserou Award of Honour）是仅低于多米尼克荣誉勋章的勋章。

功绩服务勋章（Meritorious Service Award）授予在事业单位、服务部门、宗教、社会工作、人类资源、农业、政治和其他部门做出宝贵贡献的人士。

服务荣誉奖章（Service Medal of Honour）授予在社区和社会发展领域中为国家发展做出宝贵贡献的人士和组织。

长期服务奖章（Long Service Medal）授予服务 20 年以上的官员，特别是警察、消防、监狱、教育、卫生、农业或其他部门的现职与退休官员。

国　花

加勒比木花（Carib Wood）。学名"Sabinea Carinalis"或"Poitea Carinalis"。根据 1978 年第 18 号令，加勒比木花被定为多米尼克国花。加勒比木只产于多米尼克、波多黎各和维尔京群岛。加勒比木是多米尼克野生的旱生植物，生长于干燥的西海岸灌木林地中，荒野里的加勒比木树仅高 3～5 米，但极耐寒。2～4 月开花时节，枝头缀满绯红色花朵。加勒比木开花时间短，而且花朵几天便凋谢，使人们对它有一种神秘之感。加勒比木见证了多米尼克的历史，是这个年轻国家延续的代表。鲜红的加勒比木花是多米尼克人民勇气、力量和坚韧的象征，也是多米尼克人民能够克服艰难险阻和有能力取得胜利的象征。在选择加勒比木花为国花之前的一些年里，多米尼克园艺协会根据群众投票，曾挑选巴利齐尔花（Balizier）为国花。此外，也曾考虑生长于热带雨林的紫红色佩特雷阿花（Petrea）。但是加勒比木花具有多米尼克土生植物而且花朵艳丽无比的优势，最后在竞选国花中胜出。加勒比木花被定为国花后，许多学校、政府机构、教堂纷纷在自己的院内种上国花，如今这种花已遍及全国。

国　鸟

西塞鲁鹦鹉（Sisserou Parrot）。其名源于印第安加勒比语，学名"Amazonia Imperialis"。法律虽未规定西塞鲁鹦鹉为多米尼克国鸟，但其作为国鸟的事实已被人们所接受。多米尼克国徽、国旗、国玺、众议员锤和国家奖章上都有西塞鲁鹦鹉图案。西塞鲁鹦鹉受到保护，它可能是世界上最古老的亚马逊鹦鹉品种之一，是多米尼克所特有的鸟类。西塞鲁鹦鹉存活时间可达70年。成年西塞鲁鹦鹉长18～20英寸（450～510毫米），重2磅（0.9公斤），是多米尼克体重最重的两种鹦鹉之一。西塞鲁鹦鹉体长是普通鹦鹉的两倍以上，张开的羽翼从一侧翼尖到另一侧翼尖长30英寸（0.76米）。这种鸟外形匀称，呈流线型，羽毛色彩斑斓。上部和背部为绿色，头为蓝色，眼睛为红色，尾巴和腹部为紫色，翼尖上有红色条纹。主要栖息于高地的热带森林中。雌雄鸟终生在一起，相互信任。西塞鲁鹦鹉非常脆弱、易受攻击，特别是在未成年时。

国　球

板球。多米尼克人非常喜欢板球运动，把它视为国球，板球运动遍及全国各地。包括多米尼克在内的西印度群岛板球队是世界强队之一，在世界大赛中多次取得好成绩。2004年中国和多米尼克建交后，中国在首都罗素温莎公园援建了一座能容纳8000名观众的国家体育场，主要举办板球比赛，兼进行其他体育项目的比赛。2007年该体育场竣工后，进一步推动了多米尼克板球运动的发展。

国　服

多米尼克国服称为"德维耶特"（Dwiyet）服，是多米尼克的象征之一。着德维耶特服的妇女，在白色露肩短衫和衬裙外，着一被称为胡佩（Jupe）的彩色长裙，长裙镶有白边。此外，她们头戴花色头巾，配耳环、项圈和其他珠宝饰物。男人则穿白色衬衫、黑裤和彩色坎肩。每年独立节期间，多米尼克妇女都要穿上色彩鲜艳的德维耶特服，但平时则因为当地天气炎热和价格昂贵，人们很少穿德维耶特服。

国　菜

山鸡（Mountain chicken）。用山鸡蛙的腿制成。山鸡蛙是蛙的一种，只产于多米尼克和蒙特塞拉特。这种蛙在多米尼克受到保护，只有秋季和 2 月才可以捕捉。山鸡蛙的得名是因其肉酷似鸡肉。制作山鸡时，把若干只蛙腿洗净拌上大蒜、青椒、醋、百里香调味。两小时后，用毛巾轻拍已入味的蛙腿，然后敷上面粉备炸。把蛙腿倒入滚热的油中，炸至金黄色，捞出放在碗内。锅内放油、黄油，加热后放入洋葱，放上一杯水煮沸。加上面粉使汤变浓，再把炸过的蛙腿倒入锅中。随后捞出蛙腿，将其上的肉剥干净并把肉放入盐水中煮沸，加上青椒，直至蛙肉变嫩即可出锅。吃时辅以白米饭或豆饭。

国　酒

朗姆酒（Rum）。和许多加勒比国家一样，朗姆酒是多米尼克的国酒。多米尼克西海岸的 Macoucherie 朗姆酒公司以纯蔗汁酿酒，质量超群，其 Macoucherie 牌朗姆酒在世界上享有盛誉。

宗　教

多米尼克宪法规定宗教信仰自由，但天主教在多米尼克占有统治地位，

77%的居民为天主教教徒。除天主教外，15%的多米尼克人信仰新教，6%的人信仰其他宗教（包括伊斯兰教等），2%的人没有宗教信仰。1642年，天主教传教士雷蒙·布勒东（Raymond Breton）抵达多米尼克岛，1646年在多米尼克举办了第一次天主教弥撒。1850年4月30日包括多米尼克岛在内的罗素主教管区成立，属卡斯特里大主教管区。现在，罗素主教管区是安的列斯主教会议成员。现任罗素主教管区主教加布里埃尔·马尔萨伊雷（Gabriel Malzaire）于2002年7月10日上任。

国 币

东加勒比元（The East Caribbean Dollar）。东加勒比元是东加勒比国家组织安提瓜和巴布达、多米尼克国、圣基茨和尼维斯、圣卢西亚、圣文森特和格林纳丁斯等国家与英国海外领地安圭拉与蒙特塞拉特共同使用的货币。1965年年底，东加勒比元取代了西印度元（West Indies Dollar）。现流通的纸币面值为5、10、20、50和100元，铸币为1、2、5、10和25分与1元。建于1983年10月的东加勒比中央银行（Eastern Caribbean Central Bank）负责发行东加勒比元（详见安提瓜和巴布达国币）。

厄瓜多尔

国　名

　　厄瓜多尔共和国（Republica del Ecuador）。位于南美大陆的西北部，北邻哥伦比亚，东和南接秘鲁，西靠太平洋。安第斯山脉由北向南纵贯全境，赤道线横穿北部。地理上的这个特点，使它的国名取为"厄瓜多尔"（Ecuador），西班牙语意为"赤道"。

　　厄瓜多尔原为公元 1000 年左右建立的基多王国所在地，公元 15 世纪后半叶被印加王瓦伊纳·卡帕科（Huayna Capac）征服，被并入印加帝国。1535 年沦为西班牙殖民地，1822 年加入大哥伦比亚联邦。1824 年玻利瓦尔颁布"新国家领土划分法"时，把基多地区称为"厄瓜多尔"，这是在正式文件中第一次用"厄瓜多尔"的名称。1830 年，基多地区成立共和国，正式取名厄瓜多尔，并沿用至今。

　　首都基多有新旧两座赤道纪念碑。1744 年所建的旧碑位于基多城以北 24 公里处的拉加加里小镇上，高约 10 米，用赭红色花岗岩砌成。碑四周镌刻有"EOSN"四个分别表示东、西、南、北的西班牙文字母。碑上写着"这里是地球的中心"的西班牙文和碑文，以纪念那些对测量赤道、修建碑身做过贡献的法国和厄瓜多尔的科学家。碑顶放置一个石刻地球仪，南极朝南，北极朝北。在地球仪的腰部，有一条象征赤道的白色中心线，从上至下与碑东西两侧台阶上的北线相连，这条白线把地球分为南北两部分。每年春分和秋分，太阳从赤道线上经过，直射赤道，全球昼夜相等。这时，厄瓜多尔人总要在此举行盛大的迎接太阳神的活动，感谢太阳给人类带来温暖和光明。

落成于 1982 年 8 月 9 日的新碑矗立在距旧碑不远的埃基诺西亚尔谷，据说是世界上最准确的赤道标记。其形与旧碑同，但高为 30 米，顶端的地球仪直径 4.5 米，重 4.5 吨。碑的东面刻着：西经 78 度 27.8 分，纬度 0 度 0 分。碑里修建了电梯，碑顶设有瞭望台。新旧赤道纪念碑自建成起就成为厄瓜多尔重要的国家象征。

国　都

基多（Quito）。正式名称为圣弗朗西斯科德基多（San Francisco de Quito）。位于皮钦查火山脚下葱翠的谷地中，是一座具有悠久历史的古城。远处青山如黛，近处乳白色的建筑掩映在繁花绿叶之中，景色秀丽多姿。

基多城所在地最早的居民是印第安基图部落（Quitu），传说基多古城是由"基图"神的儿子"基图姆贝"（Qitumbe）所建，"基图"名字的变音"基多"遂成为城名。后基多被卡拉斯部落（Caras）征服，大约在公元前 980 年建立基多王国。卡拉斯部落征服基多几百年后，1487 年印加将军鲁米尼亚维（Rumiñaui）抵达该地，把小镇基多变成城市，作为印加帝国的北方中心。1533 年，鲁米尼亚维下令将该城焚毁，以免落入西班牙人手中。第二年，弗朗西斯科·皮萨罗抵达该地区，同年 8 月 15 日第二次建城，取名"圣弗朗西斯科德基多"。西班牙殖民者塞瓦斯蒂安·德贝纳尔卡萨（Sebastian de Benalcázar）在击败印加军队和俘虏鲁米尼亚维后，于 1534 年 12 月 6 日再次建城，后来这一天被称为基多的正式建城日。1535 年 1 月 10 日，鲁米尼亚维被处死。1541 年 3 月 14 日，基多被宣布为城市。建城之初，城市居民只有 204 人，后来逐渐扩大。1535 年建立基多美术学校，它成为南美洲第二大美术学校（仅次于库斯科美术学校）。基多很快成为行政和宗教中心。1556 年 2 月 14 日，基多被授予"非常高贵和忠诚的圣弗朗西斯科德基多城"（Muy Noble y Muy Leal ciudad de San Franccisco de Quito）称号。16 世纪和 17 世纪该城属秘鲁总督辖区。1979 年 7 月 27 日，基多被联合国教科文组织宣布为世界文化遗产。

国　庆

8 月 10 日（1809 年）。哥伦布"发现"新大陆后，厄瓜多尔同其他许多拉丁美洲国家一样，遭受了 300 多年的殖民统治。19 世纪初，在美国独立战争和法国资产阶级革命的影响和推动下，厄瓜多尔人民要求独立的呼声越来越高。1809 年，厄瓜多尔爆发了反抗西班牙殖民统治的起义。在曼努埃拉·卡尼萨雷斯（Manuela Cañizares）夫人和胡安·皮奥·蒙图法尔（Juan Pío Montúfar）的领导下，爱国者迅速组织起来，包括主教在内的众多神父也参加了革命队伍，而且还得到胡安·萨利纳斯（Juan Salinas）上校指挥的卫戍部队的支持。8 月 9 日晚，爱国者在卡尼萨雷斯夫人家召开大会，成立了基多主权委员会（Junta Soberana de Quito）。蒙图法尔和何塞·奎洛－凯塞多主教（José Cuero y Caicedo）分别被指定为委员会的正副主席。8 月 10 日，主权委员会撤销基多检审法庭检审官孔德·鲁伊斯·德卡斯蒂里伯爵曼努埃尔·乌利埃斯（Manuel Urriez）的职务，逮捕反对起义的西班牙殖民者，成立洪他政府，并号召瓜亚基尔、昆卡、波帕扬等省加入起义。由于殖民当局的血腥镇压，不久后起义失败，但它提高了厄瓜多尔人民的觉悟，增强了战胜敌人的信心，并为独立运动的最后胜利奠定了基础。后来，厄瓜多尔共和国成立后，把首次推翻西班牙殖民当局的 1809 年 8 月 10 日定为国庆节和独立日。

国　旗

由黄、蓝、红三色组成，黄色在长方形旗面的上部，占旗面的 1/2，蓝色居中，红色在下部。旗地中央绘有厄瓜多尔国徽。国旗的长与高之比为 3∶2。旗面上黄色象征金色的阳光、谷物和丰饶的物产和资源；蓝色代表蓝天、海洋、河流；红色表示为独立而牺牲的烈士的鲜血。1900 年 10 月 31 日，厄瓜多尔国会颁布法令，其中第二条确定了厄瓜多尔国旗的式样。

厄瓜多尔的国旗曾多次变动。1809 年 8 月 10 日基多人民发动反抗西班牙殖民统治的起义时，打起了白杆红旗，上有叉形白十字，作为革命的象征。1820 年 10 月 9 日瓜亚基尔人民举行起义，瓜亚基尔自由省政府委员会使用了爱国诗人何塞·华金·德奥尔梅多（José Joaquín de Olmedo）设计的蓝、白、蓝、白、蓝平行宽条组成的蓝白相间二色旗，旗中心的蓝色旗面上绘有 3 颗白星，一说代表基多皇家检审庭的 3 个行政区昆卡、瓜亚基尔和基多，另一说代表瓜亚基尔、波托维耶霍、马查拉 3 个城市。1822 年 5 月 29 日，瓜亚基尔政府委员会在昆卡和基多加入哥伦比亚共和国后决定修改国旗，旗面为白色，占旗面 1/10 的左上角为蓝色，上绘 1 颗白五角星。这面旗只用了很短时间，同年厄瓜多尔并入大哥伦比亚后，采用了大哥伦比亚黄、蓝、红三色国旗，这面国旗源于拉美解放运动"先驱者"米兰达 1806 年远征委内瑞拉时设计的旗帜。1830 年厄瓜多尔脱离大哥伦比亚独立后，仍沿用黄、蓝、红三色国旗，但在旗面上添加了自己的国徽。1845 年 3 月，瓜亚基尔爆发起义，推翻了胡安·何塞·弗洛雷斯（Juan José Flores）政权，恢复了蓝白二色旗。该旗由白、蓝、白三个相等的垂直长方形组成，中间蓝色旗面上有 3 颗白色五角星，1 颗星在上，2 颗星在下，象征共和国的 3 个行政区：昆卡、瓜亚基尔和基多。同年 11 月 6 日，立宪大会下令采用上述旗帜为国旗，但 3 颗星改为 7 颗星，代表当时组成共和国的 7 个省。1860 年 9 月 26 日，厄瓜多尔临时总统加西亚·莫雷诺（García Moreno）下令恢复米兰达设计的三色旗，并于 1861 年得到国会的批准。1900 年，埃罗伊·阿尔法罗（Eloy Alfaro）再次批准三色旗为厄瓜多尔国旗，并下令将每年 9 月 2 日作为国旗日。1955 年厄瓜多尔国会颁布法令，将国旗日改为 9 月 26 日，并规定了全体厄瓜多尔人向国旗致敬的誓词。

国　徽

厄瓜多尔的国徽为椭圆形，上端绘有一只雄健硕大的秃鹰，象征力量、勇猛和顽强。下端的绶带系着象征共和国尊严的束棒和捆着的一柄大斧，它是古罗马高级执法官的权标。两旁各有两面厄瓜多尔国旗，左边国旗之间的桂枝象征胜利；右边国旗之间的棕榈枝与圣经有关，在天主教中是殉教者的象征，在厄瓜多尔则代表为自由和独立而献身的烈士。国徽的椭圆形主体图案犹如一幅美丽的山水画，正中高耸着白雪皑皑的钦博拉索山，它是一座圆锥形死火山，海拔 6272 米，是厄瓜多尔最高峰。山前流淌着瓜亚斯河，水边是肥沃的土地，代表安第斯山的威严和厄瓜多尔的农业与水利资源。碧蓝的水面上漂荡着一艘船，表示它是美洲的第一艘轮船，其于 1841 年在瓜亚基尔造船厂建造。船和带翅双蛇杖（罗马神话中专司贸易之神墨丘利的象征，双蛇代表谨慎，翅膀代表轻捷，为和平、和睦、商业和医学的标志）象征运输工具、和平，表示海外贸易在厄瓜多尔国民经济生活中的重要地位。山峰的上面绘着人面太阳，太阳代表新的开始；太阳两边的黄道带上绘有分别代表 3 月、4 月、5 月、6 月的白羊座、金牛座、双子座和巨蟹座，一说其表示 1845 年 3～6 月厄瓜多尔人民进行的反对胡安·何塞·弗洛雷斯的革命。另一说认为其代表厄瓜多尔历史上的四大事件：1845 年 3 月 6 日弗洛雷斯政府倒台；1822 年 4 月 21 日塔皮战役；1822 年 5 月 24 日皮钦查战役；1825 年 6 月 5 日自由派取得胜利。1900 年，厄瓜多尔规定每年 10 月 31 日为厄瓜多尔国徽日。

历史上，厄瓜多尔曾先后使用以下国徽。

10 月之星或瓜亚基尔独立标志　1820 年 10 月 9 日采用 10 月之星代表瓜亚基尔自由省，该省包括现属于瓜亚斯、马纳维、洛斯里奥斯和圣埃莱娜的地区。五角星由左右各一枝桂枝环绕，桂枝象征胜利，作为代表政府委员会的标志。徽的圆周写有西班牙文 "Por Guayaquil Independiente"（为了独立的瓜亚基尔）的铭文。但有时五角星由橄榄枝环绕，橄榄枝象征和平；有时五角星由桂枝和橄榄枝环绕，象征胜利与和平。

1822 年国徽　厄瓜多尔加入大哥伦比亚共和国后，从 1822 年 5 月 29 日起使用大哥伦比亚国徽。国徽中间的最高执政官束棒代表国家权力。束棒上的弓和三支箭代表组成大哥伦比亚的三个国家和为独立而斗争的意愿。环绕束棒的两个丰饶杯在底部交叉，杯口流出三个国家土地出产的水果。徽的外围圆周写有 "REPUBLICA DE COLOMBIA"（哥伦比亚共和国）的大写西班牙文黑色字体。

1830 年国徽　大哥伦比亚共和国解体后，1830 年 8 月 19 日里奥班巴立宪大会公布了厄瓜多尔国徽。这面国徽与大哥伦比亚国徽十分相像，只是底色改为蓝色，在束棒和丰饶杯的上端写有 "El ECUADOR EN COLOMBIA"（哥伦比亚中的厄瓜多尔）的大写西班牙文黑色字体，铭文中间绘有人面太阳。

1833 年国徽　1833 年 1 月 12 日，厄瓜多尔下令颁布新的国徽，用于当时发行的硬币和纸币上。国徽为圆形，上部绘有人面太阳，下部为底部连在一起的两座山。徽周写有西班牙文铭文 "Mi Poder en la Costitución"（我的权力在宪法中）。

1835 年国徽　1835 年 8 月 10 日，安巴托立宪大会颁布的法令第二条规定了厄瓜多尔共和国国徽式样。椭圆形徽正中偏上为人面太阳，太阳两边为黄道带，带上写有表示 1820 年革命发生那几个月的时间符号，从狮子座（7～8 月）到天蝎座（10～11 月）。太阳上是呈弧形的 7 颗五角星，代表组成厄瓜多尔的 7 个省。

1843 年国徽　1843 年立宪大会颁布新的国徽。新国徽上部为矩形，下部为椭圆形。徽面分为五部分。上部为人面太阳和黄道带；中部分为两部分，左边为罗马数字 I、II、III、IV，右边为一匹头向左奔驰的白马；下部也分为两部分，左边为在水面航行的帆船，右边为钦博拉索山。徽上端有一只展翅欲飞的秃鹰，徽的左右两侧各有两面国旗。

1845 年国徽　1845 年 11 月 6 日昆卡立宪大会颁布新国徽，该徽以 10 月 30 日立宪大会主席巴勃罗·梅里诺（Pablo Merino）设计的国徽为基础制成，与 1843 年国徽完全不同。此徽为椭圆形，徽面的上部绘有人面太阳和黄道带，中部为钦博拉索山，下部是山前水面上航行的一艘船。徽上端为一只展翅秃鹰，下端为束棒。徽两侧各有两面当时的白、蓝、白色国旗（中间蓝色旗面上有 7 颗星），左边两旗中间夹有桂枝，右边两旗中间夹有象征和平的棕榈枝。从 1846 年起，棕榈枝改为象征和平的橄榄枝。此后，国徽的图案便未做更改。

1900 年国徽　1860 年，加布里埃尔·加西亚·莫雷诺总统下令恢复三色旗，但未提及国徽。1861 年厄瓜多尔立宪大会批准变更国旗，也未提及国徽，如此国徽的式样便继续使用，只不过把国徽两侧的国旗从白蓝二色改回三色旗。1900 年，厄瓜多尔国会和埃罗伊·阿尔法罗总统批准了这面国徽，并使用至今。

总统绶带

由黄、蓝、红三色纵列构成，黄色占带面的 1/2，蓝色和红色各占 1/4，绶带中间绘有国徽，国徽两边的蓝色带上有西班牙文 "Mi Poder en la Costitución"（我的权力在宪法中）。

总统旗

厄瓜多尔总统旗为正方形，旗地与国旗颜色相同，黄色占旗面的 1/2，蓝色和红色各占 1/4。总统旗正中为厄瓜多尔国徽。

总统府

厄瓜多尔总统府称为"卡隆德莱特宫"（Palacio de Carondelet），又称"政府宫"（Palacio de Gobierno）或"国民宫"（Palacio Nacional），殖民地时期则称为基多皇宫（Palacio Real de Quito）。卡隆德莱特宫位于首都基多老城区独立广场西侧，是厄瓜多尔总统的办公地和官邸，是基多城和厄瓜多尔的象征之一。卡隆德莱特宫为三层，主立面为新古典主义风格，里面像带内院的修道院。卡隆德莱特宫高层台阶下面是一些工艺品商店。楼房第一层有宽阔的带 20 根石柱的走廊，走廊里悬挂许多纪念重大历史事件的金属牌，装饰有厄瓜多尔画家奥斯瓦尔多·瓜亚萨明（Osaldo Guayasamín）珍贵的壁画《发现亚马逊河》。走廊上方是带铁铸栏杆的阳台，这些栏杆是 19 世纪时从法国带回来的。楼房第二层南边面对广场的房间为总统办公室，北边有外国大使递交国书的黄厅、宴会厅和内阁厅。第三层则为总统官邸和厨房等。

卡隆德莱特宫拥有 400 多年的历史。早在 1563 年，基多检审庭首任检审官埃尔南多·德桑蒂连（Hernando de Santillán）便在卡隆德莱特宫所在地建设了第一所检审庭。因遭强烈地震，这所房子受到严重破坏。1745～1753 年执政的检审官费尔南多·费利克斯·桑切斯·德奥雷利亚纳（Fernando Félix Sánchez de Orellana）在该房的废墟上建立起新的检审庭。1799 年，卡隆德莱特男爵弗朗西斯科·埃克托尔·路易斯（Francisco Héctor Luis，Barón de Carondelet）被任命为基多检审庭检审官。他命令西班牙人安东尼奥·加西亚（Antonio García）负责扩建检审庭，彻底改造了建筑的主立面，增添了由 20 根柱子组成的柱廊。1822 年皮钦查战役之后，"解放者"西蒙·玻利瓦尔曾几次来到被称为"基多皇宫"的检审庭。据说，他对卡隆德莱特男爵改建后的基多皇宫印象深刻，称它为"卡隆德莱特宫"，此后这个名字即成其正式名称，并成为大哥伦比亚南方省（即厄瓜多尔）政府办公地。1830 年胡安·何塞·弗洛雷斯当选厄瓜多尔共和国总统后，基多被定为首都，卡隆德莱特宫成为国民政府所在地。弗洛雷斯下令改善了卡隆德莱特宫的设施。后来，维森特·拉蒙·罗卡（Vicente Ramón Roca）、何塞·马里亚·乌尔维那（José María Urbina）和加布里埃尔·加西亚·莫雷诺（Gabriel García Moreno）几任总统也对该建筑进行了扩建。加西亚·莫雷诺第二次执政时还买下了周围的房子，扩大了卡隆德莱特宫的面积，并于 1871 年将买下的一口钟安放在楼正面的上方。由于宫内房间不足，几届总统都住在城内自己的家中，或租房作为总统官邸。1875 年 8 月 6 日，加西亚·莫雷诺总统从石头台阶进入卡隆德莱特宫时，遭埋伏在柱子后面的枪手的暗杀。1890 年安东尼奥·弗洛雷斯·希红（Antonio Flores Jijón）执政时，在巴黎拍卖会上买下法国大革命前原属于一所宫殿的栏杆，安放在卡隆德莱特宫的阳台上。1956 年卡米洛·庞塞·恩里克斯（Camilo Ponce Enríquez）上台后，重建已被抛弃并严重毁损的卡隆德莱特宫。他保留了建筑的主立面，二层楼上加盖了第三层，并于 1958 年委托雕刻家路易斯·米德罗斯（Luis Mideros）对装饰建筑主立面的柱子中楣的雕刻进行了修缮。从 1960 年起，卡隆德莱特宫正式成为总统官邸，并变为现代化的钢筋混凝土建筑，柱子也从砖改为石头。1975 年 8 月底，总参谋长劳尔·冈萨雷斯·阿尔韦亚尔（Raúl González Alvear）发动反对吉列尔莫·罗德里格斯·拉腊（Guillermo Rodríguez Lara）总统的兵变，叛军在坦克掩护下推倒大门，攻入卡隆德莱特宫。拉腊未在宫中，躲过一劫，但建筑的正面、音乐厅、黄厅和图书馆均遭严重破坏。兵变平息后，卡隆德莱特宫进行了修缮。

国　歌

　　《向祖国致敬》（*Salve, Oh Patria*）。词作者是胡安·莱昂·梅拉·马丁内斯（Juan León Mera Martínez，1832～1894 年），曲作者是安东尼奥·纳马内·马尔诺（Antonio Neumane Marno，1818～1871 年）。从产生至今，曾做一些修改。

　　历史上，厄瓜多尔曾出现多个版本的国歌。1830～1832 年，瓜亚基尔诗人何塞·华金·德奥尔梅多（José Joaquín de Olmedo）根据胡安·何塞·弗洛雷斯的提议，曾撰写一首国歌，以庆祝厄瓜多尔的诞生。这首歌共有 4 节及合唱，没有配曲，但没有流行开来。1833 年 12 月 28 日，厄瓜多尔政府公报第 125 号刊登了《厄瓜多尔之歌》（*Canción Ecuadoriana*）。这首歌共有 4 节，创作于 1830 年，但作者不详。

　　1838 年由政府印刷厂出版的弗洛雷斯将军的诗集中包括一首国歌，共有五节与合唱。在后来的版本中，第三节做了修改。历史学家认为它是厄瓜多尔的第二首国歌。1865 年，与厄瓜多尔军队合作的阿根廷音乐家胡安·何塞·阿连德（Juan José Allende）向厄瓜多尔国会提交为何塞·华金·德奥尔梅多配曲的国歌，但未受重视。

1865 年 11 月 26 日，根据参议院议长尼古拉斯·埃斯皮诺萨（Nicolás Espinosa）博士的提议，时任参议院秘书的安巴托诗人胡安·莱昂·梅拉·马丁内斯撰写出国歌歌词。歌词经议员们认可后送往瓜亚基尔，由音乐大师安东尼奥·纳马内·马尔诺配曲。1866 年 1 月 16 日，基多周报《南美人》（El Sud Americano）全文刊登了胡安·莱昂·梅拉·马丁内斯撰写的国歌歌词。

1913 年，瓜亚基尔作家、外交家维克托·曼努埃尔·伦东（Víctor Manuel Rendón）提交为安东尼奥·纳马内·马尔诺的作曲配词的国歌，但国会拒绝了他的提案。

1947 ～ 1948 年，卡洛斯·胡利奥·阿罗塞梅纳·托拉（Carlos Julio Arosemena Tola）政府教育部长何塞·米格尔·加西亚·莫雷诺博士（José Miguel García Moreno）委托耶稣会教士奥雷利奥·埃斯皮诺萨·波利特（Aurelio Espinosa Pólit）和通古拉瓦诗人之子胡安·莱昂·梅拉·伊图拉尔德（Juan León Mera Iturralde）校阅胡安·莱昂·梅拉·马丁内斯撰写的歌词。他们认真校阅后建议颁布法令，确认胡安·莱昂·梅拉·马丁内斯撰写的歌词为厄瓜多尔国歌。1948 年 9 月 29 日，厄瓜多尔国会正式宣布胡安·莱昂·梅拉·马丁内斯撰写的歌词为国歌。11 月 8 日，加洛·普拉萨·拉索（Galo Plaza Lasso）政府下令将其作为国歌，11 月 23 日第 68 号官方注册簿公布该歌词。

1965 年 11 月 24 日，厄瓜多尔军政府为纪念国歌歌词诞生 100 周年，宣布每年 11 月 26 日为厄瓜多尔国歌日。1977 年，厄瓜多尔政府宣布取消国歌中的一些重复内容，以利于国民正确歌唱。1991 年 11 月 13 日，国会正式宣布国歌作词者和作曲者。

词作者胡安·莱昂·梅拉·马丁内斯 1832 年 6 月 28 日生于厄瓜多尔安巴托，1894 年 12 月 13 日逝世于通古拉瓦省阿托查。他是诗人、作家、批评家、民俗学家。20 岁之前他掌握了克丘亚语，为他在民俗方面的研究提供了有力的工具。他在 1892 年出版的《厄瓜多尔人的民谣》（Cantares del pueblo ecuatoriano）中，收集了大量厄瓜多尔民间歌谣、讽刺诗文、笑话等。1879 年，他撰写了厄瓜多尔第一部长篇小说《库曼达》（Cumanda）。小说叙述了印第安姑娘库曼达与庄园主之子卡洛斯·奥洛斯克的爱情悲剧。此外，他还著有小说《不合适的婚姻》（*Un matrimonio inconveniente*，1889 年）等。作为诗人，1865 年他撰写出厄瓜多尔国歌歌词，他还出版了《诗集》（*Poesías*，1858 年）和《太阳神的女祭司》（*La Virgen del Sol*，1861 年）等。1874 年，他建立了厄瓜多尔语言科学院。

曲作者安东尼奥·纳马内·马尔诺 1818 年 6 月 13 日生于法国地中海科西嘉岛，父母是德国人。纳马内先在德国学医，后违背父母意愿到意大利米兰音乐学院学习。纳马内聪颖过人，16 岁便成为教授。毕业后他周游欧洲，在维也纳成为管弦乐队指挥，并为西班牙抒情女高音歌唱家马利布兰谱写多首歌曲。他的音乐才华受到奥地利皇帝的称赞。1837 年，在维也纳宫廷指挥一场音乐会后，奥地利皇帝亲自为他授勋。1841 年，纳马内前往美洲，在智利和秘鲁演出。1842 年他来到瓜亚基尔，成为瓜亚基尔歌剧院指挥。之后几年他辗转于欧洲和南美洲国家之间，最后定居于瓜亚基尔，建立起自己的第一家剧场。除担任歌剧院指挥、几家军乐团指挥外，他还教授学生。1865 年，厄瓜多尔当局要求纳马内为何塞·华金·德奥尔梅多的国歌配曲。纳马内最初没有答应，因为他认为自己是个外国人。后来当局派人来到他家，要他配曲后才能离开。他只好从命，在两个小时之内谱出传唱至今的厄瓜多尔国歌。有趣的是，纳马内有个边创作边吃面包的习惯，每次谱完曲后，钢琴上总是留下许多面包渣。1870 年年初，纳马内前往基多。加西亚·莫雷诺总统委托他在基多成立音乐学院，他被任命为院长，直至 1871 年 3 月 3 日病逝。他的遗体被运回瓜亚基尔，葬于圣弗朗西斯科教堂。1948 年，厄瓜多尔国会下令将纳马内的配曲作为正式国歌。

厄瓜多尔国歌分为六节及合唱，共 52 句。现在一般只唱合唱和第二节。

合唱和第二节：

> 啊，祖国，我们千次向你致敬。
> 啊，祖国，光荣属于你。
> 欢乐与和平洋溢在你心里，
> 你的额头容光焕发，
> 比太阳的光辉更亮丽。
>
> 孕育出祖国的儿女，
> 是雄伟皮钦查山装点的大地。

向你欢呼，永远的圣母，
洒热血为了你。
上帝看到你的牺牲，给予赞许。
鲜血发芽育出新一代英雄，
英雄好汉层出不穷，
令全世界惊异。

合唱和第二节歌词原文为：
Coro：

> ¡Salve, oh Patria, mil veces! ¡Oh Patria,
> gloria a ti! Ya tu pecho rebosa
> gozo y paz, y tu frente radiosa
> más que el sol contemplamos lucir.

Estrofa：

> Los primeros los hijos del suelo
> que, soberbio, el Pichincha decora
> te aclamaron por siempre señora
> y vertieron su sangre por ti.
> Dios miró y aceptó el holocausto,
> y esa sangre fue germen fecundo
> de otros héroes que atónito el mundo
> vio en tu torno a millares surgir.

歌词原文源于 http：//www.presidencia.gov.ec/。

国家格言

"上帝、祖国和自由"（Dios，patria y libertad）。

国　语

西班牙语。2008 年，厄瓜多尔宪法第 2 条规定西班牙语为厄瓜多尔的国语，同时规定克丘亚语和舒阿尔语（Shuar）为官方语言，其他语言则为讲该语言居民的官方语言。国家尊重并鼓励保留和使用这些语言。据联合国教科文组织统计，厄瓜多尔有 14 种语言，有 8 种语言面临消亡的危险。克丘亚语是厄瓜多尔最主要的印第安语，安第斯山区和亚马逊地区的人讲克丘亚语，占全国总人口的 35%。克丘亚语分为纳波语（Napo）和帕斯塔萨语（Pastaza）两种方言。其他主要土著语言有希米语（Shimi）、阿瓦皮特语（Awapit）、查帕拉奇语（Chapalachi）等。

西班牙语是厄瓜多尔各族人民文化联系的纽带。根据地理位置，厄瓜多尔西班牙语可分为海岸地区西班牙语、山地地区西班牙语和东部地区西班牙语。三个地区的西班牙语各有特色，城乡所讲的西班牙语也有所不同。厄瓜多尔人使用许多民间特有的词汇，这些专门用语可达 1 万个，如 "chuchaqui"（因酗酒引起的意志消沉）、"fritada"（油炸猪肉）、"llapingacho"（用奶酪制作的土豆饼）等。

国家勋章

国家功绩勋章（Orden Nacional al Mérito）设立于 1821 年 10 月 8 日，共分金链（Collar）、大十字（Gran Cruz）、高官（Gran Oficial）、骑士团长（Comendador）、官员（Oficial）和骑士（Caballero）六级，授予对厄瓜多尔做出突出贡献的文职人员或军人。金链级国家功绩勋章是厄瓜尔总统的象征标志之一，每届总统就职时都被授予这枚勋章。金链由 28 个带有阿拉伯花纹的镀金链环构成。勋章上镶有钻石的镀银十字架的中心为一椭圆形图案，上绘太阳和积雪的安第斯山。椭圆周边写有 "REPUBLICA DEL ECUADOR AL MERITO"（厄瓜多尔共和国功绩勋章）的大写西班牙文铭文。该勋章还可授予外国元首。

除国家功绩勋章外，厄瓜多尔还有圣洛伦索国家勋章（Orden Nacional de

San Lorenzo）、阿夫东·卡尔德隆勋章（Orden de Afdón Calderón）、奥诺拉托·巴斯克斯国家勋章（Orden Nacional Honorato Vásquez）等。

国　花

　　叶刺菊（Chuquiragua）。或称"安第斯之花"（Flor de los Andes）。俗称"金色叶刺菊"（Chuquiragua dorada），学名"Chuquiragua aurea Skottsberg"。属菊科。叶刺菊是高达 15 分米的矮小灌木。树皮硬，叶互生，长达 12 毫米，叶尖带刺。花为黄色，长 2 厘米，管状花冠。叶刺菊生长于安第斯高原地区，可制药茶，治疗肾病和胃痛。

国　树

　　金鸡纳树（Cascarilla 或 Quina）。学名"Cinchona spp"，属茜草科。其分布于南美洲西北安第斯地区，从委内瑞拉北部到玻利维亚南部。在厄瓜多尔，金鸡纳树生长于海拔 600～3000 米的潮湿、多雨的安第斯山地区。南美洲 45 种金鸡纳树中，厄瓜多尔有 12 种。树高 12～15 米，树干直径为 30～40 厘米。树冠为小球形，花为白色和玫瑰色，长叶泛红，在热带雨林中非常醒目。金鸡纳树树皮所含奎宁配置的药是治疗疟疾的特效药，因此被当地印第安人称为"生命树"（Arbol de la Vida）和"救人植物"（Planta Salvadora de la Humanidad）。它还可治感冒、神经系统疾病，并能促进食欲、帮助消化。

　　1936 年，阿根廷邀请各国在拉普拉塔和平公园展出它们的国树。接到邀请后，厄瓜多尔外交部、教育部和农业部与中央大学植物研究所协商，植物研究所当即提议红金鸡纳树（Cascarilla Roja）为厄瓜多尔国树。后来，植物研究所、厄瓜多尔自然科学研究所和 1949 年成立的林业部的印章上都包含金鸡纳树的图案。1952 年，根据米萨埃尔·阿科斯塔·索利斯（Misael Acosta Solís）博士的提议，洛哈国立农艺工程学院宣布每年 5 月 22 日为厄瓜多尔金鸡纳树"树日"（Día del Arbol）。

　　据说，发现金鸡纳树具有治病功能的是印第安马拉卡托斯族酋长佩德罗·德莱瓦（Pedro de Leyva）。1638 年，洛哈一个印第安人向洛哈检审官胡安·洛佩斯·德卡尼萨雷斯（Juan López de Cañizarez）透露了金鸡纳树树皮磨的粉能治病的事。正巧那一年来到洛哈的利马总督夫人忽患疟疾，服用洛哈总督送去的卡哈努马山金鸡纳树树皮粉后很快痊愈。这件事很快传到欧洲，人们开始用金鸡纳树树皮粉治疗疟疾。17～18世纪，厄瓜多尔的金鸡纳树遭到野蛮采伐，数量大为减少，有些树种甚至逐渐消失。

国　鸟

安第斯秃鹰（Cóndor）。学名"Vultur gryphus"。栖息于安第斯山和南美洲西部太平洋海岸地区。属鹰鹭猛禽类，是世界上最大的飞禽。一般长1.5米，重10公斤，有些可达15公斤。安第斯秃鹰双翼展开长达4米，张开的翅膀占地7平方米。和大多数猛禽不同的是，其雄鹰体型大于雌鹰，寿命可达50年。安第斯秃鹰的头和颈部裸出，仅被锦羽。其羽毛随年岁增长而变异。幼雏为灰色，后变为咖啡色，再后来翅膀前部变为白色。一般5～6岁成熟，8岁过后，羽毛丰满，变得乌黑发亮。颈项下部有白色羽毛脖圈，前额下部脖圈有开口。头部、颈部脱毛处为棕色。雄鹰头顶还长有鲜红的肉冠。主要以动物腐肉为食，特别爱吃鹿肉和牛肉。安第斯秃鹰是秘鲁、玻利维亚、智利、哥伦比亚和厄瓜多尔的国家象征，经常出现于南美安第斯地区的民间传说和神话中。厄瓜多尔人民十分喜爱安第斯兀鹰，把它作为力量、勇猛和顽强的象征，在厄瓜多尔国徽上端便绘有一只雄健硕大的安第斯秃鹰。

国　球

足球。厄瓜多尔人热爱足球，把它视为国球。厄瓜多尔男足归厄瓜多尔足球总会管辖。2002年，厄瓜多尔男足首次进入世界杯，2006年世界杯进入16强。曾获1959年和1993年美洲杯第四名。

19世纪末，足球传入厄瓜多尔。1899年成立瓜亚基尔体育俱乐部，1902年成立厄瓜多尔体育俱乐部。此后，许多足球俱乐部先后建立起来。祖国体育俱乐部是厄瓜多尔历史上最为悠久的足球俱乐部，1908年在瓜亚基尔成立，现在还在运营。同年，厄瓜多尔组织了第一次足球比赛。1925年5月30日厄瓜多尔国家体育联合会成立，1926 年 1 月成为国际足联成员，1927 年成为南美足联成员。1967 年 6 月 30 日，厄瓜多尔足球协会成立，宣告足球从此脱离厄瓜多尔国家体育协会。1978 年 5 月 26 日，其改名为厄瓜多尔足球联合会。

国　舞

圣华尼托舞（San Juanito）。有人认为其源于哥伦布"发现"美洲前的厄瓜多尔印第安民族舞蹈，音乐理论家赛贡多·路易斯·莫雷诺（Segundo Luis Moreno）等人则认为其源于厄瓜多尔因巴布拉省，因在纪念圣胡安·巴蒂斯塔的节日跳这种舞而得名。但也有人认为该舞起源于印加文化。节日期间，全国各地的各族人民穿戴华丽多彩的民族服装，围起圆圈或站成一排，劈腿跳跃，舞姿欢快、优美，欢快的节奏与悲伤的曲调相结合。圣华尼托舞的伴奏乐器除吉他、笛子、大鼓、连管笛甚至电子乐器外，还使用本地特有的乐器，如排笛（Rondador）、平古略笛（Pingullo，克丘亚人使用的一种古老乐器，是秘鲁笛的前身，现在已很少使用）、曼陀林（Bandolin）、竖笛（Dulzaina）等。

国　菜

塞维切（Cebiche，又称 Ceviche 或 Seviche）。源于太平洋海岸地区，是著名的厄瓜多尔海鲜菜肴，在基多、瓜亚基尔或其他城镇饭馆中都有此菜。这种菜的原料除用鱼外，还可用虾、龙虾、欧鲍、海贝等，但做法基本相同。做时把洗净的鱼或虾切成片，在水中烧煮几分钟，捞出放在碗或盘内。放凉后加上柠檬汁、橙汁、醋、盐、胡椒等佐料，再加上切好的红葱头片、辣椒和嫩玉米粒，然后用西红柿酱覆盖，几分钟后经搅拌即可食用。

宗　教

天主教是厄瓜多尔的主要宗教，全国约有 94% 的人口为天主教教徒。

印加帝国时期，太阳神教是国教。16 世纪初，西班牙殖民者征服印加帝国后把天主教强加于厄瓜多尔，很长时期都是该国国教和殖民统治的重要支柱。1545 年，基多主教管区成立，1546 年加西亚·迪亚斯·阿里亚斯（Garcia Díaz Arias）被任命为首任主教。此后，耶稣教会和多明我会在印第安人中大肆渗透。1830 年厄瓜多尔脱离大哥伦比亚共和国独立后，自由派和保守派争斗多年。1869 年，宪法规定天主教为厄瓜多尔国教。19 世纪末，自由派夺得上风，天主教会对国家的影响受到限制。20 世纪初，厄瓜多尔采取多项限制天主教的措施，如承认世俗婚姻，允许其他宗教进入厄瓜多尔，取消天主教会的什一税，建立公立世俗学校等。1945 年，厄瓜多尔宪法明确规定宗教信仰自由和政教分离。尽管天主教势力有所削弱，但天主教在厄瓜多尔仍保留重要影响。20 世纪中期以后，特别是 60 年代末 70 年代初解放神学的出现和发展，一些激进教士开始关心劳苦大众的疾苦，支持民众变革的要求，使天主教的影响在厄瓜多尔有所恢复。1985 年教皇若望·保禄二世访问厄瓜多尔之后，更扩大了天主教的影响。1998 年，宪法第 23 条再次规定宗教信仰自由。1986 年，厄瓜多尔共有 3 个大主教管区、10 个主教管区、1 个高级教士管区、7 个副主教管区和 1 个名誉主教管区。厄瓜多尔教堂共有 1505 名教士。现任基多大主教福斯托·加布里埃尔·特拉韦斯（Fausto Gabriel Trávez）生于 1941 年 3 月 8 日，2008 年 3 月 27 日始任巴巴奥约主教，2010 年 9 月 11 日始任基多大主教。基多大教堂是厄瓜多尔最大的教堂之一，内设 24 个小教堂。它是一座新哥特式风格的建筑，高达 100 米。

国家保护神

金切圣母（Nuestra Señora del Quinche）。厄瓜多尔人传说，16 世纪后期，圣母出现在山洞内一群穷苦的印第安人中间，许诺他们能摆脱吃掉他们孩子的熊。印第安人高兴万分，委托著名雕刻家迭戈·德罗夫莱斯（Diego de Robles）雕出圣母像。不久，罗夫莱斯便在雪松木板上雕刻出圣母像，保存在印第安人手中。圣母像高约 62 厘米，着锦缎金银线刺绣玉衣，头戴十字金冠。右手持权杖，左手怀抱圣婴。圣母和圣婴都已厄瓜多尔化，具有梅斯蒂索人的特征。1605 年，当地主教下令将圣母像移至金切村，金切圣母之名由此产生。1943 年，厄瓜多尔为金切圣母加冕，将 11 月 21 日定为金切圣母节，此后厄瓜多尔天主教教徒都要前往教堂朝圣。

国 币

原为苏克雷（Sucre），2000 年起改为美元。1 美元等于 100 分。流通的美元纸币为 100、50、20、10、5、2 和 1 美元，流通的铸币有 50、25、10、5 和 1 分。

厄瓜多尔是南美洲第一个实行经济美元化的国家。20 世纪 90 年代末，由于石油价格暴跌、厄尔尼诺现象和东亚金融危机等因素的影响，厄瓜多尔经济陷入困境，金融形势恶化。为扭转局面，2000 年 1 月厄瓜多尔政府宣布实行经济美元化。从当年 4 月 1 日开始，美元与本国货币苏克雷同时在市场上流通和使用。9 月 14 日，苏克雷停止流通。但苏克雷退出市场后，厄瓜多尔发行了一系列与美元等值的新硬币，名为"新苏克雷"。

殖民地时期厄瓜多尔最早流通 1535 年墨西哥和圣多明各铸造的钱币，后来流通利马、波托西和波哥大铸造的钱币。1823 年厄瓜多尔并入大哥伦比亚后，玻利瓦尔准备建立基多造币厂，但因波哥大和波帕扬造币厂的存在，建立基多造币厂的计划并未实现。直到 1830 年，厄瓜多尔流通的正式货币是格拉纳迪纳（Granadina）。厄瓜多尔退出大哥伦比亚两年后，根据胡安·何塞·弗洛雷斯政府的命令，在格拉纳迪纳钱币上加上了代表厄瓜多尔的字标"M. D. Q"，这种钱币成为厄瓜多尔第一批铸币。1833 年 1 月 12 日，厄瓜多尔政府下令铸造面值 1/2、1、2 雷阿尔和 1 埃斯库多的金币和银币。1935 年，维森特·罗卡富埃特（Vicente Rocafuerte）总统下令将钱币中的西班牙文字样"Ecuador en Colombia"（哥伦比亚中的厄瓜多尔）改为"República del Ecuador"（厄瓜多尔共和国），当时铸造了 1 雷阿尔和 2 雷阿尔银币与 4 埃斯库多和 8 埃斯库多金币。1841 年铸造了 4 雷阿尔银币，第二年铸造了绘有玻利瓦尔像的 4 雷阿尔金币和银币。1845 年铸造了一种新钱币，一面绘有印第安妇女头像和铭文"Libertad"（自由），另一面是钦博拉索山和一只秃鹰。1858 ~ 1862 年铸造出其他不同面值的铸币。1872 年，总统加西亚·莫雷诺（García Moreno）下令铸造十进位的 1 分和 2 分铜币。1884 年 3 月 22 日，何塞·马里亚·普拉西多·卡马尼奥（José María Plácido Caamaño）政府为纪念苏克雷元帅，决定把国家货币名称定为苏克雷和实行十进位制，铸造了 1/2 苏克雷，2、1 和 1/2 德西莫（Décimo）铸币以及 1/2 德西莫和 1 分（Centavo）镍币，并在硬币上铸上了苏克雷元帅的头像。

1925 年厄瓜多尔中央银行成立，1928 年其发行了 1 苏克雷银币。这种银币曾被称为"阿约拉"（Ayora），因为它在伊西德罗·阿约拉（Isidro Ayora）执政时退出流通。同年还发行了 0.5 分币，这种币被称为"劳里塔斯"（Lauritas），这是当时执政者夫人的名字。那个时期还发行了 25 苏克雷金币，被称为"秃鹰"（Cóndor）。

1943 年和 1944 年，厄瓜多尔最后一次在墨西哥铸造 1 分和 5 分银币，但继续发行 1 苏克雷镍币与 0.5、0.2、0.1 和 0.05 分币。

1987 年，厄瓜多尔政府和中央银行宣布发行印有"Braille"（布莱叶盲字）（Braille）的 5、10、20 和 50 苏克雷硬币，以便盲人使用。上述钱币在 1989 年 5 月初开始流通。

因通货膨胀，厄瓜多尔从 1995 年开始发行 100 苏克雷和 500 苏克雷硬币。100 苏克雷上有苏克雷元帅像，500 苏克雷上则是伊西德罗·阿约拉博士像。这两种钱币中心为铜制，周围为钢制。不久，又发行了绘有欧亨尼奥·埃斯佩霍博士像的 1000 苏克雷硬币。

1830 年厄瓜多尔成立共和国之初，胡安·何塞·弗洛雷斯政府为解决财政困难，决定发行"信用券"（Billetes de Crédito），它是厄瓜多尔最早的纸币，最初发行了价值约 10 万比索的信用券。1836 年，厄瓜多尔政府准备在基多、瓜亚基尔和昆卡建立"偿债银行"，它们将发行"创新券"（Billetes de Renovación）兑换老的信用券，但此计划未能实现。1838 年，维森特·罗卡富埃特总统授权成立一家银行，国家资本和外国资本共约 100 万比索，但直至 1842 年这家银行才开始运转。最初它发行了 22.5 万比索纸币，面值为 1、2、4、10、50 和 100 比索。不久后出现假币，1843 年这种纸币被禁止流通。因可可业的繁荣，1859 年独立运动的先驱曼努埃尔·安东尼奥·德鲁萨拉加（Manuel Antonio de Luzarraga）得到政府授权，建立了一家银行，名为"曼努埃尔·安东尼奥·德鲁萨拉加发行与贴现银行"（Banco de Circulación y Descuento de Manuel Antonio de Luzarraga），其被授权发行 50 万比索纸币。这家银行运转至 1865 年。

1860 年 10 月 22 日，一批资本家成立了一家兑换银行，其得到可发行价值达 10 万比索、面值为 5 比索和 10 比索的纸币的授权。

1862 年，"私人贴现与发行银行"在瓜亚基尔成立，它发行了面值为 2 和 4 雷阿尔与 1、2、10、20、50 和 100 比索的纸币，总价值达 60 万比索。

1870 年，这家银行在被厄瓜多尔银行（Banco del Ecuador）收购后停止运转。

1867 年年初，佩雷斯、普拉纳斯和奥巴里奥银行未经政府授权在瓜亚基尔开业，发行了面值为 4 雷阿尔，1、5、10 和 20 比索共约 30 万比索的纸币。不久之后，厄瓜多尔财政部下令该银行收回已发行的纸币。

1868 年 11 月 8 日成立于瓜亚基尔的厄瓜多尔银行开始运转，控制该国金融长达 50 年。这家银行开始用曼努埃尔·安东尼奥·德鲁萨拉加银行转让的纸币运作，后来便发行自己的纸币，面值有 2 雷阿尔和 4 雷阿尔，1、5、10、20、100、500 和 1000 比索。1884 年厄瓜多尔货币单位从比索改为苏克雷时，它发行了面值为 1、2、5、10、20、50、100、500 和 1000 苏克雷的纸币。1931 年，厄瓜多尔银行停止运转。

1871 年在瓜亚基尔成立的国家银行（BancoNacional）也发行过纸币，但它只运行 1 年便被厄瓜多尔银行收购了。

1880 年 10 月 25 日在基多成立的联合银行（Banco de la Unión）曾发行面值为 1、2、5、10、20、50 和 100 比索的纸币，后又发行面值为 1、2、5、10、20、50 和 100 苏克雷的纸币。1895 年，这家银行被关闭。

1884 年 3 月 22 日，厄瓜多尔货币单位从比索改为苏克雷。

1885 年 2 月 15 日，国际银行（Banco Internacional）在瓜亚基尔成立，发行了面值为 1、2、5、10、20、50、100 和 500 苏克雷的纸币。国际银行运转了 10 年，于 1895 年 8 月 31 日与同在瓜亚基尔的商业与农业银行（Banco Comercial y Agrícola）合并。

1894 年 11 月 28 日，商业与农业银行成立，它发行过面值为 5、10、20、50、100、500 和 1000 苏克雷的纸币，运转至 1926 年 4 月 9 日。

1895 年在瓜亚基尔成立的英国 – 厄瓜多尔银行（Banco Anglo – Ecuatoriano）发行过面值为 1、2、5、10 和 20 比索的纸币，后又发行了同等面值的苏克雷纸币。

1906 年在基多成立的皮钦查银行（Banco de Pichincha）发行过面值为 1、5、10、20、50、100、500 和 1000 苏克雷的纸币。

1913 年在昆卡成立了阿苏亚伊银行（Banco de Azuay），发行过面值为 1、2、5、10、20、50、100、500 和 1000 苏克雷的纸币。

最后一个发行货币的银行是 1920 年在瓜亚基尔成立的贴现银行（Banco deDescuento），它发行过面值为 1、5、10、20、50、100、500 和 1000 苏克雷的纸币，1984 年破产倒闭。

　　1927 年 8 月 10 日，厄瓜多尔中央银行（Banco Central del Ecuador）在基多正式诞生，成为厄瓜多尔唯一负责发行和保存硬币和纸币的银行。它首先铸造了面值 0.5 分、1 苏克雷和 2 苏克雷的硬币，1928 年 1 月 14 日发行面值为 5、10、20、50 和 100 苏克雷的纸币。1939 年发行第一批 500 和 1000 苏克雷纸币。到 1990 年，中央银行流通 5、10、20、50、100、500、1000、5000 和 10000 苏克雷纸币，此外还有 0.05、0.1、0.2、0.5 分，1、5、10、20 和 50 苏克雷辅币。但到 1995 年，因通货膨胀，大部分小面值的硬币和纸币已退出流通，只流通 50 苏克雷硬币与 100、500、1000、5000 和 10000 苏克雷纸币。同年 11 月 21 日，100 苏克雷和 500 苏克雷硬币与 20000 苏克雷纸币开始在市场流通。1996 年，出现了 1000 苏克雷硬币和 50000 苏克雷纸币。1998 年，100000 苏克雷纸币开始流通。后来货币急剧贬值，导致了 2000 年开始的经济美元化。

哥伦比亚

国 名

哥伦比亚共和国（República de Colombia）。位于南美洲西北部，北濒加勒比海，西临太平洋，东与委内瑞拉和巴西、南与秘鲁和厄瓜多尔、西北与巴拿马为邻。1536 年，哥伦比亚沦为西班牙殖民地。殖民地时期，哥伦比亚与今委内瑞拉、厄瓜多尔和巴拿马一起被称为新格拉纳达（Nueva Granada）。格拉纳达（Granada）为西班牙一省和其省会名，西班牙语意为"石榴"。西班牙殖民军头目冈萨洛·希门尼斯·德克萨达（Gonzalo Jiménez de Quesada）用家乡故土的名字给这块地方命名，一是怀念自己的故乡，二是他以为两地有某些相似之处。哥伦比亚独立后，数易其国名。

哥伦比亚的名字由委内瑞拉独立运动"先驱"米兰达（Francisco de Miranda）首创，以纪念 1492 年"发现"美洲大陆的意大利航海家哥伦布（意大利文 Cristoforo Colombo；西班牙文 Cristóbal Colón，1451～1506 年）。自 1792 年起，米兰达在信中多次提起西班牙人占领的土地为"哥伦比亚"（Colombia）。1800 年，他发表题为"致哥伦比亚大陆（西班牙美洲大陆的别称）人民的宣言"的革命宣言。1808 年他在写给英格兰国防和殖民地大臣维斯康德·罗伯特·斯图尔特·卡斯尔雷（Vizconde Robert Steward Castlereagh）的信中提到，"哥伦比亚大陆"可能建立 4 个单独的政府。1808 年 7 月 20 日米兰达在写给加拉加斯市政会和 10 月 6 日写给托罗侯爵的信中，明确提出"哥伦比亚大陆"是为纪念美洲发现者哥伦布。1810 年 3 月，米兰达又在伦敦创办报纸《哥伦比亚人》（EL COLOMBIANO）。玻利瓦尔（Simón Bolívar）确认米兰达是第一个把解放了的美洲地区称为"哥伦比亚"的人，他完全支持米兰达给新格拉纳达和委内瑞拉联盟取名为"哥伦比亚"，并在《牙买加来信》（*Carta de Jamaica*）中表达了自己的心愿："新格拉纳达和委内瑞拉如能达成协议，组成一个中央共和国……这个国家将称作哥伦比亚，以表示对我们这个半球的发现者哥伦布的敬意和感激。"1819 年 8 月 7 日，玻利瓦尔等人领导的革命军取得博亚卡战役大捷。同年 12 月 17 日，新格拉纳达和委内瑞拉宣布合并，成立哥伦比亚共和国（República de Colombia）。1822 年，厄瓜多尔也成为这个共和国的组成部分。1830 年，委内瑞拉和厄瓜多尔先后退出，"哥伦比亚共和国"解体。1831 年，现哥伦比亚部分改称"新格拉纳达共和国"（República de la Nueva Granada）。1851 年，其在颁布新宪法后改称"格拉纳迪纳联邦"（Confederación Granadina）。1863 年开始采用"哥伦比亚合众国"（Estados Unidos de Colombia）的称呼，1886 年改名为"哥伦比亚共和国"（República de Colombia），并沿用至今。使用哥伦比亚这个国名，当年曾遭厄瓜多尔和委内瑞拉议会的抗议，认为此举是单方面篡夺了共同历史的财产。然而，随着时间的推移，哥伦比亚的国名逐渐被各国所接受。有趣的是，乌伊拉省的一座城市与国名相同，也叫哥伦比亚（Colombia），又名阿里瓦（Arriba）。

　　美洲大陆的"发现者"哥伦布的姓氏"Colombo"来自拉丁文"columbus"，意为象征和平的"雄鸽"。哥伦布 1451 年生于意大利热那亚，他从小热爱航行，14 岁开始当水手，多次航行于地中海、北海。他在实践中积累了丰富的航海经验，学会了航海驾驶技术，掌握了罗盘、海图和各种航海仪器的运用，为他后来远航美洲创造了条件。他在移居里斯本后，与葡萄牙一贵族女子结婚，岳父送给他大量的航海资料。1485 年，他又移居西班牙。当时的欧洲，流传着东方尤其是中国和日本有数不尽的金银财宝的说法。哥伦布相信地圆说，认为从欧洲西渡大西洋就可以到达远东，但他并不知道欧亚之间还有一个辽阔的美洲大陆。为了实现开辟新航路的夙愿，他曾多次上书葡萄牙、西班牙、法国和英国宫廷，恳求自主航行，但均遭到拒绝。他在西班牙苦苦等了 8 年，直到 1492 年 4 月，西班牙国王斐迪南和女王伊莎贝拉才批准他的远航计划。经过几个月的准备，同年 8 月 3 日，哥伦布率领的由三艘帆船组成的船队驶离西班牙巴罗斯港。经过两个多月的艰苦航行，终于在 10 月 12 日"发现"了美洲。此后，哥伦布又对美洲进行了三次远航，1506 年病逝于西班牙。

对于哥伦布是否到过哥伦比亚有几种说法：一说认为 1498 年哥伦布第三次航行美洲时，曾到过哥伦比亚海岸；另一说认为 1502 年哥伦布第四次航行时曾在此地登陆；还有一说认为哥伦布本人从未到达这里。为了纪念这位"发现"新大陆的伟大航海家，美洲有许多地名以他的名字命名。

国　都

波哥大（Bogotá）。哥伦比亚最大的城市，位于东科迪勒拉山脉西侧苏马帕斯高原谷地上。虽地处热带，但气候凉爽，四季盛开绚丽夺目的鲜花，宛如一座天然花园。绿荫丛中，现代化的高层建筑与殖民地时期的古老建筑错落有致、相映成趣。波哥大原为印第安奇布查人的文化中心，是灿烂的奇布查文化的发祥地。波哥大所在地区过去的名字是"Muequetá"，意为"田野"或"田园草原"。波哥大始建于 1538 年，最初为印第安奇布查人的文化中心。1536 年，西班牙殖民者冈萨洛·希门尼斯·德克萨达率领殖民军到达这个地区，残酷屠杀印第安人，并把他们驱逐殆尽。1538 年 8 月 6 日耶稣显圣容日那天，以克萨达为首的殖民者开始在这块洒满印第安人鲜血的土地上创建此城，取名"圣母的拉埃斯佩兰萨"（Nuestra Señora de la Esperanza），意为"圣母的希望城"。第二年正式建城时改为"圣菲"（Santafé 或 Santa Fe），西班牙语意即"神圣的信仰"。为了区别其他地区也叫"圣菲"的城市，该城名中加上了土著名称"波哥大"（Bogotá），于是"圣菲德波哥大"（Santafé de Bogotá 或 Santa Fe de Bogotá）成了通用的名字。

波哥大（Bogotá）之名源于土著语"Bacatá"，是姆伊斯卡文明（muisca）时期西帕联邦（Confederación del Zipa）都城的名字，意为"田园外的村镇"或"边境村镇的土地"。西班牙编年史家胡安·德卡斯特利亚诺斯（Juan de Castellanos）认为"Bacatá"一词意为"田野的尽头"。从字面上看，现名"Bogotá"中的"Bo"意为"神灵"，"go"意为"集体劳动"，"tá"意为"土地"或"田园"，全词意为"神灵的劳动田园"。1991 年，哥伦比亚宪法把首都改名为"圣菲德波哥大"。2000 年通过的修改宪法，去掉了"圣菲德"（Santafé de），只称"波哥大"（Bogotá）。

国　庆

7 月 20 日（1810 年）。1536 年，哥伦比亚沦为西班牙殖民地，遭受了 300 多年的殖民统治。19 世纪初，拉丁美洲的革命运动犹如燎原之火，遍及各地。哥伦比亚地区的人民也吹响了革命号角。1810 年 6 月，卡塔赫纳、潘普洛纳和索科洛三个城市的人民首先夺取了市政管理权。同年 7 月 20 日，以一个西班牙人侮辱两个土生白人为导火线，波哥大市民爆发了反抗西班牙殖民统治的起义。成千上万的人从四面八方拥到总督府，市议会在人民支持下逮捕新格兰纳达总督和其他作恶多端的官吏，并把总督的妻子囚禁在修道院。"政权归市议会"的呼声响彻波哥大上空。哥伦比亚独立后，哥伦比亚人民把 1810 年 7 月 20 日宣布脱离西班牙统治的这一天定为哥伦比亚的"国庆日"和"独立日"。

国　旗

黄、蓝、红三色旗。黄色在长方形旗面的上部，占旗面的 1/2；蓝色部分居中，红色部分在下，各占旗面的 1/4。旗面的长与高之比为 3：2。黄色象征包括自然资源、人力资源和文化资源在内的国家财富；蓝色代表海洋、河流和蓝天；红色象征爱国情怀、英雄的价值和烈士为独立和解放洒下的鲜血。

哥伦比亚国旗源于拉美独立运动"先驱"弗朗西斯科·德米兰达 1797 年设计的黄、蓝、红三色旗。1806 年 3 月 12 日，米兰达乘"利安得"号远征委内瑞拉途中第一次在船舷上升起黄、蓝、红三色旗，但这次远征以失败告终。同年 7 月米兰达率领志愿军再次远征委内瑞拉时，"利安得"号旗舰的桅杆上又高高飘扬着黄、蓝、红三色旗。8 月 3 日，米兰达解放科罗城，政府大厦顶上第一次升起黄、蓝、红三色国旗。在 1811 年 3 月召开的委内瑞拉第一次国会上，米兰达与利诺·德克莱门特（Lino de Clemente）和何塞·萨拉－布西（José Sala y Bussy）提议黄、蓝、红三色旗为共和国国旗。独立战争时期，哥伦比亚人高举三色旗，同殖民军队进行浴血战斗，直至取得胜利。1813 年 7 月 16 日，哥伦比亚宣布脱离西班牙完全独立。同年 10 月 28 日，拉美独立运动领袖西蒙·玻利瓦尔在委内瑞拉巴伦西亚提出把黄、蓝、红三色旗作为哥伦比亚、委内瑞拉和厄瓜多尔的国旗，黄、蓝、红三色部分平行、等宽，各占旗面的 1/3。在 1819 年召开的安戈斯图拉国会上，决定把黄、蓝、红三色旗作为哥伦比亚共和国国旗。1830 年，大哥伦比亚解体。1834 年，哥伦比亚总统弗朗西斯科·德保罗·桑坦德（Francisco de Paulo Santander）把平行的三色旗改为垂直的三色旗。19 世纪 40 年代哥伦比亚总统托马斯·西普里亚诺·德莫斯克拉（Tomás Cipriano de Mosquera）执政期间，下令改国旗为黄色在上，蓝色居中，红色在下，黄色部分占旗面的一半，蓝色部分和红色部分各占旗面的 1/4。1863 年，国旗做了修改，旗面增加与哥伦比亚各省数目一致的白星，不过，不久白星又被废弃，国旗仍为黄、蓝、红三色旗。1924 年 3 月 17 日，哥伦比亚总统佩德罗·内尔·奥斯皮纳（Pedro Nel Ospina）签发第 861 号令，正式规定哥伦比亚国旗的样式，该法令至今有效。根据哥伦比亚法律，独立日（7 月 20 日）、博亚卡战役日（8 月 7 日）和美洲混血人日（12 月 12 日）要在机关、企业、学校、公共和私人建筑上悬挂国旗。

1983 年，为庆祝哥伦比亚国庆和玻利瓦尔 200 周年诞辰，哥伦比亚制作了一面长 22 米、宽 14 米、面积为 308 平方米的当时世界上最大的国旗。旗杆高 62 米，用钢筋混凝土制成，其底部由 18 根 9 米高的混凝土柱子筑成，底座面积为 64 平方米，高 2 米。国旗需用电动机升向顶端。现在，这面巨大的国旗高高飘扬在波哥大北部海梅·杜克·德波坎西帕公园的上空。每年 11 月 26 日是哥伦比亚国旗日。

国　徽

1810 年 7 月 20 日，波哥大人民举行声势浩大的起义，成立了"洪他"，颁布了临时国徽。这枚国徽参照瑞士国徽的式样，图案的右部绘一半裸印第安妇女，头戴羽毛王冠，身挂弯弓和箭囊，右手握月桂花冠，左手执长矛，矛尖顶戴弗里吉亚帽。哥伦比亚国徽中出现弗里吉亚帽，取其争取自由解放之意。图案右角有一条红、黄、蓝三色带。图案左部为蓝色大海，水面上漂浮着一艘帆船，初升的太阳金光万道。此外，还有一条鳄鱼和一颗三角星。国徽底端的一条黄色带上用西班牙文写着"Colombia，1810"（哥伦比亚，1810 年），以纪念 1810 年哥伦比亚人民爆发的反抗西班牙殖民统治的起义。

1813 年 7 月 16 日，在哥伦比亚宣布脱离西班牙完全独立时，创制了新国徽。19 日，安东尼奥·纳里尼奥（Antonio Nariño）将军批准新国徽生效，并于当天下午向全国公布。20 日，其又被政府当局和解放部队所承认。这枚国徽呈圆形，上有一只展翅翱翔的雄鹰，鹰的右爪紧握一柄直指天空的利剑，左爪抓着一个硕大的石榴。鹰的头上悬一顶弗里吉亚帽，鹰的周围还有三四块锁链的残片，代表哥伦比亚人民有如雄鹰砸碎了殖民主义的枷锁。国徽的上半部弧形上用西班牙文写有 "Gobierno Libre e Independiente de Cundinamaraca"（孔迪纳马卡自由与独立政府）几个大字。波哥大位于孔迪纳马卡高原上，这里的孔迪纳马卡是哥伦比亚人民对自己国家的代称。1814 年，这枚国徽的图案做了某些修改。矫健的黑鹰雄踞于长矛的中部，头戴一顶闪闪发光的弗里吉亚帽，两个丰饶杯分列于鹰的左右，杯口溢出热带鲜花和水果，图案正中的环带上写有古罗马诗人维吉尔的著名诗句，意思就是："新格拉纳达共和国联合了它的力量，组成了联盟，从而巩固了自己的解放。"

1815 年 11 月 14 日，当时国名为"新格拉纳达联合省"的政府颁布了由总统、副总统及国务秘书签署的有关新国徽的法令。新国徽的图案由四部分组成，以表现国家组成的特点：上部是正在喷发火焰的钦博拉索火山；第二部分为一只秃鹰；第三部分是特肯达马瀑布；下部为巴拿马地峡，地峡两边各有一只船，表示哥伦比亚濒临两洋。由这四部分组成的图案绘在一个绽开的大石榴中；一张弓和一壶箭交叉成垂直的 X 形；由小石榴和枝叶交织而成的花环饰在大石榴的四周；在国徽底色上标有 "Provincias unidas de la Nueva Granada"（新格拉纳达联合省）字样。

1819 年 5 月，玻利瓦尔率军攻入由卷土重来的保皇军队控制的哥伦比亚，一举歼灭了敌军。12 月 17 日，由委内瑞拉、基多（即指厄瓜多尔）和孔迪纳马卡（指哥伦比亚）组成的哥伦比亚共和国宣告成立，玻利瓦尔出任总统，桑坦德任副总统。1820 年 1 月 10 日，桑塔德公布哥伦比亚共和国新国徽。在国徽上部有一只黑色的秃鹰，鹰的双爪分别抓住剑和石榴。鹰的下面是一个地球，10 颗星在地球上空运转。国徽的周围饰以绿色桂树叶环。桂树象征胜利，绿色象征忠诚和友谊。叶环上有一条带子和一颗星，星上绘有玻利瓦尔的侧面像。

1821 年 10 月 4 日，在罗萨里奥召开的国会上，通过了已改名为大哥伦比亚共和国（包括哥伦比亚、委内瑞拉和厄瓜多尔）的国徽。在椭圆形的国徽上，两边各有一个丰饶杯，杯中盛满寒、温、热不同气候地区的水果和鲜花，两杯的中央直立一长矛，矛的上端与一把利斧交叉成十字形，矛杆四周用三色带绑着无数支短矛，三色带上斜插着弓和箭。

1830年，大哥伦比亚共和国瓦解，委内瑞拉与厄瓜多尔先后脱离共和国。1831年，哥伦比亚改名为"新格拉纳达共和国"。1834年5月8日，新格拉纳达参众两院召开会议，经过激烈辩论，最后通过了关于桑塔德设计的新国徽的决议，这个国徽一直沿用至今，未有任何修改。盾型国徽分为三部分：上部底色为蓝色，中间绘有一颗绽开的石榴，其茎和叶为金色。石榴代表哥伦比亚原来的名字"新格拉纳达共和国"，因为在西班牙语中"格拉纳达"即"石榴"之意。石榴两侧各有一个丰饶杯，杯口朝下，向中心倾斜。右杯口流出钱币，左杯口流出热带水果。钱币代表共和国财富，水果象征土地的肥沃。中部银白色底色上，一支矛挑着一顶红色弗里吉亚帽，象征国家的解放。下部底色亦为白色，上绘蓝色的巴拿马地峡及其两侧的白色的太平洋和加勒比海，两洋各漂浮着一艘扬帆的黑色轮船。海洋象征哥伦比亚的地理位置、海洋对它的重要性。轮船象征与世界其他国家的贸易。盾徽两侧各有两面国旗，四个旗面在盾后收卷在一起。盾徽的顶端站立着一只展翅欲飞的安第斯秃鹰，鹰身下的金色月桂花环飘带上写有黑色西班牙大写字母"Libertad y Orden"，意为"自由与秩序"。鹰头朝向左侧。雄鹰象征主权，月桂花环象征胜利。

1854年梅洛（José María Melo，1800~1860年）将军统治哥伦比亚时期，曾使用过一面新的国徽，不过寿命不长，很快就被摒弃。在梅洛之后，哥伦比亚的国名又多次变更，而每次变更都引起国徽所标名称的改变。现今的国徽仍以1834年的图案为基础，但稍有变动。1949年，哥伦比亚曾对国徽上的秃鹰注视的方向做了修改，由朝左改为朝右。1961年，哥伦比亚以法律的形式确定了国徽图案，以后未做变动。

总统绶带

由黄、蓝、红三色纵列构成，黄色占绶带宽幅的1/2，蓝色和红色各占1/4。中间的国徽图案跨连三种颜色。哥伦比亚的总统绶带是国家权力的象征，只有佩戴绶带的总统才是宪法总统，才真正代表着国家的尊严和权威。历届总统绶带式样基本一致，只是国徽周围的饰物有所变化。例如，1910~

1914 年卡洛斯·欧亨尼奥·雷斯特雷波（Carlos Eugenio Restrepo）总统绶带上的国徽两旁没有国旗。阿尔瓦罗·乌里韦·贝莱斯（Alvaro Uribe Vélez）总统第一任期（2002～2006 年）的总统绶带内的国徽在一白色椭圆上，椭圆周围有红色环环绕。红色环上部用金字大写西班牙文写有"REPUBLICA DE CO-LOMBIA"（哥伦比亚共和国），红色环下部写有总统的任期年月。但阿尔瓦罗·乌里韦·贝莱斯总统第二任期（2006～2010 年）的总统绶带便只有国徽，取消了白色椭圆和红环。

总统旗

哥伦比亚从 1949 年 11 月 9 日开始采用总统旗，长与高的比例为 3∶2。历届总统使用的总统旗式样大体相同：国旗正中有一白色圆，国徽在白色圆中。但有的总统旗中白色圆被红色环包围，有的红色环上写有金字大写西班牙文"REPUBLICA DE COLOMBIA"（哥伦比亚共和国），或有"REPUBLICA DE COLOMBIA，PRESIDENCIA"（哥伦比亚共和国，总统府），有的总统旗红环上写有"REPUBLICA DE COLOMBIA，CASA DE NARIÑO"（哥伦比亚共和国，纳里尼奥宫）等。纳里尼奥宫是哥伦比亚总统府的名称。

总统府

哥伦比亚总统府称为"纳里尼奥宫"（La Casa de Nariño），位于首都波哥大市中心，是哥伦比亚总统的办公地和官邸。纳里尼奥宫原称"拉卡雷拉宫"（Palacio de la Carrera）。1751 年，哥伦比亚独立先驱、1811 年 9 月至 1812 年 6 月新格拉纳达总统、哥伦比亚国旗的创制者安东尼奥·纳里尼奥的父亲买下拉卡雷拉宫，1765 年 4 月 9 日纳里尼奥在此诞生并居住了 19 年。后来，为了纪念纳里尼奥而改为现名。1784 年 1 月 19 日，纳里尼奥之母将房子卖给别人，1888 年被政府收购。最初，纳里尼奥宫是哥伦比亚国防部、统计局、最高法院和国家大学数学系等机构的所在地。总统拉斐尔·雷耶斯（Rafael Reyes）决定将纳里尼奥宫改建为总统府，1904 年下令拆掉纳里尼奥宫的大部分，建成一座现代化的二层楼。1918 年，总统府落成。1948 年，哥伦比亚总统府从纳里尼奥宫迁到圣卡洛斯宫（Palacio de San Carlos）。1979 年，胡利奥·塞萨尔·图尔瓦伊（Julio César Turbay）总统执政时在将纳里尼奥宫重新装修后，把总统府又迁回纳里尼奥宫。从此之后，纳里尼奥宫一直是哥伦比亚的总统府。

纳里尼奥宫由武器广场、纳里尼奥宫、路易十五厅、蓝厅、黄厅、总督厅、总统走廊、总统办公室等组成。武器广场在纳里尼奥宫前面，入口处矗立着安东尼奥·纳里尼奥塑像，这是 1910 年哥伦比亚独立一百周年时法国雕刻家格伯（Gerber）创作的。武器广场举行迎接该国总统和外国元首的阅兵式。每逢星期一、三、日武器广场还举行总统卫队换岗仪式。

纳里尼奥宫的门廊由 8 根爱奥尼亚风格的石柱支撑，其门厅用玻璃枝形烛台和旗帜装饰。纳里尼奥宫内有多个大厅，主要大厅有如下几个。

纳里尼奥厅（Salón Nariño）陈列 17～19 世纪的多种物件，其中包括格雷戈里奥·巴斯克斯·德阿尔塞-塞瓦略斯（Gregorio Vazquez de Arce y Ceballos）的油画"基督"（Cristo）和无名氏的油画"奇金基拉圣母"（Virgen Chiquinquirá）。此外，还有铺有天鹅绒毯的 18 世纪木制椅、沙发和扶手椅。写字台镶有珍珠母、玳瑁、象牙和雕骨以及黄金箔片，抽屉里存放珠宝和文件。

路易十五厅（Salón Luis XV）拥有路易十五时代风格的家具和镜子，厅内还摆放半人半羊的罗马农牧之神雕塑。

礼仪厅（Salón Protocolario）是重要的接见厅。前厅悬挂三幅相连的油画，它们是画家安德烈斯·德圣马里亚（Andrés de Santa María）的《颂扬玻利瓦尔》（Glorificación de Bolívar），亚历杭德罗·奥夫雷贡（Alejandro Obregón）的《倒下的天使》（Angela Cayendo），费尔南多·博泰罗（Fernando Botero）的《女修道院长》（Madre Superiora）。礼仪厅内搁板上存放大量著作，其中包括作家桑佩尔·奥尔特加（Samper Ortega）和梅内德斯·佩拉约（Menéndez y Pelayo）的作品。

蓝厅（Salón Azul）又称"祖国厅"（Salón Patria），是纳里尼奥宫的餐厅，内有画家安东尼奥·巴雷拉（Antonio Barrera）表现哥伦比亚各地区风貌的油画。厅内还藏有法国政府赠送给阿方索·洛佩斯·普马雷霍（Alfonso López Pumarejo）政府的饰有繁茂枝叶和 4 只孔雀的珍贵瓷花瓶。

总督厅（Salón Virreinal）因藏有总督塞瓦斯蒂安·德埃斯拉瓦（Sebastián de Eslava）的画像而得名。厅内藏有法国珍贵花瓶和仍在使用的 19

世纪电灯。

玻利瓦尔厅（Salón Bolívar）因藏有画家里卡多·阿塞韦多·贝尔纳尔（Ricardo Acevedo Bernal）的油画《西蒙·玻利瓦尔》（Simón Bolívar）而得名。这幅画被称为"活着的玻利瓦尔"（Bolívar Viviente），因为从远处看玻利瓦尔显得年迈，近看则显得年轻。

绿宝石厅（Salón Esmeralda）收藏的贵重物件有被称为烛台镜的凸状镜和一只还在运转的19世纪时期的钟表。

黄厅（Salón Amarillo）是外国大使向哥伦比亚总统递交国书的场所，由意大利设计师卡洛斯·拉梅丽设计。前厅最重要的物品是委内瑞拉政府赠送的画家蒂托·萨拉斯（Tito Salas）题为"玻利瓦尔在安戈斯图拉国会"（Bolívar Insta el Congreso de Angostura）的油画以及20世纪德国生产的三角钢琴。厅内的家具是黄色的，墙是雪白的。在大厅阳台上，哥伦比亚总统可以与群众见面或检阅军队。

部长委员会厅（Salón del Consejo de Ministros）内设长20米的椭圆形会议桌。厅四周悬挂历任总统和为独立献身的烈士的画像。厅内还有画家亚历杭德罗·奥夫雷贡的画作《神鹰》（Cóndor）以及比阿特丽斯·冈萨雷斯（Beatriz González）的画作《宪法制定者》（Constituyente）。

总统走廊（Galería de Presidentes）悬挂着自玻利瓦尔以来哥伦比亚历任总统的画像。一位新总统画像悬挂后，最前面的一位老总统的画像要摘下来收藏在一个专门的地方，但唯有"解放者"西蒙·玻利瓦尔的画像永远在其固定位置上，不做变动。

总统办公室（Despacho Presidencial）是哥伦比亚总统办公的场所，厅内悬挂哥伦比亚缔造者西蒙·玻利瓦尔、弗朗西斯科·德保拉·桑坦德和安东尼奥·纳里尼奥画像。

国　歌

《哥伦比亚国歌》（Himno Nacional de Colombia）。词作者为拉斐尔·努涅斯（Rafael Núñez），曲作者为奥雷斯特·辛迪西（Oreste Sindici），改编者为国家军乐团指挥何塞·罗索·孔特雷拉斯（José Rozo Contreras）。

格拉纳迪纳联邦时期，曾以1845年何塞·华金·瓜林（José Joaquín Guarín）

作词、何塞·凯塞多－罗哈斯（José Caicedo y Rojas）作曲的《7月20日颂歌》（*ODA AL 20 DE JULIO*）为国歌。但这首歌带有歌剧的腔调，缺少振奋人心的旋律，很难获得人民的喜爱。1880年，哥伦比亚总统拉斐尔·努涅斯创作出一首爱国诗歌，1887年哥伦比亚籍意大利著名作曲家奥雷斯特·辛迪西为该诗配曲。1887年11月11日纪念卡塔赫纳独立周年纪念日时，该歌在巴列达德斯剧院首次演唱。同年12月6日，在圣卡洛斯宫对面的阶梯礼堂正式演唱，辛迪西任乐队指挥，努涅斯总统和政府官员出席了演唱会。1910年，这首歌已被视为哥伦比亚国歌。1920年10月28日，哥伦比亚总统马尔科·菲德尔·苏亚雷斯（Marco Fidel Suárez）签发第33号令，正式宣布其为哥伦比亚国歌。作曲家何塞·罗索·孔特雷拉斯（José Rozo Contreras）对国歌的曲调做了一些修改，1946年7月4日哥伦比亚政府发布第1968号法令正式将其作为国歌。该歌含合唱和11节歌词。

哥伦比亚国歌合唱与第一节歌词为：

合唱：

> 啊，永不枯萎的光荣！
> 啊，欢声无穷！
> 痛苦深渊之中，
> 幸福已经萌生。

第一节：

> 恐怖的黑夜已经过去，
> 崇高自由在升腾。
> 光辉普照，
> 永世永生。
> 锁链下呻吟的劳苦大众，
> 懂得了十字架上耶稣的话声。

哥伦比亚国歌合唱与第一节歌词原文为：

Coro：

¡ Oh gloriainmarcesible!

¡ Oh júbilo inmortal!

¡ En surcos de dolores

El bien germina ya.

Primera estrofa：

Cesó la horrible noche

La libertad sublime

Derrama las auroras

De su invencible luz.

La humanidad entera,

Que entre cadenas gime,

Comprende las palabras

Del que murió en la cruz.

歌词原文源于 http：//www. presidencia. gov. co/。

词作者拉斐尔·努涅斯博士 1825 年 9 月 28 生于卡塔赫纳，年轻时是诗人、新闻工作者，后进入政界。1880～1882 年、1884～1886 年、1886～1892 年、1892～1898 年四任总统，在他第二任总统期间，把国家的正式名称由"哥伦比亚合众国"改为"哥伦比亚共和国"。1894 年 9 月 18 日逝世于卡塔赫纳。

曲作者奥雷斯特·辛迪西 1837 年生于罗马。青年时代随一家歌剧团来到哥伦比亚后决定加入哥伦比亚籍，并与一位波哥大姑娘结婚。1904 年于波哥大逝世。1937 年，哥伦比亚国会颁布纪念他的第 89 号令。

国歌改编者何塞·罗索·孔特雷拉斯 1894 年生于桑坦德省北部的波查莱马，曾在罗马和维也纳学习音乐。返回祖国后担任国家乐团指挥直至 1976 年在波哥大去世。根据 1946 年政府第 1968 号令，经他修改后的国歌成为哥伦比亚国歌。

国家格言

"自由与秩序"（Libertad y Orden）。

国 语

西班牙语。哥伦比亚原为西班牙殖民地，同拉丁美洲许多国家一样，哥伦比亚1991年宪法第10条规定西班牙语为国语。哥伦比亚北部居民同其他加勒比国家所讲的西班牙语类似，而南部安第斯地区居民则同厄瓜多尔和秘鲁西班牙语相仿。昆迪博亚森塞高原居民所讲的西班牙语被认为是最保守的方言之一。

哥伦比亚西班牙语同正统西班牙语在词汇、词义、词法、句法、声调上有一些区别。哥伦比亚西班牙语许多词汇源于土著印第安语，如来自克丘亚语的"cancha"（场地）、"chacra"（小庄园）和"carpa"（帐篷）；来自奇布恰语的"chipaca"（麦麸饼）和"curuba"（西番莲）。有些词汇则来自非洲语，如"banano"（大蕉树）、"malanga"（芋）。还有些词汇受到法语、英语的影响。近年来，一些美国英语词汇也深渗入哥伦比亚西班牙语中，如"ticket"（票）、"hobby"（业余癖好）等。

在不正规的谈话中，哥伦比亚西班牙语使用"tú"（你），在正规谈话中则使用"usted"（您）。但在波哥大，恰好相反，即使在家庭内部，也使用"usted"。尽管"vos"不像其他国家那么流行，但也在一些地区使用。在东安第斯地区，经常使用代词"sumercé"（您，=su merced）。形容词、前置词甚至副动词常使用指小词，如"Iba caminandito ahorita cuando los vi abrazaditos，y me puse celosito"（当我看到他们拥抱在一起，立时醋意大发，马上走了）。有些以辅音"d"或"t"结尾的词特别是形容词或名词变为指小词时，要加"–ico"，而不是加"–ito"，如"momentico"（时刻）。在句法方面，经常在原形动词前使用主语代词；使用带副动词的动词短语，如"Dales pasando el cafecito"（给他们小杯咖啡）；使用加强语意的"ser"；使用"venir"加副动词，如"Vine corriendo"（我跑着来）。

西班牙皇家语言学院规定《堂吉诃德》作者米格尔·德塞万提斯·萨阿韦德拉（Miguel de Cervantes Saavedra）的逝世日——1616年4月23日为"语言节"。1938年，哥伦比亚总统阿方索·洛佩斯·普马雷霍（Alfonso López Pumarejo）颁布第707号令，也宣布4月23日为哥伦比亚的"语言节"。宪法还规定，其他各族语言和方言也是当地的官方语言。目前，哥伦比亚约有65种印第安语，突出的有瓦尤语、帕埃斯语和纳萨语。

国家勋章

哥伦比亚的勋章有多种，但最重要的是博亚卡勋章、圣卡洛斯勋章和国家功绩勋章。根据哥伦比亚的规定，新总统就职仪式上，卸任总统要把博亚卡勋章、圣卡洛斯勋章和国家功绩勋章交给新上任总统。

博亚卡勋章（Orden de Boyaca）是哥伦比亚最高荣誉勋章，由拉丁美洲解放者西蒙·玻利瓦尔设立于1819年9月9日。博亚卡战役是南美独立战争最重要的战役之一。1819年8月7日，玻利瓦尔领导的爱国部队在博亚卡战役中击溃西班牙殖民军，接着解放了波哥大。玻利瓦尔设立博亚卡勋章，以奖励当年在独立战争中英勇斗争和牺牲的将士。同年9月18日，在波哥大马约尔广场举行的庆祝胜利的仪式中，颁发了第一批博亚卡勋章。一位漂亮姑娘为解放者玻利瓦尔戴上桂冠，胸上别上博亚卡勋章。此外，何塞·安东尼奥·安索阿特吉（José Antonio Anzoátegui）将军和桑坦德将军也被授予博亚卡勋章。如今，该勋章授予取得突出成就的军官、杰出的公民和与哥伦比亚友好并做出贡献的外国人，例如，哥伦比亚曾授予西班牙国王、英国前首相布莱尔等人博亚卡勋章。博亚卡勋章分为大骑士团首领（Gran Maestre）、普通大十字（Gran Cruz Ordinaria）、大十字（Gran Cruz）、高官（Gran Oficial）、银十字（Cruz de Plata）、骑士团长（Comendador）、官员（Oficial）和骑士（Caballero）八级。大骑士团首领博亚卡勋章只为哥伦比亚总统设立。各级勋章珐琅蓝十字中心的圆盘上是解放者玻利瓦尔像，圆周写有西班牙文"Orden de Boyaca"（博亚卡勋章）的字样。背面写有"República de Colombia"（哥伦比亚共和国）的字样。大骑士团首领博亚卡勋章带有宽8毫米的金链，金链上部带有25×25毫米的国徽，镶嵌了36颗绿宝石。

圣卡洛斯勋章（Orden de San Carlos）是仅次于博亚卡勋章的荣誉奖章，设立于1954年8月16日，奖给为哥伦比亚国际关系做出贡献的国内外人士。该勋章分为金链（Collar）、金板大十字（Gran Cruz con Placa de Oro）、大十字（Gran Cruz）、高官（Gran Oficial）、骑士团长（Comandante）、官员（Oficial）和骑士（Caballero）七级。玻利维亚总统卡洛斯·梅萨·吉斯贝特（Carlos Mesa Gisbert）访问哥伦比亚时，曾获金链级圣卡洛斯勋章。

国家功绩勋章（Orden Nacional al Mérito）根据1981年颁布的第3086号令设

立。该勋章分为特别大十字（Gran Cruz Extraordinaria）、高官（Gran Oficial）、银十字（Cruz de Plata）、骑士团长（Comendador）、官员（Ofiacial）和骑士（Caballero）六级。根据第 3086 号令，哥伦比亚总统有权获得特别大十字级国家功绩勋章，并可授予外国国家元首和政府首脑。

除上述勋章外，哥伦比亚还有国会勋章（Orden del Congreso）、贸易功绩勋章（Orden del Mérito Comercial）、民主功绩勋章（Orden del Mérito a la Democracia）等多种勋章。

国家代表人物

胡安·巴尔德斯（Juan Valdéz）。哥伦比亚盛产咖啡，质量优良，是世界上优质咖啡的最大生产国和世界上最大的阿拉伯咖啡豆出口国。全国咖啡种植面积达 107 万公顷，约有 30.2 万个咖啡园。哥伦比亚最重要的生产地区简称 MAM（麦德林、亚美尼亚城和马尼萨莱斯三个地名的首字母）。哥伦比亚出口的顶级咖啡，大多数产于 MAM，其中麦德林地区生产的咖啡质量最佳。胡安·巴尔德斯是哥伦比亚全国咖啡联盟为促销咖啡而创造出的人物形象。他的外形是典型的哥伦比亚咖啡产地的咖啡农，头戴草帽，着长袖衬衫，肩挎黑色长带包，肩上还搭一条长巾。他牵着一头驴，驴身驮着装咖啡豆的袋子。

国　花

卡特莱亚·特里亚纳兰花（Cattleya Trianae）。兰花的种类很多，世界上共有 3.5 万多种。根据拉丁神话，被谋杀的农牧神和仙女之子死而复生，变成了兰花。此后，男人都要送给心爱的女人一束兰花。很多兰花都是野生的，生长于石头上、树上或地上。哥伦比亚地处热带，一年到头鲜花盛开。各种兰花可见于沿海地区，直至高高的山峦，甚至海拔 3850 米的地方。卡特莱亚·特里亚纳花是兰花的一种，为草本植物，花两性，雄蕊和雌蕊合为一体。花冠由 3 枚萼片和 3 枚花瓣及蕊柱组成。2 枚副瓣颜色和形状几乎一样，萼片中间的主瓣个头更大，而且形状也不相同。每年 3～4 月开花，花朵鲜艳夺目，香气袭人，是最漂亮的兰花之一。哥伦比亚安蒂奥基亚省、卡尔达斯省、马格达莱纳省和考卡山谷省等地区均可见名贵的卡特莱亚·特里亚纳兰花。

卡特莱亚·特里亚纳兰花之名是为纪念哥伦比亚植物学家、自然学家何塞·赫罗尼莫·特里亚纳（José Jerónimo Triana，1828～1890 年），他曾对培植卡特莱亚·特里亚纳兰花及其他种类的兰花做出了突出的贡献。特里亚纳在任哥伦比亚驻法国领事期间，克服重重困难，于 1867 年在巴黎举办了哥伦比亚植物及林业产品展览，并用卡特莱亚·特里亚纳兰花装饰了展厅。拿破仑三世和欧仁妮皇后参观了展厅，特别对卡特莱亚·特里亚纳兰花欣赏有加。展览结束后，欧仁妮皇后以 1.8 万法郎的高价竞拍下展厅内特里亚纳培植的兰花。从此，哥伦比亚兰花在全世界声名大振。19 世纪末，欧洲出现兰花热，每年大量哥伦比亚兰花运往欧洲各国宫廷。1936 年，阿根廷拉普拉塔城植物园委托阿根廷历史科学院调查美洲各国国花，以便在植物园中种植和展出。哥伦比亚历史科学院提议卡特莱亚·特里亚纳兰花为国花，并刊登在教育部公告上。1939 年，植物学家恩里克·佩雷斯·阿韦拉埃斯（Enrique Pérez Arbeláez）发表文章，主张用金色卡特莱亚兰花（Cattleya aurea）代替卡特莱亚·特里亚纳兰花为哥伦比亚国花。1949 年，波哥大第三届南美洲植物大会筹委会在听取了植物学家艾米利奥·罗夫莱多（Emilio Robledo）等人的意见之后，确认卡特莱亚·特里亚纳兰花仍为哥伦比亚国花。

国　树

金迪奥树（La Palma de Cera del Quindio）。它是一种高大的产蜡的棕榈树。学名"Ceroxylon Quindiuese"。这种树仅生长于哥伦比亚安第斯地区克克拉谷地 2300～3000 米地带，主要产区在金迪奥省，故取名"金迪奥树"。这种树挺拔、坚硬、枝叶繁茂，树龄长，树高可达 70 米。其树冠呈半球形，宽大而浓密，树干呈圆柱形，表面光滑，外有一层树胶。花为串状、奶油色。果实为球形核果，成熟时为红色。在富丽堂皇的卡洛斯宫的院中，有一株参天的金迪奥树。1949 年，波哥大召开的第三届南美洲植物大会筹备委员会选定其为哥伦比亚国树。1985 年，哥伦比亚政府发布的第 61 号法令正式宣布它为国家象征。

国　鸟

安第斯秃鹰（Cóndor de los Andes）。栖息于安第斯山脉最高峰的猛禽，羽毛为黑色，巨翅为白色，翼展可达 3 米。它是飞行高度最高的飞禽，只在晴天飞行，一天飞行的距离可达 200 莱瓜（legua，西班牙里程单位，1 莱瓜等于5572.7 米）。因寿命长而被称为"永恒之禽"。1834 年被绘入国徽中，作为自由和主权的象征。目前因处于灭绝危险中，哥伦比亚加强了对它的保护。

国　石

祖母绿（Esmeralda）。其名可能来自波斯语，意为"绿色石头"。被称为绿宝石之王，是世界公认的名贵宝石之一。它也被认为是永恒的春天和永生的象征。祖母绿是古老的宝石，古埃及时代就已用作珠宝。祖母绿属绿柱石家族，为六方晶系。祖母绿晶体常呈六方柱状，少见椎面。柱面及底轴面有蚀坑。祖母绿平均长 2～3cm，颜色为淡绿至深绿，略带蓝色调、质地好、透明。祖母绿晶体中可见一氧化碳气泡、液状氯化钠和立方体食盐等气液固三相包体，这在其他地区的祖母绿中是非常罕见的，只有哥伦比亚的祖母绿才有。哥伦比亚以盛产晶莹碧透的祖母绿蜚声于世，颜色最好，质量最佳，其藏量占全世界总量的 95%。最主要的两处矿床是穆索（Muzo）和科斯克斯（Cosquez），位于距波哥大以北约 200 公里的博亚卡省科迪勒拉山脉中一个长250 公里、宽 50 公里的绿宝石带。据说，哥伦比亚穆索矿出产的纯绿、无疵瑕的祖母绿售价要比钻石还高十倍。而奇沃尔矿区的略带蓝色的翠绿祖母绿质量最佳，称得上世界最美丽的祖母绿。哥伦比亚开采祖母绿有着悠久的历史。早在西班牙殖民者到来之前，当地印第安人就把采掘出的祖母绿销往墨西哥和古印加帝国的首都库斯科等地。印第安人喜欢这种珍贵的宝石，把它的翠绿颜色看作永生不朽的象征，并流传着不少关于绿宝石的神话和传说。西班牙殖民者入侵后，疯狂掠夺贵重的祖母绿，强迫印第安人开采，引起印第安人的激烈反抗，西班牙国王被迫于 1675 年下令关闭哥伦比亚的绿宝石矿，直到 200 多年后才被重新发现。祖母绿为哥伦比亚赚取了大量外汇，在国民经济中占有重要地位。祖母绿不仅在工业上有广泛用途，而且也是珍贵的装饰品。祖母绿在哥伦比亚的文化发展中占据了重要地位，哥伦比亚人民以世界主要的祖母绿产地而自豪。他们把祖母绿作为自己国家的国石，并成为国徽的重要组成部分。

国　舞

　　库姆比亚舞（Cumbia）。哥伦比亚的一种民间舞，源于非洲赤道几内亚，舞名来自几内亚语"Cumbe"。黑人奴隶被西班牙人贩运到哥伦比亚后，这种舞蹈也随之传进哥伦比亚。当地白人和梅斯蒂索人（印欧混血种人）把黑人乐器和当地乐器融合在一起，使用小提琴、响葫芦、卡拉斯卡（一种黑人乐器）和管弦乐一起伴奏，使乐曲和舞蹈更为欢快。库姆比亚舞最初流行于哥伦比亚大西洋沿岸非洲人聚居地区，后来逐渐在全国普及开来，甚至传到巴拿马、委内瑞拉、秘鲁及整个拉美地区。该舞把黑人舞蹈与西班牙舞蹈和当地土著人舞蹈的风格融合在一起。现代库姆比亚舞增加了新的乐器伴奏，如萨克管、钢琴等。但有人认为普及于安第斯地区的班布科舞（Banbuco）才是哥伦比亚国舞，因为独立运动时起这种舞步复杂的民间舞就被看成国舞。

国　球

　　足球。哥伦比亚人喜欢足球运动，足球水平也很高。哥伦比亚足球天才辈出，现在球迷们对 20 世纪 90 年代红极一时的人称"金毛狮王"的卡洛斯·巴尔德拉马（Carlos Valderrama）和"疯子"守门员何塞·雷内·伊基塔·萨帕塔（José René Higuita Zapata）仍记忆犹新。巴尔德拉马在 1987 年和 1993 年曾当选南美最佳足球运动员，并在 1990 年、1994 年和 1998 年三次代表哥伦比亚参加了世界杯的比赛，还被哥伦比亚国内媒体评为 20 世纪最伟大的球员。守门员伊基塔技艺高超，活动范围极大，经常弃门而出，到禁区外控球，协助队友进攻。

　　哥伦比亚港口城市巴兰基亚是该国足球的诞生地。1887 年，首都波哥大曾举行一次国际比赛。1904 年，首次举办有几家俱乐部参加的大赛。1924 年

10 月，哥伦比亚足球协会宣告成立。1928 年，第一次全国性足球比赛在卡利举行。1941 年，哥伦比亚首次参加美洲杯赛事。1942 年，在哥伦比亚巴兰基亚举行的第五届中美洲及加勒比海地区足球锦标赛上，哥伦比亚获得冠军，这是哥伦比亚首次在国际大赛上取得金牌。1948 年 6 月，哥伦比亚职业足球联盟成立，并开展职业联赛。1962 年，哥伦比亚首次杀入智利世界杯决赛圈。1990 年，哥伦比亚第二次杀入意大利世界杯决赛圈，并进入 16 强。1994 年第三次杀入美国世界杯，但第一阶段便被淘汰。1998 年第四次杀入法国世界杯决赛圈，但小组赛再遭淘汰。2014 年，哥伦比亚杀入巴西世界杯 8 强。1989 年和 2004 年哥伦比亚国民竞技队和卡尔达斯队分别夺得南美解放者杯。

国　食

派萨拼盘（Bandeja Paisa）。"派萨"（Paisa）是"派萨诺"（Paisano）的缩小词，而"派萨诺"是安蒂奥基亚地区意指"同胞"的词。派萨拼盘由多种具有哥伦比亚特色的食品组合而成，主要有红豆、煎肉末、煎鸡蛋、煎猪肉、鳄梨切片、煎香蕉、阿雷帕饼（Arepa）等。阿雷帕饼是用玉米制作的饼，有 70 多种，是哥伦比亚最有代表性的食品。

国　饮

咖啡。1808 年，咖啡从法属安的列斯经委内瑞拉传入哥伦比亚，肥沃的土壤、适宜的气候、潮湿的空气使咖啡在哥伦比亚扎下根，哥伦比亚也因此成为仅次于巴西的世界第二大咖啡生产国。哥伦比亚生产的阿拉伯咖啡豆品质独特，其味淡香，口感柔滑，余味无穷，深受世人欢迎。哥伦比亚不仅生产咖啡，而且哥伦比亚人还酷爱喝咖啡，把它作为每天必不可少的饮料。各城市街头布满咖啡馆，每天顾客盈门，品尝香甜的咖啡。

宗　教

从殖民地时期直至 1991 年，天主教一直是哥伦比亚的国教。哥伦比亚天主教教徒超过 3500 万人，占全国总人口的 79.5%。

1508 年，天主教开始传入哥伦比亚。方济各会教士胡安·德克韦多（Juan de Quevedo）在哥伦比亚进行传道活动，成为达连的圣玛利亚拉安提瓜第一任主教。多明我会、圣奥斯丁教派、方济各会教士纷纷来到哥伦比亚，1599 年耶稣会教士也在波哥大安身，天主教逐渐在哥伦比亚占据重要地位。1534 年，哥伦比亚建立起两个教区。多明我会教士托马斯·德托洛（Tomás de Toro）是卡塔赫纳主教，随后教士赫罗尼莫·德洛艾萨（Jerónimo de Loesa）成为利马阿特拉维斯大主教。1546 年，教皇保罗三世在哥伦比亚南部建立波帕扬主教管区，任命胡安·德尔巴列（Juan del Valle）为首任主教。1562 年，圣菲（波哥大）主教管区成立，曾任圣玛尔塔主教的方济各会教士胡安·德洛斯巴利奥斯（Juan de los Barrios）被任命为主教，后来他又成为圣菲大主教管区首任大主教。1556 年 5 月 24 日至 6 月 3 日，第一届圣菲宗教会议召开，旨在扩大在哥伦比亚的传教活动以配合殖民者的武力征服。1580 年，在罗萨里奥的多明我会修道院建立了托米斯塔大学，1582 年大主教萨帕塔·德卡德纳斯（Zapata de Cárdenas）建立了哥伦比亚第一家神学院。1590 年，波哥大大主教堂（Catedral Primada de Bogotá）落成。1624 年 6 月 12 日，圣菲大主教埃尔南多·阿里亚斯（Hernando Arias）召开第一届新格拉纳达宗教会议。

17 世纪中叶，哥伦比亚天主教会迅速扩大，已在圣玛尔塔、卡塔赫纳、波帕扬等地建立了主教管区。在多明我会、圣奥斯丁教派、方济各会和耶稣会教士大力活动下，16 世纪末，哥伦比亚各地先后出现大批神学院，众多土著印第安人皈依天主教。耶稣会传教活动尤为积极，直至 1767 年被逐出哥伦比亚，其他教派取而代之。

在独立运动中，大批爱国教士参加反对殖民统治的斗争。哥伦比亚独立后，1827 年，曾受到西班牙殖民当局迫害的教士费尔南多·凯塞多 - 弗洛雷斯（Fernando Caycedoy Flórez）被任命为圣菲大主教。哥伦比亚政府与罗马教廷的关系一度紧张。1835 年 11 月 26 日教皇格列高利十六世（Gregory XVI）承认哥伦比亚独立后，1837 年哥伦比亚成为第一个接受罗马教廷使节的拉美国家。1851 年哥伦比亚宪法规定政教分离，但 1886 年的宪法又重新规定天主教为国教。1887 年，哥伦比亚教会与罗马教廷签订条约，结束了国王的教职人选推荐权，承认哥伦比亚教会的独立。1953 年，哥伦比亚政府与罗马教廷签订条约，哥政府同意给予天主教传教士特殊的优惠和资助。1957 年，修改后的宪法重申天主教为哥伦比亚国教。1973 年，哥伦比亚政府与罗马教廷签订的契约确定了二者的关系，该契约恢复了 1886 年宪法提出的天主教为国教的条款。1991 年，哥伦比亚宪法取消了天主教为哥伦比亚国教的规定，第 19条规定"保证宗教信仰自由"，允许非宗教化教育、允许离婚等。尽管该宪法规定政教分离，但天主教会实际上仍维持一种特权地位，天主教会有权有势，与社会上层联系密切。哥伦比亚还是一个天主教占压倒优势的国家，95% 以上的人在天主教会施过洗礼，哥伦比亚人被称为拉丁美洲最虔诚的天主教教徒。

1992 年，哥伦比亚共有世俗教士 1839 人，正规教士 1594 人。目前，哥伦比亚有 13 个大主教管区和 52 个主教管区。哥伦比亚主教会议（Conferencia Episcopal de Colombia）是哥伦比亚所有主教组成的组织，哥伦比亚是拉丁美洲第二个召开主教会议的国家（墨西哥于 1900 年召开主教会议）。第一次大会于 1908 年举行，最初每 3 年召开一次大会。从 1953 年起，每年召开一次大会。2008~2011 年，哥伦比亚主教会议主席为鲁文·萨拉萨尔·戈麦斯（Rubén Salazar Gómez）。教皇保禄六世和若望·保禄二世分别于 1968 年和 1986 年访问哥伦比亚。

近年来，新教在哥伦比亚发展很快。1930 年新教教徒只有 9000 人；1950年上升到 7 万人，1994 年已达 200 万人，2006 年更升至 500 多万人。

国家保护神

奇金基拉圣母（Nuestra Señora Chiquinquirá）。400 多年前，一位名叫阿隆索·德纳瓦埃斯（Alonzo de Narváez）的西班牙画家，根据哥伦比亚苏塔镇和奇金基拉镇领主安东尼奥·德桑塔纳（Antonio de Santana）的要求，使用当地矿物、野草与花汁调成的颜料在一块印第安人织成的粗棉布上，绘制了罗萨里奥圣母像。画像高 44 西班牙寸（长度单位，合 23 毫米），宽 49 西班牙寸。圣母身穿玫瑰红服装，披着蓝色斗篷，头戴白色头巾，怀抱圣童耶稣，左手有一串念珠，右手有一只小鸟，两边则站立着使徒圣安德烈斯（San Andrés）和圣安东尼奥·德帕杜亚（San Antonio de Padua）。1562 年，圣像被放在领主安东尼奥在苏塔镇的一间祈祷室内。因为是稻草的屋顶，再加上环境潮湿，10 多年后画像遭严重损坏。桑塔纳去世后，1577 年他的遗孀把画像移往奇金基拉镇，置于祈祷室内。8 年后，一位名叫玛利亚·拉莫斯（María Lamos）的塞维利亚妇女定居此地，她把祈祷室收拾得干干净净。传说 1586 年 12 月 26 日，一位名叫伊莎贝尔的印第安妇女带着孩子出现在玛利亚·拉莫斯面前。伊莎贝尔指着圣母像说："夫人，您看，您看。"之后，玛利亚·拉莫斯发现圣母画像奇异地恢复原来光彩夺目的原貌。从此，每年都有众多信徒来到此地顶礼膜拜。从 1897 年起，为了保护圣像，上面加了巨大的玻璃罩。1829 年，庇护八世宣布奇金基拉圣母为哥伦比亚保护神。1919 年，为圣母像加冕。1927 年放置圣母像的地方称为奇金基拉圣母大教堂。

国　币

哥伦比亚比索（Peso）。哥伦比亚共和银行负责发行。

从 1837 年起，比索取代雷阿尔（Real）成为哥伦比亚货币，1 比索兑换 8 雷阿尔。1847 年，哥伦比亚货币实行十进位，1 比索等于 10 雷阿尔，1 雷阿尔等于 10 德西莫（Decimo）。1853 年，德西莫代替雷阿尔，但 1880 年还铸造了最后一批雷阿尔币。1819 年曾使用纸币，1 比索等于 100 分（Centavo），但后来停止使用，直到 19 世纪 60 年代初才又重新使用纸币。1871 年，哥伦比亚开始使用金本位制，1 比索兑换 5 法郎，这种汇率维持至 1886 年。1880 年，拉斐尔·努涅斯总统创建哥伦比亚共和国国家银行，负责发行纸币，称为比索货币。从 1888 年开始，比索迅速贬值。为扭转局势，1900～1904 年总统何塞·曼努埃尔·马罗金（José Manuel Marroquin）任职期间成立偿债委员会，把所有流通纸币兑换成黄金，兑换率为 100 比索纸币等于 1 比索铸币。之后，拉斐尔·雷耶斯将军于 1904～1909 年执政时期建立了中央银行，确立了对英镑的固定汇率，5 比索相当于 1 英镑。1904～1914 年发行的铸币被称为比索，1910 年开始发行的纸币也如此相称。1915 年，哥伦比亚采用新的纸币和铸币——金比索（Peso Oro），100 比索旧纸币等于 1 金比索。1923 年，佩德罗·内尔·奥斯皮纳总统根据美国经济顾问的建议，成立发行银行共和国银行。1931 年，英国抛弃金本位制，哥伦比亚转向同美元挂钩，1.05 比索相当于 1 美元，1949 年因哥货币贬值而停止这种汇率。根据 1931 年 1638 号法令，哥伦比亚结束比索对黄金的兑换。1959 年 7 月，共和国银行纸币印刷厂开始试运行，10 月 23 日正式运转，逐渐摆脱纸币印刷依赖欧洲和美国的现象。1993 年，哥伦比亚停止使用金比索，代之以比索。

哥伦比亚现在流通的纸币是 1000、2000、5000、10000、20000 和 50000 比索。

1000 比索纸币为橙色，纸币正面为豪尔赫·埃列塞尔·盖坦（Jorge Eliecer Gaitan，1903～1948 年）像，背面为豪尔赫·埃列塞尔·盖坦和民众在一起。豪尔赫·埃列塞尔·盖坦是哥伦比亚自由党领导人之一，哥伦比亚人民运动领袖，是 20 世纪哥伦比亚最有影响力的政治家之一，曾任教育部长、劳工部长和波哥大市长。1948 年 4 月 9 日被谋杀。

2000 比索纸币为米色，纸币正面为弗兰西斯科·德保罗·桑坦德像，背面绘有货币宫大门。弗兰西斯科·德保罗·桑坦德是哥伦比亚独立运动的领导人之一，独立战争中晋升为将军。1821 年，桑坦德任大哥伦比亚共和国副总统，1833～1837 年任新格拉纳达总统。

5000 比索纸币为米色，正面图案为哥伦比亚著名诗人何塞·亚松森·席尔瓦（José Asunción Silva，1865～1896 年）像，背面图案包括其诗作《夜间的》（Nocturno）。何塞·亚松森·席尔瓦的主要作品是 1923 年出版的《诗集》（El libro de versos）和 1925 年出版的《饭后》（De sobremesa）。他于 31 岁时自杀身亡。

10000 比索纸币为紫色，纸币正面为哥伦比亚民族女英雄波利卡帕·萨拉瓦列塔（Policarpa Salavarrieta，1791～1817 年）像，背面为波利卡帕·萨拉瓦列塔出生地瓜杜阿广场。独立战争期间，波利卡帕·萨拉瓦列塔在波哥大为爱国军队收集大量情报，为哥伦比亚的解放做出了重要贡献。1817 年被捕，11 月 14 日被枪杀。

20000 比索纸币为紫色，纸币正面为蓝色，绘有哥伦比亚天文学家胡利奥·加拉维托·阿梅罗（Julio Garavito Armero，1865～1920 年）像，背面绘有月亮。胡利奥·加拉维托·阿梅罗是哥伦比亚天文学家，1892 年任哥伦比亚天文台台长。他对天体结构、月球等课题进行过深入研究。

50000 比索纸币为紫色和白色，纸币正面为哥伦比亚作家豪尔赫·伊萨克斯（Jorge Isaacs，1837～1895 年）像，背面绘有"玛丽娅"片断。豪尔赫·伊萨克斯 1867 年撰写的长篇小说《玛丽娅》（María）出版，在哥伦比亚和其他拉美国家大获成功。

哥伦比亚现在流通的铸币是 20、50、100、200 和 500 比索。20 比索铸币直径为 17.2 毫米，厚 1.15 毫米，重 2 克，为铜锌合金，正面为西蒙·玻利瓦尔像，圆周上部为大写西班牙文"REPUBLICA DE COLOMBIA"（哥伦比亚共和国），下部为铸造年份；背面为面值20比索（20 PESOS）。50比索铸币直径为21毫米，厚1.3毫米，重4克，为铜锌合金，正面为哥伦比亚国徽，圆周上部为西班牙文"REPUBLICA DE COLOMBIA"（哥伦比亚共和国），下部为铸造年份；背面为面值50比索（50 PESOS）。100比索铸币直径为23毫米，厚1.55毫米，重5.31克，为铜、铝、锌合金，正面为哥伦比亚国徽，圆周上部为大写西班牙文"REPUBLICA DE COLOMBIA"（哥伦比亚共和国），下部为铸造年份；背面为面值100比索（100 PESOS）。200比索铸币直径为24.4毫米，厚1.7毫米，重7.08克，为铜、锌、镍合金，正面为基姆巴雅文化雕像，圆周上部为大写西班牙文"REPUBLICA DE COLOMBIA"（哥伦比亚共和国），下部为铸造年份；背面为面值200比索（200 PESOS）。500比索铸币直径为23.5毫米，厚2毫米，重7.43克，圆周为铜、铝、镍合金，中心为铜、锌、镍合金，正面为瓜卡利树和卡乌卡谷地，圆周上部为大写西班牙文"REPUBLICA DE COLOMBIA"（哥伦比亚共和国），下部为大写西班牙文"EL ARBOL DE GUACARI"（瓜卡利树），圆周下部为铸造年份；背面为面值500比索。

哥斯达黎加

国　名

　　哥斯达黎加共和国（República de Costa Rica）。位于中美洲南部，北与尼加拉瓜接壤，南同巴拿马交界。东临加勒比海，西濒太平洋。西班牙殖民者到来前，这里原是奇罗特加人、博鲁阿人和塔拉曼卡人等印第安人居住地。在西班牙语中，哥斯达黎加（Costa Rica）意为"富庶的海岸"。其得名有几种说法：一说认为，著名航海家哥伦布第四次航行美洲时，于 1502 年驶抵利蒙港，发现当地印第安人佩戴耀眼的金饰物，便称其为哥斯达·德尔奥洛（Costa del Oro），意即"黄金海岸"，后通称"哥斯达黎加"，即"富庶的海岸"。另一说认为，1524 年西班牙殖民者科尔多瓦来到尼科亚半岛，看到这里树木繁茂，土地肥沃，物产丰富，便在 1539 年把这个地方命名为"哥斯达黎加"。近年来，哥斯达黎加学者迪奥尼西奥·卡瓦尔·安蒂利翁（Dionisio Cabal Antillón）提出了一种新的看法，他认为"哥斯达黎加"不是出自欧洲语言，而是源于土著韦塔尔人（Huetar）对其所居住地区的称呼"Coquerrica""Coquerrique""Cotaquerrique"，西班牙人按照自己的习惯，把它简化为"Costarrica"。

国　都

　　圣何塞（San José，旧译圣约翰）。1736 年，尼加拉瓜莱昂市政会下令在阿塞里谷建立一些天主教堂。于是，位于阿塞里中心的库里达瓦山口开始兴建教堂。1738 年，胡安·曼努埃尔·德卡萨索拉（Juan Manuel de Casasola）神父完成了教堂的建设。教会下令阿塞里居民在教堂周围修建住宅。然而，居民们拒绝搬迁，一是因为不愿离开自己的土地，二是因为库里达瓦山口严重缺水。1747 年，胡安·德波马尔 - 布尔戈斯（Juan de Pomar y Burgos）神父修建了一条水渠，把托雷斯河与阿里亚斯河水引入此地，解决了缺水问题。这样，教堂周围民房逐渐多了起来。卡塔戈市市长托马斯·洛佩斯·德尔科拉尔（Tomás López del Corral）强迫阿塞里居民搬迁，否则将被处以罚款或施以肉刑。这样，以教堂为中心逐渐形成一座城市，取名比利亚努埃瓦（Villa Nueva），西班牙语意即"新镇"。由于新镇居民崇拜圣经人物约瑟（即何塞），把他作为教区的守护神，遂改其名为圣何塞，并沿用至今。何塞（即约瑟）是基督教圣经中的故事人物。他是犹太人祖先雅各 12 个儿子中的第 11 个，曾被哥哥们卖为奴隶，后被埃及法老看中而当了宰相。圣何塞于 1823 年成为哥斯达黎加的国都，现为全国政治、经济、文化中心和交通枢纽。

国　庆

　　9 月 15 日（1821 年）。1502 年哥伦布发现哥斯达黎加海岸后，哥斯达黎加很快成为西班牙殖民地。19 世纪初，拉丁美洲各地燃起独立运动的烈火，许多国家摆脱了殖民主义的枷锁获得了独立。在革命大风暴中，1821 年 9 月 15 日，在墨西哥独立运动的影响下，中美洲发表独立宣言宣布独立。1823 年，哥斯达黎加加入"中美洲联邦"，1930 年退出，成立独立的共和国。中美洲发表独立宣言宣布独立的这一天即成为哥斯达黎加国庆日。

国　旗

　　哥斯达黎加国旗的颜色为蓝、白、红三色，上下的顺序为蓝、白、红、白、蓝。红色部分左侧绘有哥斯达黎加国徽。
　　自 1821 年哥斯达黎加独立以来，国旗曾变动几次。因 1822 年该国与其他几个中美洲国家一起并入墨西哥，故 1822～1823 年墨西哥国旗曾为哥斯达黎加国旗。哥斯达黎加退出墨西哥后，采用白色旗面中央绘有一颗六角红星的国旗。1824 年 3 月，哥斯达黎加加入中美洲联邦共和国后，使用的是中美洲联邦共和国的国旗。这面旗由蓝、白、蓝等横条组成，其设计受到阿根廷国旗的影响。中美洲联邦共和国解体后，1840 年布劳里奥·卡里略·克利娜（Braulio Carrillo Colina）当政时，哥斯达黎加使用了白、天蓝、白色新国旗。1842 年弗朗西斯科·莫拉桑·克萨达（Francisco Morazán Quesada）执政后，重新使用中美洲联邦共和国国旗。

1848 年 9 月 28 日，总统何塞·马里亚·卡斯特罗·马德里斯（José María Castro Madriz）颁布第 97 号令，宣布由蓝、白、红、白、蓝五道平行宽条自上而下组成的哥斯达黎加国旗，蓝、白、红、白、蓝的比例是 1∶1∶2∶1∶1，中间红色带上绘有国徽。其夫人帕斯菲卡·费尔南德斯（Pacífica Fernandez）亲手制作了国旗。有人说这面国旗借鉴了法国国旗的颜色，有人则说该旗继承了中美洲联邦共和国国旗的蓝白二色，增添了红色。蓝色象征祖国的天空，白色象征和平与纯洁，红色代表烈士为争取自由而流出的鲜血，也代表力量和勇敢。这面于 1848 年问世的国旗成为哥斯达黎加的国家象征，一直使用至今。每年 10 月 21 日是哥斯达黎加国旗日。

国　徽

哥斯达黎加现国徽呈盾形，图案中心是矗立在太平洋和加勒比海之间名为巴尔巴、伊拉苏和波阿斯的三座火山。三条山脉把太平洋和大西洋分开，两大洋各有一艘扬帆行驶的商船，船上飘扬着哥斯达黎加国旗，象征商船把哥斯达黎加同世界各国紧密联结在一起，海外贸易在哥斯达黎加国民经济中占据重要地位。山后地平线上旭日升起，象征共和国的诞生。盾徽上部的蓝色天空上绘有成弧形排列的 7 颗白色五角星，代表组成哥斯达黎加的阿拉胡埃拉、卡塔戈、瓜纳卡斯特、埃雷迪亚、利蒙、蓬塔雷纳斯和圣何塞 7 个省。7 颗星上有一条白色飘带，飘带上用西班牙文写有 "REPUBLICA COSTA RICA"（哥斯达黎加共和国）的字样。白色飘带后有两条棕榈叶枝相交叉。盾徽外框为黄色，两边绘有咖啡豆，代表其主要出口农产品。盾徽顶端的蓝色饰带上用西班牙文写有 "AMERICA CENTRAL"（中美洲）的字样。

哥斯达黎加国徽同国旗一样，历史上曾几次变动。1822 年该国并入墨西哥后，墨西哥国徽成为哥斯达黎加的国徽。1824 年哥斯达黎加成为中美洲联邦共和国一员后，亦采用其国徽，即等边三角形上绘有代表 5 个省的 5 座火山和一顶弗里吉亚自由帽的国徽。1824 年年底中美洲联合省改称中美洲联邦后，国徽稍有变动。与此同时，哥斯达黎加等 5 个联邦成员都有了自己的国徽，哥斯达黎加的国徽是一个赤裸健壮的男子伫立于群山环绕的圆中。1840 年，哥斯达黎加第一次使用自己的国徽，徽的中心是一颗闪闪发光的星。1842 年，弗朗西斯科·莫拉桑·克萨达政府下令取消这面国徽，重新使用 1825 年带有赤裸男子的国徽。1848 年 9 月 29 日，何塞·马里亚·卡斯特罗·马德里斯宣布采用新国徽，这面国徽成为哥斯达黎加现国徽的原型，但 1906 年、1964 年和 1998 年曾做重大修改，其中 1906 年把国徽中的武器装饰取消；1964 年对国徽的名称做了修改，改 "Escudo de Armas" 为 "Escudo Nacional"。

总统绶带

颜色同国旗。由蓝、白、红、白、蓝色纵列构成，每条颜色宽幅相等，国徽图案在白色带中间。哥斯达黎加的总统绶带是国家权力的象征，只有佩戴绶带的总统才是宪法总统，才真正代表国家的尊严和权威。

总统府

哥斯达黎加总统府被称为 "总统官邸"（Casa Presidencial），是总统工作和生活的场所，位于首都圣何塞萨波特。总统官邸原为墨西哥肥料公司所有，1976 年建成。建筑由两部分组合而成，屋顶用半透明物质构成，官邸中间有一所院子。建筑设计者为 20 世纪墨西哥著名设计师佩德罗·拉米雷斯·巴斯克斯（Pedro Ramírez Vásquez），其最具代表性的建筑设计有墨西哥全国人类学博物馆（1964 年）、阿斯特克体育场（1966 年）、瑞士的奥林匹克委员会大楼（1993 年）等。1978 ~ 1982 年罗德里戈·卡拉索·奥迪奥（Rodrigo Carazo Odio）总统执政时期，墨西哥总统何塞·洛佩斯·波蒂略（José López Portillo）将墨西哥肥料公司在圣何塞萨波特的楼房赠予他，他把国家公园旁的总统官邸迁至这座楼房将其当作总统府，1980 年 3 月 1 日正式启用。2008 年，保护总统官邸基金会投资对总统官邸进行了修缮。

国 歌

《哥斯达黎加共和国国歌》（*Himno Nacional de Costa Rica*）。词作者是何塞·马里亚·塞莱东－布雷内斯（José María Zeledón y Brenes），曲作者是曼努埃尔·马里亚·古铁雷斯（Manuel María Gutiérrez）。

哥斯达黎加国歌的乐曲产生于 19 世纪中期，一直沿用至今，但国歌歌词却变化了几次。1852 年，哥斯达黎加总统胡安·拉菲尔·莫拉（Juan Rafael Mora）为迎接来访的英国与美国的外交使团，令其弟、陆军少校何塞·华金·莫拉（José Joaquín Mora）组织欢迎仪式并请人谱写国歌。青年音乐家、圣何塞军乐团指挥曼努埃尔·马里亚·古铁雷斯受命在 5 天内谱写出国歌。古铁雷斯因无作曲经验，极力推脱，拒不从命。总统一怒之下将他关进监狱。古铁雷斯为摆脱铁窗之苦，在入狱后的第四天谱写出一首进行曲才算完事。当年 6 月 11 日，圣何塞军乐团在欢迎英美外交使团的仪式上首次演奏了哥斯达黎加国歌。国歌乐曲问世后，很长时间没有歌词。危地马拉人塔德奥·戈麦斯（Tadeo Gómez）写出了第一首哥斯达黎加国歌歌词，但未被采用。1873 年，哥伦比亚诗人何塞·曼努埃尔·列拉斯（José Manuel Lleras）为哥斯达黎加国歌填写了歌词，成为哥斯达黎加第二首国歌歌词。但他的歌词太长，内容又多是赞颂当时的总统托马斯·瓜尔迪亚·古铁雷斯（Tomás Guardia Gutiérrez）的词句，后被弃之不用。1879 年，卡塔赫纳神学院学生胡安·加里塔（Juan Garita）填写了简单得多的歌词。他的歌词同何塞·曼努埃尔·列拉斯的歌词一样，虽作为国歌演唱，但从未被正式定为国歌歌词。1888 年，西班牙教育家胡安·费尔南德斯·费拉斯（Juan Fernández Ferraz）为哥斯达黎加国歌填写了歌词，并被正式确认，但歌词过于高雅，而且与乐曲不太合拍，因而十几年后也被放弃。1903 年，哥斯达黎加举行国歌歌词选拔赛，以"农夫"（Campesino）为笔名的哥斯达黎加青年诗人何塞·马里亚·塞莱东－布雷内斯脱颖而出，他写的歌词被评为国歌。同年 8 月 24 日，国歌在拉乌鲁卡学校被首次演唱，他获得 500 科朗奖金。新创作的国歌共有 101 个单词。安东尼奥·萨姆布拉纳（Antonio Zambrana）博士对该歌做了两处修改。1949

年 6 月 10 日，由何塞·马里亚·塞莱东 – 布雷内斯作词、曼努埃尔·马里亚·古铁雷斯作曲的歌终于被正式宣布为哥斯达黎加国歌。

词作者何塞·马里亚·塞莱东 – 布雷内斯 1877 年 4 月 27 日生于圣何塞，1949 年在埃斯帕尔萨去世。他从小是个孤儿，两个姑姑把他养大。因家境贫寒，他只上了一年中学便参加工作以谋生。1892 年起在最高法院担任抄写员，借此机会他努力提高写作能力。1898 年，他开始在《日报》上发表文章。从此时至 1948 年，哥斯达黎加所有重要报刊都有他的作品。27 岁时参加国歌选拔赛，一举夺魁。

曲作者曼努埃尔·马里亚·古铁雷斯 1829 年 9 月 1 日生于埃雷迪亚。少年时酷爱音乐，喜吹短笛。13 岁时成为军乐队乐师。1846 年，哥斯达黎加乐队总指挥何塞·马丁内斯（José Martínez）发现了他的音乐才能，选他作为学生。何塞·马丁内斯去世后，经何塞·华金·莫拉推荐，1852 年 3 月 2 日古铁雷斯继任哥斯达黎加乐队总指挥。3 个月后，他谱写出哥斯达黎加国歌。为了提高音乐水平，1858 年他向政府申请 500 比索的资助到古巴深造，并表示回国后逐月归还资助。他在哈瓦那音乐学院刻苦学习，取得成功，得到院长的赞许。作为作曲家，他除谱写出国歌外，还创作了大量重要作品。1855 年"国家宫"落成时，他创作了优美的《宫》（*El Palacio*）圆舞曲。他的著名作品《圣罗莎进行曲》（*marcha Santa Rosa*）的产生还有一段动人的故事。一天，他正坐在艾尔佩隆庄园中树荫下的一块石头上，构思这首进行曲。突然，听到骑兵的行进声。他马上爬到树上，隐藏在浓密的枝叶间，观看行进中的骑兵。他在马队过去后下了树，心情无比激动，赶忙拿起笔和纸，不假思索地匆匆书写，《圣罗莎进行曲》很快写成。此外，他的著名作品还有《炮手》（*El Artillero*）、《哥斯达黎加女人》（*La Costarricense*）等。1887 年 12 月 25 日，古铁雷斯在圣何塞去世。

哥斯达黎加国歌歌词为：

> 高贵的祖国，你漂亮的旗帜，
> 向我们显露你的生命。
> 在你清澈的蓝空下，
> 纯洁无瑕的和平大放光明。
>
> 辛勤劳动，艰苦奋斗，
> 把人们的脸庞染红。

纯朴的农民，你的儿女，
赢得永恒的威望、荣誉和尊重。

向大地敬礼，
向母亲致敬。
如果有人想玷辱你的荣誉，
你勇敢坚强的人民，
将把工具变成武器相迎。

向祖国致敬！
你那慷慨的土地，
让我们丰衣足食。
在你清澈的蓝空下，
劳动与和平永存！

哥斯达黎加国歌歌词原文为：

Noble patria，tu hermosabandera，
expresión de tu vida nos da；
bajo el límpido azul de tu cielo
blanca y pura descansa la paz.

En la lucha tenaz de fecunda labor
que enrojece del hombre la faz，
conquistaron tus hijos －labriegos sencillos －
eterno prestigio，estima y honor（bis）.

¡Salve，oh tierra gentil！
¡Salve，oh madre de amor！.
Cuando alguno pretenda tu gloria manchar，
verás a tu pueblo，valiente y viril，
la tosca herramienta en arma trocar.

¡Salve，oh patria！，tu pródigo suelo，
dulce abrigo y sustento nos da；

bajo el límpido azul de tu cielo,

¡ vivan siempre el trabajo y la paz!

歌词原文源于 http：//www. guiascostarica. com/。

国家格言

"劳动与和平永存"（¡ Vivan siempre el trabajo y la paz!）。

国　语

西班牙语。全国通用西班牙语，但国内还有 6 种土著语，它们是马莱库语（Maleku）、卡韦卡尔语（cabécar）、布里布里语（bribri）、瓜伊米语（guaymí）、布龙卡语（brunca）和特拉瓦语（térraba），后两种土著语濒临消失。此前，韦塔尔语（huetar）和乔罗特加语（chorotega）已消失。据哥斯达黎加国家统计局的统计数字，2000 年在该国 63876 名土著人中讲土著语的比例很大。占总人口 3% 的黑人能讲流利的英语，因为他们是来自牙买加岛黑人的后裔。

哥斯达黎加西班牙语在读音、词汇和语法上同正统西班牙语有差异。在读音上，重音与正统西班牙语不同。同一些拉美国家一样，把"c"和"z"读成"s"，"ll"读成"y"。同阿根廷一样，以"vos"代替"tú"。哥斯达黎加西班牙语有一些已西班牙语化的外国词汇，并有一些独特的词语，例如，"! Pura Vida!"用于表示问候，甚至与"gracias"（谢谢）相仿；"! qué guava!"等于"! qué suerte!"（多好的运气！）；"un blanco"等于"un cigarro"（一支烟）等。哥斯达黎加西海岸地区受尼加拉瓜语言的影响，东海岸地区则受牙买加英语的影响。

国家纪念章

由于 1948 年哥斯达黎加取消了军队，政府机构对铸造奖章兴趣不大，再加上 1949 年造币厂的关闭，导致该国很少生产奖章。2010 年 3 月，在圣何塞兴建了哥斯达黎加造币厂，重新铸造硬币和纪念章。该造币厂发行了三家重要机构的纪念章，以纪念该国发生的重大事件。

2010 年纪念发现洛杉矶圣母 375 周年时，由哥斯达黎加造币厂生产、天主教会卡塔戈教区发行的"发现哥斯达黎加保护神洛杉矶圣母纪念章（1635～2010）"问世。该纪念章有两种，一种是银质纪念章，发行 375 枚；一种是铜镍合金，发行 30000 枚。两种纪念章都为圆形，其正面都雕有洛杉矶圣母像，圆周上写有"375 ANIVERSARIO DEL HALLAZGO DE LA VIGEN DE LOS ANGELES 1635 – 2010"（发现洛杉矶圣母 375 周年，1635～2010）；背面写有"SIEMPRE BAJO TU PROTECCION，1635 – 2010"（永远在你的庇护下，1635～2010）的铭文。

为纪念哥斯达黎加最重要的体育场开幕而发行的"哥斯达黎加国家运动场开幕纪念章"（Medalla conmemorativa de la inauguración del Estadio Nacional de Costa Rica）也有两种，一种是银质纪念章，发行 250 枚；一种是铜镍合金，发行 10000 枚。两种纪念章正面是新体育场的建筑，背面是运动员进行各种运动。

为纪念萨普里萨体育俱乐部（Deportivo Saprissa）成立 75 周年，2011 年哥斯达阿黎加造币厂发行纪念章。该纪念章分为三种：第一种纪念章为银质纪念章，正面是该俱乐部的吉祥物，背面是 2009 年国际足联授予它的 20 世纪北美、中美和加勒比足联（CONCACAF）最佳团队纪念杯；第二种纪念章是铜镍合金纪念章，正面是里卡多·萨普里萨·艾马（Ricardo Saprissa Aymá）像，背面是获得 2005 年世界俱乐部杯第三名的奖杯；第三种纪念章也是铜镍合金纪念章，正面是该俱乐部创始人罗贝托·贝托·费尔南德斯（Roberto Beto Fernandez）像，背面是 1950 年第一次获得的大不列颠杯。萨普里萨体育俱乐部成立于 1935 年，以俱乐比创始人之一里卡多·萨普里萨的姓氏为名。它曾 29 次获全国冠军，2005 年夺得在日本举行的世界俱乐部杯第三名。

国家劳动象征

木轮车（Carreta）。1988 年，哥斯达黎加总统奥斯卡·阿里亚斯·桑切斯博士宣布木轮车为国家象征。木轮车产生于 19 世纪中叶。因地面坎坷不平、充满泥泞，当时，在咖啡收获季节哥斯达黎加农民都使用一种实心木轮车运载咖啡，以免轮辐间沾满烂泥。这种车是受西班牙炮车的启示而设计出来的，使用于整个中美地区，但唯有哥斯达黎加的木轮车车身绘有图案、花和动物，而且各车的图案不尽相同，各具特色。如今，哥斯达黎加田间已看不到木轮车，它已成为工艺品和纪念品。木轮车象征哥斯达黎加的文化，象征和平，象征哥斯达黎加人的劳动，同时还象征一种坚韧不拔的精神。2005 年 11 月 24 日，联合国教科文组织宣布木轮车为人类口头和非物质遗产的杰作。

独立火炬

2005 年 9 月 14 日，哥斯达黎加宣布独立火炬（Antorcha de la Independencia）为国家象征，作为把哥斯达黎加同中美洲其他国家联合起来的自由与独立思想的代表。

民族英雄

胡安·圣马里亚（Juan Santamaría）。1831 年生于阿拉胡埃拉（Alajuela），具体出生日期和早年活动不详。胡安·圣马里亚曾参加何塞·马里亚·卡尼亚斯指挥的军队，担任击鼓手。1855 年，美国海盗威廉·沃克（William Walker）在尼加拉瓜登陆，组建了雇佣军，控制了尼加拉瓜，并图谋霸占整个中美洲。1856 年，威廉·沃克出兵哥斯达黎加，侵入瓜纳卡斯特省。哥斯达黎加总统胡安·拉斐尔·莫拉（Juan Rafael Mora）组成一支农民军应战，把威廉·沃克的雇佣军赶回尼加拉瓜的里瓦斯。1856 年 4 月 2 日，在抗击海盗威廉·沃克的里瓦斯战役中，胡安·圣马里亚手举松明火把，放火烧毁了敌人聚集的木制堡垒，但不幸倒在敌人的枪口下，英勇牺牲。他的英勇行动为击溃海盗和解救哥斯达黎加做出了重大贡献，因而受到哥斯达黎加人民的无限尊敬，尊他为民族英雄。其家乡的一座公园以他的名字命名，公园里树立起他手持火炬、目视前方的铜雕像，两门当年的大炮陪伴着他。

国家诗人

阿基莱奥·J. 埃切维利亚（Aquileo J. Echeverría）。1866 年 5 月 22 日生于圣何塞，做过公务员、外交官和记者，并为《共和国》《贸易》《哥斯达黎加画报》《祖国》等报刊撰稿。1887 年，他担任驻美使馆参赞，在尼加拉瓜与鲁文·达里奥（Rubén Darío）相识。1889 年前往萨尔瓦多，与鲁文·达里奥共同创办《团结》报。后去危地马拉，为《危地马拉画报》工作。1893 年返回哥斯达黎加，继续从事媒体工作。埃切维利亚在短暂的一生中写有大量诗作，成为哥斯达黎加著名诗人。《歌谣》（*Romances*，1909）和《孔切里亚斯》（*Concherías*，1905）两本诗集是其代表作。1909 年 3 月 11 日，他病逝于西班牙巴塞罗那，1915 年 3 月 19 日，哥斯达黎加协会（Ateneo de Costa Rica）将其遗体运回哥斯达黎加埃雷蒂亚安葬。1953 年 10 月 29 日，哥斯达黎加国会通过第 46 号决议，宣布阿基莱奥·J. 埃切维利亚为国家文学功臣。现在，哥斯达黎加设有以他名字命名的国家文学奖。

国家纪念碑

圣何塞国家公园内的哥斯达黎加国家纪念碑落成于 1895 年 9 月 15 日，以纪念 1856 年以胡安·圣马里亚（Juan Santamaría）为首的哥斯达黎加人民与其他中美洲人民一道击溃美国海盗威廉·沃克（William Walker）。国家纪念碑是雕刻家路易斯·罗伯特·卡里耶·贝勒塞（Louis Robert Carrier Belleuse）的作品，充分表达了哥斯达黎加人民和中美洲人民反抗外国侵略的英雄气概。纪念碑墩座上有 7 个铜制人物群雕像，其中 5 个雕像代表中美洲 5 国，1 个代表威廉·沃克，另 1 个是死去的兵士。代表哥斯达黎加的人物手持国旗立于正中，旗上有弗里吉亚帽，是自由的象征。代表尼加拉瓜的人物手持一把断剑，代表危地马拉的人物紧握火炬，代表萨尔瓦多的人物也手持利剑，代表洪都拉斯的人物则握着剑和盾。他们团结一致，英勇抵抗沃克的入侵，吓得手持步枪的沃克抱头鼠窜。墩座的 4 个浅浮雕代表了 1856 年 3 月 20 日圣罗莎战役、1856 年 4 月 11 日里瓦斯战役、圣胡安河分流口和围绕在胡安·拉斐尔·莫拉·波拉斯（Juan Rafael Mora Porras）总统周围的中美洲战役的领导人。哥斯达黎加国家纪念碑于 1891 年在巴黎完工，碑上写有 "Louis Carrier Belleuse, 1891"（路易斯·卡里耶·贝勒塞，1891）的字样。

国　花

紫兰（Guaria Morada）。学名 "Cattleya Skinneri"。英国植物学家詹姆斯·贝特曼（James Bateman）为纪念该花的发现者乔治·尤尔·斯金纳（George Ure Skinner）而以他的姓氏为花取名。斯金纳是定居于危地马拉的英国商人，他把中美洲和墨西哥的紫兰和其他植物送往欧洲，从而使世界了解了这种美丽的花。紫兰生长于从墨西哥至哥斯达黎加海拔 1000～2000 米的地区，哥斯达黎加和危地马拉的紫兰最多。哥斯达黎加的兰花有 1500 多种，其中西蒙·玻利瓦尔植物园就有 145 种该国特产的紫兰。紫兰是一种附生植物，棕榈等树上都附生有紫兰，其生长和繁殖非常缓慢。紫兰每年 1～4 月开花，花朵硕大，颜色艳丽，每根枝上可长 15 朵花。1985 年，在美国兰花协会举办的大赛中，来自哥斯达黎加的一株紫兰竟有 2500 朵花，举世称奇，因而赢得大奖。哥斯达黎加人民十分喜爱紫兰，用紫兰装饰教堂、住宅、公共建筑，甚至总统办公室墙上都挂有紫兰的绘画。四旬节和圣周期间，姑娘们都爱把紫兰插在头上。1939 年，阿根廷建立了一个名叫和平花园的植物园，邀请各国送去国花参展。当时哥斯达黎加还没有国花，于是举行了选拔国花的比赛。结果，人们一致推举紫兰为国花。1939 年 6 月 15 日，总统莱昂·科尔特斯·卡斯特罗（León Cortés Castro）正式宣布紫兰为哥斯达黎加国花。1972 年 11 月，总统何塞·菲格雷斯·费雷尔（José Figueres Ferrer）颁布法令，宣布每年 3 月的第二个星期为兰花周，因为这时是紫兰盛开的时节。然而，因非法采摘和砍伐树木，紫兰一度有灭绝的危险。为了保护这种名贵的花，哥斯达黎加大学附属的兰克斯特植物园专门从事收集兰花的工作，现已收集 100 多种。

国　树

瓜纳卡斯特树（Guanacaste）。其名来自阿斯特克语 "guautil"（树）和

"nacaztli"（耳朵）的组合，意思就是耳朵树。这种树的浅咖啡色果实形状如耳朵，故名。它的学名为"Enterolobium cyclocarpum"，属豆科。瓜纳卡斯特树生长在墨西哥、中美地区和南美北部沿海地区。这种树是落叶树，枝繁叶茂，全年有七八个月树叶保持绿色。树可高达 15 米，直径达 4 米。每年 5~6 月开花，花朵小，呈黄白色，花蜜多。树龄可达六七十年，因而被认为是长寿树。这种树全身是宝，其果实和种子可制成工艺品，树皮用来鞣制皮革，碾碎、发酵后的液体可用来洗衣，其木可制作家具，果实还是野生动物重要的口粮。瓜纳卡斯特树树荫如同华盖，可为人们遮挡炙热的阳光。由于瓜纳卡斯特树深受哥斯达黎加人民的喜爱，再加上 20 世纪 50 年代末，《论坛报》主编何塞·马里亚·皮瑙德（José María Pinaud）为纪念 1825 年与该树同名的瓜纳卡斯特人归属哥斯达黎加，提议将瓜纳卡斯特树作为国树，所以哥斯达黎加总统马里奥·艾昌迪·希门尼斯（Mario Echando Jimenez）于 1959 年 8 月 31 日颁布第 7 号法令，正式宣布瓜纳卡斯特树为国树。

国 兽

白尾鹿（Venado Cola Blanca）。因尾巴为白色而得名，为美洲特产。全身为红咖啡色，腹部为白色，蹄长。喜单独或小群活动。分布于北美、中美和南美北部，栖息于哥斯达黎加瓜纳卡斯特平原，特别是圣罗莎国家公园，喜食灌木叶、果实和各种草。每年 7~9 月繁殖，下一只或两只幼崽。因非法捕猎猖獗，白尾鹿一度濒临灭绝。1995 年 5 月 2 日何塞·马里亚·菲格雷斯·奥尔森总统颁布第 7497 号法令，宣布白尾鹿为哥斯达黎加国兽。

国 鸟

伊圭罗鸟（Yiguirro）。学名"Turdus Grayi"。体长 22~24 厘米，虹膜为红色，羽毛呈黄褐色，颈和腹部颜色较浅，喙为黄色，爪为棕褐色。它在哥斯达黎加大部分地区直至 2400 米高的中央山脉都可见。以树上各种果实为生，也食昆虫。每年 3~7 月筑巢，悦耳动听的鸣叫声意味着雨季的来临。伊圭罗鸟深受哥斯达黎加人民的喜爱，在该国文学、戏剧和音乐作品中经常出现。哥斯达黎加诗人埃利塞奥·甘博亚（Eliceo Gamboa）在国会提议，把伊圭罗鸟定为国鸟。为了保护这种鸟，1977 年 1 月 3 日丹尼尔·奥杜贝尔（Daniel Oduber）政府颁布第 6031 号法令宣布它为国鸟，并对虐待和伤害伊圭罗鸟者处以 100~500 科朗的罚款。

国　球

足球。哥斯达黎加男足是中美洲强队，曾多次获得中美地区足球冠军，2002 年和 2006 年连续两次打入世界杯，2014 年进入世界杯 8 强。青少年队在世界比赛中也取得过好成绩。19 世纪末，足球运动传入哥斯达黎加。19 世纪80 年代，英国在圣何塞修建有轨电车，随之带来了足球，并在哥斯达黎加人中传播开来。20 世纪初，足球在哥斯达黎加发展起来，成立了许多球队，并组织起 7 家足球俱乐部。1921 年 6 月 1~13 日，各足球队的代表在圣何塞举行会议，正式成立哥斯达黎加足联，选举出足联领导委员会，并制定了章程。从 1921 年 7 月 3 日开始，7 家俱乐部的球队之间进行比赛，获得该国第一个男足冠军的是埃雷蒂亚诺体育俱乐部足球队。

国　舞

瓜纳卡斯特点舞（Punto Guanacastero）。该舞源于瓜纳卡斯特省，故名。该舞使用传统乐器吉他、弦乐曼陀林和手风琴伴奏，舞蹈姿态优美，舞曲热情奔放，深受人们欢迎。1944 年，特奥多罗·皮卡多（Teodoro Picado）政府正式宣布瓜纳卡斯特点舞为哥斯达黎加国舞。关于瓜纳卡斯特点舞的起源，存在不同的说法。

一说认为，一位马林巴木琴制造者持斧登上瓜纳卡斯特圣克鲁斯山，寻找制作马林巴木琴琴键的桃花心木树。经过一个星期的寻找，终于在一山坡发现了一棵漂亮的桃花心木树。他用斧砍树，发现该树发出特殊的声响。砍倒的树滚下山坡，碰到石头和其他树木，产生优美的旋律。这位造琴师回到家，用马林巴琴弹奏之前听到的树干从山坡滚下来时发出的音响。这支曲很快流行开来，成为瓜纳卡斯特点舞曲。

另一说认为瓜纳卡斯特省省长命令利韦里亚城市乐团指挥准备一首特殊的乐曲，迎接托马斯·瓜尔迪亚（Tomás Guardia，1870～1876 年和 1877～1882 年两次执政）总统的到来。市乐团指挥召集了所有 18 岁以上的音乐家，但几天过去，却没有创作出一首像样的乐曲。他只得去中学寻找音乐天才。在学校，他发现了具有非凡音乐天赋的 13 岁的孩子莱安德罗·卡巴尔塞塔（Leandro Cabalceta）和他的两个伙伴。三个小伙伴很快创作出瓜纳卡斯特点舞曲，市乐团指挥听后拍手叫好。在欢迎总统的仪式上，乐团演奏了这支舞曲。瓜纳卡斯特点舞曲受到热烈欢迎，被誉为哥斯达黎加第二国歌。

还有一种说法认为，瓜纳卡斯特点舞曲产生于 1856 年，远早于莱安德罗·卡巴尔塞塔，因此莱安德罗·卡巴尔塞塔并不是该舞的创作者。

国家乐器

马林巴木琴（Marimba）。其由键和一串木条制成，下面悬挂着起共鸣作用的大小不一的葫芦，音色极为洪亮。1988 年，哥斯达黎加音乐家罗德里戈·萨拉萨尔·萨尔瓦铁拉（Rodrigo Salazar Salvatierra）向国家文化部门提议把马林巴木琴定为国家乐器。经过 8 年的努力，1996 年 7 月 24 日，总统何塞·马里亚·菲格雷斯·奥尔森（José María Figueres Olsen）宣布马林巴木琴为哥斯达黎加国家象征。同年 9 月 3 日，正式宣布马林巴木琴为哥斯达黎加国家乐器。马林巴木琴除是哥斯达黎加国家乐器外，还是危地马拉国家乐器。

国　食

平托鸡（Gallo Pinto）。西班牙文意为"彩色鸡"。由油煎米饭、黑豆和利萨诺调味汁组成，再配以当地蔬菜甜椒、西红柿和鸡肉。制作时，在一只锅里放上新鲜黑豆、水和少许盐，文火煮 2～3 个小时，在另一只锅上油煎干白米 2 分钟，掺入切碎的洋葱头、芫荽和甜椒，再煎 2 分钟，加入水和鸡肉，烧 20～30 分钟，直至米变软。然后把两只锅里已凉的东西放在一起，再加上一些切碎的洋葱头和甜椒油煎几分钟，最后加上利萨诺调味汁。吃时可伴新鲜的荒荽。由于白米和黑豆混在一起烹制时会出现多种颜色和斑点，故称"彩色鸡"。平托鸡除是哥斯达黎加国食外，还是尼加拉瓜国食，但尼加拉瓜用的不是黑豆，而是红豆。关于平托鸡的发源地，两国之间存在争议。哥斯达黎加方面认为，大约1930年"平托鸡"的名字首先出现在首都圣何塞南面的圣瓦斯蒂安。

国　教

天主教。哥斯达黎加宪法规定，罗马天主教是哥斯达黎加国教，但保证宗教信仰自由。2002年7月13日，乌戈·巴兰特斯·乌雷尼亚（Hugo Barrantes Ureña）被任命为哥斯达黎加大主教。据2001年11月Demoscopía的调查，哥斯达黎加70.1%的人信奉天主教，18%的人信奉新教，1.8%的人信奉其他宗教，10.1%的人没有宗教信仰。据2003年9月CID - Gallup的调查，天主教教徒占全国人口的69%，新教教徒占18%，其他宗教教徒占1%，不信教者占12%。根据2008年S. A. Simer的调查，天主教教徒占全国总人口的47.2%，新教教徒占24.1%，其他宗教教徒占1.7%，无宗教信仰者占26.9%。

历史上，天主教随西班牙殖民者的侵入而传入哥斯达黎加。1522年，罗马天主教教士迭戈·德阿圭罗（Diego de Aguero）随同西班牙殖民者希尔·冈萨雷斯·达维拉（Gil González Dávila）的远征军来到哥斯达黎加，成为抵达该国的第一个天主教传教士。1544年，第一座天主教教堂在尼科亚镇建立起来。1561年，埃斯特拉达（Estrada）神父成为哥斯达黎加代理主教。1565年，当时的首府卡塔戈（Cartago）建立起方济各会修道院。埃斯特拉达神父和其他方济各会传教士四处传教，大批印欧混血种人和印第安人皈依天主教。殖民地时期，多明我会和施恩会传教士也配合方济各会传教士开展传教活动，天主教会势力不断壮大，逐渐成为殖民统治的主要支柱之一。1850年，教皇庇护九世（Pole Pius IX）在哥斯达黎加建立独立的教区，任命安塞尔莫·略论特 - 拉富恩特（Anselmo Llorente - Lafuente）为首任主教。1878年，哥斯达黎加建立起第一个培养当地神父的天主教神学院。1882～1885年执政的胡安·普里米蒂沃·普罗斯佩罗·费尔南德斯·奥雷亚穆诺（Juan Primitivo Próspero Fernandez Oreamuno）采取削弱天主教势力的措施，撤销了与罗马教廷的契约，驱逐了耶稣会教士和德国主教蒂尔·霍夫曼（Thiel Hoffman），通过了将墓地置于国家控制下的法律，允许非宗教仪式婚礼，并使离婚合法化。1921 年，圣何塞主教辖区提升为大主教管区。1940 ~ 1944 年执政的拉斐尔·安吉尔·卡尔德隆·瓜尔迪亚（Rafael Angel Calderón Guardia）政府重提 1884 ~ 1894 年的反宗教政策，禁止在公立学校实行宗教教育。1949 年，哥斯达黎加颁布的宪法虽规定天主教为国教且受到国家支持，但允许宗教信仰自由。天主教几乎得不到财政资助，致使其势力慢慢削弱。在国家政治生活中，天主教会也起不了多大的作用。

2004 年，哥斯达黎加省教区分为 7 个辖区和 284 个教区，拥有 561 名主教和 192 名神父。圣何塞大教区居民为 1621800 人，教士只有 395 人。与拉美国家相比，哥斯达黎加的教堂和神父的数目都比较少。

哥斯达黎加的新教出现于 19 世纪 40 年代，先是在美国、德国移民中活动，20 世纪 60 年代以后发展越来越快。

国家保护神

洛斯安赫莱斯圣母（Nuestra Señora de los Angeles）。1926 年以后，洛斯安赫莱斯圣母成为哥斯达黎加的保护神，每年的 8 月 2 日 "洛斯安赫莱斯圣母节" 成为哥斯达黎加最重要的宗教节日。

相传在卡塔戈城的普埃夫拉德洛斯帕尔多斯地区，一天一个名叫胡安娜·佩雷拉（Juana Pereira）的穷苦梅斯蒂索女人，像往常一样出去拾柴。在林间小路上，她在路边的一块巨石上发现一个用石头雕刻的长约 2 英寸的左手抱着耶稣的圣母雕像。圣母甜美的脸呈椭圆形，眼睛细长，嘴唇优雅美丽，肤色为铅灰色。胡安娜非常高兴地把圣像带回家，但圣像突然失去踪影。原来，圣像又回到原来林间小路的巨石上了。胡安娜先后五次把圣像带回家，但每次又回到原处，直到最后把她放到教堂的圣物存放处，圣像才留了下来。人们都明白了，圣母想待在一个能祷告的地方，以把她的爱给予穷苦人。1926 年 4 月 25 日，雕像被戴上桂冠。1935 年后教皇庇护十一世宣布，卡塔戈城安放圣母雕像的小教堂升格为洛斯安赫莱斯圣母教堂。洛斯安赫莱斯圣母雕像安放在一个由贵重金属和宝石制成的圣体杯内，在光亮映衬下，视觉上雕像好像大了许多。每年 8 月 2 日的洛斯安赫莱斯圣母节，都有大批信徒来到洛斯安赫莱斯圣母教堂，或者专程到胡安娜发现圣像的巨石前祭拜。人们还提取巨石下的山泉水，求得圣母的保佑和保持身体健康。

国　币

哥斯达黎加科朗（Colón costarricense）。1 科朗等于 100 分。哥斯达黎加为纪念新大陆的"发现者"著名航海家克里斯托弗·哥伦布，把哥伦布的西文姓氏作为本国本位货币的名称。

哥伦布"发现"美洲前，居住在哥斯达黎加的土著印第安人使用可可和玉米作为交换的货币。而且，可可作为货币一直使用到殖民地时期。殖民地时期之初，哥斯达黎加流通的钱币是由西班牙特别是塞哥维亚和塞维利亚铸造的。1733 年危地马拉成立造币厂，哥斯达黎加开始使用中美洲自己铸造的钱币。哥斯达黎加独立后，保留了西班牙的货币制度，并于 1824 年成立了一家临时造币厂，生产名为"奥尔科内斯"（Horcones）的钱币。1828 年，哥当局下令在圣何塞建立铸币厂，铸造埃斯库多金币（Escudo）、金盎司金币（Onza）和雷阿尔银币（Real）。翌年 1 月，铸币厂开始运转。1839 年，布劳略·卡里略（Braulio Carrillo）政府授权发行面值为 5 比索和 10 比索的纸币，总额为 3 万比索，哥斯达黎加从而有了自己的纸币。1847 年发行第一批哥斯达黎加雷阿尔纪念币，以纪念 1846 年的"改革"（指 6 月 7 日发生的何塞·拉斐尔·加列戈斯政变）和 1847 年宪法。纪念币正面的中心是一颗咖啡树，周边写有西班牙文铭文"Reformas Programadas el 7 de junio de 1846"（1846 年 6 月 7 日制定改革）。背面中心为一印第安姑娘头像，饰边写有西班牙文"Costa Rica a la Constitución del 21 de enero de 1847"（哥斯达黎加 1847 年 1 月 21 日宪法）。19 世纪 40 年代初，因假币泛滥和钱币紧缺，哥政府下令在国外铸造货币。1845 年 11 月又宣布流通西班牙货币比塞塔。1858 年，经哥斯达黎加总统胡安·拉菲尔·莫拉·波拉斯批准，阿根廷企业家克里桑托·梅迪纳（Crisanto Medina）成立哥斯达黎加国家银行，发行了 1、2、10 和 20 比索纸币。19 世纪下半叶，又成立了几家发行纸币的银行，如英格鲁哥斯达黎加银行、联合银行等。1896 年，拉菲尔·伊格莱西亚斯政府决定用金本位制代替银本位制，并确定科朗为货币单位。1914 年，国际银行成为哥斯达黎加的发行银行，1936 年其改名为哥斯达黎加国家银行，并成立发行部。1950 年，以国家银行发行部为基础组建哥斯达黎加中央银行，成为该国唯一授权的发行银行。

2010 年 8 月起，哥斯达黎加中央银行陆续发行新一套面值为 1000、2000、5000、10000、20000 和 50000 科朗的纸币，目前已在全国流通。

1000 科朗纸币为红色，正面是布劳略·卡里略·克利纳（Braulio Carrillo Colina，1800～1845 年）像。布劳略·卡里略·克利纳 1800 年 3 月 20 日生于卡塔戈省圣拉菲尔德奥雷亚穆诺，青年时期学习法律，毕业后成为律师，1835～1842 年执政。1838 年 11 月 8 日，他宣布脱离中美洲联邦，哥斯达黎加成为"自由和独立的国家"。执政期间，他整顿国家秩序，偿清外债，建立司法体系和海关税则，摆脱西班牙的影响。1842 年被推翻后流亡萨尔瓦多，1845 年 3 月 15 日被谋杀。1971 年，哥斯达黎加议会宣布他为"国家功臣"和"哥斯达黎加国家建筑师"。新币背面绘有瓜纳卡斯特树、仙影圈和白尾鹿。

2000 科朗纸币为蓝色，正面是毛罗·费尔南德斯·阿库尼亚（Mauro Fernández Acuña，1843－1905 年）像。他生于 1843 年 12 月 19 日，青年时期学习法律，曾任最高法院法官、国会议员、法律学院教授、财政部长和公共教育部长。他实行教育改革，1886 年颁布《公共教育总法》，完善教育措施，开设新学校。他关心妇女教育，创办了高等女子学院。每年 11 月 22 日哥斯达黎加"教师节"都会纪念毛罗·费尔南德斯·阿库尼亚。纸币背面绘有鲨鱼、棘海星等。

5000 科朗纸币为黄色，正面是阿尔弗雷多·冈萨雷斯·弗洛雷斯（Alfredo González Flores，1877～1962 年）像。他于 1914～1917 年任总统，进行过经济和社会改革，1917 年被政变推翻后流亡美国。纸币背面绘有白面猴、红树和海蟹。

10000 科朗纸币为绿色，正面是何塞·菲格雷斯·费雷尔（José Figueres Ferrer，1906～1990 年）像，他生于 1906 年 9 月 25 日，曾在美国学习，回国后建立"斗争"庄园，种植龙舌兰和咖啡。1951 年 10 月 12 日，他召集成立国家自由党（Partido Liveración Nacional），1953～1958 年和 1970～1974 年两次任总统。1990 年 6 月 8 日去世，同年 11 月 12 日哥斯达黎加议会宣布他为"国家功臣"。纸币背面绘有三趾树懒和兰花。

20000 科朗纸币为橙色，正面是哥斯达黎加教育家、作家玛丽亚·伊莎贝尔·卡瓦拉尔（María Isabel Carvajal Carmen Lyra）像，哥斯达黎加第一个儿童文学教授，哥斯达黎加共产党领导人，积极参加社会活动、政治活动。其代表作是《我的婶婶潘奇塔故事集》（*Cuentos de mi tía Panchita*）。纸币背面是哥斯达黎加一种非常漂亮的、体重只有 2.5 克的蜂鸟以及草等。

50000 科朗纸币为紫色，正面是里卡多·希门尼斯·奥雷亚穆诺（Ricardo Jiménez Oreamuno，1859 ~ 1945 年）像。他生于 1859 年 1 月 4 日，曾任三届总统，并曾担任国会议长、最高法院院长。曾主持卡塔戈城地震后重建，成立抵押贷款银行、国家保险银行、农业学校、卫生部等，促进公共建筑、道路、桥梁的建设。1942 年，哥国会宣布他为"国家功臣"。纸币背面绘有蝴蝶和凤梨等。

哥斯达黎加现流通的铸币有 1、5、10、25、50、100 和 500 科朗，铸币均为圆形，正面中间均为国徽，圆周用西班牙文写有"REPUBLICA DE COSTA RICA"（哥斯达黎加共和国）和铸造年代；背面写有面值和哥斯达黎加中央银行的缩写"B. C. C. R."的字样。

格林纳达

国　名

　　格林纳达（Grenada）。由主岛格林纳达岛及卡里亚库和小马提尼克等小岛组成，位于加勒比海小安的列斯群岛中向风群岛的南端，距特立尼达岛约 135 公里，距委内瑞拉约 160 公里。格林纳达原为印第安人的居住地。早在公元 1 世纪，奥里诺科河流域（今委内瑞拉）的印第安人就乘独木舟抵达格林纳达定居。公元 6 世纪，阿拉瓦克人来到格林纳达，称该岛为"西伯内"（Ciboney）。15 世纪，加勒比人把阿拉瓦克人赶出格林纳达，给该岛取名为"卡梅尔霍格内"（Camerhogne）。1498 年，哥伦布第三次远航美洲，"发现"格林纳达，取名为"康塞普西翁"（Concepción），西班牙语意为"圣母受孕"，以纪念圣母玛利亚（格林纳达国徽中的圣母百合就是对此的反映）。两年后，其又被称作"马约"（Mayo），西班牙语意为"5月"。格林纳达（Grenada）名字的由来，至今不是很清楚。一说认为，西班牙海员抵达此地时想起了故乡安达卢西亚，于是便以家乡城市"格拉纳达"（Granada）命名。在西班牙语中，格拉纳达意为"石榴"。另一说认为，"格拉纳达"源于阿拉伯语，意为"异乡人的山丘"。由于加勒比人的英勇抵抗，西班牙人和后来的英国人都未能占领格林纳达。1650 年，卡迪纳尔·黎塞留（Cardinal Richelieu）建立的一家法国公司从英国人手中购买了格林纳达，建立了一个小的移民点。法国人和岛上的加勒比人多次发生激烈冲突。马提尼克岛的法国援军入侵格林纳达，加勒比人英勇抵抗，宁死不屈，最后从北部悬崖（Sauteur，今称跳崖者山，"Leapers

Hill")跳崖身亡。法国人占领格林纳达后,将格拉纳达(Granada)改为"格林纳德"(Grenade)。1762年,英法七年战争期间,英国占据了格林纳达。1763年,《巴黎条约》正式将格林纳达转让给英国。英国人又将"格林纳德"(Grenade)改回"格林纳达"(Grenada),这个名字一直延续至今。

格林纳达的别称是"香料之国"。格林纳达肉豆蔻的生产和出口曾居世界第二位,仅次于印度尼西亚,其产量约占世界总产量的1/3,是该国重要的经济支柱。此外,格林纳达还盛产香料桂皮、生姜、丁香、月桂肉、豆蔻、干皮、可可等,被誉为"香料之国"。

国　都

圣乔治(St. George's)。地处格林纳达岛西南岸、圣乔治河右岸,濒临加勒比海,为全国政治、经济和文化中心和通商口岸。1651年法国人将加勒比人驱逐出格林纳达后,在今圣乔治西南部的高地上建立了"皇家堡"(Fort Royal),后来这个要塞逐渐发展成一座城镇。1783年,英国人占领格林纳达后将"皇家堡"改名为圣乔治(St. George's),以纪念当时的英国国王乔治三世(George,1738~1820年)。乔治三世全名乔治·威廉·弗雷德里克(George William Frederick),是英国汉诺威王朝的第三任君主,1760年即位。圣乔治是加勒比地区最美丽的城市之一,沿马蹄形的海湾而建。一座座红瓦粉墙的别致建筑,随岸边小山拾级而上,煞是好看。城内许多街道的名字保留着殖民地时期的印记,以英国名人命名,如戈尔大街是以英国海军中将戈尔(Lieutenant - General Gore)的名字命名。梅尔维尔大街是以总督罗伯特·梅尔维尔(Robert Melville)的名字命名。格兰比大街是以格兰比侯爵(Marquis of Granby)的名字命名。约翰·曼纳斯大街是以英国将军约翰·曼纳斯(John Manners)的名字命名。约翰·曼纳斯是英法七年战争中著名的英国将领,1763年《巴黎条约》签订后退役。同年,格林纳达被法国转让给英国,这条街道遂以他的名字命名。连接市场广场的森德尔隧道是1889年以总督沃尔特·森德尔(Walter J Sendall)的名字命名的。

国 庆

2月7日（1974年）。格林纳达原为印第安人居住地。1498年哥伦布"发现"格林纳达后，西班牙、英国、法国殖民者接踵而来，试图占领格林纳达，但遭到加勒比人的顽强抵抗。1651年法国占领格林纳达，此后与英国为控制格林纳达展开了多年的竞争。1763年，格林纳达归属英国。1779年法国再次控制了格林纳达，但根据1783年的《巴黎条约》，法国又把格林纳达还给英国。格林纳达成为英国殖民地后，格林纳达人民从未停止争取独立的斗争。1785年，朱利安·费唐（Julian Fedon）领导黑人起义，一度占领格林纳达，后遭英国殖民当局镇压。1958年，格林纳达加入西印度联邦，1967年实行"内部自治"。1974年2月7日，格林纳达宣布独立，成为英联邦成员国。2月7日这一天成为该国"独立日"，也为"国庆日"。

国 旗

格林纳达国旗为长方形，长与高的比例为5:3。旗地四周有宽度一样的红色宽边，上下宽边各有三颗黄色五角星。红色宽边内含一个长方形，长方形内又分为四个等腰三角形。上下两个三角形为黄色，左右两个三角形为绿色。左边三角形绘有一颗肉豆蔻。旗地中央的红色小圆地上绘有一颗黄色五角星。旗地中的7颗五角星象征格林纳达的7个教区，中央的五角星代表首都圣乔治教区，另外6颗五角星分别代表圣安德鲁（St. Andrew）、圣约翰（St. John）、圣马克（St. Mark）、圣帕特里克（St. Patrik）、圣乔治（St. George）和圣戴维（St. David）教区。红色代表和谐、团结和勇气；黄色象征太阳和人民的热情；绿色象征格林纳达肥沃的土地、茂盛的植物和发达的农业。左边绿色三角形中的肉豆蔻是格林纳达重要的经济作物，该国曾是世界第二大肉豆蔻生产国。格林纳达国旗的红、黄、绿三色与非洲国家国旗的颜色一致，以此说明该国与非洲的关系，其大多数居民是源于非洲大地的黑人。格林纳达国旗是由格林纳达圣安德鲁人安东尼·C.乔治（Anthony C. George）设计的，1974 年 2 月 7 日被正式采用。安东尼·C. 乔治还是格林纳达国家格言的作者。据说，安东尼·C. 乔治最初设计的国旗只有 1 颗星，后采纳当时总理埃里克·盖里（Eric Gairy）的提议，改为 7 颗星。

1967 年格林纳达实行"内部自治"后，曾使用蓝、黄、绿三色旗，旗地中央红边椭圆内会有肉豆蔻和其枝叶。该旗使用至 1974 年 2 月 7 日独立前夕。

国　徽

格林纳达国徽主体图案为盾形。黄色十字把盾徽分为四部分。黄色十字象征该国大部分居民信仰天主教。黄色十字的中心绘有哥伦布所乘的"圣玛丽亚"号旗舰，他在 1498 年 8 月 15 日"发现"格林纳达。盾徽的左上和右下部分底色为红色，各绘有一条金龙，表明其同英国的关系；右上和左下部分底色为绿色，各绘有一轮黄色新月和百合。盾徽的上端绘有金色王冠，王冠上方为三角梅花冠。围绕着王冠上的 7 朵玫瑰，代表格林纳达的 7 个教区。盾徽左边和右边分别由一只犰狳和国鸟格林纳达鸽扶持。犰狳立于一株玉米前，格林纳达鸽立于一株香蕉树前。盾徽的下面是一片绿色草地、山峦和格林纳达的大伊塘湖（Grand Etang Lake）。最下面的白色缎带上用黑色大写英文写有国家格言。国徽在 1974 年 2 月 7 日独立时被采用。

总督旗

格林纳达总督是国家元首英国女王的代表，现任总督卡莱尔·阿诺德·格利恩（Carlyle Arnold Glean）于 2008 年 11 月 27 日就职。总督旗为蓝色，旗地中央为王冠，冠上站立一头戴冠的金狮。王冠下的黄色飘带上用黑色大写英文写有"GRENADA"（格林纳达）的字样。

国　歌

《格林纳达国歌》（*Grenada's National Anthem*）。词作者为伊尔瓦·默尔·巴蒂斯特-布莱克特（Irva Merle Baptiste-Blackett），曲作者为路易斯·阿诺德·马桑托（Louis Arnold Masanto）。1974 年 2 月 7 日被采纳为国歌。

格林纳达国歌歌词为：

> 欢呼，祖国格林纳达，
> 我们誓为你献身，
> 心手相连把自己的命运升华。
> 永远信仰上帝，
> 自豪地把传统发扬光大。
> 我们满怀信心和勇气，
> 探索、建设、前进，
> 如同一族、一家。
> 上帝保佑我们国家。

格林纳达国歌歌词原文为：

> Hail! Grenada, land of ours,
> We pledge ourselves to thee,
> Heads, hearts and hands in unity
> To reach our destiny.
> Ever conscious of God,
> Being proud of our heritage,
> May we with faith and courage
> Aspire, build, advance
> As one people, one family.
> God bless our nation.

国歌原文源于 http：//www. silvertorch. com/。

国家格言

"顺从上帝的旨意，我们从事建设，如同一个人前进"（Ever Conscious of God We Aspire，Build and Advance as One People）。该国格言创作者是安东尼·C. 乔治，他也是哥伦比亚国旗的设计者。

国　语

英语。格林纳达官方语言为英语，但主要用于政府机构，目前讲标准英语的居民只有约1000人。格林纳达大部分人讲格林纳达克里奥尔英语，格林纳达克里奥尔英语属于以英语为基础的东大西洋克里奥尔语的南部分支，同属此分支的有安提瓜克里奥尔语、巴巴多斯克里奥尔语、圭亚那克里奥尔语、多巴哥克里奥尔语、特立尼达克里奥尔语、文森特克里奥尔语和维尔京群岛克里奥尔语。讲格林纳达克里奥尔法语的居民占格林纳达人口总数的10% ~ 20%。克里奥尔法语曾是格林纳达的通行语，80年之前还曾在格林纳达流行，甚至一些农村地区的儿童都会讲。但到20世纪中叶，只有年长者才能讲克里奥尔法语，青少年已经听不懂老辈讲的克里奥尔法语。到21世纪，只有很小一部分地区能听到克里奥尔法语。但是，克里奥尔英语中可以发现克里奥尔法语的痕迹，如"bun jay"意为"天啊"。克里奥尔英语的"wi"源于法语的"oui"，如"I am hungry wi"（我饿了）。如今，格林纳达仍保留有许多法语地名。

国　花

三角梅（Bougainvillea）。又名三角花、九重葛、勒杜鹃、叶子花、纸花等，学名"Nyctaginaceae"。为常绿藤本，紫茉莉科，叶子花属。原产于南美巴西、阿根廷、秘鲁等地。三角梅喜温暖和阳光充足的环境，单叶互生，呈卵形。花朵呈喇叭形，小而色淡，三朵聚生，但有彩色鲜艳的苞片，悬挂于长而下垂的小枝上。苞片有红色、橙色、白色、紫色、黄色、粉红色，具有很高的观赏价值。1768 年，法国植物学家菲尔比尔特·科梅尔松（Philbert Commerson，1727～1773 年）在巴西沿海最先发现三角梅，以其友、探险家、数学家、律师、加拿大人路易斯·安托万·布干维尔（Louis Antoine de Bougainville）的姓氏命名。布干维尔曾加入法国军队。1766～1769 年，布干维尔陪科梅尔松进行了全球航行。

国　鸟

格林纳达鸽（Grenada Dove）。学名 "Leptotila wellsi"。格林纳达鸽是格林纳达特有的珍稀鸟类，1991 年被定为格林纳达国鸟。格林纳达鸽为中型鸟，体长约 30 厘米。面和上胸为粉红色，冠和颈背呈深褐色，背部为橄榄色，下胸和腹部呈白色，翼底为栗色。喜吃果实、种子和农作物。每次产 2 枚蛋。由于人类活动的增加，栖息地的减少，人类的猎杀以及猫、鼠、猴等动物的掠食，格林纳达鸽濒临灭绝，一度仅存 180 只左右。为了保护格林纳达鸽和自然资源，1996 年格林纳达政府建立了哈特曼山国家公园，并实施为期 10 年的恢复计划，旨在增加格林纳达鸽的数量。该公园是岛上格林纳达鸽主要的栖息地和庇护地，目前约有 20 对格林纳达鸽。

国　菜

椰奶油肉（oil-down）。格林纳达饮食是美洲印第安、非洲、法国、英国和东印度饮食风格结合的产物，其国菜为椰奶油肉，是格林纳达美味且大众化的菜肴。其由咸肉（猪尾）、鸡肉、苹果布丁、面包果以及嫩芋叶和其他蔬菜制成的卡拉洛（callaloo）炖成的一锅肉菜。制作时将头天晚上冷水浸泡过的咸肉排水，去掉面包果中的核和皮，切成 4～6 块。将咸肉在锅中煮 15 分钟后，加入洋葱、细洋葱、百里香和调味辣椒。把面包果放在咸肉上，加入胡萝卜、芹菜和苹果布丁，再把芋叶铺在面包果上面。然后，加入椰奶和姜黄，将锅盖盖严。中火烧至椰奶变油状，水分全被吸收即可。

狂欢节

格林纳达狂欢节又称"香料马斯"（Spice Mas），意为"香料岛化装舞会"。"香料之国"是格林纳达别称，"马斯"（Mas）意为"化装舞会"，是英语"Masquerade"的缩写，源于加勒比土语。狂欢节是格林纳达最盛大的节日之一，也是主岛格林纳达岛和姊妹岛卡里亚库岛享有国际声誉的节日。

格林纳达狂欢节最早由法国殖民者传来，在四旬节前举行化装舞会，狂欢庆祝。岛上被拒之门外的黑人奴隶则自己聚会，用源于非洲的传统和仪式尽兴狂欢。1834年奴隶制取消后，获得自由的奴隶在狂欢节期间拥到街头狂欢庆祝。20世纪初狂欢节到来时，格林纳达街头开始出现装扮成魔鬼（Jab Jabs）的人群。他们的脸和全身涂上油脂和糖蜜后乌黑发亮，身着红装，头上有角，身上带尾，煞是吓人。当地人说，一个人必须使魔鬼得到满足才能升入天堂。随着时间的推移，格林纳达狂欢节逐渐发展、完善，精美的欧洲化装舞会同非洲和加勒比的传统相结合，色彩绚烂的民族服装、卡利普索舞蹈、钢鼓乐和当地美食有机融合在一起。

现今的格林纳达狂欢节，在每年8月的第二个星期一和星期二举行，以免与2月7日国庆日的庆祝活动相冲突。实际上，从7月中旬起格林纳达便已开始举行庆祝活动，一直延续到8月中旬，前后大约一个月的时间。狂欢节期间，尽管每个教区的舞者都展示自己的传统服装，在各自教区组织各具特色的庆祝活动，但主要的活动还是在首都圣乔治街头举行。7月中旬，格林纳达街头巷尾便开始出现多种卡利普索舞蹈的表演。卡利普索舞蹈队通过歌舞表演一方面吸引观众和外来游客，另一方面争取参加全国卡利普索舞王竞赛的机会。在此期间，校园卡利普索舞蹈比赛要选出青少年卡利普索舞王。进入8月，狂欢节气氛越来越浓。几乎每天晚上都进行文艺表演和卡利普索舞蹈表演，到处充满钢鼓乐声，人们兴致勃勃地为迎接即将到来的狂欢节比赛做最后的排练。狂欢节前夕的星期日晚（被称为"Dimarche Gras"）举行的比赛，竞争出狂欢节舞王和王后。

8月的第二个星期一，时钟刚过0时，黑暗的街道中便会出现魔鬼乐队的演出队伍。装扮成魔鬼的人们，用糖蜜、焦油、油脂、杂酚油或泥巴涂抹脸和全身，戴上有角的头盔，在街上手舞足蹈。现在，魔鬼不再都是黑色的，已经出现蓝色、黄色和绿色。他们根据鼓点、钢鼓乐和卡利普索乐曲的节奏跳着各种舞蹈，显得十分滑稽。太阳升起后，魔鬼们一个个消失。街头继而出现的是一队队舞者。队伍从各个教区舞向首都圣乔治，穿过国家体育场的舞台，经过首都的街道。当狂欢节舞王和王后出现在队伍中时，观众便会发出热烈欢呼。狂欢活动一直持续到星期二晚上，整个格林纳达成为欢乐的海洋。

宗　教

格林纳达宪法规定宗教信仰自由，但天主教是主要宗教，全国 64% 的人口信仰天主教。格林纳达原为西班牙港大主教辖区的一部分。圣乔治主教辖区建于 1956 年 2 月 20 日，包括格林纳达岛、卡里亚库和小马提尼克。圣乔治主教辖区是安的列斯主教会议成员。现主教为 2002 年就任的文森特·马修·达赖厄斯（Vincent Matthew Darius），他还是卡斯特里大主教管区的副主教。圣乔治的天主教大教堂有 200 多年的历史，其高塔建于 1818 年。除天主教外，格林纳达的新教教徒也很多，主要是英国圣公会教徒等。

国　币

东加勒比元（The East Caribbean Dollar）。1 东加勒比元等于 100 分（Cent）。现流通的纸币面额为 5、10、20 、50 和 100 东加勒比元，铸币面额为 1、2、5、10、25、50 分（cent）与 1 东加勒比元，货币符号为 XCD。建于 1983 年 10 月的东加勒比中央银行（Eastern Caribbean Central Bank）负责发行东加勒比元。该货币实行固定汇率制，1 美元等于 2.76 东加勒比元。东加勒比元是东加勒比国家组织格林纳达、安提瓜和巴布达、多米尼克国、圣基茨和内维斯、圣卢西亚、蒙特塞拉特以及圣文森特和格林纳丁斯 7 个正式成员与英国海外领地安圭拉、英属维尔京群岛 2 个非正式成员共同使用的货币（详见安提瓜和巴布达国币）。

古 巴

国 名

古巴共和国（República de Cuba）。位于加勒比海西北部，古巴岛是西印度群岛中最大的岛屿。它的名字源于印第安塔伊诺语。"古巴"一词的来源有多种解释。一说认为，其是原始岛上一个土著部族的名称，意思是"地区"。另一说认为，在印第安人的传说中，古代有个印第安人领袖叫古巴。他英勇善战，不畏强敌，深受人们的尊敬。为了纪念这位领袖，便把它的名字作为岛名。研究加勒比语言的专家认为古巴（Cuba）是由"Coa"（地方）和"Bana"（大的）缩约成"Coabana"的，后演变成"Coaba"，最后变成"Cuba"，意为"大地方"。还有的学者则认为"古巴"意思是"山地"或"高地"。意大利航海家哥伦布于 1492 年 10 月 27 日抵达古巴岛，10 月 31 日曾以西班牙国王之子胡安的名义，把它叫作"胡安娜"（Juana）。哥伦布认为古巴是一大陆，同年 12 月 5 日又称它为"阿尔法－奥梅加"（Alfa y Omega）。但他在航海日记中说，当地土著人称它为"科尔巴"（Colba）。1525 年 2 月 28日，西班牙国王费尔南多抛弃"胡安娜"的名字，改成"费尔南迪纳"（Fernandina）。此外，还有不少人给古巴取了名字，但这些名字始终未能叫响，人们还是愿意把它称为"古巴"。

古巴山青水秀，风光绮丽，有"安第列斯的明珠"的美誉。古巴全国由 1600 多个大小岛屿组成，曲折的海岸线长达 5700 公里，形成无数天然良港和海湾，故有"百港之国"之称。古巴盛产蔗糖，是世界上按人口平均糖产量最多的国家，也是世界上出口糖最多的国家，常被人们称为"世界最甜的国家""世界的糖罐"。此外，它还有"音乐之岛"的别号。

国　都

哈瓦那（La Habana）。位于古巴岛西海岸，是西印度群岛的最大城市和著名良港。1982 年，哈瓦那老城被联合国教科文组织列为"人类文化遗产"。哈瓦那由西班牙殖民者迭戈·贝拉斯克斯（Diego Velázquez）建于 1514 年（一说 1515 年），1519 年 11 月 16 日重建时取名"圣克里斯托瓦尔德拉哈瓦那城"（Villa San Cristóbal de La Habana），1608 年成为古巴的首府。关于哈瓦那的得名，有众多不同的传说。

第一种说法认为，在哈瓦那市区，有一座名叫富埃尔萨堡（Castillo de la Fuerza）的古代小城堡。城堡建于 1538 年，是古巴最古老的城堡，在美洲古堡中也居于第二位。古堡呈四方形，四周围墙高达 20 多米。城堡上筑有一座塔楼，楼顶上安放着一位名叫"哈瓦那"（La Habana）印第安少女的铜像。人们非常尊崇这位少女，便把她的名字作为城市的名字。不过，这座铜像是个复制品，1726 年真品被英国占领军窃走（也有人认为真品存放在城堡附近的哈瓦那城市博物馆）。

第二种说法也跟印第安少女有关。说的是西班牙人塞瓦斯蒂安·德奥坎波（Sebastián de Ocampo）率领船队驶抵哈瓦那港，他决定在此停泊修理船只，躲避狂风巨浪的袭击。风暴过后的一天早晨，天空碧蓝如洗，地上草木葱茏，一位美如仙女的印第安姑娘坐在一块岩石上。她刚刚在附近一个池塘沐浴过，坐在这里晒干乌黑的头发，好奇地观看西班牙人怎样修理船只。这位姑娘右手画圆，然后把手放在胸前，像是在介绍自己，同时嘴里不停地在说"Habana"。西班牙水手们问她叫什么名字，她还是回答"Habana"。一位西班军官用笔画下了坐在岩石上的印第安姑娘，并在画稿的下面写下"哈瓦那"（La Habana）。后来，西班牙人便把姑娘说的这个词"哈瓦那"当作了这个城市的名字。意大利人吉塞佩·加吉内（Guiseppe Gaggine）还根据画稿专门制作了印第安姑娘泉（Fuente de la India）浮雕，这个浮雕在今连通旧国会大厦和哈瓦那防波堤的普拉多步行街上，成为该城象征标志之一。

第三种说法还是同印第安少女有关。说的是哈瓦那源于阿卢阿科语"阿瓦那"（habana），意为"她疯了"。传说一位名叫"瓜拉"（Guara）的印第安姑娘爱上一个西班牙殖民者，这个殖民者向她透露了如何袭击一个印第安村落的计划。当姑娘赶到这个村落时，看到村落已成一片焦土，地上满是惨遭屠杀的印第安男女同胞。眼前的惨象使姑娘受到巨大打击，精神一下崩溃。她披头散发，跑来跑去，嘴里不停地骂着自己，然后扑向火海。印第安乡亲们含泪埋葬瓜拉的尸骨时，不停地说"habana"，阿卢阿科语意为"她疯了"。后来，这句话便成为哈瓦那的名称。

第四种说法认为，哈瓦那原是古代一个印第安人部落的名称。虽然西班牙殖民者用武力征服了古巴岛，岛上的印第安人几乎灭绝，然而"哈瓦那"的名字却顽强地保留下来。

第五种说法认为其名源于印第安塔伊诺族酋长名字"Habaguanex"，他曾统治这个地区。

第六种说法认为"哈瓦那"源于塔伊诺语"萨瓦那"（Sabana），意为"大牧场"或"大草原"，因为哈瓦那所在地区原本是一片草原。

第七种说法认为其源于日耳曼语系的"haven"和"gaven"，意为"港口""可停泊的地方"或"小海湾"。有趣的是，北欧海岸至今还有个名叫"Havanne"的港口。

至于哈瓦那名称的前半部分"圣克里斯托瓦尔"则和天主教的传说联系在一起。克里斯托瓦尔是个身高超过两米的巨人，生于西亚的迦南。曾为当地国王当差，但他想为世界上最强大的主人服务。经过漫长的寻找，终于找到一个年老的隐士。隐士指点他在一条波涛汹涌的大河边安身，利用他高大强壮的身体帮助过往行人渡河，这样就能找到他所希望为之服务的主人。克里斯托瓦尔按照隐士的话在大河边搭起茅屋，砍下一根粗树枝当作手杖，开始背负行人过河。一天晚上，克里斯托瓦尔正睡觉时，听到一个小孩要他帮助过河。克里斯托瓦尔二话没说，背起小孩就下了河。可是走着走着，他感觉小孩越来越重，以至支持不住差点陷入水中。到了对岸，克里斯托瓦尔问小孩为何如此之重。小孩说他不是普通的小孩，而是基督本人，是巨人寻找的主人，之所以会感觉身体沉重是因为他背负了世间所有的苦难。耶稣叫巨人把手杖种在茅屋旁，第二天会变成长满花和果实的大树。后来，耶稣的预言成真，茅屋旁果然出现了一棵果实累累的海枣树。从此，克里斯托瓦尔为传播基督教四处奔波，公元250年左右因为拒绝崇拜异教而被斩首。巨人死后被封为"圣克里斯托瓦尔"，他的名字被广泛用作人名和地名，这其中也包括哈瓦那。

哈瓦那城徽为盾形，底色为蓝色。城徽上半部绘有守卫哈瓦那的三个白色城堡：富埃尔萨城堡、莫罗城堡（Castillo de Morro）和拉蓬塔城堡（Castillo de la Punta）。城徽下半部绘有一把金色钥匙，象征古巴是墨西哥湾的钥匙。

国　庆

1月1日（1959年）。1952年3月，塞尔让·富尔亨西奥·巴蒂斯塔（Sergent Fulgencio Batista）发动政变，夺取了政权，在古巴实行独裁统治。独裁政权残酷迫害古巴人民，古巴全国不断发生武装起义。1956年3月，菲德尔·卡斯特罗（Fidel Castro）建立了"7·26运动"组织，领导人民开展武装斗争，以推翻巴蒂斯塔政权。同年11月，卡斯特罗率领战友从墨西哥返回古巴，开展游击战争，游击队力量迅速发展，不断取得胜利，逐渐逼近首都。巴蒂斯塔眼看大势已去，被迫逃往国外。1959年1月1日，起义军进入哈瓦那，建立了临时政府，从而宣告了巴蒂斯塔政权的灭亡。后来，古巴政府便把1月1日定为解放日，即国庆日。

国　父

卡洛斯·曼努埃尔·德塞斯佩德斯－卡斯蒂略（Carlos Manuel de Cespedes y Castillo）。他是古巴第一次独立革命战争的领导人，把自己的一生献给了古巴的独立解放事业，深受古巴人民的爱戴，被尊为国父。

塞斯佩德斯－卡斯蒂略1819年4月18日生于古巴东部的巴亚莫城。他所处的时代，正是古巴人民日益觉悟，反对西班牙殖民统治的热情不断高涨的年代。1838年大学毕业后不久，他前往西班牙进修法律，留学期间认识不少爱国志士，并参加了一些反对西班牙王朝的秘密活动。1844年回国后，他在巴亚莫从事律师业，积极投入反抗西班牙殖民统治的斗争中。在当地"音乐爱好者协会"举办的一次舞会上，塞斯佩德斯－卡斯蒂略和他的朋友用匕首刺破了西班牙女王伊萨贝尔二世的画像，以抗议西班牙殖民者镇压古巴革命、屠杀古巴人民的暴行。他们为此被捕入狱，流放到帕索马索里亚诺。1852年和1855年又先后被捕，获释后到曼萨尼略。1866年，塞斯佩德斯－卡斯蒂略买下拉德马哈瓜糖厂，秘密进行反对殖民统治的斗争。1868 年 8 月，古巴各地爱国者积极准备发动起义。10 月 9 日晚，30 多名爱国志士聚集在拉德马哈瓜糖厂，塞斯佩德斯－卡斯蒂略成为起义军司令。当天午夜，他为古巴革命委员会起草并签署了第一个宣言，宣布废除奴隶制度。10 日，起义者在塞斯佩德斯－卡斯蒂略率领下正式举事，起义的基本群众是印欧混血种的劳动者、黑人以及同他们有共同命运的华工。起义军所向披靡，取得节节胜利。1869 年 4 月，在圭马罗召开的代表大会上宣布成立古巴战时共和国政府，塞斯佩德斯－卡斯蒂略当选为战时共和国政府的总统。大会拟定了宪法，颁布了信教自由、取消奴隶制等进步法令。在艰苦的独立战争中，塞斯佩德斯－卡斯蒂略把自己的一切献给了解放事业。西班牙殖民当局逮捕了他的儿子奥斯卡，威胁他如果继续斗争，便将其子处死。塞斯佩德斯－卡斯蒂略斩钉截铁地回答："奥斯卡并不是我唯一的儿子，我是一切为革命而献身的古巴人的父亲。"由于起义军内部的分歧，1873 年 10 月他被免去总统的职务。他来到马埃斯特腊山的圣洛伦索，继续坚持斗争。翌年 2 月 27 日，殖民军突然袭击这个地方。塞斯佩德斯－卡斯蒂略进行了英勇抵抗，最后中弹光荣牺牲。古巴人民永远铭记这位杰出的民族英雄，把他尊为"国父"。

国 旗

古巴国旗旗面为长方形，长与高之比为 2∶1。旗面右边为蓝白相间的宽条，蓝色 3 条，白色 2 条。靠旗杆一边是 1 个红色等边三角形，上绘 1 颗白色五角星。3 条蓝色带象征设计国旗时组成古巴的"西部"（Occidental）、"中部"（Central）和"东部"（Oriental）3 个州；2 条白色带象征独立理想的纯真和力量；红色代表烈士为争取独立洒出的鲜血；三角形的 3 条边代表自由、平等、博爱；白星代表独立运动中的团结，星光照亮争取解放的道路。

古巴国旗产生于 19 世纪中叶，当时的历史背景是这样的。16 世纪初，古巴沦为西班牙的殖民地。从 19 世纪初起，拉丁美洲到处燃起了争取独立的熊熊烈火，古巴人民的独立运动也如火如荼地开展起来，爆发了一次又一次的起义。1849 年，流亡在美国的古巴爱国志士纳尔西索·洛佩斯（Narciso López）将军和他的战友们积极准备武装起义，以推翻西班牙的殖民统治。他们对参加战斗的战士进行了严格的训练，备齐了战船和武器。同年 5 月，纳尔西索·洛佩斯将军设计了一面自由古巴国旗。关于古巴国旗设计过程，还流传着一段美丽的传说。相传古巴爱国者们正在为国旗设计冥思苦想时，恰好洛佩斯将军做了一个梦，解决了这个难题。洛佩斯梦见了一个美丽的仙女，仙女愿意助他一臂之力，向他询问古巴的地理情况。洛佩斯告诉她古巴是个狭长的美丽岛国，由西部、中部和东部三部分组成。仙女听完便从晴空中撕下三条蓝色的带子，表示未来的国家由西、中和东三州组成。她接着问古巴人民的情况，洛佩斯回答古巴人民是热爱和平并且感情纯洁，仙女就从一朵白云上剪下两条白色的带子，象征古巴人民热爱和平并在独立运动中动机纯洁。洛佩斯补充说，古巴人民正在为祖国勇敢战斗，于是仙女又从西边天空的火烧云上剪下一块红色三角，对洛佩斯说这是代表古巴人民为祖国洒下的鲜血。洛佩斯最后请求能使国旗表达古巴必须是自由的，仙女便把明亮耀眼的长庚星摘下来，放在红色三角的中央。洛佩斯醒后，便按照梦中仙女的提示，设计出了古巴国旗。当然，这不过是一个动人的传说，但它却揭示了古巴国旗图案的象征意义。后来，古巴爱国者们在诗人、画家米格尔·特乌尔贝·托隆（Miguel Teurbe Tolón，1820~1857年）纽约的家中聚会，商谈远征古巴事宜。在谈到国旗问题时，纳尔西索·洛佩斯将军动情地说起他做的梦和他关于国旗样式的设想。经过米格尔·特乌尔贝·托隆的修改和绘制，古巴国旗最后由特乌尔贝夫人埃米利亚·特乌尔贝·托隆（Emilia Teurbe Tolón）缝制出来。1850年5月19日，纳尔西索·洛佩斯将军占领马坦萨省卡德纳斯城后，第一次升起了古巴国旗。1869年4月11日，在瓜伊马罗召开的立宪大会决定采用这面国旗。从此，古巴人民高举着这面旗帜，进行了独立解放战争。1902年古巴共和国成立后，纳尔西索·洛佩斯设计的国旗成为古巴国旗。1906年4月24日，古巴总统颁布第154号令正式予以确认。1955年2月7日，古巴政府根据1940年共和国宪法第五条规定，宣布纳尔西索·洛佩斯将军于1849年5月设计的旗帜为古巴共和国的国旗，并沿用至今。

　　纳尔西索·洛佩斯1797年生于委内瑞拉加拉加斯的一个富商家庭。青年时期他加入保皇军队，1822年成为上校，1834年晋升为准将，1838年跃升为少将，1839年被任命为巴伦西亚联军司令和都督。1841年随巴尔德斯将军到古巴，担任许多重要职务。1841年，洛佩斯被新任古巴总督解除职务后卸甲经商。此后，他开始参加反对西班牙殖民统治的斗争。因参与1848年7月武装起义计划泄露，他被迫逃往美国，西班牙法庭缺席判处他死刑。1849年8月，洛佩斯组织力量远征古巴，但不久被镇压。

1850 年再次进行远征，5 月 19 日占领马坦萨斯省卡德纳斯城，并第一次升起古巴国旗，但又遭失败。1851 年 8 月，洛佩斯率领远征军在古巴北海岸登陆，第二天又遭到西班牙军队袭击，洛佩斯在退往内地途中不幸被擒。同年 9 月 1 日，他在哈瓦那被处以绞刑。临刑前，洛佩斯视死如归，大声喊道："我的死改变不了古巴的命运！"意思是说，古巴终有一天会解放。

国 徽

古巴国徽为盾形。盾面分为三部分，上面部分绘有蓝色的大海，其左右两边各有一岬角，两个岬角之间有一把悬空的金色钥匙。大海水平面处有一初升的半圆太阳，放射出万丈光芒。这个画面显示出古巴地理位置的重要性，它在北面的佛罗里达半岛的萨布莱角和墨西哥尤卡坦半岛卡托切角之间，是进出墨西哥湾的钥匙，是新旧世界以及南北美洲的联系点。太阳象征一个为自由和进步而奋斗的新国家的诞生。盾面下部左边部分是三蓝、二白相间的条纹，其意与国旗同。右边部分是一幅美丽的田园风景画，是古巴自然风光的写照。画上有蓝天、白云、绿色谷地、两座山峦和大王椰子树，在表示古巴山川秀美的同时，也象征着古巴大地的丰裕和财富。大王椰子树是古巴国树，代表古巴人民高尚、坚定的性格。一根束棒在盾后支撑，象征古巴人民在争取自由的斗争中紧密团结。束棒顶上有一顶弗里吉亚自由帽，红帽的正中为一颗白色五角星。盾的右边为月桂枝，左边是圣栎树枝，两根红色丝带将它们和束棒系在一起，在盾下交叉。月桂枝象征胜利，圣栎树枝则代表和平。

古巴国徽是米格尔·特乌尔贝·托隆应纳尔西索·洛佩斯之邀于 1849 年在纽约设计出来的，从此成为古巴爱国者的标志之一。根据 1906 年古巴总统颁布的第 154 号令，首次承认特乌尔贝设计的国徽为古巴正式国徽。1940 年颁布的宪法以法律形式再次确认。

米格尔·特乌尔贝·托隆 1820 年 9 月 20 日生于马坦萨斯，他是古巴国旗和国徽的制作者。他从小表现出语言上的天赋，学过拉丁文、修辞学、哲学和自然科学。1841 年，他出版第一本诗集《前奏》（*Preludio*）。他做过教师、记者和编辑部主任，因受到殖民当局的迫害，1848 年流亡到美国纽约。他绘制出由纳尔西索·洛佩斯构思的古巴国旗,洛佩斯返回古巴后,特乌尔贝继续留在美国。他从事翻译,写英文诗,并编写过西班牙文教科书。他拒绝殖民当局的赦免,但 1856 年因患肺结核返回古巴,次年 10 月 16 日在哈瓦那病逝。

革命宫

革命宫(Palacio de la revolución)位于首都哈瓦那革命广场,在何塞·马蒂纪念碑南面,是古巴国务委员会、部长会议和古巴共产党中央委员会所在地。建于 1948 ~ 1952 年卡洛斯·普里奥(Carlos Prío)总统执政时期,当时作为最高法院和最高检察院所在地。独裁者富尔亨西奥·巴蒂斯塔上台后,扩建了该建筑所在地的革命广场。1965 年,古巴政府下令将政府所在地从总统宫(Palacio Presidencial,今革命博物馆)迁往该建筑。革命宫分为三部分。第一部分是部长会议办公室;第二部分是国务委员会、主席和副主席办公室;第三部分是古巴共产党中央委员会办公室。古巴前领袖菲德尔·卡斯特罗和现领袖劳尔·卡斯特罗的办公室也在革命宫内。革命宫内著名的大厅是洛斯埃莱乔斯大厅(Salón de los Helechos),西班牙语意为"蕨大厅",因为那里有大量蕨类植物。古巴领导人常在该厅接见来访的外国领导人。

国　歌

《巴亚莫颂》(*Himno de Bayamo*)。佩德罗·菲格雷多·西斯内罗斯(Pedro Figueredo Cisneros)作词、作曲。

古巴国歌产生于 19 世纪古巴第一次独立战争时期。19 世纪上半叶,拉丁美洲大陆的许多国家先后挣脱西班牙殖民统治枷锁获得独立后,西班牙殖民者更加强了对古巴的控制。古巴人民生活在水深火热之中,仇恨殖民统治的怒火在胸中燃烧。1868 年,声势浩大的全民起义终于爆发。在起义过程中,奥连特省的巴亚莫是革命临时政府所在地和古巴战时共和国的首府。起义爆发前的 1867 年 8 月 13 日,革命委员会成员在律师、音乐家佩德罗·菲格雷多·西斯内罗斯巴亚莫的家中开会,讨论开展独立运动的计划。会议结束时,马塞奥·奥索里奥（Maceo Osorio）请求菲格雷多谱写一首古巴的《马赛曲》，菲格雷多痛快地答应下来。8 月 14 日清晨，菲格雷多坐在钢琴旁谱写出古巴的《马赛曲》，称为《巴亚莫颂》（*La Bayamesa*），第二天这支曲子便在爱国者中传唱开来。1868 年 10 月 10 日，起义军在马埃斯特拉山区的亚拉村揭竿而起。1868 年 10 月 20 日，起义军攻占巴亚莫。战士们为胜利欢呼雀跃，纷纷请求菲格雷多为《巴亚莫颂》填写出歌词。传说菲格雷多从口袋里掏出笔和纸，在马背上创作出国歌歌词。随着音乐声，菲格雷多和战士们第一次唱起古巴国歌《巴亚莫颂》。在古巴人民的解放斗争中，这首歌发挥了重要的作用，鼓舞人民为推翻西班牙的殖民统治而进行英勇斗争。1870 年，词、曲作者菲格雷多不幸被捕牺牲。1878 年古巴第一次独立战争虽然失败，但震撼了西班牙的殖民统治，成为古巴独立运动的一个前奏。后来，菲格雷多的这首歌被定为古巴共和国的国歌，并由路易斯·卡萨斯·罗梅罗修订，10 月 20 日这一天也被定为"古巴文化日"（Día de la Cultura Cubana）。

菲格雷多 1818 年 2 月 18 日生于格拉玛省（旧称奥连特省）巴亚莫，古巴人习惯称他为"佩鲁乔"（Perucho）。菲格雷多少年时在巴亚莫学习，15 岁时到哈瓦那圣克里斯托瓦尔中学学习。1840 年高中毕业后，他赴西班牙巴塞罗那大学攻读法律。1843 年返回巴亚莫后开办了一家律师事务所，结婚后，移居巴亚莫附近的一个庄园。此后，他放弃律师职业，转向他所喜欢的音乐。1851 年到哈瓦那创办《下午邮报》（*Diario Correo de la Tarde*）。1867 年，古巴独立人士在菲格雷多家中成立了第一届奥连特革命"洪他"，准备武装起义。1869 年，他被任命为解放军联军司令。1870 年 8 月，因患斑疹伤寒和叛徒告密，菲格雷多被西班牙殖民军抓获，同年 8 月 17 日被杀害。

《巴亚莫颂》原有六节歌词，现在只保留两节。这两节歌词为：

巴亚莫人，快起来去战斗，
祖国骄傲地看着你们，
不害怕光荣牺牲，
为祖国献身虽死犹生。

枷锁下偷生生不如死，
谁愿忍受耻辱默不作声？
听号角已吹响，
勇士们拿起武器冲锋！

歌词原文为:

> Alcombate corred, bayameses,
> que la Patria os contempla orgullosa,
> no temáis una muerte gloriosa
> que morir por la patria, es vivir.
> Encadenas vivir es vivir
> en afrenta y oprobio sumidos.
> del clarín escuchad el sonido
> a las armas, valientes, corred.

歌词原文源于 http://www.venezuelaencuba.co.cu/。

国家格言

"祖国与自由"(Patria y Libertad)。

国　语

西班牙语。古巴西班牙语与正统西班牙语在语音、词汇上有一定差异,但同西班牙南部西班牙语非常近似,其原因与古巴历史密切相关。16 世纪初,包括古巴在内的安的列斯群岛成为西班牙最早的殖民地,土著印第安人被屠杀、驱逐殆尽。在古巴岛上定居下来的西班牙殖民者大多是来自该国南部的安达卢西亚人和加那利人,他们带来了西班牙塞维利亚或南部的方言。例如,把 "c" 和 "z" 读成 "s",词尾的 "s" 弱化,词尾的 "n" 发作软腭音,没有第二人称复数 "vosotros"(你们) 等。19 世纪时,大批西班牙人抵达古巴。1850 年,一半以上古巴人出生于西班牙,他们对古巴的语言产生了重要影响。20 世纪,古巴传统的加勒比西班牙语逐渐摆脱西班牙的影响,部分原因是西班牙移民来自全国各地,如加利西亚、卡塔卢尼亚、阿斯图里亚斯、安达卢西亚和加那利等地,他们的方言特点并不一致。

古巴西班牙语拥有加勒比西班牙语的许多特点,语法方面与正统西班牙语的差别为以下几点。

1. 西班牙语中第二人称复数 "vosotros"（你们）在古巴西班牙语中消失，而 19 世纪时因大量西班牙移民的到来，这个词在古巴西班牙语中还存在。

2. 西班牙句子中，主语人称代词在复句中可省略，但古巴西班牙语中仍然存在。如 "Susana dice que mañana ella no va a venir"（苏珊娜说她明天不来）。

3. 西班牙语特殊疑问句中主语置于动词之后，而古巴西班牙语主语置于动词之前。如 "¿Cómo tú estás?"（你好吗?）、"¿Adónde ella va?"（她去哪儿?）。

4. 古巴西班牙语中简单过去时可替代现在完成时。如西班牙语的 "¿Qué ha pasado?"（发生什么事了?）在古巴西班牙语中改为 "¿Qué pasó?"。

5. 在古巴西班牙语中一些词汇源于大安的列斯群岛原始土著居民或塔伊诺语，特别是一些动植物词汇，如 "ají"（辣椒）、"ceiba"（树）、"maíz"（玉米）、"tabaco"（烟草）、"guanábana"（山番荔枝）、"guayaba"（番石榴）、"mamey"（曼密苹果树）、"papaya"（番木瓜）、"tina de lavar"（浴缸）、"bohío"（茅屋）、"cocuyo"（萤火虫）、"tiburón"（角鲨）等。有些词汇则来自其他地区的印第安语，如来自纳华语的 "aguacate"（鳄梨）、"tamal"（玉米粽子）、"zapote"（人心果）；来自尤卡坦半岛玛雅语的 "huracán"（飓风）、"henequén"（优雅龙舌兰）等。

6. 19 世纪时，大批非洲黑人抵达古巴，在古巴西班牙语中留下了一些痕迹，如 "escobio"（同伴）、"ñampearse"（渴望得到，非常喜欢）等词汇就来自非洲语言。

7. 古巴靠近美国，美式英语对古巴西班牙语也产生了一些影响。如 "chucho"（开关，来自英语 "switch"）；"Bambai"（回头见，来自英语 "byebye"）；"oquéi"（来自英语 "O. K."）；"frosen"（冰冻的，来自英语 "frozen"）；"tensaén"（十分，来自英语 "ten cents"）。此外，法语和俄语对古巴西班牙语也有一些影响。

古巴西班牙语与正统西班牙语在语音方面的差别为以下几点。

1. 把 "c" 和 "z" 读成 "s"，例如 "caza"（猎物）和 "casa"（房子）的读音在古巴西班牙语中没有区别。

2. 两个元音中的辅音 "d" 的读音在古巴西班牙语中被省略，如 "perdi (d) o"（失去的），"gana (d) o"（赢得的）"mone (d) a"（钱）等。

3. 古巴西班牙语把 "ll" 读成 "y"，例如 "pollo"（鸡）和 "poyo"（石凳）、"cayó"（倒下）和 "calló"（沉默了）在古巴西班牙语中的读音是一样的。

4. 在古巴西部地区，特别是哈瓦那和马坦萨斯，"r" 的读音变为其后辅音的读音。如 "carbón"（煤）读成 "cab–bón"，"ardentía"（灼热）读成 "ad–dentía"。这种情况在多米尼加共和国部分地区和哥伦比亚加勒比地区也存在，其读音是受非洲语言的影响。有时候，"r" 的读音鼻音化，如 "carne" 读成 "cajne"，"puerta" 读成 "puetta"，"comer" 读成 "comén"。

5. 受非洲语言影响，在古巴西班牙语中部分单词的读音有所改变，如 "l" 取代 "r"，"mejor"（更好）读成 "mejol" 等。

国家勋章

何塞·马蒂国家勋章（Orden nacional José Martí）是古巴的最高荣誉勋章，其名以古巴民族英雄、著名诗人何塞·马蒂（José Martí）的名字命名。何塞·马蒂国家勋章于 1972 年 12 月 2 日设立，1979 年进行过修改。设计者为雕刻家何塞·德拉拉（José Delarra）。

1972 年 12 月 2 日颁布的第 1239 号令规定，何塞·马蒂国家勋章授予在反对帝国主义、殖民主义和新殖民主义斗争中表现突出并加强同古巴社会主义革命友谊的外国国家元首、政府首脑和外国政党领袖。该勋章为圆形金质奖章，重 70 克，直径为 44 毫米，厚度为 3 毫米。勋章的正面左侧是何塞·马蒂头像，右侧写有呈半圆形的西班牙文 "orden nacional José Martí"（何塞·马蒂国家勋章）字样。

1979 年 12 月 10 日第 30 号法令对何塞·马蒂国家勋章的规定和设计做出了修改。该勋章授予为和平和人类事业做出丰功伟绩并在教育、文化、科学、体育或创造性工作中取得突出成就的古巴人或外国人以及国家元首和政府首脑。该勋章中心为何塞·马蒂头像，头像外圆周上部写有 "何塞·马蒂" 的西班牙文，下半部写有何塞·马蒂的生卒年 "1853–1895"。圆的外面是一个五角星，角和角之间有光束。勋章的背面中心是古巴国徽，外圆圆周上半部写有 "República de Cuba"（古巴共和国），下半部写有 "Consejo de Estado"（国务委员会）字样。

金星勋章（Medalla Estrella de Oro）。根据 1979 年第 30 号法令第 8 条规

定，授予在保卫祖国和夺取革命胜利的斗争中英勇奋斗的古巴武装部队成员和为社会主义事业与反对帝国主义斗争中做出突出贡献的古巴公民古巴共和国英雄称号（Título de Héroe de la República de Cuba）。金星勋章是代表古巴共和国英雄称号的徽章，因此，获古巴共和国英雄称号者同时获金星奖章。获得古巴共和国英雄称号和金星勋章的有古巴圣地亚哥城（1983 年）、少将阿韦拉多·科洛梅·伊瓦拉（Abelardo Colomé Ibarra）、少将阿纳尔多·奥乔亚·桑切斯（Arnaldo Ochoa Sánchez）、少将莱奥波尔多·辛特拉斯·弗里亚斯（Leopoldo Cintras Frías）、少将拉蒙·埃斯皮诺萨·马丁（Ramón Espinosa Martín）、准将恩里克·卡雷拉斯·罗拉斯（Enrique Carreras Rolas）和准将拉斐尔·莫拉森·利蒙塔（Rafael Moracén Limonta）、上校菲登西奥·冈萨雷斯·佩拉萨（Fidencio González Peraza）、少校奥兰多·卡多佐·比利亚维森西奥（Orlando Cardosa Villavicencio）。1998 年 2 月 27 日，劳尔·卡斯特罗（Raúl Castro）和胡安·阿尔梅达·博斯克（Juan Almeida Bosque）获得古巴共和国英雄称号和金星勋章。

劳动金星勋章（Medalla Estrella de Oro del Trabajo）是代表古巴共和国劳动英雄称号的徽章，其授予在创造性劳动中和在争取和保卫工人阶级利益的斗争中立下丰功伟绩以及长期为无产阶级国际主义做出重大贡献的古巴人和外国人。

马克西莫·戈麦斯勋章（Orden Máximo Gómez）是授予在重大军事行动和保卫社会主义祖国中英明指挥的现役或退役的武装部队成员，并授予在民族解放战争中立下丰功伟绩的其他古巴公民。该勋章分为一等勋章和二等勋章两级。1984 年 1 月 1 日，阿韦拉多·科洛梅·伊瓦拉少将和阿纳尔多·奥乔亚·桑切斯少将获得一等马克西莫·戈麦斯勋章。1998 年 2 月 27 日，劳尔·卡斯特罗获得一等马克西莫·戈麦斯勋章。

民族英雄

何塞·马蒂。1853 年 1 月 28 日生于哈瓦那。因家庭生活困难，马蒂 13 岁才开始上学。受爱国的小学校长的影响，马蒂从小立志为祖国的独立和解放而战斗。1868 年古巴爆发反抗西班牙殖民统治的大规模起义，不满 16 岁的马蒂也行动起来，写诗、撰文揭露殖民统治的罪行。1869 年 10 月 21 日，马蒂因撰写反对殖民统治的文章而被捕，1870 年 3 月 4 日被判处 6 年徒刑，后改判流放皮诺岛。1871 年 1 月 15 日，马蒂被放逐到西班牙。他先后在马德里和萨拉戈萨的大学求学，1874 年获哲学、文学和法学博士学位。求学期间，他继续为古巴的独立运动奔走呼号。1874 年年底，马蒂因被禁止返回古巴被迫辗转于墨西哥和危地马拉等国。1878 年 7 月被准许回到古巴后，他继续从事革命活动，建立"秘密革命委员会"。1879 年 9 月 17 日，他再遭殖民当局逮捕，又被放逐到西班牙。此后，他从西班牙逃至法国，1880 年年初抵达纽约，成为《美洲杂志》主编，撰写出大量宣传爱国主义的文章。他还在阿根廷、委内瑞拉等拉美国家的报刊上发表时事评论。与此同时，他同流亡在外的 1868 年革命领导人马克西莫·戈麦斯（Maximo Gómez，1836～1905 年）、安东尼奥·马塞奥（Antonio Maceo，1848～1896 年）等取得联系，开展革命组织工作。1889 年，他在纽约成立"独立"俱乐部，第二年 1 月成立"古巴爱国同盟会"。1892 年 4 月 10 日，马蒂又在纽约成立"古巴革命党"、出版党的机关报《祖国》，并被推选为"党代表"。他组织军队，购置武器，请流亡在多米尼加共和国的戈麦斯出任解放军总司令，并请流亡在哥斯达黎加的马塞奥配合行动。1894 年年底，马蒂率领起义军准备渡海回国发动解放战争，但因计划被叛徒泄露而未能成行。1895 年 3 月 25 日，马蒂和戈麦斯共同发表《蒙特克里斯蒂宣言》（Manifiesto de Montecristi），号召古巴人民团结起来，投入反抗殖民统治的武装斗争之中。同年 4 月 1 日，马蒂和戈麦斯率领爱国志士从多米尼加乘船回国。4 月 11 日，他们在奥连特省普拉伊塔斯登陆，并在圣地亚哥附近与马塞洛率领的起义军会师。5 月 19 日，在多斯里奥斯战役中，马蒂不幸中弹牺牲。马蒂不仅是卓越的革命家，还是伟大的诗人、作家，在古巴和世界文学史上占有重要地位，其代表作有诗集《伊斯马埃利略》（Ismaelillo）、《自由诗》（Versos Libres）、小说《悲惨的友谊》（Amistad Funesta）和散文《我们的美洲》（Nuestra América）等。他的著作被汇编成 73 卷《马蒂全集》。

国家诗人

尼古拉斯·克里斯托瓦尔·纪廉（Nicolás Cristóbal Guillén）。古巴著名作家和诗人，他运用黑人民间诗歌的韵律创作出许多反映人民生活的脍炙人口的诗歌，在古巴文学史上占有重要地位。纪廉是个黑白混血种穆拉托人，

1902 年 7 月 10 日生于卡马圭省首府卡马圭。1917 年其父死于镇压人民运动的军队之手，从此家庭陷入困顿之中。纪廉从小喜爱文学，1920 年便开始发表诗作，并为卡马圭和曼萨尼约的一些杂志撰稿。1922 年曾撰写名为《大脑和心脏》（*Cerebro y corazón*）的诗集，但当时未能出版，直到半个世纪后才得以问世。同年，纪廉开始在哈瓦那大学攻读法律，但让人窒息的环境令他入学不久便离开学校。回到卡马圭后，他创办了《利斯》（*Lys*），但很快停刊。他当过《卡马圭人报》的校对和编辑，后负责杂志的一个专题，并受雇于卡马圭市政府。1926 年，纪廉回到哈瓦那，他认识了对他产生过重要影响的美国黑人诗人兰斯顿·休斯（Langston Hughes）。1930 年 4 月，纪廉在《拉马里纳报》上发表诗作《音响的动机》（*Motivos de son*），受到普遍赞扬，许多作曲家为其诗作配曲传唱。1931 年，他发表诗集《松戈罗·科松戈》（*Sóngoro Cosongo*），1934 年另一部诗集《西印度有限公司》（*West Indies Ltd.*）问世。1937 年，他在墨西哥出版诗集《给士兵们的歌和给游客们的韵律》（*Cantos para soldados y sones para turistas*）。同年，纪廉前往西班牙，写出讴歌西班牙人民反法西斯英勇斗争的诗集《西班牙，四种苦恼和一个希望》（*España, poema en cuatro angustias y una esperanza*），并加入古巴共产党。1939～1941 年，他把很多精力投入政治活动之中，并任古巴全国反法西斯阵线领导人。从 1945 年 11 月开始，他周游委内瑞拉、哥伦比亚、秘鲁、智利、阿根廷、乌拉圭、巴西等南美各国，1947 年在阿根廷出版诗集《完全的音响》（*El Son Entero*）。1952 年和 1953 年，纪廉两次应邀访问中国。1954 年，他荣获"加强国际和平"斯大林国际和平奖。此后几年，他穿梭于欧洲多个国家。1958 年，他在阿根廷发表诗集《人民的鸽子在飞翔》（*La paloma de vuelo popular*）。1959 年古巴革命胜利后，纪廉结束在外长期的流亡生活回到古巴，从 1961 年起担任古巴作家和艺术家联合会主席。1967 年，他出版诗集《大动物园》（*El gran zoo*），1969 年出版诗集《献给切的四首歌》（*Cuatro Canciones para el Che*），1972 年在罗马获"维亚雷焦"奖。1989 年 7 月 17 日病逝。

官　服

瓜亚贝拉（Guayabera）。2010 年，古巴官方规定，在国务和外交活动中须穿一种叫作"瓜亚贝拉"的礼服，官员不再着西服和领带。由此，瓜亚贝拉成为古巴的官方服装，而且也逐渐成为大众化服装。

瓜亚贝拉一般为亚麻或全棉面料，通常为浅色，主要为白色、浅咖啡色和黄色。它的样式为长袖，小翻领，有 4 个贴兜，可装许多东西。前后襟立式横褶，胸前衣襟上绣有花纹。据说，穿上瓜亚贝拉，可带给人智慧。男性官员在参加官方活动中要穿白色长袖的瓜亚贝拉，女性官员则可自选瓜亚贝拉的颜色和式样。

瓜亚贝拉源于农村，是西班牙民族服装与印第安人传统服装相结合的产物。18 世纪初，圣斯皮里图斯的亚亚博河（Río Yayabo）地区在田间老宅工作的一位安达卢西亚裁缝最早发明了瓜亚贝拉。这种服装开始叫作亚亚贝拉斯（Yayaberas），源自当地地名。现在这种服装的名称"瓜亚贝拉"则源于一种名叫瓜亚巴（Guayaba）的带有绿壳、咖啡色肉的果实。传说，当时农民们把果实装在新衣服上的 4 个大口袋里，因此，安达卢西亚裁缝最后把这种服装定名为"瓜亚贝拉"。这种适于田间劳动的服装，因物美价廉，轻便凉快，很受农民欢迎。后来，服装样式经过改进，逐渐成为古巴人喜爱的服装。人们在穿瓜亚贝拉时，爱在脖子上系一条红色丝巾，成为当时的时尚。后来，参加独立战争的战士把穿白色瓜亚贝拉当作爱国主义和民族主义的象征。他们把一面旗和一枚徽章用大头针别在瓜亚贝拉前，作为自己是起义战士的标志。如今，瓜亚贝拉已成为古巴服装的代表，是优雅与舒适相结合的产物。古巴岛中部城市圣斯皮里图斯还有一座专门的瓜亚贝拉博物馆，收藏有古巴领袖菲德尔·卡斯特罗、劳尔·卡斯特罗、红衣主教海梅·奥尔特加（Jaime Ortega）、哥伦比亚作家加布里埃尔·加西亚·马科斯（Gabriel García Márquez）和委内瑞拉总统乌戈·查韦斯（Hugo Chávez）以及其他艺术、文化、科学名人所穿过的瓜亚贝拉。

国 花

蝴蝶花（Mariposa）。因花瓣像鳞翅目的蝴蝶而得名，又称"琥珀竿"（Caña de Ambar）。学名"Hedychium coronarium"，属姜科。花为白色，漂亮且带香味。叶为绿色，呈披针形和包状。这种植物可高达 1.5 米。蝴蝶花原产地在亚洲，古巴土壤很适合它的生长。1936 年，阿根廷和平花园的植物学家要求古巴植物学家决定古巴的国花，同年 10 月 13 日古巴选定蝴蝶花为国花。古巴人选蝴蝶花为国花，除了它的美丽、芳香之外，还与国旗的两条白色带一致。白色代表纯洁的自由思想与和平，同时代表古巴妇女的轻柔、妩媚和苗条。在古巴独立战争中，古巴妇女爱国者经常在其头巾或披巾的蝴蝶花饰中藏有古巴解放军的情报，这种花为革命胜利做出了重要贡献。

国 树

大王椰子树（La Palma Real）。学名"Roystonea Regia"，属棕榈科植物，全年开花结果。因高大挺拔、用途广泛、在古巴随处可见而被誉为"古巴田间女王"。树高一般可达 12～15 米，羽状叶树冠十分迷人，常被诗人、音乐家、画家所赞颂，是古巴国徽组成部分之一，象征古巴的自由和独立，象征古巴人民坚强的性格，象征古巴得天独厚的丰裕土地。远古时期土著人就已知道使用大王椰子树，后来古巴农民把它的果实用来作动物饲料，木材用来盖房，树叶用来覆盖房顶，树枝晒干后作扫帚。

国 鸟

咬鹃（Tocororo）。学名"Priotelus Temnurus"，属"Trogodinae"科，攀禽。咬鹃是古巴岛最漂亮的鸟，长 25～28 厘米，雌鸟略小于雄鸟，食果实和昆虫，栖息于古巴各地多林地方的树洞，特别喜欢在山区林中，在委内瑞拉等地也有发现。古巴土著人曾称咬鹃为"瓜塔尼"（Guatani），目前古巴东部省份一些地方仍使用这个名称。咬鹃被选为国鸟原因有二：一是它宁死不愿被关在笼中；二是它有同国旗一样的三色羽毛，胸部、颈部为白色，腹部为红色，头部为蓝色。此外，它的背部还有与古巴田野一样的绿色。

国 菜

阿希亚科（Ajiaco）。古巴的饮食既是西班牙风味、非洲风味和加勒比风味的结合，又独具特色。阿希亚科的名称来自土著印第安语的"Ají"，这是印第安人给他们的佳肴所放调料起的名字。阿希亚科是肉、蔬菜加调料的汤菜。制作时先在锅内放上水，把猪骨头、猪肉块、去盐的干腌肉放到锅里煮沸，去掉汤上的泡沫，汤里加上绿香蕉、丝兰、几段玉米和芋，然后放入少量西葫芦、土豆，再放入甘薯、稍煮过的成熟香蕉。接着，汤中放入奶油，加上煎过的葱头、蒜、欧芹、西红柿和辣椒，然后放上带盐的调料、胡椒、绿柠檬，使汤的颜色从黑变白。最后把捣碎的西葫芦和芋头放入汤中，一道色香味俱佳的汤菜完成了。

国　酒

古巴朗姆酒（Ron cubano）。世界名酒之一，以甘蔗汁为原料酿制成的酒。可单独饮用，也可与其他饮料混合成鸡尾酒。1493 年哥伦布第二次抵达古巴岛时，带来了加纳利群岛的甘蔗根茎。肥沃的土地，适宜的气候条件，使甘蔗在古巴扎根，从此成为古巴最重要的经济作物。甘蔗在古巴不仅用于榨糖，而且从 19 世纪开始通过蒸馏酿成古巴朗姆酒，并以清澈透明和味道独特享誉世界。卡德纳斯、圣地亚哥 - 德古巴、西恩富戈斯和哈瓦那是生产古巴朗姆酒的主要城市。古巴朗姆酒的著名品牌有冠军牌（Campeón）、主教牌（Obispo）、圣卡洛斯牌（San Carlos）、马图萨莱姆牌（Matusalem）、希基牌（Jiquí）、大桶牌（Bocoy）、阿尔武埃尔内牌（Albuerne）、巴卡尔迪牌（Bacardí）和哈瓦那俱乐部牌（Havana Club）。巴卡尔迪公司是 19 世纪古巴最大的出口朗姆酒的公司。古巴革命胜利后，1960 年朗姆酒厂实行国有化，进行了重组，使用了 1878 年建于卡德纳斯的哈瓦那俱乐部的牌子，并以"Giraldilla"为标志。

国　球

棒球。1865 年，一批美国青年来到古巴，教会了一些哈瓦那人打棒球。此后，马坦萨斯和哈瓦那等地的棒球运动迅速普及开来，从此古巴出现了棒球运动。然而，1868 年 10 月 1 日，古巴都督弗朗西斯科·德莱尔松迪（Francisco de Lersundi）下令在古巴全国禁止棒球比赛，认为它是一项反对西班牙的运动。19

世纪 70 年代初，一批中上层家庭的古巴青年前往美国求学，其中包括被称为古巴棒球奠基者的内梅西奥·吉略（Nemesio Guillo）。吉略等人回国后，在古巴大力推广棒球运动，在马坦萨斯建立了一支棒球队，不久在马坦萨斯建起古巴第一个棒球场"帕尔玛尔德尔洪科体育场"。1874 年 12 月 27 日，在这个体育场进行了古巴第一场棒球比赛，哈瓦那队以 59:9 战胜马坦萨斯队。1877 年，帕尔玛尔德尔洪科体育场举行了第一场棒球国际比赛，参赛双方是马坦萨斯队和来访的美国一艘轮船的棒球队。1878 年 12 月 29 日，古巴棒球职业联赛（Liga Profesional del Béisbol Cubano）开始举行，第一场是哈瓦那队与阿尔门达雷斯队的比赛。此后的 100 多年里，古巴棒球成为古巴人民最喜爱的运动，被封为国球。古巴棒球队成为世界最强的棒球队之一，在世界大赛中战绩辉煌，曾获得 1992 年巴塞罗那、1996 年亚特兰大、2004 年雅典三次奥运冠军，第 26～36 届世界杯曾获 9 连霸，2008 年北京奥运会时负于韩国获亚军。

国　舞

丹松舞（El Danzón）。其舞曲的创作者是马坦萨斯穆拉托（黑白混血种人）作曲家米格尔·法伊尔德·佩雷斯（Miguel Failde Pérez）。该舞曲源于克里奥尔舞曲，是古巴传统音乐的组成部分。与舞曲相配合的丹松舞也派生于拉美本地克里奥尔舞的"丹萨舞"（Danza），丹松（Danzón）是丹萨（Danza）的指大词。19 世纪下半期，古巴流行对舞和丹萨舞。这两种沙龙舞蹈是由西班牙宫廷通过殖民者直接传入古巴，或者由海地移民传入，融合了西班牙、非洲和拉美舞蹈的特色。1879 年 1 月 1 日，米格尔·法伊尔德·佩雷斯指挥管弦乐队首次在马坦萨斯演奏当时名为《辛普森的高音》（Las Alturas de Simpson）的丹萨舞。它加入了黑人音乐的色彩，舞蹈形式更为自由，节奏感更为突出，动作更为缓慢，深受舞者的欢迎，并把它称为"丹松舞"。丹松舞节拍为 2×4，以 8 拍的序曲开始，接着是单簧管部分，然后再奏序曲，最后是铜管乐三重奏。丹松舞问世后，音乐家雷蒙多·巴伦苏埃拉（Raimundo Valenzuela）与恩里克·格雷罗（Enrique Guerrero）和费利克斯·克鲁斯（Félix Cruz）对丹松舞曲做了修改，在结尾增添了合唱。20 世纪初，丹松舞不断完善，吸收了古巴其他舞蹈的长处。1910 年，古巴音乐家何塞·乌尔费（José Urfe）又进一步改革了丹松舞，增添了"蒙图诺"（Montuno）的节拍。此后，丹松舞逐渐成为古巴的国舞。丹松舞通常用吉他、特雷斯（三弦吉他）、低音提琴、小号及打击乐器伴奏，有时还加上钢琴和其他管乐器。现在，有一个活跃于古巴各地的"丹松舞之友运动"（Movimiento de Amigos del Danzón）。每隔一年的 11 月古巴会举行"古巴丹松舞节"（Festival Cuba Danzón），从 2004 年起每年 3 月举行"哈瓦那国际丹松舞节"（Festival Internacional Danzón Habana）。

宗　教

1976 年 2 月 16 日颁布的古巴宪法保证公民享有宗教信仰自由。古巴主要宗教天主教是随西班牙殖民者传入的，至今已有 400 多年的历史。1512 年，多明我会传教士最早来到古巴，1517 年圣地亚哥成立了古巴第一个教区。殖民地时期，天主教成为古巴国教，且长时期是古巴的唯一宗教。天主教成为殖民统治的重要支柱，教育、卫生和社会事务操纵在天主教会手中。古巴独立后，天主教仍占据重要地位。1901 年，古巴宪法规定政教分离，1940 年宪法又规定宗教信仰自由。1935 年，古巴同罗马天主教廷建立起最高水平的外交关系，教廷高级人员多次访问古巴。1959 年古巴革命胜利后，一些教士曾参加反对古巴政府的活动。1961 年，古巴关闭天主教学校，并将 131 名教士驱逐出境。1969 年，古巴天主教会表示拥护古巴政府，1971 年年初举行了自革命胜利以来的第一次圣职授任活动。20 世纪 90 年代之后，古巴同罗马教廷关系有所改善。1996 年 11 月 19 日，古巴国务委员会主席菲德尔·卡斯特罗访问意大利，在梵蒂冈首次受到天主教教皇若望·保禄二世接见。1997 年，古巴正式把圣诞节定为国家节日。1998 年 1 月 21 ~ 25 日若望·保禄二世访问古巴，宣布古巴的保护神是慈善圣母（Virgen de la Caridad），并为慈善圣母加冕。古巴全国有 640 多所教堂和 2 个培养教士的神学院。天主教拥有 3 家医院以及一些老年中心。教会每星期六出版时事通讯，有时也出版其他刊物，为信徒提供指导。古巴共有 8 个主教管区，其中哈瓦那和圣地亚哥 - 德古巴两个教区为大主教管区。红衣主教、哈瓦那大主教、古巴天主教主教会议主席海梅·奥尔特加·阿拉米诺（Jaime Ortega Alamino）是古巴天主教会最高领导。他于 1978 年任比那尔德里奥主教，1981 年晋升为哈瓦那大主教，1994 年成为红衣主教，1995 年 5 月被选为拉丁美洲主教会议（CELAM）副主席。古巴第一个红衣主教是曼努埃尔·阿特亚加·贝当古（Manuel Arteaga Betancourt,

1879～1963 年），1941 年任哈瓦那大主教，1946 年成为红衣主教。古巴现有
12 个主教、10 个使节和 2 个主教助理，约有 250 名教士、450 名修女和 50 名
高级神职人员。另一种说法认为，古巴现拥有 344 名教士，61 名副主祭，628
名修女。教士中有一半是古巴人，其他主要来自西班牙和墨西哥。

国　币

古巴比索（Peso）。1 比索等于 100 分（Centavos）。为纪念 1869 年 7 月 9
日卡洛斯·曼努埃尔·德塞斯佩德斯－卡斯蒂略政府颁布发行纸币的法令，7
月 9 日成为古巴钱币日（Día de la Numismática Cubana）。1997 年成立的古巴中
央银行（Banco Central de Cuba）取代古巴国家银行（Banco Nacional de Cuba），
成为古巴货币的发行机构。古巴货币现有两套系统，一套是古巴比索，另一
套是古巴可兑换比索。

古巴比索纸币有 1、3、5、10、20、50 和 100 比索。所有面额纸币均长
15 厘米，宽 7 厘米。

1 比索纸币为绿色，正面右侧绘有何塞·马蒂像，背面绘有 1959 年菲德
尔·卡斯特罗同起义战士在哈瓦那街头庆祝胜利的场面；3 比索纸币为红色，正
面绘有埃内斯托·切·格瓦拉（Ernesto Che Guevara）像，背面绘有格瓦拉砍甘
蔗的图像；5 比索纸币为绿色，正面绘有安东尼奥·马塞奥（Antonio Maceo）
像，背面绘有 1878 年马塞奥与西班牙 A. 马丁内斯·坎波斯－安东将军在曼戈
斯德巴拉瓜谈判；10 比索纸币为褐色，正面右侧绘有马克西莫·戈麦斯
（Máximo Gómez）像，背面绘有全民战争；20 比索纸币为蓝色，正面右侧绘有
卡米洛·西恩富戈斯（Camilo Cienfuegos）像，背面绘有农田景象；50 比索纸币
为紫色，正面右侧绘有卡利斯托·加西亚（Calixto García）将军像，他曾参加
19 世纪三次反抗西班牙殖民统治的独立战争和何塞·马蒂领导的 1895 年战争，
背面为遗传工程和生物工艺学中心；100 比索纸币为红褐色，正面右侧绘有古巴
国父卡洛斯·曼努埃尔·德塞斯佩德斯－卡斯蒂略像，背面绘有何塞·马蒂像。

2003 年古巴中央银行曾发行两种纪念纸币，一是为纪念何塞·马蒂 150
周年诞辰而发行的 1 比索纪念纸币，二是为纪念攻打蒙卡达兵营 50 周年而发
行的 20 比索纪念纸币。

古巴比索硬币有 1、2、5、20 分（Centavos）和 1、3 比索。1、2 和 5 分

从 1915 年起流通；20 分于 1962 年开始流通；1983 年 1 比索硬币问世；1990 年起 3 比索硬币开始流通。1 比索硬币为镍铜锌合金，3 比索硬币为铜镍合金。

古巴可兑换比索（Pesos Convertibles）于 1994 年开始流通，相当于外汇券，只限于古巴境内使用。其纸币面值有 1、3、5、10、20、50 和 100 可兑换比索。

1 可兑换比索纸币为暗绿色、棕褐色、黄色，正面右侧绘有哈瓦那何塞·马蒂纪念碑，背面绘有多斯里奥斯战役；3 可兑换比索纸币为红色、粉红色和绿色，正面绘有圣克拉拉的埃内斯托·切·格瓦拉纪念碑，背面绘有圣克拉拉战役；5 可兑换比索纸币为绿色、橙色和黄色，正面绘有哈瓦那的安东尼奥·马塞奥纪念碑，背面绘有巴拉瓜的抗议——古巴马塞奥将军与西班牙 A. 马丁内斯·坎波斯 – 安东大将谈判；10 可兑换比索纸币为褐色、蓝色和绿色，正面绘有哈瓦那的马克西莫·戈麦斯纪念碑，背面为能源革命——电力厂；20 可兑换比索纸币为暗蓝色、亮蓝色和黄绿色，正面绘有卡米洛·西恩富戈斯纪念碑，背面绘有手术奇迹——眼科医生进行外科手术和乘客走下飞机；50 可兑换比索纸币为紫色、橙色和黄色，正面为哈瓦那的卡利斯托·加西亚纪念碑，背面为群众高举旗帜游行的场面；100 可兑换比索纸币为红色、橙色和亮黄色，正面绘有卡洛斯·曼努埃尔·德塞斯佩德斯 – 卡斯蒂略纪念碑，背面绘有玻利瓦尔为美洲的抉择——卫星盘、地图、读报的妇女和男人、炼油厂。

古巴可兑换比索铸币有 1、5、10、25、50 分和 1 比索。5、10、25、50 分和 1 可兑换比索铸币 1994 年铸造，1995 年流通；1 分铸币从 2000 年开始流通。

圭　亚　那

国　名

圭亚那合作共和国（The Cooperative Republic of Guyana）。地处南美洲东北部，西北与委内瑞拉为邻，南与巴西交界，东连苏里南，东北濒大西洋。"圭亚那"（Guayana）之名源于土著印第安语。一种说法认为，在奥里诺科河三角洲的印第安瓦拉奥语（warao）中，"Guai"意为"名字"，"Yana"意为"没有"，两词合在一起的"Guayana"是"没有名字""不能命名的土地"之意，由此引申出"Guayana"意为"不敢命名的土地""神圣的土地"，这就同传说中的"黄金国"关联起来。另一种说法认为圭亚那（Guayana）意为"多水之乡"，因为其境内多河流、瀑布、湖泊，著名的凯厄图尔瀑布落差达226米。

国　都

乔治敦（Georgetown）。位于德莫拉拉河入海口东岸，是圭亚那工商业中心。英国人建于1781年，以英国国王乔治三世（George III）的姓氏为名。该城曾被荷兰、英国、法国反复争夺。1782年，乔治敦被法国人占领，称为"新镇"（La Nouvelle Ville）。1784年又被荷兰人控制，以荷兰西印度公司总裁斯塔布罗克勋爵尼古拉斯·海尔文克（Lord Stabroek, Nicolás Geelvinck）命名，称斯塔布罗克。1812年4月英国人夺回该城的统治权，恢复原名乔治敦，并成为英属圭亚那首府。1966 年圭亚那独立后，成为该国首都。市内多名胜古迹，以世界最长铁浮桥、世界最大木结构教堂和印第安大草棚最为著名。

国　庆

2 月 23 日（1970 年）。从 15 世纪末起，西班牙、荷兰、法国和英国反复争夺圭亚那。1814 年，圭亚那沦为英国殖民地，1831 年正式成为其殖民地，被称为英属圭亚那。圭亚那人民为争取独立展开了长期斗争。1953 年，英属圭亚那取得内部自治地位。1961 年，英国被迫同意英属圭亚那成立自治政府。1966 年 5 月 26 日，英属圭亚那宣布独立，定名为圭亚那。这一天成为圭亚那的“独立日”。1970 年 2 月 23 日，执政党人民全国大会党（简称人大党）宣布成立圭亚那合作共和国，并成为英联邦加勒比地区的第一个共和国。后来，这一天成为圭亚那的“国庆日”。

国　旗

圭亚那独立前，1962 年举办了竞选该国国旗的国际比赛，最终美国佛罗里达旗帜中心总裁惠特尼·史密斯（Whitney Smith）设计的图案胜出，1966年正式成为圭亚那国旗。圭亚那国旗旗面为绿色，长与高的比例为 5∶3。圭亚那国旗被称为“金色箭头旗”，因为旗面上有一似箭头的黄色白边等腰三角形，箭头从旗左边向右延伸，顶角至右边中点。黄色白边等腰三角形中又有一个黑边红色等腰三角形，顶角至旗中心。因此，圭亚那国旗是世界各国国旗中唯一旗面上含两个三角形的国旗。在圭亚那国旗的五种颜色中，绿色占旗面的 50％，黄色占 24％，红色占 16％，白色占 6％，黑色占 4％。每种颜色都有自己的象征意义。绿地代表农业和林业资源；白边代表河流和水利潜力；金色箭头代表圭亚那的矿业资源；黑边代表圭亚那人民勇往直前的毅力；红色代表圭亚那人民建设年轻和独立国家中表现的热情和动力。黑边和白边不是惠特尼·史密斯设计的，而是由英国纹章学院添加的。史密斯设计的国旗的旗地原为红色，英国纹章学院将红色和绿色的位置互换，旗地改为绿色。

国　徽

　　圭亚那国徽由阿尔文·鲍曼（Alvin Bowman）、斯坦利·格里夫斯（Stanley Greaves）和 L. R. 博罗斯（L. R. Borrows）三个圭亚那画家合作而成，经英国历史与艺术委员会推荐、英国皇家纹章学院通过，1966 年 2 月 25 日由英国国会批准。

　　圭亚那国徽由九部分组成。第一部分是最上方的印第安人羽毛头饰，被称为"酋长王冠"，代表印第安人，他们是圭亚那最早的居民。第二部分是羽毛头饰下的头盔，是君主政体的标志，表明圭亚那曾是英国殖民地。第三部分是头饰两边的两颗钻石，代表圭亚那的矿业资源。第四部分是盾牌，象征圭亚那的国防。第五部分是盾牌上的王莲，它是圭亚那的国花，由德国植物学家罗伯特·雄堡（Robert Schomburgh）所发现。第六部分是王莲下的三条蓝色波纹，象征该国的埃塞奎博河、伯比斯河、德梅拉拉河及众多的瀑布、急流。第七部分是蓝色波纹下的麝雉，它是世界上稀有的鸟类和圭亚那国鸟。第八部分是盾牌两侧扶盾而立的两只美洲豹，左侧美洲豹握着一把镐头，右侧美洲豹握着甘蔗和水稻。美洲豹象征圭亚那人民的勤劳和勇敢，镐头代表采矿业，甘蔗和水稻代表圭亚那的两大传统农作物。第九部分是盾牌下的一条正面为白色、背面为红色的缎带，白色的正面写有大写英文"ONE PEOPLE, ONE NATION, ONE DESTINY"（一个民族、一个国家、一个命运）的铭文。

总统旗

　　各届圭亚那总统旗样式不一，都有自己的象征意义。例如，总统贾根（Cheddi Bharat Jagan）1992～1997 年执政期间总统旗的旗面颜色与国旗的黄色、绿色、红色相同，颜色顺序是黄、绿、红、绿、黄。黄色和红色等幅，绿色最窄。旗面中央是一只展翅的大鹰，鹰的胸前为一个十二齿的机械齿轮，齿轮围绕的中心圆底色为白，内绘工厂和冒烟的烟囱，工厂左边有一光芒万道的初升太阳。大鹰的爪踏香蕉、木薯等农作物，大鹰的左右两边被甘蔗和稻穗环绕。大鹰象征力量和耐力，农产品和烟囱意在说明总统强调强大的农业基础和发展工业和技术的重要性。初升的太阳是新时代开始的象征。

总统府

圭亚那宪法规定，总统为国家元首、政府首脑和武装部队的最高统帅。圭亚那总统府原称"总督府"（Government House），现称为"国府"（State House），位于首都乔治敦。原址有一座 19 世纪 20 年代兴建的宅第，属于英国圣公会。总督莱特（Lyght）和巴克莱（Barclay）曾在此居住，每月支付租金 240 镑。1852 年开始在此兴建总督府，1858 年一座二层木制楼房建成。1970 年圭亚那成为英联邦加勒比地区第一个共和国后，首任总统钟亚瑟（Raymond Arthur Chung，当时是象征元首）入住后改称国府。后来，总统福布斯·伯纳姆（Forbes Burnham）和总统休·德斯蒙德·霍特（Hugh Desmond Hoyte）把总统府迁往城堡府（Castellani House）。1992 年，贾根总统执政后又把国府作为总统府，此后国府就正式成为圭亚那总统府。

国　歌

《圭亚那国歌》（*National Anthem of Guyana*）。词作者为圭亚那藉英国人阿奇博尔德·伦纳德·卢克（Archibald Leonard Luker，1917～1971 年），曲作者为圭亚那音乐家罗伯特·西里尔·格拉德斯通·波特尔（Robert Cyril Gladstone Potter，1899～1981 年）。

20 世纪 60 年代下半期，莱内特·多尔芬（Lynette Dolphin）领导的圭亚那全国历史与艺术委员会举办全国性的国歌歌词选拔比赛，要求入选国歌短并能激发人民的爱国主义精神。在参赛的 266 首作品中，12 首歌词进入在政府工艺学院进行的决赛。国家交响乐团、歌唱队、独唱演员演奏和演唱了这些歌词。结果，阿奇博尔德·伦纳德·卢克以笔名 L. L. 阿奇博尔德参赛获胜，并获 500 圭亚那元奖金，他把奖金捐赠 A. J. 西摩抒情诗奖学金。卢克是英国圣公会牧师，主管圭亚那新阿姆斯特丹万圣教堂。他在伯比斯地区生活多年，为伯比斯莱昂斯俱乐部、伯比斯戏剧团、伯比斯红十字会和盲人协会做出大量贡献。后来，他加入圭亚那藉，自视为伯比斯人。与此同时，圭亚那全国历史与艺术委员会还举行了为国歌歌词配曲的选拔比赛，吸引了包括由詹姆斯和瓦莱里·罗德韦（James，Valery）作词、瓦莱里·罗德韦作曲的《自由的圭亚那》（*Guyana the Free*）和比尔·皮尔戈林（Bill Pilgrim）作曲的《向圭亚那致敬》（*Salute to Guyana*）等著名歌曲参赛。结果，罗伯特·西里尔·格拉德斯通·波特尔提交的国歌配曲胜出，获 500 圭亚那元奖金。波特尔自幼在家学习钢琴，曾创作出多首动听的歌曲，如沃尔特·麦克阿瑟·劳伦斯（Walter MacArthur Lawrence）作词的《我的黄金国圭亚那》（*My Guiana Eldorado*）、J. R. 赫特森（Hutson）作词的《路在德梅拉拉延伸》（*Way down in Demerara*）等。他还曾为 P. 劳伦斯作词的《希望之歌》（*Song of Hope*）配曲。后来，卢克和波特尔创作的国歌被提交国会，1966 年 4 月 21 日被批准为圭亚那国歌。圭亚那国歌共有四节。

圭亚那国歌第一节为：

> 亲爱的祖国圭亚那，
> 阳光雨露滋润丰饶的河山。
> 你像镶嵌在高山大海之间的一颗宝石，
> 儿女们向你致敬，亲爱的自由国家。

歌词第一节原文为：

> Dearland of Guyana, of rivers and plains,
> Made rich by the sunshine and lush by the rains,
> Set gemlike and fair between mountains and sea,
> Your children salute you, dear land of the free.

歌词原文源于 http：//www. guyanaguide. com/natsymbols. html。

国家格言

"一个民族、一个国家、一个命运"（One people, One nation, One destiny）。

国　语

　　圭亚那是南美国家中唯一以英语为国语的国家，在教育、商业和政府部门使用英语。圭亚那英语同正统英语有一些区别，如"Girl"（女孩）说成"Gyal"，"Boy"（男孩）说成"Bai"，"How are you?"（你好吗?）说成"How yuh do?"等。70 万以上的圭亚那人讲克里奥尔语，它以英语为基础，受到荷兰语、法语、西非语、阿拉瓦克语、加勒比语和印第安语的影响，还有些圭亚那人讲葡萄牙语、圣卢西亚克里奥尔语、乌尔都语、兴都斯坦语、汉语、阿卡瓦约语、阿拉瓦克语、阿托拉达语、伯比斯荷兰克里奥尔语、加勒比语、韦韦语等。

国家勋章

　　根据圭亚那 1976 年颁布的第 2 号法，该国共设 3 种国家勋章，它们是圭亚那卓越勋章、圭亚那罗赖马勋章和圭亚那服务勋章。1970 年圭亚那总统第一次颁发圭亚那国家勋章。此后，每逢圭亚那独立日时，圭亚那总统都要向获奖者颁发勋章。

　　圭亚那卓越勋章（Order of Excellence of Guyana）是圭亚那的最高荣誉勋章，授予对国内或国际重要领域有卓越贡献的圭亚那公民，也可授予对圭亚那做出重要贡献的外国人。每年限 25 人获奖。

　　圭亚那罗赖马勋章（Order ofRoraima of Guyana）是圭亚那第二高荣誉勋章，授予对圭亚那做出突出服务的圭亚那公民，也可授予对圭亚那做出宝贵服务的外国人。每年限 35 人获奖。

　　圭亚那服务勋章（Order of Service of Guyana）是圭亚那第三高荣誉勋章，分为综合奖和特别奖两类。综合奖包括荣誉酋长十字（Cacique's Croewn of Honour`，C. C. H）、成就金箭（Golden Arrow of Achievement，A. A）和服务奖章（Medal of Service，M. S）三种，分别颁发给 100 人、200 人和 350 人。特别奖则包括英勇酋长十字（Cacique's Crown of Valour，C. C. V.）、奋勇金箭（Golden Arrow of Courage，A. C.）和总统推荐的勇敢行为（The President's

Commendation for Brave Conduct）三种。其中，荣誉酋长十字授予在公共服务、社会与志愿服务、工业或工会等领域提供优质服务的人；成就金箭授予在艺术、科学、体育等领域取得国内和国际承认的突出成就的人；服务奖章授予对圭亚那经济发展做出重要贡献的机构和团体。此外、军队、警察等的圭亚那服务勋章也有自己的分类。

民族英雄

卡菲（Cuffi）。他是非洲黑人奴隶，领导了 1763 ~ 1764 年争取自身权利的奴隶起义。起义首先在坎杰河玛格达莱南贝尔戈庄园爆发，2500 多名奴隶加入起义队伍。奴隶们抗议非人待遇，占领了一个又一个庄园，很快控制了整个地区，吓得欧洲种植园主望风而逃。后来，由于法国和英国殖民军队的疯狂反扑，再加上起义军内部矛盾重重，卡菲领导的伯比斯奴隶起义最终遭到镇压。然而，卡菲却永远活在圭亚那人民心中，成为该国的民族英雄。

国　花

王莲（Victoria Regia）。1837 年，德国植物学家罗伯特·雄堡带领一支考察队在英属圭亚那内地首先发现这种花，遂以英国女王维多利亚之名命名。王莲是多年生植物，生长于水面之上，其茎埋在软泥中。每个王莲的叶子很少超过 5 片，叶长超过 2.7 米，呈绿色或黄绿色。最大的花直径可达 0.33 米。第一天开花时呈白色，芳香四溢。第二天花朵完全伸展开来，花色变为桃红。第三天则开始凋谢。王莲的莲子营养丰富，当地人常作为食物。

国　鸟

麝雉（Hoatzin 或 Canje Pheasant）。学名 "Opisthocomus hoatzin"，意为"长冠雉"，生活于伯比斯河等河流两岸地区。其骨架与早期鸟类化石相像，被认为是从恐龙演化而来，是最原始的鸟类之一。成熟麝雉从嘴到尾约长 56

厘米，全身呈红褐色，掺杂绿色；肩和肋羽毛边缘呈奶白色；头小，冠毛长，嘴短而粗；腿和爪强壮有力，尾长而粗；绯红眼睛周围的皮呈淡蓝色。麝雉以水生植物的叶为食，每年 4~9 月筑巢。飞翔能力差，幼鸟会游泳，但成鸟这种能力则消失。

国　兽

美洲豹（Jaguar）。生活于中美地区，属猫科，体长 1.7~2.7 米，重 100~160 公斤，头大，四肢短粗。毛色棕黄或米黄，上有黑斑。与猫科其他动物不同的是，美洲豹是游泳好手。除能在林中猎食鹿、野猪、貘等之外，还能在水中捕食鱼、海龟、小鳄鱼等，并能上树捕食猎物。美洲豹喜独处，一窝产四子。

国家运动

板球。板球是圭亚那非常普及的运动，特别是在伯比斯地区，那里有许多全国知名的运动员。19 世纪，板球运动传入圭亚那，这项运动集中于乔治敦。1858 年，乔治敦板球俱乐部成立，成为西印度群岛最早的俱乐部。1865 年，在乔治敦帕拉德体育场举行的殖民地内部的板球赛中，圭亚那板球队战胜了巴巴多斯板球队。圭亚那首都乔治敦经常举行国际板球比赛，许多英联邦国家都要参加。

国　舞

摇摆舞（Colypso）。又称摇摆爵士舞蹈，是圭亚那非常普及的一种运动，也是圭亚那国舞。它是一种快节奏交谊舞，动作欢快洒脱，变化多样。没有严格的动作规范，是可自由发挥的即兴舞蹈。摇摆舞最早发源于 20 世纪初期的美国，20~50 年代是其鼎盛时期，并传入圭亚那。圭亚那人喜欢这种节奏分明、尽显个性的舞蹈，节日期间，人们常常在街头巷尾跳起欢快的摇摆舞。

国　食

　　红胡椒炖肉（Pepper Pot）。源于该地区印第安人菜肴。印第安猎人把捕获的猎物肉或禽肉放在用黏土制成的大罐中炖制，携盛肉的大罐从一个营地到另一个营地。炖好的肉添加一些调料可存放数年，但需每天煮沸。只要每天煮一次，便不需冷藏。每天还必须添加用木薯制成、被称为"卡萨雷普"（cassareep）的调味汁，实际上就是淀粉汁。如今，圭亚那红胡椒炖肉的配料有切成小方块的瘦猪肉、鸡胸脯、牛肉、牛尾、红胡椒、牛蹄、木薯汁、罗勒属植物、百里香属植物、蒜瓣、剁碎的洋葱、猪尾。制作这种菜时先把牛蹄、牛尾和猪尾炖软，加上其他配料和盐，盖上盖煮沸，然后小火炖 2 小时。每天煮沸 1.5 小时，至少 6 天，直至肉从骨上完全脱离。

宗　教

　　殖民地时期圣公会曾是英属圭亚那国教。独立后，圭亚那宪法规定宗教信仰自由。圣公会不再是国教，基督教、印度教和伊斯兰教成为圭亚那三大宗教。根据 2002 年的统计，新教教徒和天主教教徒占全国总人口的 57%（其中五旬节派占全国总人口的 16.9%，罗马天主教占 8.1%，英国圣公会占 6.9%，基督复临派占 5%，其他基督教派占 20%）、印度教教徒占 23.4%、伊斯兰教教徒占 7.3%、塔法里教教徒占 0.5%、巴哈教派教徒占 0.1%、其他宗教教徒占 2.2%、无宗教信仰者占 4.3%。新教和天主教在圭亚那有很大的影响力，20 世纪 50 年代大部分天主教教徒在乔治敦，很多是葡萄牙移民。19 世纪抵圭的印度人，大部分信仰印度教，一部分人信奉伊斯兰教。后来有一些印度移民皈依基督教，但常常是因职业原因。一些皈依者继续把印度教或伊斯兰教的意识添加到基督教礼拜中。圭亚那非洲移民大多是基督徒，少数人皈依了印度教或伊斯兰教。60 年代，因天主教教和政府发生摩擦，外国天主教教士曾被逐出圭亚那。70 年代，新教和天主教一起反对政府控制教会学校，但未能奏效。

国 币

圭亚那元（Guyanese Dollar）。1 圭亚那元等于 100 分（Cents）。1991 年圭亚那元成为浮动货币后，圭亚那货币不断贬值，从 1990 年的 40 圭亚那元兑换 1 美元，到 2008 年 10 月 30 日已变为 203.1 圭亚那元兑换 1 美元。

历史上，圭亚那曾使用多种欧洲国家货币。从 1530 年开始，西班牙、英国、荷兰、法国殖民者对圭亚那展开激烈争夺。1616 年，荷兰人在埃塞奎博河、科兰太因河、波梅隆河等地建立起移民区。1621 年，荷兰货币荷兰盾成为圭亚那的流通货币。与此同时，西班牙银币和葡萄牙金币也开始在圭亚那流通。1814 年，英国同意付给荷兰 1400 万美元换取德梅拉拉－埃塞奎博、伯比斯、好望角等殖民地。1831 年，英国将伯比斯、德梅拉拉－埃斯奎博合并在一起，成为英属圭亚那。1837 年，英属圭亚那元取代荷兰盾成为英属圭亚那货币单位。从 1839 年开始，西班牙元与英国铸币一起在圭亚那流通，1 西班牙元兑换 4 先令 2 便士。同时，墨西哥和哥伦比亚钱币作为合法货币继续流通。1876 年，英国钱币成为圭亚那本位货币。1950 年，圭亚那开始使用英属西印度元。1951 年 8 月 1 日，英属加勒比地区货币委员会成为发行英属西印度元的专门机构。1955 年，英镑货币被新的十进制货币取代。与此同时，十进制也引入整个东加勒比地区。1962 年，圭亚那退出英属西印度委员会。从 1962 年起，圭亚那元开始流通。1965 年 11 月 15 日，圭亚那元与英属西印度元一起在圭亚那流通，圭亚那元与英镑挂钩。1975 年 10 月 9 日，圭亚那元停止盯住英镑，改与美元挂钩。

目前，圭亚那流通的纸币为 20、100、500 和 1000 圭亚那元。

1996 年发行的 20 圭亚那元纸币正面图案是圭亚那中部波塔罗河的凯厄图尔瀑布，背面图案是造船厂和马拉里渡口轮渡。

1998 年发行的 100 圭亚那元纸币正面图案是圭亚那银行标识和圭亚那地图，背面图案是圣乔治大教堂。

2000 年发行的 500 圭亚那元纸币正面图案是圭亚那银行标识和圭亚那地图，背面图案是议会大楼。

2006 年发行的 1000 圭亚那元纸币正面图案是圭亚那银行标识和圭亚那地图，背面图案是圭亚那银行大楼。

目前，圭亚那流通 1、5 和 10 圭亚那元铸币。铸币正面图案均为圭亚那国徽，国徽之上用英文写有"GUYANA"（圭亚那），国徽之下写有铸造年份。1 圭亚那元铸币背面中间图案为收割稻子和币值。钱币圆周上半部用大写英文写有"RICE HARVEST"（收割稻子），钱币圆周下半部写有"BANK OH GUYANA"（圭亚那银行）。5 圭亚那元铸币背面中间图案为甘蔗和币值，钱币圆周上半部用大写英文写有"SUGAR CANE"（甘蔗），钱币圆周下半部写有"BANK OH GUYANA"（圭亚那银行）。10 圭亚那元铸币背面中间图案为矿工和金矿，钱币圆周上半部用大写英文写有"TRADITIONAL GOLD MINING"（传统金矿业），钱币圆周下半部写有"BANK OH GUYANA"（圭亚那银行）。

1976 年 5 月 26 日，为庆祝独立 10 周年，圭亚那银行发行面值为 1、5、10、25 和 50 分和面值为 1、5、10、50 和 100 圭亚那元的 10 种纪念币。其中，6 种纪念币绘有圭亚那的 6 种动物：海牛、美洲豹、猴子、鹰和麝雉；3 种纪念币绘有圭亚那的 3 个英雄：卡菲、克里奇洛（Critchlow）和恩莫雷·马特斯（Enmore Martyrs）；1 种纪念币绘有美洲印第安人传说中的黄金国。上述 10 种纪念币正面都是国徽，圆周上部用英文写有"OUR PEOPLE—OUR MOST PRECIOUS ASSET"（我们的人民——我们最宝贵的财富），下部写有"BANK OF GUYANA 976"（圭亚那银行 1976 年）。

墨 西 哥

国 名

墨西哥合众国（Los Estados Unidos Mexicanos）。墨西哥位于北美洲南部，北邻美国，南接危地马拉和伯利兹，东濒墨西哥湾和加勒比海，西南临太平洋。19世纪初，当墨西哥还处于西班牙的殖民统治之下时，一些独立运动的先驱已把自己的国家称为"América Mexicana"，意为"墨西哥美洲"。在1813年召开的奇尔潘辛戈议会上，一些议员提议用"阿纳瓦克"（Anahuac，阿兹特克人用于称呼被自己控制的土地）作为国家的名字，但最终奇尔潘辛戈议会采用了墨西哥（México）之名。

关于墨西哥名字的来源，流传着一个古老传说。墨西哥土著阿兹特克人是美洲古老的印第安人的一支，他们崇拜太阳神惠齐洛波奇特利。传说太阳神的母亲有400个子女，大的是女儿，其余的都是儿子。一天，她在清扫月亮神庙时，因拾起一颗晶莹碧绿的玉球而有孕在身。她的400个儿女甚为恼火，决定杀死婴儿。在母亲临盆之际，他们如狼似虎般待在一旁，手执利器准备下手。突然之间，金光万道，手执弓箭、腰悬宝剑的惠齐洛波奇特利出世了。他弯弓搭箭，支支利箭射向其狠毒的兄姐们。他们吓得抱头鼠窜，大姐则丧生于他的宝剑之下。从此，阿兹特克人把英俊威武的惠齐洛波奇特利封为自己的部落神。因为人们知道，他是天上下凡的太阳神和战神，他的母亲象征着大地，而他的兄姐则分别是天上的星辰和月亮。

太阳神向阿兹特克人发出启示，让他们向南迁徙，如果看见一只站立于仙人掌上的老鹰正在啄食一条蛇，一定要在那里定居下来，部落就会兴旺。

按照太阳神的意旨，阿兹特克人跋山涉水，从北向南迁移，于 1325 年来到墨西哥谷地的特斯科科湖畔。湖中有座小岛，岛上绿荫掩映，郁郁葱葱。两个祭司被派往小岛探察，他们上岸后惊喜地发现，在红河、蓝河两条河流的交汇处，矗立着一块巨石，上有一颗葳蕤挺拔的仙人掌。一只雄鹰昂首站立在仙人掌的顶端，嘴里叼食着一条长蛇，这正是太阳神所预示的地方。正当他们和雄鹰相互致意时，一个祭司突然消失在水中，另一个祭司慌忙回去报告。时间不长，失踪的祭司又返回了驻地。原来他被接到了水神的宫殿，受到热情的接待，水神向他表示欢迎阿兹特克人在这里定居。听此消息，阿兹特克人高兴万分，纷纷驾舟驶往小岛，在岛上盖房筑屋，建成自己的都城，取名为特诺奇蒂特兰城（Tenochtitlan），印第安语意即"石头上的仙人掌"。阿兹特克人认为部落的兴旺都是太阳神惠齐洛波奇特利赐予的，为了得到太阳神的庇佑，便以他的别名"墨西特里"（Mexihtli）作为国家的名称，后来又演化为"墨西哥"，意为"墨西特里人居住的地方"。此后，"墨西哥"渐渐成为这个国家、首都墨西哥城（Ciudad de México）以及墨西哥州（Estado de México）的名字。

不过，有人说"México"是由"Meztli"（月亮）、"xictli"（中心）和"co"（地方）组合而成，意为"月亮中心的地方"。但也有人说"墨西哥"意为"月亮湖中心的地方"，"湖"指的是"特斯科科湖"，因为特诺奇蒂特兰城位于月亮湖的中心。还有人认为"México"意为"月亮上的兔子"或"宇宙中心的中心"。

国　都

墨西哥城（Ciudad de México）。位于墨西哥中南部，其名与国名同。它的前身为阿兹特克人的都城特诺奇蒂特兰，鼎盛时期曾有 6 万幢房屋，到处有花园和屋顶花园，巨大的公共建筑物上涂以石膏，白光耀眼，瑰丽壮观。城里的居民最多曾达 30 万，是当时世界上最大的城市之一。1521 年，西班牙殖民者把这座神话般的城市烧成灰烬，接着又在古城的废墟上兴建了一座新城，取名为墨西哥城。如今，古老的城市已换新颜，吸引着世界各地的游客。

国 庆

9 月 16 日 (1810 年)。19 世纪初,拉丁美洲燃起反抗西班牙殖民统治的烈火。从 1808 年开始,墨西哥独立运动势头高涨,革命斗争的领导人是多洛雷斯教区的天主教神父米格尔·伊达尔戈 – 科斯蒂利亚 (Miquel Hidalgo y Costilla)。1810 年 9 月 16 日凌晨,伊达尔戈 – 科斯蒂利亚率领人民揭竿而起,爱国者们逮捕西班牙人,释放囚犯。他敲响教堂大钟,印第安人闻声蜂拥而来。他向人们高声疾呼:"孩子们,你们愿意成为自由的人吗? 300 年前,可恨的西班牙人夺取了我们祖先的土地,你们愿意夺回来吗?"群众齐呼:"绞死殖民强盗!"他说:"同我们一起干吧! 否则,你们将永远生活在坏政府的暴虐统治之下!"人民高喊:"打倒坏政府!""美洲万岁!"伊达尔戈 – 科斯蒂利亚的呼声鼓舞着墨西哥人民摧毁万恶的殖民枷锁,革命烈火席卷整个墨西哥。1813 年 11 月,墨西哥宣布独立。1821 年,墨西哥人民彻底赶走西班牙殖民军,并于 9 月 16 日再次宣布了它的独立。墨西哥人民为了永远记住发出"多洛雷斯呼声"的那一天,便把 1810 年 9 月 16 日定为墨西哥的国庆日,即"独立日"。

国 父

米格尔·伊达尔戈 – 科斯蒂利亚。1753 年 5 月 8 日,伊达尔戈 – 科斯蒂利亚生于墨西哥瓜纳华托州彭哈莫圣迭戈·德科拉莱霍庄园的一个土生白人家庭。12 岁时前往巴利亚多利德(今莫雷利亚)圣尼古拉斯学校学习,1770 年毕业后到墨西哥城深造。他大量阅读卢梭、孟德斯鸠等人的著作,深受法国资产阶级民主自由思想的影响。1773 年,伊达尔戈 – 科斯蒂利亚获哲学和神学学士学位,1778 年成为神父。他通过考试成为圣尼古拉斯学校教授,1790 年升为校长。由于主张政治思想自由,伊达尔戈 – 科斯蒂利亚曾受过宗教裁判所的审查。1803 年他担任多洛雷斯镇教区神父后,不顾殖民当局的禁令,在他的教区内实行行政和教育改革,并采取了许多有利于印第安人的措施,因此深受印第安人的爱戴。与此同时,他积极宣传资产阶级自由民主思想,所以也得到大批土生白人和混血种人的拥护。1808 年,他参加了克雷塔罗城的爱国组织，积极准备武装起义。他们派人到全国各地联络，并准备于 1810 年 12 月 8 日宣告独立。由于叛徒的告密，起义计划泄露，许多爱国者被捕。由于得到何塞法·奥尔蒂斯·德多明格斯（Josefa Ortiz de Domínguez）的通知，伊达尔戈－科斯蒂利亚和一些战友幸免于难，他们转往克雷塔罗城，与伊格纳西奥·阿连德（Ignacio Allende）会合。伊达尔戈－科斯蒂利亚决定提前发动起义。9 月 16 日清晨，他发出著名的"多洛雷斯呼声"（Grito de Dolores）后，声势浩大的武装起义爆发了，他成为"美洲起义军最高统帅"。起义军从多洛雷斯出发向南挺进，农民、牧民、矿工、手工业者、城市贫民和具有爱国思想的土生白人纷纷加入革命队伍，革命力量日益壮大。一路之上，起义部队所向披靡，殖民军望风而逃。起义军占领了大地主的住宅、庄园和矿场，没收了他们的财物、粮食和牲畜，严厉镇压了那些为非作歹、恶贯满盈的大庄园主、大官吏和大商人。伊达尔戈－科斯蒂利亚顺应人民的要求，采取了一系列积极措施，宣布废除奴隶制度，解放所有奴隶，废除人头税，把殖民者掠夺的土地全部归还给印第安农民。墨西哥人民热烈拥护他领导的起义军，起义军迅速扩大，发展到 8 万多人，并向首都墨西哥城逼近。可惜的是，他未能正确判断形势以一鼓作气攻入墨西哥城，反而决定后撤，从而给敌人以喘息之机。后来，由于叛徒的告密，起义军在北撤途中中了埋伏。1811 年 3 月 21 日，伊达尔戈－科斯蒂利亚和起义军官兵全部被俘。在敌人的严刑拷打面前，他大义凛然，威武不屈，于 7 月 31 日慷慨就义。但墨西哥人民的斗争烈火是扑不灭的，他们在伊达尔戈－科斯蒂利亚精神的鼓舞下继续斗争，直至获得独立。墨西哥人民深切怀念这位为国捐躯的民族英雄，尊他为"墨西哥独立之父"和"国父"。

国　旗

　　绿、白、红三色旗，绿色在左，红色在右，白色居中。国旗呈长方形，长与高的比例为 7∶4。在白色旗地中心饰有墨西哥国徽，国徽直径为白色带宽的 3/4。绿色代表希望，白色代表团结，红色代表英雄洒出的鲜血。另一说绿色代表希望，白色代表纯洁，红色代表宗教。还有一说旗上的红、绿彩条象征在阿斯特克文化发祥地交叉的红河和蓝河。

　　历史上，墨西哥先后出现过几种国旗。1810 年 9 月，墨西哥国父米格尔·伊达尔戈－科斯蒂利亚率领人民举行反抗西班牙殖民统治的起义。起义军高举绘有圣母瓜达卢佩像的旗帜，向首都墨西哥城挺进。这面旗可以说是墨西哥的第一面国旗。1813 年，起义军设计出新的国旗：白色旗面中心绘有一只头戴王冠的雄鹰伫立于一仙人掌上，周围写有拉丁文 "Oculis et unguibus asqué victrix"，意为"用眼和爪获得胜利"。旗的边缘饰有蓝白方格图案。起义军还曾使用从左到右为白、蓝、红的竖条旗。

　　墨西哥第一面正式国旗出现于 1821 年 11 月。当时墨西哥已获得独立，阿古斯丁·德伊图尔维德（Agustín de Iturbide）根据他不久前称帝时所用绶带的颜色，颁发制定了绿、白、红三色墨西哥国旗，代表独立的绿色在左边，中间一条是白色，红色在右边。白色带中心绘有一只头戴王冠的鹰，王冠代表帝国。鹰的口中没有叼蛇。1822 年 7 月，这面国旗正式使用。

　　墨西哥第二面正式国旗出现于 1823 年。当时，墨西哥成立了联邦共和国。4 月，立宪大会规定，国旗仍为绿、白、红三色，但国徽的图样有所改变。依照土著传统，白色带上一只侧面的雄鹰伫立于一株仙人掌上，嘴上吞食着一条蛇，取消了鹰头上代表帝国的王冠。

　　墨西哥第三面正式国旗使用于 1864～1867 年墨西哥第二帝国期间，当时法国扶植奥地利大公马克西米连（The Archduke Maximilian Joseph）当上帝国皇帝，号称马克西米连一世。此时的国旗沿用了绿、白、红三色，但高与长的比例从 4:7 改为 1:2。白色带置入的国徽类似于法国国徽，国旗的四角各有一只戴王冠的鹰。

　　马克西米连一世倒台和被处死后，墨西哥恢复使用第二面国旗。1867～1968 年，墨西哥历届政府使用的国旗都是三色旗，只是国徽图案稍有改变。如 1916 年贝努斯蒂亚诺·卡兰萨（Venustiano Carranza）总统下令宣布鹰从正面改为左侧面。

　　目前，墨西哥使用的国旗被称为第四面正式国旗，是 1968 年 9 月 16 日通过法令被采用的，1984 年 2 月 24 日颁布的《国徽、国旗和国歌法》再次确认。该法规定了国旗的图样、长与高的比例等，其样品保存在墨西哥档案馆和国家历史博物馆中。

　　20 世纪 90 年代中期，墨西哥开始出现大型国旗。1995 年，首先在位于总统府旁的马尔特营地上竖起一面大国旗。随后，全国各地纷纷效仿，各州首府和边境城市都竖立起自己的大国旗，成为当地一大景观。1999 年 7 月 1 日，墨西哥总统埃内斯托·塞迪略（Ernesto Zedillo）颁布法令，规定在一些大城市竖立长 25 米、高 14.3 米、旗杆高 50 米的大型国旗。大型国旗首先竖立在墨西哥城、蒂华纳、华雷斯城和韦拉克鲁斯，然后出现在恩塞纳达、新拉雷多和坎昆。2005 年，蒙特雷竖立的国旗长达 50 米、宽 28.6 米、旗杆高 100 米，而 2007 年在墨西哥城宪法广场上竖立的国旗更长达 55 米、高达 31.43 米。

2 月 24 日是墨西哥国旗日。从 1937 年 2 月 24 日起，每年国旗日墨西哥人民都要在维森特·格雷罗纪念碑前举行纪念活动。维森特·格雷罗是在国旗前宣誓忠诚的第一个墨西哥军人，他说出了墨西哥人民的共同心声："祖国第一"（La Patria es Primero）。墨西哥《国徽、国旗和国歌法》第 10 条规定，国旗日这一天，电台、电视台都要播送宣传国旗历史和意义的特别节目。

国　徽

墨西哥国徽由弗朗西斯科·埃彭斯·埃尔格拉（Francisco Eppens Helguera）于 1968 年完成设计，由时任总统古斯塔沃·迪亚斯·奥尔达斯（Gustavo Díaz Ordaz）批准。1984 年，米格尔·德拉马德里（Miguel de la Madrid）总统公布的《国徽、国旗和国歌法》对该国徽式样做了规定：一只扑展双翅的雷阿尔雄鹰（Aguila Real），一只爪伫立在湖中岩石上长出的一颗葳蕤挺拔的仙人掌上，另一只爪抓住蛇身，铁嘴叼食着蛇。下面饰有石和水，月桂和橡树枝呈半圆围在周围。国徽图案的产生来源于阿兹特克人的一个传说（详见国名）。这面国徽是在瓜纳华托州彭哈莫城人安东尼奥·戈麦斯（Antonio Gómez）设计的原国徽的基础上产生的。

16 世纪初，西班牙殖民者征服墨西哥后就曾使用鹰和蛇的徽章，1642 年被圣母像所取代。墨西哥独立战争期间，爱国部队的军徽为加冕老鹰的图案。1822 年 7 月，伊图尔比德称帝后沿用了这个图案。1823 年 7 月 "制宪会议" 召开后，国徽图案进行了修改，纠正了老鹰的姿态并添加了蛇的图案。

总统绶带

根据墨西哥《国徽、国旗和国歌法》的规定，总统绶带是国旗的展示形式之一，是执政权的标志，因此，只有总统才能披戴。墨西哥总统绶带的颜色与国旗相同。原来由绿、白、红三色纵列构成，每条颜色宽幅相等，中间的国徽图案跨连 3 条颜色，用金线刺绣而成。在新当选总统宣誓仪式上，即将离职的总统将总统绶带交给现任议长，然后议长将总统绶带交给刚宣誓过的新总统。2010 年 6 月 23 日，墨西哥总统府秘书处公布关于修改《国徽、国旗和国歌法》的第 3 条法令，对总统绶带的颜色顺序进行了调整，改为红、白、绿的顺序。该法于 6 月 24 日生效。墨西哥的总统绶带是国家权力的象征，只有佩戴绶带的总统才是宪法总统，才真正代表着国家的尊严和权威。根据墨西哥宪法第 35 条《国徽、国旗和国歌法》规定，在总统权力交接宣誓仪式、每年向国会做国情报告、9 月 15 日晚纪念"多洛雷斯呼声"和外国驻墨西哥大使和公使递交国书时，墨西哥总统必须披戴总统绶带。在其他重大活动中，墨西哥总统也应披戴总统绶带。墨西哥的总统绶带产生于 1821 年，当时阿古斯丁·伊图尔维德称帝，建立"伊图尔维德帝国"，他第一次佩戴上白、绿、红三色绶带，象征着对宗教、独立和全国团结三方面的护卫。同年墨西哥独立后，根据伊图尔维德所披绶带的颜色制定了墨西哥国旗，但在颜色顺序上进行了调整，改为绿、白、红的顺序。以后就任的墨西哥总统所披戴的绶带都沿用了国旗的图案，有的总统甚至干脆披上国旗。1968 年，墨西哥宪法正式规定总统佩戴总统绶带，并规定在总统移交权力、向议会做政府工作报告、独立庆典和接受外国大使呈递国书时，必须佩戴绶带。

总统旗

墨西哥总统旗是执政权的象征之一。墨西哥总统旗的长与高比例为 7:4，其式样是在该国国旗中央国徽上方写有呈弧形的金色大写西班牙文"ESTADOS UNIDOS MEXICANOS"（墨西哥合众国），国徽图案也为金色。在新总统宣誓就职仪式上，除接受总统绶带外，还要接受总统旗。墨西哥总统作为该国武装部队总司令，拥有代表武装部队最高指挥权的总司令旗。总司令旗分为海军仪式的总司令旗和参观舰船与机构的总司令旗。长与高的比例都为 7:4。海军仪式的总司令旗为矩形，在国旗左侧绿色旗面上有 5 颗垂直的白色五角星。总统参观舰船与机构时悬挂的总司令旗旗地为白色，左上部为国旗，左下部有 5 颗平排的金色五角星，旗的右部是国徽。总统官邸旗的长与高比例为 3:2。旗面分为三部分，上面为红色和白色两部分，共占旗面的 1/2，下面黑色部分占旗面的 1/2。红色旗面写有白色大写西班牙文 "PRESIDENCIA"（总统官邸），白色旗面为国徽，黑色旗面写有 "OFICINA DE LA PRESIDEN-CIA DE LA REPUBLICA"（共和国总统官邸办公室）。

总统府

国民宫（Palacio Nacional）是墨西哥名义上的总统府，但实际上松林别墅（Los Pinos）才是现今墨西哥真正的总统府。

国民宫位于墨西哥城宪法广场（又称索卡洛广场）东侧，其所在地原为阿斯特克国王蒙特苏马二世（Moctezuma II）修建的王宫。1522 年，墨西哥的征服者埃尔南·科尔特斯（HernánCortés）在蒙特苏马王宫和其毗邻地区建筑的废墟上建起了他的第二座宅第，称为 "新房"（Las Casas Nuevas）。1562 年 1 月 19 日，新西班牙总督路易斯·德贝拉斯科（Luis de Velasco）以 3.3 万金比索从科尔特斯之子马丁·科尔特斯（Martín Cortés）手中购得这片地产，在此兴建新的总督府，但保留了大花园和果园。8 个月后，中世纪风格的总督府竣工，贝拉斯科成为入住的第一位总督，检审庭、监狱等也随之迁入。被称为 "总督宫"（Palacio Virreinal）或 "王宫"（Palacio Real）的总督府犹如一座堡垒，角上有由炮兵护卫的两座塔楼和射击用的枪眼。但是，设施再完善，也抵挡不了墨西哥人民反抗殖民统治的烈火。

1692 年 6 月 8 日，8000 名印第安人聚集在马约尔广场（宪法广场的旧称），放火焚烧了总督府。火焰吞噬了总督府的大厅、房间和办公室，第二天清晨总督府已成一片废墟。惊慌失措的墨西哥总督躲进圣弗朗西斯科修道院，这才躲过一劫。重建后的总督宫，巴洛克风格代替了中世纪风格。1821 年墨西哥独立后，总督宫被称为 "帝宫"（Palacio Imperial）。1823 年奥古斯都一世（即伊图尔维德）被推翻后，根据立法大会的法令，帝宫更名为 "国民宫"，因为行政、立法和司法三权机构都设在此地。后来，立法和司法机构从国民宫迁往别处。墨西哥第二帝国时期，马克西米连一世又将国民宫改为 "帝宫"，但只进行一些礼仪活动，他的官邸则迁往查普尔特佩克堡。1867 年马克西米连一世垮台后，"国民宫" 的名字重新恢复，成为国家执政权力所在地和总统官邸。

19 ~ 20 世纪，国民宫经过多次改建或修缮，最重要的改造发生在 1924 ~

1928 年普鲁塔科·埃利亚斯·卡列斯（Plutarco Elias Calles）执政时期。1926~1928 年，建筑师奥古斯托·佩特里克西奥利（Augusto Petriccioli）和豪尔赫·恩西索（Jorge Enciso）负责为国民宫添加了第三层，国民宫的正面建筑用红火山岩替换了白石。后来宫内增添了壁画，1945 年建立了总统走廊和起义者走廊。2001 年维森特·福克斯总统执政后，也对国民宫进行了改建。他下令推倒受 1985 年地震严重破坏、20 世纪 60 年代兴建的兰达楼房（los edificios Landa），建立新楼房，2006 年新楼竣工。此外还新建了一座博物馆、一座商店、一座餐馆，以方便来访的游客。

国民宫中间大门的上方有个不大的阳台，阳台上方的壁龛中有一座举世闻名的"独立钟"，它就是 1810 年 9 月 16 日清晨墨西哥国父伊达尔戈－科斯蒂利亚在多洛雷斯镇教堂敲响过的那口大钟。每年国庆，墨西哥总统都要站在这个阳台上，主持庆祝仪式，检阅游行队伍。国民宫内共有 14 个庭院。中央大门通向一个四方形中央庭院，院中的柏伽索斯（希腊神话中有双翼的飞马）雕塑喷泉拥有 300 多年的历史。飞马是灵感的象征，因为飞马蹄曾在赫利孔山踏出泉水，诗人饮之可获灵感。庭院每边都有 10 座高大拱门与围绕庭院的走廊相连。沿中央楼梯向上，高 6 米、长 10 米的巨幅壁画占据了 5 个拱门，延伸至二层楼梯的左右两侧。这幅《墨西哥人民的史诗》（*Epopeya del pueblo mexicano*）是墨西哥著名壁画家迭戈·里维拉（Diego Rivera）1929~1935 年创作的壁画，再现了墨西哥的古代文明、反抗殖民者侵略的斗争、独立运动和人民生活的历史。这幅史诗般色彩绚丽、气势磅礴、场面宏大的历史画卷，堪称墨西哥的国宝。除此之外，一层走廊上还有这位画家 1941~1952 年创作的另外 11 幅壁画，每一幅都是精美的杰作。

如今，国民宫虽是名义上的总统府，但楼房南翼仍保留着总统工作和活动的场所。起义者走廊（Galería de los Insurgentes）和总统走廊（Galería de los Presidentes）与供总统活动的大厅相连，两个走廊摆放着许多古老家具和第二帝国时期和波菲里奥时期的艺术品，包括油灯、烛台、花瓶等。走廊墙壁上悬挂着墨西哥历史名人和重大事件的油画：起义者走廊墙壁悬挂着一些知名画家于 1865 年创作的独立先驱画像，其中包括华金·拉米雷斯（Joaquín Ramírez）所画的国父米格尔·伊达尔戈－科斯蒂利亚像；1945 年由曼努埃尔·阿维拉·卡马乔（Manuel Avila Camacho）总统建立的总统走廊墙壁上悬挂着 19~20 世纪墨西哥总统像，有些画像是画家专门给摆好姿势的总统画的，如法国画家爱德华·平格雷特（Edouard Pingret）1851 年给身着礼服的总统马里亚诺·阿里斯塔（Mariano Arista）所画的画像，其他多幅画作是高产画家卡洛斯·特赫达（Carlos Tejeda）1945～1946 年的作品。与起义者走廊和总统走廊相连的华雷斯大厅（Salón Juárez），悬挂着墨西哥农民起义领导人埃米利亚诺·萨帕塔（Emiliano Zapata）和古巴英雄何塞·马蒂的油画。除华雷斯大厅外，总统活动的大厅还包括蓝色大厅（Salón Azul）、绿色大厅（Salón Verde）、深紫色大厅（Salón Morado）以及大使大厅（Salón de Embajadores）、接待大厅（Salón de recepciones）、总统办公室（Despacho Presidencial）、餐厅等，其中蓝色大厅、绿色大厅、深紫色大厅是以厅中挂毯的颜色为名的。国民宫的东部有纪念 1875 年立宪者大厅（Sala de Homenaje a los Constituyentes de 1857）和议会大厅（Recinto Parlamentario），议会大厅前身为 1829～1872 年众议院会议厅，后予以重建。此外，国民宫还有吉列尔莫·普列托大厅（Salón Guillermo Prieto）、莫里斯科大厅（Salón Morisco）、泛美大厅（Salón Panamericano）、弗朗西斯科·马德罗档案馆（Archivo de Francisco I. Madero）、考古之窗（Ventanas Arqueológicas）、贝尼托·华雷斯纪念大厅（Recinto de Homenaje a Benito Juárez）等。贝尼托·华雷斯纪念大厅于 1957 年 7 月 18 日正式落成，这里是华雷斯总统最后几年生活过的地方，在其卧室、办公室和侧室展出其亲友捐赠的华雷斯个人物品。此外，还有一个专门图书馆，收藏与其政治活动有关的官方文件和 19 世纪墨西哥题材的书籍，从中可看出华雷斯在抵抗法国干涉、保卫国家主权、保卫共和国斗争中所发挥的决定性作用。该大厅于 1957 年对外开放，1993 年因重建国民宫西北翼而暂时关闭，1998 年重新开放。

国民宫历经沧桑，不仅见证了从国王、殖民总督到总统的变换和更迭，折射了墨西哥的深重历史，而且留下了不少统治者的传说和逸事。墨西哥独立后，国民宫不再是执政者的官邸，他们在附近的街道上建立住宅，乘马车或步行前往国民宫办公。最后一位在国民宫办公的总统是 1964～1970 年执政的古斯塔沃·迪亚斯·奥尔达斯（Gustavo Díaz Ordaz），后来的总统都在松林别墅办公。奥地利大公马克西米连抵达墨西哥后，据说在 1863 年，他在国民宫家具里发现了臭虫，遂决定把查普尔特佩克堡作为他的王宫。贝尼托·华雷斯总统的官邸在墨西哥城圣拉斐尔大街。其妻死后，华雷斯在国民宫北翼开设了卧室，但只住了一年多时间，1872 年 7 月 18 日便因心脏病发作而逝世，成为唯一在国民宫内去世的墨西哥总统。1880～1884 年执政的总统曼努埃尔·冈萨雷斯（Manuel González）酷爱美女，曾下令在国民宫一侧建一道让美女通过的门，被称为"维纳斯通道"。

松林别墅

坐落在查普尔特佩克山丘东南角,如今是墨西哥真正的总统府。这里风景幽美,青松林立。大门口竖立着写有 "Esta es tu Casa"(这是你的家)的醒目牌子,一条称为 "总统路"(Calzada de los Presidentes)的道路通向总统办公楼,路两边矗立着曾入住此处的各位总统的青铜雕像。1976 ~ 1982 年执政的何塞·洛佩斯·波蒂略(José López Portillo)总统是这条路的名称和树立雕像的最早创意者。

历史上,松林别墅所在地最早由托尔特卡人居住,后成为阿兹特克人沐浴之地。这里有蒙特苏马二世专用的沐浴地,称为 "特马斯卡莱斯"(Temas-cales),意为 "蒸汽浴"。西班牙殖民者征服墨西哥后,于 1525 年 12 月 15 日在这里开设了墨西哥第一家磨坊,称为 "国王的磨坊"(Molino de Rey)或 "救世主磨坊"(Molino del Salvador),经营磨麦、磨玉米和磨辣椒。1853 年,何塞·巴勃罗·马丁内斯·德尔里奥(José Pablo Martínez del Río)从何塞·林孔·加利亚多(José Rincón Gallardo)手中购买了这块地,取名 "拉奥米加庄园"(Rancho la Hormiga),西班牙语意为 "蚂蚁庄园",因为该地是他拥有的地产中最小的地产。另一说则认为是,很多年前这里有大量称为 "切叶蚁"(arriera)的大而红的蚂蚁。马丁内斯下令建造了英式别墅、池塘并修建了道路。1916 年,这个庄园属于尼古拉斯·马丁内斯·德尔里奥(Nicolás Martínez del Río)。1917 年 4 月 23 日,贝努斯蒂亚诺·卡兰萨(Venustiano Carranza)政府下令征用这个庄园,供他的亲信使用,以靠近他所居住的查普尔特佩克堡。第一个入住庄园的人是当时的陆军和海军部负责人伊格纳西奥·恩里克斯·西凯洛斯(Ignacio Enríquez Siqueiros)将军。但不久,1918 年 1 月 11 日庄园又归还了尼古拉斯·马丁内斯·德尔里奥。1925 年,阿尔瓦罗·奥夫雷贡(Alvaro Obregón)政府又征收了这个庄园,把它作为高级军官的宅邸。这个时期,建造了马厩、球场、射击场、马球场和一个蓄水池。

1934 年 12 月 2 日,总统拉萨罗·卡德纳斯(Lázaro Cárdenas)执政后的第二天命人另寻居所,因为他觉得查普尔特佩克堡过于奢华,最后选中蚂蚁别墅作为官邸,并改为现名 "松林别墅",以纪念他和其妻阿玛丽亚·索洛萨诺(Amalia Solórzano)在米却肯州塔坎巴罗的一座名为 "松林" 的果园相识。

1946~1952 年执政的米格尔·阿莱曼（Miguel Alemán）总统委托建筑师曼努埃尔·吉罗（Manuel Giraud）在松林别墅里修建了一座三层楼房，并以他自己的名字命名。这座建筑面积为 5700 平方米，最高层是总统和家人的卧室，底层是接待厅，地下一层是电影、游戏和音乐舞厅。此外还有一个体操房、击柱游戏厅、唱片厅、游泳池。总统喜欢每天早晨在这个游泳池的冷水中游泳。这时，如果有官员想同总统谈事，那就只得下水和总统一起游泳。

2001~2006 年执政的总统维森特·福克斯（Vicente Fox）把阿莱曼建设的总统楼的卧室、体操房、游戏厅、唱片厅等改造为 90 间办公室，供政府官员办公，自己一家则住进路易斯·埃切维里亚（Luis Echeverría）总统在松林别墅建造的一些房子中。2001 年 9 月 28 日，他又下令对游客开放松林别墅。

国　歌

《墨西哥人，响应战争的召唤》（*Mexicanos al grito de guerra*）。词作者为弗朗西斯科·冈萨雷斯·博卡内格拉（Francisco González Bocanegra），曲作者为海梅·努诺（Jaime Nunó）。

早在墨西哥宣布独立的 1821 年 7 月 28 日，何塞·托雷斯卡诺（José Torrescano）就曾为新生的国家谱写出一首国歌，但这首歌未被采用。1849 年，圣胡安·德莱特兰·兰萨科学院举行征集国歌的比赛。在征集到的 30 首歌中，美国作曲家安德鲁·戴维斯·布拉德伯恩（Andrew Davis Bradburn）创作的歌曲和墨西哥诗人费利克斯·马里亚·埃斯卡兰特（Felix María Escalante）作词、奥地利作曲家亨利·赫斯（Henry Herz）作曲的一首歌入围。1850 年 11 月，后一首歌最终被选中。但在瓜达拉哈拉演唱这首歌时，未能得到墨西哥人民的认可。后来，古巴诗人胡安·米格尔·洛萨达（Juan Miguel Lozada）和作曲家尼古拉斯-查尔斯·博奇萨（Nicolas-Charles Bochsa）创作了一首墨西哥国歌，但没能流传开来。此后，意大利作曲家安东尼奥·巴里利（Antonio Barilli）、匈牙利作曲家马克斯·马雷齐克（Max Maretzek）、意大利作曲家伊格纳西奥·佩列格里尼（Ignacio Pellegrini）等人也试图创作墨西哥国歌，不过都未能成功。

1853 年 11 月 12 日，总统洛佩斯·德圣安纳（López de Santa Anna）下令在全国征集国歌，国歌评选委员会收到了 24 位著名诗人创作的歌词。1854 年 2 月 3 日，《官方日报》（Diario Oficial）发表公告，宣布青年诗人弗朗西斯科·冈萨雷斯·博卡内格拉的作品获胜。同日，宣布征集国歌配曲。1854 年 8 月 10 日，由何塞·安东尼奥·戈麦斯（José Antonio Gómez）、托马斯·莱昂（tomás León）和阿古斯丁·巴尔德拉斯（Agustín Balderas）组成的评选委员会最后选中西班牙加泰罗尼亚音乐家海梅·努诺配曲的《上帝与自由》（Dios y Libertad）获胜。1854 年 9 月 15 日晚，在墨西哥城的圣安娜剧院（后改称国家剧院）首次演奏墨西哥国歌。意大利音乐家乔瓦尼·博泰西尼（Giovanni Bottesini）担任乐队指挥，意大利女高音歌唱家巴尔维娜·斯特费诺内（Balbina Steffenone）和意大利男高音歌唱家洛伦索·萨尔维（Lorenzo Salvi）演唱歌词部分，米格尔·马松和佩德罗·卡瓦哈尔剧团演唱合唱部分。歌词作者弗朗西斯科·冈萨雷斯·博卡内格拉和已成为其夫人的瓜达卢佩·冈萨雷斯·德尔皮诺出席了演唱会。洛佩斯·德圣安纳总统因国歌中没有提及他而感到不满，未出席这天晚上的演奏会。

1943 年，曼努埃尔·阿维拉·卡马乔总统颁布法令，正式宣布博卡内格拉作词、努诺作曲的歌曲为墨西哥国歌。1984 年，米格尔·德拉马德里总统执政时颁布《国旗、国徽和国歌法》，对国旗、国徽和国歌的使用做了规定。根据该法，国歌由博卡内格拉撰写的合唱以及原十节歌词中的第一、第五、第六和第十节歌词组成。在正式活动中只唱合唱、第一节与合唱歌词。在文体活动和其他活动中，通常只唱合唱和第一节歌词，最后重复合唱。电视台和电台播送国歌时，通常播送合唱、第一节、合唱、第十节与合唱。教唱国歌是所有初等和中等教育机构的义务。电台和电视台每天的节目开始和结束时要播送国歌。禁止为商业广告或类似性质的目的演唱或演奏国歌。2005 年《国旗、国徽和国歌法》附加第 39 条生效，该条规定，印第安居民和社团可以演唱译成本族语言的国歌。

国歌歌词作者博卡内格拉 1824 年 1 月 8 日生于圣路易斯－波托西城。他十几岁起开始经商，但从小酷爱文学，尤其喜欢诗歌。后来他离开波托西，前往墨西哥城，参加了著名的文学学会，结识了许多杰出的诗人、作家，深受他们的影响和熏陶。此后，他在经商的余暇，经常进行创作，写出了不少别具特色的诗作，并陆续在报刊上发表。在文学的道路上，他的表妹瓜达卢佩·冈萨雷斯·德尔皮诺（Guadalupe Gonzalez del Pino）给了他热情的鼓励和支持。为了便于创作，他索性弃商从事政务，先后当过道路总管理、剧场监督和官方日报负责人。在圣安纳政府发布征求国歌的通知时，尽管他已小有名气，但参加竞选的信心并不很足。而他的表妹却竭力劝他动笔，因为她对自己心上人的才华和对祖国炽热的感情了如指掌。

一天，博卡内格拉来到表妹家。瓜达卢佩把他领到一个僻静的小房间，指给他看写字台上准备好的纸和笔，对他说写好国歌才许离开这间小屋，说罢锁紧房门走了。博卡内格拉看了看钟，时间是下午两点整。他俯首案前，开始冥思苦索。蓦地，对祖国的激情像烈火一样在胸中燃烧起来，他握紧了笔，一行行感情充沛的诗句跃然纸上。下午 6 点钟，他兴奋地敲打着房门，高叫表妹快来开门。表妹全家聚集在一起，聆听瓜达卢佩朗诵博卡内格拉刚刚完稿的诗句。动人心弦、感人肺腑的诗句像磁铁一样吸住了在场的每一个人，大家热烈鼓掌，交口称赞，瓜达卢佩情不自禁地一下扑到表哥怀中。就在墨西哥国歌歌词诞生的这一天，这对青年订了婚。不幸的是，这位才华横溢的年轻诗人，因患斑疹伤寒于 1861 年 4 月 11 日死于墨西哥城，年仅 37 岁。

国歌作曲者海梅·努诺 1824 年 9 月 8 日生于西班牙赫罗纳省的圣胡安·德拉斯阿巴德萨斯村，在 7 个兄弟姐妹中排行最小。他的一个哥哥是教堂管风琴演奏员，常教给他一些音乐的基本知识，使他从小喜欢音乐。他在 9 岁时失去父母成为孤儿后，巴塞罗那的一个叔叔收养了他，并把他送到大教堂成为独唱演员。7 年后变嗓时，他离开教堂去了意大利，师从塞维里奥·梅尔卡丹泰学习作曲。结业后回巴塞罗那，创作了 200 多首舞曲。

1851 年，他成为西班牙皇家乐团指挥，同年 10 月被派往古巴组织那里的军乐团。在古巴他认识了被放逐国外的洛佩斯·德圣安纳。1853 年圣安纳重新当上墨西哥总统后，邀请努诺到墨担任墨西哥国家军乐团指挥。同年，圣安纳政府征集国歌作曲，他谱写出一首雄壮而优美的乐曲。1854 年 8 月 12 日，他的作曲中选。1856 年 10 月努诺离开墨西哥，先后担任纽约歌剧团和意大利歌剧团的指挥，在一些国家进行巡回演出。后在美国布法罗定居，创建了一所音乐学院。1901 年，一个墨西哥记者在布法罗认出了这位墨西哥国歌的作曲者，这个消息不胫而走，传遍墨西哥全国。同年 9 月 12 日他应邀到墨西哥城，参加了为他召开的欢迎大会。在 9 月 16 日国庆节时，他又受到热烈欢迎。1904 年，他再次回墨西哥，出席墨西哥国歌诞生 50 周年的庆祝活动。1908 年 7 月 18 日，他因病在纽约去世，享年 84 岁。

墨西哥国歌合唱和第一节歌词为：

合唱：

> 墨西哥人，响应战争的呼唤，
> 备好刀剑和战马向前。
> 驰骋在祖国心脏，
> 奔向炮火隆隆的前线。

第一节：

> 啊，祖国，给你献上橄榄枝，
> 和平是上帝天使所赐予。
> 你不朽的天堂命运，
> 安排决定的是上帝。
> 敌人铁蹄胆敢踏入你的土地，
> 啊，亲爱的祖国天堂
> 儿女们将奋不顾身保卫你。

墨西哥国歌合唱和第一节歌词原文为：

Coro：

> Mexicanos, al grito de Guerra
> El acero, aprestad y el bridón,
> y retiemble en sus centros la tierra.
> Al sonoro rugir del cañón.

I：

> Ciña ¡Oh patria tus sienes de oliva!
> De la paz el arcángel divino,
> Que en el cielo tu eterno destino
> Por el dedo de Dios escribió.

Más si osare un extraño enemigo

Profanar con su planta tu suelo

Pienso ¡Oh patria querida! Que el cielo

Un soldado en cada hijo te dio.

歌词原文源于 http：//www. alumnosonline. com/。

国家格言

"祖国、自由、工作与文化"（Patria，Libertad，Trabajo y Cultura）。

国　语

西班牙语。尽管墨西哥未宣布西班牙语为官方语言，但西班牙语是该国使用人口最多的语言，实际上起了官方语言的作用。16 世纪初，西班牙殖民者在征服墨西哥的同时，带来了西班牙语。传说最先和土著人接触的西班牙人是遭遇海难的水手赫罗尼莫·德阿吉拉尔（Jerónimo de Aguilar）和另一个水手，后来阿吉拉尔成了墨西哥征服者埃尔南·科尔特斯的翻译。西班牙天主教传教士为了向土著人传教，也学习当地土著语言，土著语从而和西班牙语相互融合。1696 年，西班牙国王卡洛斯二世规定西班牙语为墨西哥使用的唯一语言，西班牙语逐渐成为墨西哥的官方语言，讲西班牙语的居民逐渐上升，土著印第安人也慢慢西班牙语化。讲西班牙语的居民占全国人口的比例不断上升，独立战争结束后占40%，1889 年占62%，20 世纪初占80%，目前已达到93%。

墨西哥西班牙语同正统西班牙语在发音、语法和词汇上有一些差别。在发音上，墨西哥人有删去一些不重读元音的倾向；一个单词以元音结尾、另一单词以元音打头的情况下，有省略前一元音的倾向。墨西哥西班牙语没有正统西班牙语的"θ"的音素，用"s"代替，因为 16 世纪时西班牙语的这两个咝音在美洲西班牙语中已合二为一。字母"x"可以读成"ks"，如"existencia"（存在）；可以读成"s"，如"xilófono"（木琴）；还可读成"j"，如"Xalapa"（哈拉帕，韦拉克鲁斯州首府）。墨西哥西班牙语有双辅音"tz"和

"tl"，这在正统西班牙语中是不存在的。与加勒比西班牙语不同的是，"s"在音节尾或单词尾时保留了发音，不读成送气音，如"Los perros"（一些狗）。元音中间的"d"也保留了发音，如"amado"（爱人）、"partido"（党）。

在词汇上，墨西哥西班牙语掺杂了大量印第安语，主要是纳华语词汇。一些纳华语词汇代替了西班牙语，与此同时，凡西班牙人无法用本身语言来描述所接触的东西，便借用当地语言的叫法。例如，源于纳华语"métatl"的"metate"，意为"臼石"，可碾玉米、可可等；源于纳华语"nextamalli"的"nixtamal"，意为"粽子"。常用的"aguacate"（鳄梨）、"cacahuate"（花生）、"cacao"（可可）等也都来自纳华语。墨西哥还留存了大量源于印第安语的地名，如瓦哈卡州（Oaxaca）源于纳华语"Huaxyacac"，意为"在瓦合树尖上"；萨卡特卡斯州（Zacatecas）源于纳华语"Zacatl"和"co"，意为"野草繁茂的地方"；科阿韦拉州（Coahuila）其名由纳华语的"Coatl"（蛇）和"Huila"（飞翔的）组成，意为"飞翔的蛇"。

在语法上，墨西哥西班牙语没有第二人称复数"vosotros"（你们）。经常使用人称代词"usted"（您），甚至小孩称父亲也为"usted"，而正统西班牙语中小孩称父亲为"tú"（你）。墨西哥西班牙语不存在以"vos"代替"tú"（你）的现象（东南一些地区除外）。墨西哥一些词或词语存在纳华语和西班牙语并存的情况，如"cuate"和"amigo"，它们的意思都是"朋友"；"guajolote"和"pavo"，它们的意思都是"吐绶鸡"；"chamaco"和"niño"，它们的意思都是"男孩"。

墨西哥西班牙语除受土著语的深刻影响外，还受英语的一些影响，有些英语词汇也融入了墨西哥西班牙语中，如"carro"（汽车）、"hobby"（业余消遣）等。

西班牙语在墨西哥逐渐普及化后，上百种土著语已消失，特别是在墨西哥北部地区。墨西哥讲土著语的居民不断减少，1820年还占总人口的60%，1889年下降到占38%，到20世纪末只占总人口的不足10%。如今，单纯讲土著语的700多万居民中，大部分居住在该国中部和南部。在土著语中，操纳华语（nahuatl）和尤卡坦玛雅语（maya yucateco）的人数各为150万，而操拉坎东玛雅语（maya lacandón）的则不足100人。1992年以前，印第安语从不被联邦法律所承认。1992年，墨西哥修改了宪法第4条，目的是承认墨西哥国家的多元性，国家保护和促进这种多元化。2002年12月，墨西哥颁布

《土著人民语言权利总法》（*Ley general de Derechos Linguisticos de los Pueblos Indígenas*），旨在保留、促进和发展土著语言。根据 2002 年语言法，墨政府正式承认 65 种土著语，平等对待民族语言与西班牙语，土著语同西班牙语"同样有效"。从 2005 年起，政府把国歌译成土著语。

国家勋章

为了表彰为墨西哥做出杰出贡献的墨西哥公民和军人，为了感谢对墨西哥提供杰出服务的外国人，墨西哥先后设立过多种勋章和奖章，其中主要勋章有以下几种。

阿斯特克神鹰勋章（Orden de Aguila Azteca）。1933 年 12 月 29 日由阿韦拉多·L. 罗德里格斯（Abelardo L. Rodríguez）总统设立，授予对墨西哥提供过杰出服务的外国元首、外国外交官和其他外国人。阿斯特克神鹰勋章与 1865 年 1 月 1 日马克西米连一世设立的墨西哥神鹰帝国勋章有一定关系，其分级也大同小异。阿斯特克神鹰勋章共分七级，其中第一级金链勋章授予外国元首，第二级十字勋章授予外国总理和其他政府首脑。第三级勋章授予部长和大使；第四级勋章授予副部长、公使；第五级勋章授予使馆的商务代表；第六级勋章授予代理商务代表；第七级勋章授予评审委员会决定的人选。英国女王伊丽莎白二世、西班牙国王胡安·卡洛斯、巴西总统卢拉、南非总统曼德拉、智利总统塞瓦斯蒂安·皮涅拉等获得过墨西哥金链级阿斯特克神鹰勋章。

共和国参议院"贝利萨里奥·多明戈斯"荣誉勋章（Medalla de Honor "Belisario Domínguez" del Senado de la República）。该勋章授予毕生对墨西哥和人类做出突出贡献的墨西哥公民，是该国最高一级勋章，根据总统阿道弗·鲁伊斯·科蒂内斯（Adolfo Ruiz Cortines）的提议于 1953 年设立。该勋章以墨西哥革命时期恰帕斯州参议员贝利萨里奥·多明戈斯（1863～1913 年）的名字命名。1913 年，维多利亚诺·韦尔塔（Victoriano Huerta）发动反革命政变，推翻了总统弗朗西斯科·I. 马德罗（Francisco I. Madero）。贝利萨里奥·多明戈斯得知消息后，不顾危险，马上向国会议员散发了鼓动驱逐维多利亚诺·韦尔塔的信件，并在参议院讲台上公开指责维多利亚诺·韦尔塔。同年 10 月 7 日，他因反对政变而遭谋杀。"贝利萨里奥·多明戈斯"荣誉勋章为金质勋章，勋章为圆形，正面为墨西哥国徽，圆周写有西班牙文

"Estados Unidos Mexicanos H. Cámara de Senadores 1952 – 1958"（墨西哥合众国参议院 1952～1958）的字样。背面是贝利萨里奥·多明戈斯像，圆周写有 "Enobleció a la Patria. – 7 de octubre de 1913"（为祖国大放异彩，1913 年 10 月 7 日）的字样。勋章与国旗的绿、白、红三色的饰带相连接，悬挂在获奖者的脖子上。每年 10 月 7 日，在参议院会议大厅由总统或其代表向参议院领导的由评审委员会通过的获奖者颁发勋章和证书。1954 年第一次颁发奖章时两人获奖（1953 年和 1954 年合发），第一名获奖者是教育家罗萨乌拉·萨帕塔（Rosaura Zapata），他建立起墨西哥的教育体系；第二名获奖者是作家、诗人埃拉斯莫·卡斯特利亚诺斯·金托（Erasmo Castellano Quinto）。

勇敢勋章（condecoración al Valor heroico）。1926 年设立。勋章分为一级、二级和三级勋章，授予在战争或和平环境下的特别行动中勇于献身的军人。

战争十字勋章（Cruz de guerra）。1949 年设立。勋章分为一级、二级和三级勋章，授予战争或军事冲突中立功但未获得勇敢勋章的军人。

国　花

大丽菊（Dalia）。草本植物，管状根，属菊科。大丽菊是由墨西哥土著印第安人在库埃纳瓦卡（Cuernavaca）和特波索特兰（Tepozotlan）培植出来的一种有药用价值的观赏植物，人们称它为 "cocoxóchitl" 或 "chichipoztle"。阿兹特克人称它为 "xicamiti"，来自阿斯特克语 "xicama – xóchitl"，意为 "鳞茎花"，因为这种植物通过鳞茎培育出来。西班牙殖民者继承了这个名字，称之为 "西卡米特"（jicamite）。1784 年，西班牙马德里植物园园长卡瓦尼列斯（Cavanilles）神父收到维森特·塞万提斯（Vicente Cervantes）博士从墨西哥带来的大丽菊种子。他小心翼翼培植种子，育出新的品种，把该花取名为大丽（dalía variabilis），以纪念他的朋友——瑞典植物学家达尔（Dahl）。他还把这种花的鳞茎邮给当时居住在丹麦的达尔，大丽花遂在丹麦落户。此后，北欧国家广泛种植大丽花，特别是荷兰，大丽花已成为仅次于郁金香的第二大出口赚汇的鲜花，年出口收入达 5000 万美元。大丽花还传往其他欧洲国家，成为世界名花。1792 年，比尤特（Bute）侯爵夫人把大丽花从西班牙带往英国，并培育成功。在法国，许多人钟爱大丽花，每年在巴黎举办的大丽花展销会上，一星期售出的大丽花价值便达 5 亿法郎。早在西班牙殖民者征服墨西哥之前，阿斯特克国王莫特苏马就已把它定为国花。1963 年，墨西哥总统阿多尔福又一次宣布墨西哥的国花为大丽菊。

仙人掌也是墨西哥的象征标志之一。墨西哥号称"仙人掌之国"，在世界1000 多种仙人掌中，就有 600 多种在墨西哥的土地上繁衍生长，其中 200 多种为墨西哥独有。这里的仙人掌千姿百态，有球状、柱状、鞭状、掌状，有带刺的、无刺的，开花的、无花的，结果的、不结果的等，花有橙黄、绛紫等色，色彩纷呈，绚丽夺目，令人眼花缭乱。仙人掌用途很广，地埂上栽种仙人掌，能大量吸取水分，防止水土流失，保护农田。叶片可做各种蔬菜，凉拌后吃来清脆可口。有的仙人掌果可以生吃，果汁味美爽口。成熟后的纤维可织布，干枯的仙人掌可作燃料或盖农舍用。仙人掌还可作为工业原料，制作胶水等。墨西哥人民喜爱这种既可观赏、经济价值又高的植物，把它视为墨西哥民族的象征之一，在墨西哥的国旗、国徽和货币上，都有一只雄鹰雄踞在苍劲的仙人掌上的图案。

国　树

尖叶落羽杉（Ahuehuete）。"Ahuehuete"意为"水老头"（"Atl"意为"水"，"Hue Hue"意为"老人"或"爷爷"），因为在这种树的枝叶上覆盖着绒毛草，像是白胡子，故名。尖叶落羽杉学名"taxodium mucromatum ten"。该树源于墨西哥，高可达 40 米，树皮呈红褐色。枝叶繁茂，四季常青，可存活数百年。墨西哥印第安人种植尖叶落羽杉，是为了装饰他们的花园，特别是在特斯科克和查普尔特佩克。墨西哥土著萨卜特卡人称尖叶落羽杉为"Ya-gaquichi - ciña"，意为"长命雪松"，这是因为该树树龄很长。塔拉斯克人称它为"Pembamu"，即"长胡子的老头"。墨西哥城内的一些尖叶落羽杉树龄长达 500 多年，据说是 15 世纪时阿斯特克国王下令种植的。这种树树干粗大，查普尔特佩克的一棵名叫"萨亨托"（Sargento）的尖叶落羽杉，树干底部直径达 12.5 米。瓦哈卡城附近圣玛利亚德尔图莱的一棵尖叶落羽杉，树干周长达 27 米。尖叶落羽杉深受墨西哥人民的喜爱，在 1921 年国家林业学院征集全国民众投票后，被选为墨西哥国树。

国　鸟

雷阿尔鹰（Aguila Real），或称金雕（Aguila Dorada）。纳华语称"Cuauhtli"或"Itzcuauhtli"。学名"Aguila chrysaetos canadensis"。雷阿尔鹰栖息于墨西哥下加利福尼亚州、索诺拉州、新莱昂州、伊达尔戈州和米却肯州的山地、山谷和草原地区。它是世界最大的猛禽之一，从喙至尾长可达 1 米，翼展 2.2 米，体重可达 6 公斤，可存活 30 年以上。除后颈为金色外，全身羽毛呈深咖啡色，喙和爪为黑色。正常飞行速度每小时 65～90 公里，俯冲捕捉食物时速度可达每小时 200 公里。雷阿尔鹰为单配，每对鹰在活动区域内都筑有几个巢。雌鹰 3 月末产子，一窝只能成活 1 只或 2 只。70 天后幼鹰可以离巢独立生活。

关于雷阿尔鹰，墨西哥存在许多美丽的神话或传说，如前述墨西哥国名、墨西哥城的传说。在西班牙征服墨西哥之前，土著印第安人就把雷阿尔鹰视为勇敢、力量、权力的象征，是至高无上的鹰。维乔尔人（Huichol）称它为"Weerika Wimari"，意为"鹰之母"。墨西哥人认为，雷阿尔鹰向下滑行，代表阳光洒向大地和活力的降临，展开双翼的雷阿尔鹰是十字架的象征，划定了宇宙的四个方向，鹰本身是世界的轴心。西班牙殖民者和传教士还曾把它作为反对邪恶的正义化身。独立战争期间，爱国志士的许多旗帜上都绘有雷阿尔鹰，意味着对自由的渴望。1811 年，何塞·马里亚·莫雷洛斯（José Mariá Morelos）在起义旗帜中添加了鹰的标志。墨西哥独立后，墨西哥人民把雄鹰视为自己民族的象征之一，在墨西哥国徽、国旗和货币上都绘有雄鹰的图像。

然而，雷阿尔鹰在墨西哥面临灭绝的危险。这种鹰繁殖能力极低，雏鹰死亡率极高。据估计，75% 的雏鹰会在未成年时夭折。在雷阿尔鹰活动区域，人类的农业活动、森林的砍伐、捕猎以及电线铺设造成雷阿尔鹰触电致死，使这种鸟大量减少。据 aguilarealmexico 网站统计，目前墨西哥全国仅存 170 对雷阿尔鹰。为了保护这种濒临灭绝的珍稀鸟类，墨西哥成立了保护雷阿尔鹰基金会（Fondo para la Conservación del Aguila Real），并采取了许多措施：1983 年，实施"雷阿尔鹰分布和习性调查计划"（Al Aguila Real prospección de Distribución y Habitos）；1994 年，雷阿尔鹰被纳入"墨西哥 059 号灭绝危险官方标准"（En Peligro de Extinción en la Norma Oficial Mexicana 059）；1998年，SEMARNAP 成立"保护、保留和恢复雷阿尔鹰技术协商分会"（Subcomité Técnico Consultivo para la protección, Conservación y recuperación del Aguila Real），第二年该分会发布"保护、保留和恢复计划"（Proyecto de Protección, Conservación y Recuperación, PREP）；2002 年，实施"墨西哥野生动物灭绝风险评估办法"（Método de Evaluación de Riesgo de Extinción de especies Silvestres de México, MER）和"避免雷阿尔鹰触电死亡的战略和行动"；2006 年，作为"雷阿尔鹰年"，推动全社会对雷阿尔鹰的保护；从 2010 年起，墨西哥国国家历史博物馆和瓦哈卡州圣多明各文化中心分别举办雷阿尔鹰展览。

国　石

太阳石（Piedra de Sol）。又称"阿兹特克历"。阿兹特克人称它为"Cuauhxicalli"，意为"鹰的藏身处"。太阳石是墨西哥镇国之宝，也是墨西哥象征标志之一。太阳石直径为 3.6 米，厚 1 米，重 25 吨。据传，1479 年阿斯特克国王阿夏亚卡特尔命人从山上取出一块玄武岩巨石凿成圆盘，刻上阿兹特克历，献给阿兹特克人尊崇的太阳神，并将其置于都城特诺奇蒂特兰阿兹特克神庙的墙上。阿兹特克历包括太阳历和神历两种历法，记载了太阳、月亮和金星的轨迹。太阳历每年分 18 个月，每月 20 天，加上年末休息的 5 天，恰好是 365 天。神历则规定一年 260 天，每年有 13 个月，每月 20 天。两种历法合在一起计算，每 52 年重合一次。太阳石共分 8 个圆环，最中间圆环内的浮雕像是太阳神，太阳神的四周雕有虎、水、风、火，它们是传说中前 4 个太阳或宇宙开创时的 4 件东西。第三环内雕有 20 个不同的图标，它们是鳄鱼、凤、房子、蜥蜴、蛇、死神、山羊羔、兔、水、狗、猴、草、芦竹、美洲豹、鹰、兀鹰、地震、石器、雨和花，分别代表 20 天。第四环雕有 8 条太阳光线，代表太阳和金星的关系。第五环、第六环和第七环分别与火星、木星和土星有关。第八环则是银河环。1521 年，西班牙殖民者入侵墨西哥，占领特诺奇蒂特兰。他们摧毁了阿斯特克神庙，在原址上建起大教堂。1569 年，西班牙教士把太阳历深埋土中，企图让人们永远忘掉它。1790 年 12 月 17 日，大教堂前的索卡洛广场地面施工时，挖出了太阳石，但被弃于教堂之后。直到 1885 年，太阳石再次被发现，后送往国家考古和历史博物馆收藏。

国　舞

哈拉维塔帕蒂奥舞（Jarabe tapatio）或称墨西哥帽子舞，源于瓜达拉哈拉。该舞把西班牙踢踏舞和墨西哥特色的舞蹈有机地结合在一起，形成了特有的墨西哥民间舞蹈。男子身穿具有民族特点的、绣着精美花边的紧身查罗服（Charro），着马裤、饰边衬衫、短外套，头戴宽沿草帽，装扮类似骑士服装。女人着普埃布拉中国姑娘服（China Poblana），上身为饰有箔片的花色衫，下身是彩色花裙，脚踏皮凉鞋。随着马里亚契乐队（Mariachi）演奏的乐曲，男子把草帽置于女舞伴脚前的地面上，双手背后，俩人围绕着草帽翩翩起舞。哈拉维塔帕蒂奥舞为多组变化的男女对舞，以踢踏舞步为主。先前，男女舞步有别，女舞者舞步娇柔，男舞者舞步刚烈。女舞者双脚轻轻踢踏，男舞者则脚跟踏地发出咚咚的响声。现在，男女舞伴的舞步已趋于一致。由于哈拉维塔帕蒂奥舞舞姿优美，别具一格，所以在墨西哥非常流行，特别是在第二大城瓜达拉哈拉。1924 年，墨西哥教育部长何塞·巴斯孔塞罗斯（José Vasconcelos）宣布哈拉维塔帕蒂奥舞为墨西哥国舞。

国家运动

骑士运动（Charrería）。骑士运动的西班牙原文"Charrería"源于"Charro"，意为"骑士"。墨西哥的骑士运动最先开始于伊达尔戈州的阿潘平原。1933 年，阿韦拉多·L. 罗德里格斯将军（Abelardo L. Rodríguez）颁布法令，将骑士运动命名为独一无二的"国家运动"。

哥伦布"发现"美洲前，美洲还没有马。西班牙殖民者入侵墨西哥时运来 16 匹战马，他们利用土著印第安人对马的畏惧心理，1521 年攻占了特诺奇蒂特兰。后来，马在墨西哥迅速繁衍开来。殖民地初期，当局禁止土著人骑马，违者处以死刑。由于殖民者的需要，梅斯蒂索人和印第安人参加到驯马和饲养马的活计中，禁令也就被废除了。新西班牙总督辖区的总督常组织马队列队前进和表演。1810 年，墨西哥独立战争爆发。1812 年贝内加斯总督颁布法令，规定所有马匹为国家财产，以阻止精通马术的梅斯蒂索人拥有马匹。但加入起义队伍的弗朗西斯科·哈维尔·米纳上校向起义军捐赠了多批战马，在战争中发挥了重要作用。1864 年，奥地利皇帝的幼弟马克西米连被扶上墨西哥"王位"，号称马克西米连一世。他特别喜欢乡间，常穿黑料子双排银扣的骑士服（Charro）前往庄园，现在的礼仪服装查罗服即由此而产生。

1910 年墨西哥革命后，许多农牧民迁入城市，但时常想起乡间的生活和骑马的乐趣。骑士运动逐渐发展成一种非常普及的运动。1919 年 9 月 14 日，瓜达拉哈拉的哈利斯科骑士协会宣告成立。1920 年 6 月 4 日，全国骑士协会成立。此后，各地陆续建立分会。1931 年帕斯夸尔·奥尔蒂斯·鲁维奥（Pascual Ortiz Rubio）总统为纪念哈利斯科骑士协会，宣布 9 月 14 日为"骑士日"（Día del Charro）。1933 年，骑士运动被称为"国家运动"。全国各地的骑士协会组成了全国骑士联合会（Federación Nacional de Charros）。目前，全国骑士联合会是墨西哥体育联合会（Confederación Deportiva Mexicana）的组成部分，拥有 11600 名联邦骑士。骑士运动有严格的规章，参赛选手要着国服查罗。全套查罗服装由紧身衣、紧身裤、白衬衣、黑领带、宽边帽、黑皮靴等组成，短上衣上饰有银扣和隐私袋，裤缝缀有两排金属圆片。赛场上，选手们进行骑术、套马、驯马等表演，并出现众马飞奔的紧张、激烈场面，裁判根据骑手的技艺、马匹的优劣评出优胜者。

国 食

玉米卷饼（Tortilla）。墨西哥是玉米的故乡，玉米也是墨西哥人的主食。玉米薄饼是将玉米面放在平底锅上烤出的薄饼，类似于北京烤鸭套餐中食用的白面薄饼。玉米卷饼是墨西哥人的国食，一日三餐都离不开它。玉米卷饼分为"布里托"（Burrito）和"塔科"（Taco）两种。"布里托"是把玉米薄饼卷上鸡肉、牛肉末、洋白菜、洋葱、鳄梨酱、辣椒酱、菜豆等，"塔科"则是把卷上肉、蔬菜、辣椒酱等作料的玉米薄饼油煎或烤，吃时再蘸些辣椒酱。玉米面粽子（Tamal）也是墨西哥人爱吃的食物。它的形状像我国的粽子，但又有所不同。它是长方形，而不是三角形。它用玉米叶包裹，包的是玉米面，而不是糯米。面内有各种馅，如鸡肉、牛肉、猪肉、果酱、水果等，有咸有甜。墨西哥学校、机关、单位举行庆祝活动时，经常聚餐，一起品尝玉米面粽子。墨西哥还有一道著名菜肴称为辣烧吐绥鸡，作料有吐绥鸡、辣椒、蔬菜、巧克力和香料。辣烧吐绥鸡的特点是又辣又香，是西班牙与阿斯特克风味的结合。

国　酒

"特吉拉"龙舌兰酒（Tequila）。"特吉拉"龙舌兰酒是墨西哥的特产，酒色透明，酒精度数约 40 度。陈酒颜色变黄，度数略低。"特吉拉"龙舌兰酒香味独特，口味浓烈。墨西哥人饮用"特吉拉"酒时，一边舔些盐，一边饮酒。"特吉拉"龙舌兰酒被视为墨西哥国酒，也是国家象征之一，墨西哥航空公司的航班上提供的饮料就包括"特吉拉"龙舌兰酒。

早在西班牙征服墨西哥的 1000 年前，阿兹特克人就饮用一种名叫"普尔克"（pulque）的低度龙舌兰酒，称为"蜜水"。大约 200 年前，一个名叫塞诺维奥·绍萨（Senobio Sauza）的人来到墨西哥，带来了蒸馏技术，从此墨西哥开始生产"特吉拉"龙舌兰酒。"特吉拉"龙舌兰酒的原料为"蓝色龙舌兰"的汁，这种龙舌兰只生长于瓜达拉哈拉城附近的特吉拉镇，酒名也因此得来。

"特吉拉"龙舌兰酒在墨西哥的历史发展中占据一定的地位。1910 年墨西哥革命时期，战士们夜间饮用它挡寒，并用它为伤口消毒。它还成为当时紧缺的白兰地等酒的替代品。二战期间，美国因进口欧洲威士忌等酒受阻而大量进口墨西哥"特吉拉"龙舌兰酒。"特吉拉"龙舌兰酒为墨西哥重要的出口产品之一，销往 60 多个国家，为墨西哥赚取了大量外汇。据说，以酿造"特吉拉"龙舌兰酒为题材的墨西哥电视剧《爱在酒乡》播出后，这种酒的出口销量随之大增。

宗 教

墨西哥宪法规定政教分离和宗教信仰自由，每个人可自由选择宗教和参加各自教会的活动。天主教是墨西哥影响力最大的宗教。从绝对数字来看，墨西哥天主教教徒的人数居世界第二位，仅次于巴西。然而近年来，墨西哥天主教教徒占全国总人口的比例有所下降，新教教徒人数不断上升。1990年天主教教徒占全国总人口的89.7%，2000年天主教教徒的比例已降至88%。同期，新教教徒的比例从5%提高到5.7%，其他宗教教徒的比例从1.4%升至1.9%，没有宗教信仰者的比例从3.9%增至4.4%。据Prolades的调查，2005年，新教教徒已占全国总人口的8.5%，2010年约占10.7%。2009年3月，墨西哥政府的宗教团体办事处报告说，正式登记注册的宗教组织有7073个（2005年6月为6373个）。其中，天主教组织2962个，占46.5%；新教组织3298个，占51.8%。尽管如此，天主教在墨西哥仍为最大的宗教。

天主教是随着西班牙殖民者的入侵而进入墨西哥的。1524年、1526年和1533年，方济各会、多明我会和奥古斯丁会的传道士分别抵达墨西哥，他们强迫印第安人皈依天主教。墨西哥建立的第一个天主教教区是尤卡坦教区。1526年，教皇克雷芒七世（Clement VII）任命教士胡利安·德加尔塞斯（Julián de Garcés）为新西班牙第一任主教。1545年，在西班牙国王卡洛斯五世的要求下，教皇保罗三世（Paul III）下令新西班牙主教管区脱离塞维利亚大主教管区，成立墨西哥大主教管区。1573年，墨西哥城索卡洛广场北侧开始兴建墨西哥大教堂，前后历时250年，直至1823年才最后完工，成为墨西哥最大也是最主要的天主教堂。1594~1722年，耶稣会传道士在墨西哥北部积极活动，在杜兰戈的瓜迪亚纳、锡那罗亚、索诺拉、奇瓦瓦、下加利福尼亚和纳亚里特建立了传教中心。17~18世纪，方济各会在11个地区建立了传教中心，从东北部的谢拉戈尔达和坦皮科到西北部的索诺拉、亚里桑那、新墨西哥和上加利福尼亚。1686年和1772年，多明我会在谢拉戈尔达和下加利福尼亚分别建立了传教中心。到19世纪初，墨西哥的教区已达1070个，教堂为1.2万座。1520~1821年西班牙殖民统治期间，天主教传教士几乎在墨西哥的每个村庄都建立了教堂。天主教成为西班牙殖民统治的主要支柱之一，掌握着巨大的权力，并长期与保守的政党结合在一起。但在墨西哥历史上，也出现了一些同情人民、为墨西哥独立做出巨大贡献的爱国教士。其中突出的有多明我会教士巴托洛梅·德拉斯卡萨斯（Bartolomé de las Casas）和佩德罗·德拉佩尼亚（Pedro de la Peña）、方济各会教士胡伊佩罗·塞拉（Juípero Serra）、米格尔·伊达尔戈－科斯蒂利亚和何塞·马里亚·莫雷洛斯。巴托洛梅·德拉斯卡萨斯教士 16 世纪在恰帕斯维护印第安人的权利；佩德罗·德拉佩尼亚教士 1553 年成为墨西哥大学的第一个神学教授，后来他任厄瓜多尔基多主教；伊达尔戈－科斯蒂利亚和莫雷洛斯两位神父是争取墨西哥独立的英勇斗士，1810 年墨西哥爆发独立战争，他们先后率领墨西哥人民开展了反抗西班牙殖民统治的艰苦斗争，后为独立英勇献身。

1821 年墨西哥宣布独立后，天主教失去了过去的特权地位，人民不再向教会交纳农产品什一税。然而，1824 年宪法仍维持了天主教在墨西哥的宗教垄断地位，并为该国的国教。1858～1872 年 5 次出任总统的贝尼托·华雷斯采取了削弱天主教地位的改革措施。他参与制定的 1857 年宪法和主持制定的 1859 年改革法明确规定政教分离，同时没收除教堂外的教会财产。天主教与墨西哥保守势力纠结在一起，反对华雷斯领导的改革运动，1862 年支持法国入侵和占领墨西哥。1867 年，华雷斯收复墨西哥城，处死了傀儡马克西米连一世，给予天主教上层分子沉重打击。1876 年波菲里奥·迪亚斯（Porfirio Díaz）上台后，天主教势力重新抬头，天主教实际上又成为墨西哥的国教。1910 年爆发的墨西哥革命，推翻了迪亚斯的残暴统治。1917 年颁布的宪法，再次对天主教会实行限制，明确提出政教分离，禁止教士参与国家的政治生活，禁止教士拥有财产。从此，天主教不再是墨西哥的国教，不参与公共教育，政府也不再拨款给教会。天主教保守势力在企图修改 1917 年宪法、取消宪法中反对教会的条款失败后，1926 年哈利斯科、格雷罗、米却肯、科利马、瓜纳华托、克雷塔罗、普埃布拉和维拉克鲁斯等州的天主教教徒发动了反对埃利亚斯·卡列斯（Elías Calles）政府的武装暴动，称之为"反对取消教会战争"。这次战争夺去了 9 万人的生命，直到 1929 年卡列斯允诺停止宗教迫害、恢复教士在全国教堂中的义务，战争才宣告结束。2000 年，右翼政党国家行动党上台执政后，加强了同天主教会的联系。

目前，墨西哥共分为 22 个管区：14 个大主教管区、5 个地区管区、2 个主教管区和 1 个教皇特派管区。墨西哥主教会议由 157 人组成（教皇使节、红衣主教、大主教和主教），由特拉尔内潘特拉的大主教卡洛斯·阿吉亚尔·雷特斯（Carlos Aguiar Retes）主持。墨西哥城大主教诺韦尔托·里维拉·卡雷拉（Norberto Rivera Carrera）1995 年就职，1998 年晋升为红衣主教。天主教在墨西哥的影响力仍然很大，每年的圣诞节、复活节和圣周等宗教节日是墨西哥的法定假日。

国家保护神

瓜达卢佩圣母（Guadalupe）。它是墨西哥天主教信徒最为尊崇的偶像和庇护神，也是墨西哥的象征标志之一。瓜达卢佩圣母是西班牙殖民者为传播天主教的需要而编排出来的人物。相传 1531 年 12 月 9 日（星期六），一个名叫胡安·迭戈（Juan Diego）的印第安青年在墨西哥城外的特佩亚克山山麓见到了玛利亚圣母。圣母对他说想在那里建造一座纪念她的教堂，并要他带信给墨西哥城主教胡安·德苏马拉加（Juan de Sumárraga）。迭戈回去后把圣母的话转告给了苏马拉加主教，但苏马拉加不相信他的话。当天下午他前往特佩亚克山，要圣母另找别人传信，圣母却执意让他第二天再去传话给主教。12 月 10 日，迭戈见到主教，主教坚持要见到圣母的信物才相信。12 月 11 日白天，迭戈因要照顾患鼠疫的叔叔胡安·贝纳尔迪诺（Juan Bernardino）未能及时去见圣母。晚上，叔叔的病情加重。12 日清晨，迭戈前往墨西哥城找祭司给叔叔看病。当他经过特佩亚克山时，因未能完成圣母的嘱托而深感愧疚，于是决定绕山而过以免见到圣母。但当他在山边平原上行走时，圣母又出现在他面前。圣母要迭戈不必担心叔叔的病，并吩咐他登上特佩亚克山山顶，那里盛开着卡斯蒂利亚玫瑰花，玫瑰花便是交给苏马拉加主教的信记。迭戈拿着花去找主教时，圣母出现在迭戈叔叔贝纳尔迪诺的病榻前。圣母治好了他的病，要他告诉主教病是如何治愈的。12 日中午，迭戈见到苏马拉加主教，打开龙舌兰纤维布，卡斯蒂利亚玫瑰花落在了地面上。这时，披着斗篷的瓜达卢佩圣母出现在苏马拉加主教和迭戈面前。圣母显灵的消息不胫而走，在墨西哥四处流传。西班牙人为了诱惑更多的印第安人皈依天主教，特地把玛利亚圣母改为印第安人熟悉的名字瓜达卢佩圣母，并把圣母的肤色变为褐色。自此之后，印第安人纷纷改信天主教，瓜达卢佩圣母也成为墨西哥人的保护神。1706 年，墨西哥人为了纪念瓜达卢佩圣母，在墨西哥城东北郊的瓜达卢佩圣地兴建了瓜达卢佩大教堂。1976 年又在瓜达卢佩大教堂旁边建起新的瓜达卢佩圣母堂。新的瓜达卢佩圣母堂面积为 2 万平方米，可容纳 2 万人。教堂为圆形建筑结构，教堂大厅不设一根柱子，从各个角落都可望见大祭台。祭台正中的墙壁上悬挂着长 2 米、宽 1.1 米的瓜达卢佩圣母巨幅画像。每年 12 月 12 日是瓜达卢佩圣母节，成千上万的教徒会前往墨西哥城瓜达卢佩圣母大教堂朝圣，献上鲜花，希望瓜达卢佩圣母给自己带来好运。

国　币

墨西哥比索（Peso），1 比索等于 100 分（Centavo）。

墨西哥未成为西班牙殖民地前，土著阿兹特克人把可可豆、玉石和棉花等作为交易的货币，其中，可可豆是被最广泛使用的货币。墨西哥成为殖民地后，因缺乏铸币，可可豆继续作为货币使用至 19 世纪初。直到 1840 年，有些商店还接受可可豆为货币。甚至到 1911 年，在图斯特拉－古铁雷斯可可豆还是当地货币。可可豆的价值随需要和地区而定。最初，200 可可豆相当于 1 雷阿尔。后来，可可豆逐渐升值。1555 年 6 月 17 日，墨西哥殖民当局规定 140 可可豆等于 1 雷阿尔。16 世纪末，80 ~ 100 可可豆等于 1 雷阿尔。当时，10 可可豆可买 1 只兔，1 可可豆可买 2 个人参果，100 可可豆可买 1 个奴隶。

1535 年 5 月 11 日西班牙王室发布敕令，宣布在墨西哥建立美洲第一家造币厂。翌年 4 月，造币厂正式投产，铸造出 0.25、0.5、1、2 和 3 雷阿尔银币。与此同时，墨西哥还流通面值小的铜币。土著印第安人因对铜币不感兴趣拒绝使用，甚至把铜币扔入特斯科科湖中。1538 年，西班牙国王卡洛斯下令禁止在殖民地铸造金币和铜币。1556 年，西班牙王室下令在墨西哥停止铜币的流通，直至 200 多年后，1814 年墨西哥总督卡列哈（Calleja）才下令重新铸造铜币。从 1653 年 3 月起，墨西哥总督阿尔瓦·德利斯特（Alba de Liste）伯爵多次要求西班牙王室允许墨西哥铸造金币。同年 5 月 23 日，他的请求获得批准。1679 年 12 月 23 日，墨西哥开始铸造金币。

1821 年墨西哥独立后，继续实行西班牙的货币制度，16 银雷阿尔等于 1 金埃斯库多，1 比索等于 8 雷阿尔。发行的纸币称为比索。1857 年 3 月 15 日，墨西哥伊格纳西奥·科蒙福尔特（Ignacio Comonfort）临时政府下令从 1862 年 1 月 10 日起使用十进位制，并规定货币单位为墨西哥比塞塔（Peseta）。然而，由于政局不稳，这项法令并未执行。1861 年 3 月 15 日，贝尼托·华雷斯临时政府重新下令从即日起使用十进位制，货币单位为强银比索（peso）。1863 年，墨西哥首次发行称为"分"（centavo）的铸币，1 比索等于 100 分。到 1866 年分币改称为"比索"，继续发行被称为"雷阿尔"的铸币至 1897 年。1905 年，比索的金含量减少了 49.3%，而比索的银含量则维持不变。然而，从 1918 年开始，所有银币的重量和纯度都有所下降，1977 年铸造出最后一批 100 比索银币。

墨西哥纸币最早出现于 1810 年独立运动开始后。由于金属铸币的匮乏，殖民当局开始印制纸币。1813 年，瓜纳华托的圣米格尔流通一种面值为 0.5 雷阿尔的橙色纸币。而墨西哥第一批正式纸币出现于阿古斯丁·德伊图尔维德在墨西哥称帝时期，其在 1822 年 12 月 20 日发行了面值为 1、2、10 比索的纸币。1823 年联邦共和国成立后，帝国纸币停止发行，开始发行新的纸币。因未得到民众的认同，上述两种纸币很快便停止发行。1864～1867 年墨西哥第二帝国期间，私营银行"伦敦、墨西哥和南美银行"曾发行纸币。马克西米连一世倒台和恢复共和国后，纸币发行有了很大发展。1877～1911 年波菲里奥·迪亚斯执政期间，除了全国性的墨西哥国家银行发行纸币外，各州都建立了一家发行纸币的私营银行。这样，纸币逐渐被民众接受，成为墨西哥主要的支付手段之一。

1910 年革命爆发后，因政局混乱，墨西哥纸币发行一度陷入困境。1917 年墨西哥宪法规定，一家由国家控制的银行垄断货币的发行。1920 年，货币委员会发行 50 分和 1 比索纸币，与此同时墨西哥银行发行 2 比索纸币。1925 年 9 月 1 日，墨西哥银行正式运转，负责发行货币和调节货币的流通。1925～1934 年，该行发行第一套纸币，面额为 5、10、20、50、100、500 和 1000 比索，纽约美国北方银行公司（American Bank Norte Company，ABNC）承担印制工作。1936～1942 年在该行发行第二套纸币的同时，1936～1978 年又发行第三套纸币，面值为 1、5、10、20、50、100、500、1000 和 10000 比索，由同一个公司印制。1969 年，墨西哥银行纸币厂开始印制钞票，这样该行的第四套纸币在 1969～1991 年出炉，面值为 5、10、20、50、100、500、1000、2000、5000、10000、20000、50000 和 100000 比索。在此期间，1970 年，墨西哥停止使用 1 比索纸币，1972 年停止使用 5 比索纸币，1977 年停止使用 10 比奈和 20 比索纸币，1981 年停止使用 50 比索纸币，1982 年停止使用 100 比索纸币，1984 年停止使用 500 比索纸币，1985 年停止使用 1000 比索纸币。1981 年，墨西哥开始发行 5000 比索纸币，1983 年发行 2000 比索纸币，1985 年发行 20000 比索纸币，1986 年发行 50000 比索纸币，1988 年发行 100000 比索纸币。

20 世纪 80 年代发生的债务危机，导致墨西哥货币急剧贬值。根据 1992 年 6 月 18 日的法令，墨西哥建立新的货币单位新比索（nuevo peso），1 新比索相当于 1000 比索。当年，墨西哥银行发行了面额为 10、20、50 和 100 新比索的纸币，图案设计与原比索同。1992 年年底，墨西哥开始印制含有新设计图案的一套纸币，面额为 10、20、50、100、200 和 500 新比索。1996 年 1 月 1 日，墨西哥银行发行了一套新的纸币和铸币，保留了原来的图案设计，只是去掉了货币单位中的"新"字，仅留"比索"二字，纸币面额为 10、20、50、100、200 和 500 比索。2004 年 11 月 15 日，墨西哥又发行 1000 比索纸币。

墨西哥现在流通的纸币有 20、50、100、200、500 和 1000 比索。

20 比索纸币为蓝色，正面绘有贝尼托·华雷斯像和 19 世纪 70 年代的国徽。华雷斯是墨西哥第一位印第安人总统和民族英雄。任期内他实施改革，实行政教分离，击退英、法、西三国联军的武装干涉，粉碎了法国在墨西哥建立的傀儡帝国，处死马克西米连一世，捍卫了国家独立和主权。纸币背面是瓦哈卡州阿尔万山考古地区，它被联合国教科文组织宣布为世界文化遗产。

50 比索纸币为玫瑰色，正面绘有墨西哥民族英雄何塞·马里亚·莫雷洛斯像。莫雷洛斯积极参加伊达尔戈 – 科斯蒂利亚领导的独立运动，伊达尔戈 – 科斯蒂利亚牺牲后莫雷洛斯继续开展斗争，控制了墨西哥南部的大部分地区。1815 年因叛徒出卖而被俘，同年 12 月 22 日英勇就义。背面是 18 世纪曼努埃尔·埃斯卡兰特·科伦布雷斯（Manuel Escalante Columbres）主教建设的米却肯州莫雷利亚城的水道。

100 比索纸币为红色，正面绘有特斯科科国王、诗人内萨瓦尔科尤特尔（Nezahualcóyotl，1402 ~ 1472 年）像，背面是霍奇皮利雕塑。

2010 年发行的 100 比索纸币为红色，正面绘有 1910 年墨西哥革命的象征蒸汽机车，背面是画家戴维·阿尔法罗·西凯罗斯（David Alfaro Siqueiros）的作品。

200 比索纸币为绿色，正面绘有特斯科科诗人索尔·胡安娜·伊内斯·德拉克鲁斯（Sor Juana Inés de la Cruz，1651 ~ 1695 年）像，其真名为胡安娜·德阿斯巴赫（Juana de Asbaje）。她是拉丁美洲巴洛克文学史上的最重要的人物。背面是她生活过的帕诺阿扬庄园。

2010 年发行的 200 比索纸币为绿色，正面是米格尔·伊达尔戈－克斯蒂利亚举旗像，背面是墨西哥城改革大道独立天使雕像。

500 比索纸币为褐色，正面绘有壁画家迭戈·里韦拉像，背面为画家弗里达·卡洛（Frida Kahlo）自画像。

1000 比索纸币为紫色，正面为墨西哥国父米格尔·伊达尔戈－科斯蒂利亚像，背面是瓜纳华托大学。

墨西哥第一批铸币是 1863 年铸造的 1 分币（un centavo）。马克西米连一世统治墨西哥时期，于 1866～1867 年铸造了第一批"比索"铸币。铸币的正面为马克西米连一世像和铭文"MAXIMILIANO EMPERADOR"（马克西米连皇帝），背面是皇徽和铭文"IMPERIO MEXICANO"（墨西哥帝国）以及面额"1 PESO"（1 比索）和铸造日期。马克西米连一世被处决后，新生的墨西哥共和国继续铸造 8 雷阿尔币，但也开始铸造分币和比索币。除 1 分铜币外，1867～1869 年发行了 5、10、25、50 分和 1 比索银币。1870 年发行了 1、2.5、5、10 和 20 金币。铸币的正面绘有国鸟雷阿尔鹰和铭文"REPUBLICA MEXICANA"（墨西哥共和国）；背面是面额。1869～1873 年铸造了 1 比索币，并恢复生产 8 雷阿尔币。1882 年，墨西哥发行 1、2 和 5 分铜镍合金币，但只铸造了两年。1898 年，再次生产 1 比索币。1905 年墨西哥实行货币改革后，比索的含金量减少了 49.36%，银币的含银量也有所下降。这一年墨西哥发行了 1 和 2 分铜币，5 分镍币，10、20 和 50 分银币，5 和 10 比索金币。1910 年墨西哥发行新比索铸币，铸币正面绘有国徽、铭文"ESTADOS UNIDOS MEXICANOS"（墨西哥合众国）和面额"UN PESO"（1 比索），背面是一骑马妇女。1917～1919 年金币的发行又扩大到 2、2.5 和 20 比索，但到 1921 年金币停止流通。1919～1920 年铸造了 10 和 20 分铜币，但 10 和 20 分银币一直分别铸造到 1935 年和 1943 年。1947 年铸造出 50 分、1 比索和新的 5 比索银币。1 比索铸币上绘有何塞·马里亚·莫雷洛斯像，比索的含银量为 5.4 克，1950 年缩减到 4 克。50 分绘有夸乌特莫克（Cuahutemoc）像，1 比索绘有莫雷洛斯像，5 比索绘有米格尔·伊达尔戈－科斯蒂利亚像。1955 年，50 分铜币出炉，同时发行小个的 5 比索铸币和新的 10 比索铸币。1957 年，新的重 2.6 克的 1 比索银币发行。1957 年，为纪念贝尼托·华雷斯和 1857 年宪法，墨西哥铸造了特有的 1 比索银币，这些是墨西哥最后的银比索。那时的 5 比索银币重 18 克，10 比索银币重 28 克。

1970～1974 年，墨西哥发行新的铸币，其中包括 1 和 5 分黄铜币，10、20 和 50 分铜镍合金币，1、5、10（指在 1972 年发行的）和 25 比索银币。1977 年，100 比索银币开始流通，1980 年发行小一些的 5 比索以及 20 和 50 比索铜镍合金币。1983～1985 年，20 比索以上铸币的尺寸缩小。1984～1988 年，墨西哥发行 100、200、500、1000 和 5000 比索贱金属币。

1993 年墨西哥新的货币单位——新比索（nuevo peso）问世，1、2、5、10、20 和 50 新比索以及 5、10、20 和 50 分开始流通。5 和 10 分铸币用不锈钢制造，20 和 50 分用铝青铜合金制造。1、2 和 5 新比索铸币的中心为铝青铜合金，外环是不锈钢。10、20 和 50 新比索中心为银，外环为铝青铜合金。

1996 年，铸币单位去掉新字，简称比索。10 比索用贱金属代替了中心的银，20 和 50 比索是世界上仅有的含银的铸币。

墨西哥现在流通的铸币有 1、2、5、10、50、100 比索和 5、10、20 和 50 分。

5 分铸币为圆形，不锈钢合金。直径 15.5 毫米，重 1.58 克。正面中间是国徽，圆周有 "ESTADOS UNIDOS MEXICANOS"（墨西哥合众国）字样；背面铸有面值 "5 ¢"（5 分），5 的上方为铸造年份，¢ 的上方为墨西哥造币厂的符号 "M"。

10 分铸币为圆形，不锈钢合金。直径 14 毫米，重 1.755 克。正面中间是国徽，圆周有 "ESTADOS UNIDOS MEXICANOS"（墨西哥合众国）字样；背面铸有面值 "10 ¢"（10 分），10 的上方为铸造年份，10 的下方是墨西哥造币厂的符号 "M"。

20 分铸币有两种。一种是铜铝合金，十二角形，直径 19.5 毫米，重 3.04 克。正面中间是国徽，圆周有 "ESTADOS UNIDOS MEXICANOS"（墨西哥合众国）字样；背面铸有面值 "20 ¢"（20 分），20 的上方是铸造年份，下方是墨西哥造币厂的符号 "M"，左边与十二角形的边平行的是太阳石第十三天 "Acatl"。另一种是圆形，不锈钢合金。直径 15.3 毫米，重 2.258 克。正面中间是国徽，圆周有 "ESTADOS UNIDOS MEXICANOS"（墨西哥合众国）字样；背面图案与上一种 20 分相同。

50 分铸币有两种。一种是铜铝合金，凹槽十二角形，直径 22 毫米，重 4.39 克。正面中间是国徽，圆周有 "ESTADOS UNIDOS MEXICANOS"（墨西哥合众国）字样；背面铸有面值"5¢"（50分），50的上方为铸造年份，下方为墨西哥造币厂的符号"M"。另一种是圆形，不锈钢合金。直径17毫米，重3.103克。背面图案与上一种50分相同。

1比索铸币为圆形，中心部分为铜铝合金，外环部分是不锈钢合金。直径21毫米，重3.95克。正面中间是国徽，圆周有"ESTADOS UNIDOS MEXICA-NOS"（墨西哥合众国）字样；背面铸有面值1比索，比索用"$"象征，"$"在"1"的左侧，"1"的右侧为墨西哥造币厂的符号"M"。

2比索铸币为圆形，中心部分为铜铝合金，外环部分是不锈钢合金。直径23毫米，重5.19克。正面中间是国徽，圆周有"ESTADOS UNIDOS MEXICA-NOS"（墨西哥合众国）字样；背面铸有面值2比索，比索用"$"象征，"$"在"2"的左侧，"2"的右侧为墨西哥造币厂的符号"M"。

5比索铸币为圆形，中心部分为铜铝合金，外环部分是不锈钢合金。直径25.5毫米，重7.07克。正面中间是国徽，圆周有"ESTADOS UNIDOS MEXI-CANOS"（墨西哥合众国）字样；背面铸有面值5比索，比索用"$"象征，"$"在"5"的左侧，"5"的右侧为墨西哥造币厂的符号"M"（或者背面有墨西哥独立运动和墨西哥革命中的重要人物像）。

10比索铸币为圆形，中心部分为镀银阿尔帕克锌白铜合金，外环部分是铜铝合金。直径28毫米，重10.329克。正面中间是国徽，圆周有"ESTA-DOS UNIDOS MEXICANOS"（墨西哥合众国）字样；背面中间是代表戴火面具"Tonatiuh"的太阳石，圆周有"ESTADOS UNIDOS MEXICANOS"（墨西哥合众国）；外环上部中央铸有面值10比索，比索用"$"象征，"$"在"10"的左侧。

20比索铸币为圆形，中心部分为，外环部分是铜铝合金。直径32毫米，重16.9克。正面为国徽，圆周有"ESTADOS UNIDOS MEXICANOS"（墨西哥合众国）字样。背面分三种：米格尔·伊达尔戈-科斯蒂利亚像、Xiugtecuhtli 2000年、奥克塔维奥·帕斯像。

50比索铸币为圆形，中心部分为纯银，外环部分是铜铝合金。直径38.5毫米，重34克。正面为国徽，圆周有"ESTADOS UNIDOS MEXICANOS"（墨西哥合众国）字样，背面为儿童英雄。

100比索铸币为圆形，中心部分为纯银，外环部分是铜铝合金。直径39毫米，重33.967克。正面中间是国徽，圆周有"ESTADOS UNIDOS MEXICANOS"（墨西哥合众国）。背面图案有几种：贝尼托·华雷斯像和铭文"Bicentenario del natalicio de Benito Juárez García"（贝尼托·华雷斯·加西亚诞生 200 周年）；墨西哥银行成立 80 周年；货币厂成立 470 周年；1905 年货币改革 100 周年；自由帽和铭文 "LIBERTAD"（自由）；墨西哥造币厂使用的旧冲压机的铸造冲床；1925 年墨西哥银行发行的 100 比索纸币反面有独立柱的图案；何塞·瓜达卢佩·波萨达（José Guadalupe Posada）雕刻的 "堂吉诃德式的没有头脑的人"（Calavera Quijotesca）。

苏 里 南

国 名

苏里南共和国（The Republic of Suriname）。位于南美洲大陆东北部。西邻圭亚那，东接法属圭亚那，南连巴西，北濒大西洋。其国名一说源于印第安塔伊诺族一个名为"Surinen"（阿拉瓦克语）的部落；一说源于马龙斯语（西非黑奴语言）词汇"Suriname"，意为"低地"；另一说源于境内的苏里南河。

国 都

帕拉马里博（Paramaribo）。位于苏里南河畔，距大西洋岸约 15 公里。苏里南的政治、经济、文化中心和主要贸易港口。1816～1975 年荷属圭亚那首府，1975 年苏里南独立后成为该国首都。其名一说源于加勒比一个名叫"Parmirbo"的村庄；一说源于 17 世纪的一个印第安村庄之名"Parmurbo"；一说源于早先一个印度村庄之名"Parmarbo"；一说帕拉马里博原名为帕拉马切勒（Paramachire），意思是"海上居民"，以后逐渐演变成帕拉马里博。该城绰号为"Par'bo"。由于城市里保留大量荷兰、法国、西班牙、英国等各式殖民地建筑和荷兰殖民者当年修建的街道及航运系统，2002 年 6 月联合国教科文组织世界自然与文化遗产委员会决定，将帕拉马里博市部分市区列入《世界遗产名录》。

国　庆

11 月 25 日（1975 年）。1650 年，苏里南成为英国殖民地。1667 年，荷兰与英国签署《布列达条约》，荷兰以在曼哈顿的殖民地新阿姆斯特丹（即今纽约）换回苏里南，改名为荷属圭亚那。1799 年英国夺回苏里南，但在 1816 年又归还荷兰。1954 年，苏里南被划归为荷兰的一个海外自治省。从 1973 年起，苏里南的自治政府同荷兰展开谈判，于 1975 年 11 月 25 日取得独立，这一天即成为苏里南独立日和国庆日。

国　旗

1975 年 11 月 25 日苏里南宣布独立后采用。国旗由自上而下 5 个平行长条组成，顺序为绿、白、红、白、绿。红条的宽度是绿条的两倍，而绿条的宽度则是白条的两倍。或者说，绿、白、红、白、绿的比例为 2∶1∶4∶1∶2。国旗长与高的比例为 3∶2。绿色是新国家希望的象征，代表肥沃的土地和国家无穷的潜力；红色由橙色（复兴的象征）和洋红色（爱情的象征）混合而成，象征国家从未停止为复兴的公民和社会努力工作的愿望，代表进步和爱情；白色表示和平、自由和正义。五角星代表国家的团结，黄色象征为国牺牲的精神和金色的未来。红与绿曾是争取独立时期几个政党的颜色。苏里南在独立前举办了国旗设计比赛，评选委员会最后选中雅克·赫尔曼·皮纳斯（Jacques Herman Pinas）设计的国旗。

国　徽

苏里南现国徽是 1959 年 12 月 15 日被采用的，1975 年 11 月 25 日苏里南独立时国徽略有改动，只将扶徽的印第安人的头发从亚麻色改为黑色。这面国徽是从殖民地时期 1684 年的苏里南徽发展而来的。

国徽主体是一块椭圆形盾牌，盾牌左边上部为蓝色天空，下部蓝白相间的波纹表示海洋。海洋上有一艘航行的黄色帆船，表示非洲黑奴被从非洲带往苏里南，是苏里南历史的象征。盾牌右边绿色大地上有一棵挺拔的棕榈树，象征正义的存在。盾牌中央菱形绿色钻石上有一颗黄色五角星，代表来自五大洲的苏里南各族人民，象征各族人民的团结。星上的黄色代表金色的未来。盾牌两边各有一名土著印第安人，他们身背箭袋，一手扶着盾牌，一手握着长弓。盾牌和印第安人下面有一条红色飘带，用拉丁文写有 "Justicia, Pietas, Fides"（正义、虔诚、忠贞）。国徽中的红色象征进步和爱情，绿色象征希望和肥沃的土地，白色象征和平和正义，帆船代表贸易，钻石代表矿业，棕榈树代表农业。

在苏里南国旗红条正中改为白色旗地并删除黄色五角星，在正方形白色旗地上绘有该国国徽，国徽的高度与红条的高度相同。长与高的比例为 3:2。苏里南总统旗开始使用的时间与苏里南国旗相同。

历史上，苏里南曾使用总理旗。白色旗地加黄边，白色旗地上绘有苏里南国徽。从 1987 年起，苏里南不再设总理，故此后取消了总理旗。

总统府

苏里南总统府（Presidential Palace）建于 1730 年，是一座荷兰风格的三层白色木质建筑，与棕榈花园为邻。建成后一直作为总督府，1975 年苏里南独立后成为总统府。因木质天花板、窗框和柱子受白蚁破坏严重，2011 年第三季度开始大修，预计 2012 年独立日完工。苏里南总统府是首都帕拉马里博的标志性建筑物之一。

国　歌

《苏里南人民之歌》（*God zij met ons Suriname*）。词作者为科内利斯·阿特塞斯·荷克斯特拉（Cornelis Atses Hoekstra，1852 ~ 1911 年）和亨利·德齐埃尔（Henry de Ziel，1916 ~ 1975 年）；曲作者为约翰内斯·科斯蒂亚努斯·德普伊（Johannes Corstianus de Puy，1835 ~ 1924 年）。

1893 年，路德教教友荷克斯特拉为苏里南一所主日学校撰写出一首名为《苏里南壮丽的江河》（*Suriname's Trotsche Stroomen*）的歌，并用荷兰作曲家约翰内斯·科斯蒂亚努斯·德普伊 1876 年创作的曲调作为配曲。1959 年，苏里南自治政府请新浪漫主义诗人亨利·德齐埃尔用苏里南广泛使用的斯拉南通戈语（Sranan Tongo，一种由英、荷、葡语及西非黑人语言等混合而成的语言，又称苏里南语）修改国歌。修改后的苏里南国歌既包括第一段荷克斯特拉的荷兰语歌词，又包括第二段亨利·德齐埃尔的斯拉南通戈语歌词。同年 12 月 7 日，苏里南自治政府批准了修改后的国歌，并于 12 月 15 日首次演唱，1975 年苏里南独立后被确定为该国国歌。亨利·德齐埃尔是苏里南独立运动的重要人物之一，曾在荷兰当教授和生活多年，2005 年苏里南政府在帕拉马里博为他树立了纪念碑。

苏里南国歌歌词为：

上帝和我们苏里南在一起，
是他提升了我们可爱的大地。
不管怎样来到这里，
我们献身于他的土地。

我们专心致志工作，
创造自由的是正义和真理。
我们要把一切做好，
这对我们国家有益。
祖国的儿女奋起，奋起，
苏里南的大地召唤你。
我们要关心祖国，
不管祖先来自哪里。
我们不怕斗争，
我们的领袖是上帝。
我们为苏里南而斗争，
奉献生命在所不惜。

苏里南国歌原文为：

Godzij met ons Suriname,
Hij verheffe ons heerlijk land.

Hoe wij hier ook samen kwamen,

Aan zijn land zijn wij verpand.

Werkend houden we in gedachten,

recht en waarheid maken vrij.

Al wat goed is te betrachten,

Dat geeft aan ons land waardij.

Opo kondreman oen opo,

Sranan gron e kari oen.

Wans ope tata komopo,

Wi moes seti kondre boen.

Stre de f'stre wi no sa frede,

Gado de wi fesiman.

Heri libi te na dede,

Wi sa feti gi Sranan.

歌词原文源于 http：//www. nationalanthems. info/。

国家格言

"正义、虔诚、忠贞"（Justice，Piety，Fidelity）。

国　语

荷兰语。苏里南人口的很大一部分是来自非洲、亚洲和欧洲移民的后裔，因此苏里南人讲多种不同的语言。在苏里南 16 种语言之中，荷兰语是官方语言，由学校和政府使用，但大多数苏里南人讲斯拉南通戈语（Sranan Tongo），约占苏里南总人口的 80%。斯拉南通戈语是以英语为基础的克里奥尔语，是由英、荷、葡语及西非黑人语言等混合而成的语言，又称苏里南语和塔基塔基语（Taki – Taki）。它是欧洲移民、非洲移民和土著印第安人进行交流的工具，从 17 世纪时开始使用。

16 世纪，西班牙和葡萄牙探险者多次光顾苏里南地区。17 世纪，法国人于 1626 年和 1639 年、英国人于 1645 年试图在苏里南定居，但未能成功。1651 年，巴巴多斯总督弗朗西斯在苏里南开拓了一块殖民地，来自巴巴多斯的西非黑奴在苏里南种植甘蔗、咖啡和可可。接着，巴西非洲黑人来到苏里南种植烟草。最初，来自不同地区的非洲黑人用流行于西非海岸的非洲 - 葡萄牙混杂语言相互交流。后来，非洲人学会了英语，英语成为现代斯拉南通戈语的基础，葡萄牙语也对这种语言产生了很大影响。1667 ~ 1668 年，荷兰人占领苏里南。1671 ~ 1680 年，大部分英国人和他们的非洲奴隶离开了苏里南。荷兰人继续把新的非洲黑奴带至苏里南，然而以英语为基础的斯拉南通戈语却保留下来。有人在对 476 个斯拉南通戈语动词的调查中发现，44% 的动词源于英语，40% 源于荷兰语，5% 源于葡萄牙语，2% 源于非洲语言，9% 来源不明。这种克里奥尔语从初期的混杂语逐渐成为现在普遍流通的斯拉南通戈语。1975 年苏里南独立以来，斯拉南通戈语在该国的地位不断提高。

除荷兰语和斯拉南通戈语外，苏里南还有部分人讲印第安语、克里奥尔语、苏里南爪哇语、苏里南兴都斯坦语、汉语、马龙语（Maroon，西非语言）等。

国家勋章

黄星荣誉勋章（Ere - Orde van de Gele Ster）是苏里南最高荣誉勋章，于 1975 年苏里南独立时设立，取代了荷兰的荷兰狮勋章。黄星荣誉勋章授予对苏里南人民和国家做出重要贡献的苏里南公民和外国人，分为大绶带（groot-lin）、高官（Grootofficier）、骑士团长（Commandeur）、官员（Officier）和骑士（Ridder）五级以及金质和银质荣誉奖章。苏里南总统佩戴的是专门为总统准备的带金链的黄星荣誉勋章。勋章主体是一个金五角星，五个角顶部各有一小球，角和角之间有金色光线射出，使勋章成为五边形。五角星中央的白色珐琅圆盘上是苏里南国旗和国徽的黄星，围绕黄星的金边黑珐琅圆周写有国徽上的格言"Justice，Piety，Fidelity"（正义、虔诚、忠贞）黄色荷兰文字体。

大绶带和高官级黄星荣誉勋章除勋章外，还在左胸挂有带金色光线的八角星，星中央的圆盘图案同勋章。获得黄星荣誉勋章的有苏里南前总统罗纳德·维内蒂安（RonaldVenetiaaan）和苏里南前副总统朱尔斯·阿约德西亚（Jules Ajodhia）等人。

棕榈荣誉勋章（EreOrde van de Palm）是苏里南军人和文职人员的国家勋章，于 1975 年苏里南独立时设立，取代了荷兰的奥兰治 – 拿骚勋章。棕榈荣誉勋章授予在民事和军事领域做出突出贡献的苏里南人，也授予外国人。棕榈荣誉勋章分为大绶带（grootlin）、高官（Grootofficier）、骑士团长（Commandeur）、官员（Officier）和骑士（Ridder）五级以及金质和银质荣誉奖章。文职人员的勋章主体是一个金五角星，五个角顶部各有一小球，角和角之间有金色光线射出，使勋章成为五边形。五角星中央的白色珐琅圆盘上是苏里南国徽的绿棕榈，围绕棕榈的金边红珐琅圆周写有国徽上的格言"Justice，Piety，Fidelity"（正义、虔诚、忠贞）黄色荷兰文字体。军人的勋章是交叉的剑。

大绶带和高官级棕榈除勋章外，还在左胸挂有带金色光线的八角星，星中央的圆盘图案同勋章。

国　花

法贾鲁比花（Fayalobi）。当地土著语，意为"火一般的爱情"。学名"Rubiaceae"。生长于苏里南沿海地区的热带雨林。它是兰花的一种，攀附于树木上。花呈不同颜色，但红色居多。花瓣细小，一簇簇、一团团，围拢成球形，多姿多彩，美丽异常。这种花在苏里南被称为"爱情之花"，常被用来表达爱情。

国　兽

鳄鱼（crocodile）。生活于苏里南的鳄鱼是盾吻古鳄，在鳄鱼中体积最小。雄鳄体长为 1.5 米，雌鳄只有 1.2 米。头骨高，吻部短。以鱼和小型哺乳动物为食，在河流、泻湖边挖洞产卵。

国　鸟

大基斯卡德鸟（Great Kiskadee）。学名"Pitangus sulphuratus"。尽管苏里南未正式宣布过国鸟，但著名的大基斯卡德鸟一直被视为国鸟。大基斯卡德鸟属雀形目，腹部为黄色，颈部为白色，鸟身上部为褐色。鸟嘴粗壮，头上有一圈白色带。嘴、腿和爪为黑色。成年鸟身长约22厘米，重约63克。它是杂食性鸟，捕食昆虫、啮齿类动物、小型脊椎动物，还能在浅水捕鱼和蝌蚪，并食一些水果。雌雄鸟共同在树上筑巢。每年3月是雌鸟繁殖季节，雌鸟每次下2～3枚蛋，并负责孵蛋。

国家运动

足球。足球是苏里南人最喜欢的运动，被誉为"国家运动"。由于苏里南曾是荷兰殖民地，所以虽地处南美洲，却不是南美洲足球协会会员，而是中北美洲及加勒比海足球协会会员。1920年，苏里南足球协会成立，1929年加入国际足联，1939年开展全国联赛。尽管自1961年开始参加世界杯预选赛以来从未进入决赛圈，但苏里南裔球员却在荷兰足坛异常活跃，对荷兰足球的发展做出过重大贡献。20世纪80年代，以古力特、里杰卡尔德和范登博格为代表的苏里南球员入选荷兰队，将南美的技术风格融入橙衣军团，使荷兰依靠速度和力量的足球风格得以改变。90年代，古力特、里杰卡尔德又和白人球星巴斯滕组成"三剑客"，威震意大利和世界足坛。近年来，苏里南裔球星西多夫、克鲁伊维特、戴维斯、温特、哈塞尔巴因克等也在荷兰足坛大放异彩。

国　舞

卡塞科舞（Kaseko）。它是苏里南地区奴隶获得自由后跳的一种快步舞蹈，其舞蹈和音乐是非洲、欧洲以及美洲舞蹈和音乐风格的融合。卡塞科舞是从 20 世纪 30 年代流行的 "Bigi Pokoe" 舞发展而来的，受到新奥尔良爵士舞的深刻影响。后来又受到西印度群岛的卡里普索舞（calypso）、摇摆舞和其他风格舞蹈的影响。乐曲伴奏复杂，掺杂呼叫和应答声。乐器包括一种名叫斯科拉特基（skratji）的大鼓、萨克斯管、小号，有时还有长号等。

国　饮

碎冰鸡尾酒（swizzle）。用朗姆酒、水、安格斯图拉的苦杏仁酒和冰勾兑而成。

宗　教

苏里南宪法规定，人们有宗教信仰自由。苏里南有多种宗教存在，但基督教、印度教和伊斯兰教是苏里南的三大宗教，其中基督教（包括天主教和新教）教徒占全国总人口的 40.7%；印度教教徒占 20%；伊斯兰教教徒占 13.5%；土著宗教教徒占 3.3%；其余人或是没有宗教信仰，或是信仰不明。基督教、印度教和伊斯兰教的一些节日被定为全国性节日，如洒红节（印度教）、耶稣受难节（基督教）、复活节（基督教）、开斋节（伊斯兰教）、圣诞节（基督教）等。

国　币

苏里南元（Surinaamse dollar）。1 元等于 100 分（Cent）。苏里南的货币单位和本位货币曾是盾（gulden），最初与荷兰盾等值，1940 年与荷属安的列斯盾一起同美元挂钩，汇率为 1.88585 盾等于 1 美元。1962 年首次使用苏里南盾（Surinaamse gulden）的名称。20 世纪 90 年代开始后，苏里南盾大幅贬值。2004 年，苏里南为抑制货币贬值实行货币改革，1 月 1 日发行新货币苏里南元，1 苏里南元等于 1000 盾，苏里南盾停止流通。新币的分与旧币的分相同，可继续使用，不需生产新的铸币。

苏里南现在流通的纸币为 1、2.5、5、10、20、50 和 100 元。1 元、2.5 元正面是最高法院（原财政部）和独立广场的白色钟塔。5 元正面是央行大楼、密苏里睡莲花（Nymphaea missouri）和央行标识，背面是椰子树和大苏拉河急流，水印是央行。10 元正面是央行大楼和央行标识，背面是拉帕乔树和苏里南河，水印是央行。20 元正面是央行大楼、紫色百香果藤和央行标识，背面是美洲红树和沃尔茨山，水印是央行。50 元正面是央行大楼，背面中间是岩石风景，左侧有一棵树，水印是央行。

苏里南现在流通的铸币为 1、5、10、25、100 和 250 分。铸币正面均为苏里南国徽，背面为面值。

特立尼达和多巴哥

国　名

　　特立尼达和多巴哥共和国（The Rupublic of Trinidad and Tobago）。位于西印度群岛中的小安的列斯群岛东南端，西南与西北和委内瑞拉隔海相望，属南美洲的延伸部分。全国由特立尼达岛、多巴哥岛以及另外 21 个小岛组成。特立尼达岛原来的名字是"凯里"（Cairi 或 Kairi）或"耶雷"（Iere），印第安语意为"蜂鸟之乡"。哥伦布第三次远航美洲于 1498 年 7 月 31 日驶抵特立尼达岛附近时，望见岛上的三个山峰，联想起三位一体（圣父、圣子、圣灵），于是将该岛命名为特立尼达（Trinidad），意即三位一体，并宣布其属西班牙所有。1802 年，特立尼达成为英国殖民地，但名字未变。

　　多巴哥岛曾被在岛上居住过的加勒比人称作"乌鲁派纳"（Urupaina），意为"大蜗牛"。1498 年 8 月 4 日或 5 日，哥伦布从远处看见多巴哥岛时，发现这个岛非常漂亮，于是称它为"贝利亚福马"（Bella Forma），西班牙语意为"美丽的形体"。也有人说哥伦布把该岛取名为"阿苏姆普西翁"（Asumpción），意为"圣母升天"。但是，"贝利亚福马"和"阿苏姆普西翁"这两个名字并未流传开来。1511 年，西班牙文件中出现了"多巴哥"（Tobago）的名字。16 世纪时还出现一些该名字的变音，如"Tavaco""Tabacho""Tabaco""Tabago""Tavago"等。17 世纪和 18 世纪时，该岛保留了"Tabaco"或"Tabago"的名字。有人说"Tabaco"源于岛上的原始居民阿拉瓦克人对烟草的称呼，但也有人认为"Tabaco"或"Tabago"不是阿拉瓦克词汇，而是西班牙人对多巴哥岛上所发现的烟草植物的称呼。据说，16 世纪 10 年代一位西班牙水手经过多巴哥岛时，看到塔伊诺人（即阿拉瓦克人）吸叶卷烟，便称它为"Tabaco"，后来演变为岛名。17 世纪时，英国把"Tabaco"或"Tabago"变为"Tobago"，这是受西班牙文把"Tabaco"的元音变为"Tobacco"的影响。

国　都

西班牙港（Port of Spain）。位于特立尼达岛西北海岸，西邻帕里亚湾，是该国政治、经济和文化中心，也是主要港口。原为印第安阿拉瓦克人村落，西班牙殖民者抵达后，在该地建立港口，取名"洛斯伊斯帕尼奥莱斯港"（Puerto de los Hispanioles），西班牙语意为"西班牙人的港口"，后改称"西班牙港"（Puerto de España）。该岛成为英国殖民地后，西班牙港的名称未变，但西班牙文"Puerto de España"改为英文"Port of Spain"。西班牙港因地处南北美洲的中心，故被称为"美洲的中枢"。

国　庆

8 月 31 日（1962 年）。特立尼达岛是该国面积最大和人口最多的岛屿。该岛原来居住着阿拉瓦克人和加勒比人。1498 年哥伦布"发现"该岛，宣布该岛属西班牙所有。1781 年法国占领该岛，后来又被西班牙、荷兰、英国多次争夺。根据《巴黎条约》，1812 年特立尼达成为英国殖民地。1889 年，特立尼达和多巴哥合并。20 世纪 20 年代，特立尼达和多巴哥的自治运动开始活跃。1946 年，该国举行第一次普选。1956 年，该国获得内部自治。同年，民族主义政党人民民主运动党成立。1958 年 1 月，特立尼达和多巴哥加入西印度联邦。1962 年 3 月，特立尼达和多巴哥退出西印度联邦。1962 年 8 月 31 日，特立尼达和多巴哥宣告独立，成为英联邦成员国，这一天便成为该国独立日和国庆日。1976 年 8 月 1 日新宪法生效，规定该国废除君主立宪制，改制为共和国，但仍为英联邦成员国。

国　父

　　埃里克·尤斯塔斯·威廉斯（Eric Eustace Williams）。他生于 1911 年 9 月 25 日。青年时期就学于女王皇家学院（Queen's Royal College），获牛津大学奖学金，1938 年获哲学博士学位。1939 年，威廉斯移居美国，在霍华德大学任教。第二年他离开该大学，主持英美加勒比委员会工作。1955 年，威廉斯辞职，以抗议该委员会的殖民主义政策。随后，他返回国内，积极参与政治活动。1956 年，他成立人民民主运动党，并任该党领袖。1956 年 9 月，人民民主运动党大选获胜，威廉斯出任首席部长。1959 年，特立尼达和多巴哥实行内阁制，他改任政府总理。1962 年特立尼达和多巴哥独立后威廉斯继续任总理，直至 1981 年 3 月 29 日病逝。威廉斯执政期间，奉行维护国家主权、发展民族经济和独立自主与不结盟的政策，经济得到一定程度的发展，1960～1980 年国内生产总值年均增长率达 4.2%。1973 年，该国还同其他加勒比国家共同创建了加勒比共同体和共同市场。威廉斯被誉为特立尼达和多巴哥"国父"（Father of the Nation），是该国现代历史上最有影响力的领导人之一。

国　旗

　　1962 年 5 月 28 日，特立尼达和多巴哥的代表与英国政府在伦敦举行有关独立的会议。6 月 8 日，特立尼达和多巴哥宣布将于 8 月 31 日获得独立。这样，特立尼达和多巴哥拥有自己的国旗和其他象征标志迫在眉睫。6 月 26 日，特立尼达和多巴哥政府指定的独立委员会提交了有关国旗、国徽和国家格言的报告。特立尼达和多巴哥政府立即批准了这个报告，并公布了独立委员会设计的国旗图案。从此，特立尼达和多巴哥拥有了自己的国旗，并沿用至今。

　　特立尼达和多巴哥国旗为长方形，长与高的比例为 5∶3，旗面由红、白、黑三色组成。一条白边黑色宽带从旗面的左上角贯穿到右下角，把红色旗面分为两个相等的直角三角形。红色是该国人民最常用和最喜欢的颜色，代表土地及其人民的活力，象征太阳的温暖和能量，也象征人民的勇气和友谊。白色象征海洋，四面环水的土地成为传统的摇篮，人民有纯洁的抱负，阳光之下人人平等。黑色代表人民的献身精神，象征力量、团结、意志和土地的财富。这些颜色代表了土、水和火三大要素，涵盖了该国的过去、现在和将来，鼓舞该国人民成为团结的、生机勃勃的、自由的和具有献身精神的人民。两个三角形代表特立尼达岛和多巴哥岛。

国　徽

特立尼达和多巴哥国徽是 1962 年成立的负责选择该国象征标志的委员会设计的，该委员会包括著名画家卡莱尔·张（Carlyle Chang）和设计师乔治·贝利（George Bailey）。他们设计的国徽被英国纹章学院（College of Arms）通过。

特立尼达和多巴哥国徽主体是盾牌，徽面为国旗的黑、白、红三色。在上部黑色盾面上绘有两只蜂鸟，它们是特立尼达和多巴哥的国鸟。在下部的红色盾面上绘有 3 艘帆船，代表特立尼达（三位一体）和哥伦布"发现"特立尼达和多巴哥时率领的 3 艘帆船。盾牌之上有一顶头盔，象征同英国的关系。盔上有一个舵轮和一株棕榈树。舵轮象征海运事业，棕榈树则是特立尼达和多巴哥在英国殖民统治时期国玺上的图案。盾牌左侧一只红色朱鹭用左爪扶盾，右爪踩着象征特立尼达岛的 3 座山峰，3 座山峰既是为纪念哥伦布感恩三位一体（圣父、圣子、圣灵）后为岛取名"特立尼达"的决定，又是纪念特立尼达岛南部山峦中被称为"三姐妹峰"（Three Sisters）的 3 座山峰。3座山峰还是英国殖民统治时期特立尼达和多巴哥国玺的主要标志。盾右侧一只火烈鸟用右爪扶盾，左爪踩着象征多巴哥岛的高地。盾牌下面的黄色丝带上，左边用大写英文写有"TOGETHER WE ASPIRE"（齐心合力），右边写有"TOGETHER WE ACHIEVE"（一道获胜）。

总统徽

总统是特立尼达和多巴哥国家元首，由参众两院议员组成的选举团选举产生，任期 5 年。总统徽为黄色，由国徽和围绕国徽的桂叶花冠组成，花冠顶部开口。

总统旗

　　总统是特立尼达和多巴哥国家元首和国防军总司令，由参众两院议员组成的选举团选出，任期 5 年。特立尼达和多巴哥的总统旗为长方形，旗面为蓝色，长与高的比例为 5:3。旗面中心是总统徽。总统在总统官邸时，总统官邸日夜悬挂总统旗。总统不在总统官邸时，改挂国旗。重大节日来临时会同时悬挂总统旗和国旗。总统车辆上也悬挂总统旗。

总理旗

　　特立尼达和多巴哥总理旗旗地为白色，旗面左面的上半部为该国国旗，旗面右面中心为该国国徽。

总统府

　　总统官邸（The President's House）。位于首都西班牙港北部一个枝叶繁茂的植物园后面，总统官邸所在地原是佩斯基耶尔家族的蔗糖庄园。1818 年，拉尔夫·伍德福德（Ralph Woodford）总督买下这块地产，作为植物园和总督官邸。1819 年，伍德福德拆掉了庄园内的建筑，第二年建成总督官邸。1867 年，总督官邸被火灾焚毁。1873 年，时任总督重建，1876 竣工。此后，该建筑长期作为特立尼达和多巴哥总督官邸。1958～1962 年该建筑曾作为西印度联邦总督官邸，1962～1965 年改为博物馆。1965 年 12 月后，其又成为特立尼达和多巴哥总督官邸。1976 年特立尼达成为共和国后，总督官邸改为总统官邸。

　　总统官邸是一座维多利亚时代风格与文艺复兴时期风格相融合的二层建筑，使用的材料是产于当地的蓝色石灰石。这座建筑呈"L"形，以纪念 J. 朗登（J. Longden）总督。拱门和凉廊为意大利风格，柱子和栏杆则是典型的维多利亚时代风格。官邸内厅宽敞优雅，可容 200 人的大厅（Great Hall）、长屋（Long Room）和餐厅（Dining Hall）特别引人注目。总统办公楼是官邸内另一座单独的楼房。

国　歌

　　《铸造自由的爱》（*Forged from the Love of Liberty*）。1962 年，特立尼达和多巴哥为纪念独立举办了国歌竞选比赛，帕特里克·斯塔尼斯克劳斯·卡斯塔格内（Patrick Stanisclaus Castagne，1916～2000 年）作词和作曲的国歌获胜。他创作的国歌是一首爱国歌曲，表现了特立尼达和多巴哥人民的性格和力量，讴歌了特立尼达和多巴哥各族人民团结一致。

　　国歌作者卡斯塔格内 1916 年生于圭亚那，1928～1935 年在圣玛利亚学院学习，获得过全国乒乓球锦标赛亚军。除国歌外，帕特里克·斯塔尼斯克劳斯·卡斯塔格内还创作了其他一些著名歌曲，如《为圣诞节吻我》（*Kiss Me for Christmas*）、《冰人》（*The Iceman*）和《像金布尔一样灵活》（*Nimble like Kimble*）等。他曾在特立尼达和多巴哥政府担任多种职务，获得过查科尼亚奖章（Chaconia Medal）和英国帝国勋章。

　　特立尼达和多巴哥国歌为：

> 在期望祈盼的烈火中，
> 铸造自由的爱。
> 充满对命运的信心，
> 我们庄严宣告。
>
> 我们并肩立于
> 蓝色加勒比海岛。
> 这是我们的家乡，
> 誓以生命对你答报。
>
> 这里所有宗教种族一律平等，
> 愿上帝永把我们国家保。
> 这里所有宗教种族一律平等，
> 愿上帝永把我们国家保。

国歌歌词原文为：

Forged from the love of liberty,
In the fires of hope and prayer,
With boundless faith in our Destiny,
We solemnly declare.

Side by side we stand,
Islands of the blue Caribbean Sea,
This our Native Land,
We pledge our lives to Thee.

Here every creed and race finds an equal place,
And may God bless our Nation,
Here every creed and race finds an equal place,
And may God bless our Nation.

歌词原文源于 http：//www. thepresident. tt/。

国家格言

"齐心合力，一道获胜"（Together We Aspire, Together We Achieve）。

国家口号

"纪律，生产，忍受"（Discipline, Production, Tolerance）。它是 1962 年 8 月 30 日埃里克·威廉斯总理演讲时向全国人民发出的号召，成为特立尼达和多巴哥的国家口号。

国　语

英语。英语是特立尼达和多巴哥官方语言，政府、学校、商业、报纸、电视台、电台和医院都使用英语。特立尼达英语在发音、构词和语法方面，同正统英语有许多不同。如"that"读成"dat"，"thing"读成"t′ing"，"three"读成"t′ree"等。特立尼达英语还受到其他语言的影响，如特立尼达英语称菠菜为"bhai"（源于东印度语）。

在特立尼达和多巴哥民间，普遍使用特立尼达克里奥尔语和多巴哥克里奥尔语，二者之间也有不同。特立尼达克里奥尔语产生于 1507～1797 年西班牙统治期间，西班牙语曾对其有重要影响。与此同时，来自法国控制岛屿的移民和非洲奴隶又给特立尼达克里奥尔语带来法语和非洲语言的因素。1797年英国占领特立尼达和多巴哥时，岛上讲法语和克里奥尔语的居民占 80% 以上。20 世纪上半叶，各级学校禁止使用法语和西班牙语，克里奥尔语也被英语所取代。特立尼达克里奥尔语同马提尼克克里奥尔语非常接近，因为其居民很多来自马提尼克岛。特立尼达克里奥尔语 90% 的词汇源于法语，其余来自约鲁巴语、西班牙语、加勒比语、印地语、葡萄牙语、汉语、英语、阿拉伯语。多巴哥克里奥尔语更接近其他小安的列斯群岛国家的克里奥尔语，结构上以西非语言为基础，而词汇大多来自英语和苏格兰语，但很多词或词语的意思已有所改变，如"humbugging"英语意为"欺骗"，而多巴哥克里奥尔语意为"损害"。

在特立尼达和多巴哥的很多地方，西班牙语都是重要的交流工具，当地很多食品和地名都有西班牙语的痕迹。由于紧靠南美洲，为加强与南美国家的联系，近年来，该国政府大力推广西班牙语，要求各中学教授西班牙语，声称 2020 年西班牙语将成为该国另一官方语言。过去几百年间，法语曾是特立尼达和多巴哥的一种流行语言。现在，该国使用的许多词汇都可发现其受法语的影响，特别是姓名，还有许多水果名也来自法语。也有一些地名来自非洲语言，如"Majuba"（马朱巴）和"Sobo"（索博）。

国家勋章

特立尼达和多巴哥的奖章制度建立于 1969 年，奖章共为四种，授予那些为特立尼达和多巴哥做出重要、积极贡献的国内外人士。四种奖章分别是以下几种。

特立尼达和多巴哥勋章（Order of the Republic of Trinidad and Tobago）。该

国最高一级勋章，2008 年 6 月 5 日取代了过去的最高勋章"三位一体十字勋章"（Trinity Cross）。特立尼达和多巴哥勋章为 18 克纯金奖章，上端悬挂在一代表国家颜色的红、白、黑三色竖条纹的短绶带上。奖章的正面为三环，每环都绘有国家象征标志。奖章中心圆盘上绘有国鸟，环的上面是国花查科尼亚花。奖章背面写有"Order of the Republic"（共和国勋章）的铭文。该奖章每年最多授给 5 个人。

查科尼亚奖章（Chaconia Medal）。查科尼亚奖章是 1969 年设立的，以该国国花查科尼亚花命名。该奖章为圆形，有金质、银质和铜质三种，奖章中心绘有查科尼亚花。查科尼亚奖章授予为国家长期、卓有成效服务的人，每年最多颁给 10 个人。

蜂鸟奖章（Humming Bird）。以该国国鸟之一蜂鸟为奖章名。奖章为圆形，有金质、银质和铜质三种，奖章中心绘有蜂鸟。蜂鸟奖章奖给为国家忠诚服务的人，每年最多颁给 15 个人。

公用事业功绩奖章（Public Service Medal of Merit）。该奖章颁给执政、公用、军队、警察等部门服务优异的人员，分为金质、银质和铜质三种。三种奖章的绶带都有红、白、黑三色，金质奖章红、白、黑三色的两边为紫色，银质奖章红、白、黑三色的两边为浅蓝色，铜质奖章红、白、黑三色的两边为白色。

除上述四种奖章外，还有妇女奖章（Medal for Women），颁给为争取该国妇女权益做出贡献的妇女。妇女奖章有金质、银质和铜质三种。每年最多颁给 10 个人。

国　花

查科尼亚花（Chaconia）。该名是为纪念最后一任西班牙总督何塞·马里亚·查孔（José María Chacón，1784～1797 年）。学名"Warszewiczia Coccinea"是为纪念波兰植物采集家约瑟夫·瓦斯泽维奇（Joseph Warszewicz）。查科尼亚花被称为"野一品红"（wild poinsettia）和"特立尼达和多巴哥的骄傲"（Pride of Trinidad and Tobago）。属"Rubianceae"科植物，每年该国独立时节开花，花呈火红色，长久不败，是国家长盛不衰的象征，其颜色也与国旗和国徽的颜色一致。

国　鸟

蜂鸟（Humming Bird）、红色朱鹭（Scarlet Ibis）和火烈鸟（Cocrico）都是特立尼达和多巴哥的国鸟。

蜂鸟是特立尼达和多巴哥自由和独立的象征，该国国徽上绘有两只蜂鸟。特立尼达原来的名字"凯里"（Cairi 或 Kairi）或"耶雷"（Iere），印第安语意为"蜂鸟之乡"。蜂鸟是世界上最小的鸟，羽裳斑斓，体长 7.5～13 厘米，小的只有 5 厘米。飞行时双翅急速拍动，每秒钟可达 80～90 次，同时发出嗡嗡的声响，故称蜂鸟。

红色朱鹭的学名为"Tantalus Ruber"。红色朱鹭代表特立尼达，可见于特立尼达中部的卡罗尼沼泽地区。雏鸟为褐色，成熟后变为红色，但翼尖呈彩虹色、蓝色或黑色。红色朱鹭是群集鸟，大批红色朱鹭一起栖居、进食和飞翔。雄鸟的双翼展开可达 78 厘米长，雌鸟的双翼展开也长达 74 厘米。雄鸟从嘴到爪高度为 74 厘米左右，雌鸟约为 68 厘米。红色朱鹭弯曲的嘴长约 20 厘米，可用来在泥滩探查就食用的甲壳动物。

火烈鸟的学名为"Rufus Tailed"。火烈鸟代表多巴哥，栖息于多巴哥和委内瑞拉，被称为"多巴哥雉"（Tobago Pheasant）。它和普通禽类大小相仿，呈褐色，尾长。早晚可听到火烈鸟的叫声。蜂鸟和火烈鸟受到特立尼达和多巴哥法律的保护。

国家体育运动

板球。它是特立尼达和多巴哥人最钟爱的运动，特立尼达和多巴哥板球队是加勒比地区的著名板球队，其从 19 世纪下半期就开始参加该地区的各种比赛，涌现出大量优秀球员。近年来，它曾 5 次夺得地区四日锦标赛（Regional Four Day Competition）、10 次夺得 WICB 杯赛冠军。特立尼达和多巴哥有许多优秀板球运动员加入西印度群岛队并参加大型国际比赛。西印度群岛队还包括牙买加、巴巴多斯、圣卢西亚、圣文森特、格林纳达、安提瓜、多米尼卡、圣基茨－内维斯－安圭拉和圭亚那等国的运动员。西班牙港的女王公园奥瓦尔体育场是加勒比地区最好的板球场，许多世界性的板球比赛在这里举行。布雷恩·拉腊体育场也为板球运动员提供了良好的训练条件。

国家音乐

卡利普索（Calypso）。其名源于非洲词汇"Kaiso"，意为"好极了"，用于赞扬好的歌手。卡利普索源于非洲民间音乐，17世纪时，大批非洲黑奴被贩卖到特立尼达和多巴哥甘蔗种植园充当劳力。非洲黑奴被禁止相互交谈，于是他们便用卡利普索交流感情和信息。卡利普索集音乐、舞蹈和歌曲于一身，很快在特立尼达和多巴哥传播开来，受到人们的欢迎。后来，每年甘蔗收割结束后的狂欢节都要举行卡利普索比赛。1830年特立尼达和多巴哥废除奴隶制后，卡利普索比赛更加引人注目。每年都有一名歌手被选为卡利普索国王或王后。1914年，第一批卡利普索唱片问世。20世纪30年代，罗德·基奇纳（Lord Kitchener）等卡利普索音乐家已在特立尼达和多巴哥家喻户晓。1956年，哈里·贝拉丰特（Harry Belafonte）演奏的《香蕉船之歌》（*Banana Boat Song*）成为当时最为经典的卡利普索音乐。20世纪70年代，特立尼达和多巴哥一些音乐家对卡利普索进行了革新，加入了印第安音乐的节奏和乐器，并创造出"索卡乐"（soca），即"心灵卡利普索乐"（Soul Calypso）。现在，在特立尼达和多巴哥活跃着多支卡利普索乐队，由低音提琴手、吉他手、鼓手、萨克斯管手、小号手、长号手、钢鼓手以及歌手组成。每年狂欢节期间，在卡利普索乐队的伴奏下，特立尼达和多巴哥人跳起欢快的卡利普索舞，共同庆祝节日。

国家乐器

钢鼓（Steelpan huo Steel drum）。钢鼓是特立尼达和多巴哥特有的乐器，也是该国的国家乐器。钢鼓乐是二战后发展起来的。为了庆祝世界人民反法西斯战争的胜利，特立尼达和多巴哥青年抬来大汽油桶尽情敲打，宏大的声响传遍城乡。人们附和声响的节奏翩翩起舞，气氛十分热烈。后来，音乐家对油桶进行了改造和加工，用锤子敲击大汽油桶底部，凿出浅沟，使之成为有不同音区的钢鼓，包括各个声部的钢鼓乐队随之出现。钢鼓乐队能够演奏多种类型的音乐，既可演奏流行音乐，也可演奏古典音乐。1962 年特立尼达和多巴哥独立后，钢鼓音乐受到重视和推广。1973 年，该国规定，每年 11 月举行为期 1 个月的"钢鼓音乐节"。现在，该国拥有 200 多支钢鼓乐队，演奏国歌都由钢鼓乐队承担。2010 年上海世博会期间，特立尼达和多巴哥一支著名的钢鼓乐队受邀来华演出，受到人们的热烈欢迎。

国　食

特立尼达和多巴哥是一个多民族国家，该国的美食也受到西班牙、非洲、亚洲和当地印第安饮食的深刻影响，融合了多种风味。特立尼达和多巴哥国食有以下几种。

卡利亚洛（Callaloo）。殖民地时期，从西非贩运至特立尼达和多巴哥的黑奴带来了西非的饮食，和当地饮食特点相结合后，形成了特立尼达和多巴哥国食卡利亚洛。卡利亚洛是一种呈绿色的汤菜，主要原料为达申叶（Dasheen，达申是一种热带块茎植物，其叶又称芋头叶），其他配料有奥克罗（Ochro，当地一种植物）、黄油、细香葱、胡椒、洋葱、芳香带苦味的安格斯图拉树树皮、咸猪肉、热青椒以及香料、奶油等。制作时，先把达申叶的叶柄和主脉去掉，把剁碎的奥克罗、达申和洋葱等一起放入锅中加上水炖一小时。在另一只锅中把咸猪肉煮沸，去掉肉中多余的盐分，然后把咸猪肉捞出与青椒一起放入第一只锅中，合炖 1.5 小时。喝卡利亚洛汤时，要配上鲜美的陆栖蟹肉饼。

佩劳（Pelau）。它是带有西班牙饮食风格的菜肴，主料为鸡肉和米，与西班牙的菜肴帕埃利亚（Paella，菜饭）相似。制作时，把椰子打开、去壳，将椰汁放在一旁。将鸡肉洗净切碎，去掉油脂，和大蒜、蒜粉、黑胡椒、洋葱末、葱末、桂皮、调味品、百里香混在一起。锅里放上油和糖加热 3～4 分钟，变成黄褐色后，放入鸡肉煎 10～15 分钟，至成褐色。不断翻动鸡肉，避免粘锅。把米和香料放入锅中，和鸡肉一起煎 3～5 分钟，使米变成褐色。然后，倒入椰奶，加盐，盖上盖，慢慢烧 15～20 分钟，直至锅中液体蒸发，米变软。随后加入豌豆和甜玉米，再烧约 5 分钟，去掉豌豆和甜玉米的水分。这样，佩劳菜便可食用了。

罗蒂烤饼（Roti）。罗蒂烤饼为一种扁平的饼，饼内夹咖喱鸡肉、咖喱牛肉、咖喱羊肉、咖喱土豆和蔬菜，是特立尼达和多巴哥的大众化食品。特立尼达和多巴哥成为英国殖民地后，一度引入大量印度契约劳工，他们带来了印度美食咖喱鸡。

国 酒

朗姆酒（Rum）。特立尼达和多巴哥朗姆酒世界闻名，最著名的品牌是安格斯图拉有限公司（Angostura Limted）出产的"White Oak""Old Oak"朗姆酒以及费尔南德斯和白栎木公司（Fernandes and White Oak）出产的"Black Label and Vat 19"朗姆酒。安格斯图拉有限公司是由德国人约翰·戈特利布·本亚明·西格特建立的，他当过委内瑞拉西蒙·玻利瓦尔军队的外科医生。他经过 4 年试验，创制出能促进食欲、帮助消化的苦啤酒。1830 年，他建立了安格斯图拉有限公司。1850 年，西格特辞去军队职务，专门经营酒厂。1862 年，他的苦啤酒在伦敦展销，大获成功。1870 年，西格特的兄弟和儿子接收了酒厂，1876 年前往特立尼达和多巴哥西班牙港，成为特立尼达和多巴哥的著名公司。安格斯图拉苦啤酒是多种鸡尾酒的主要组成部分。如今，安格斯图拉有限公司除生产苦啤酒外，还制作朗姆酒，是该国制造朗姆酒的主要公司。

宗 教

特立尼达和多巴哥宪法保证宗教信仰自由，在该国多种宗教中，天主教是最大的宗教，教徒占全国总人口的 29%。西班牙统治时期，天主教曾为特立尼达和多巴哥国教。海地革命期间，大批法国移民的到达使天主教在特立尼达和多巴哥的实力大大加强。特立尼达和多巴哥成为英国殖民地后，英国圣公会和各派新教在该国扎根，人数不断增多。各派新教教徒已占该国总人口的 31%。随着印度劳工的抵达，印度教和伊斯兰教也在该国立足。印度教教徒占总人口的 24%，伊斯兰教教徒占 6%。20 世纪 80 年代中期以来，犹太教在该国的发展速度很快。

国　币

特立尼达和多巴哥元（Trinidad and Tobago Dollar）。1 元等于 100 分（Cents）。

1498 年哥伦布"发现"特立尼达和多巴哥后，西班牙元曾长期在该国流通。特立尼达和多巴哥成为英国殖民地后，于 1838 年正式采用英国货币，但西班牙元仍与英国货币一起流通，1879 年之后才失去货币资格。1837 年，特立尼达和多巴哥第一家商业银行——殖民银行（Colonial Bank）成立。随后，加拿大皇家银行（Royal Bank of Canada）和加拿大商业银行（Canadian Bank of Commerce）在特立尼达和多巴哥建立了分行，这些商业银行分别发行了自己的纸币。1951 年，特立尼达和多巴哥开始使用东加勒比元，特立尼达和多巴哥政府发行的纸币和三家商业银行（Barclays Bank，D. C. O.，the Canadian Imperial Bank of Commerce and the Royal Bank of Canada）发行的纸币与英属加勒比通货委员会的纸币一起流通。1955 年，东加勒比铸币也在特立尼达和多巴哥流通，同年特立尼达和多巴哥政府和三家商业银行发行的纸币失去货币资格，英国银币和铜币也逐渐退出市场（1969 年 11 月失去货币资格）。特立尼达和多巴哥独立后，1964 年 12 月特立尼达和多巴哥中央银行（Central Bank of Trinidad & Tobago）成立，成为该国唯一拥有发行纸币和铸币权力的机构。1964 年 12 月 14 日，特立尼达和多巴哥中央银行发行新设计的面值为 1、5、10 和 20 元的纸币。1966 年，特立尼达和多巴哥采用面值为 1、5、10、25 和 50 分的铸币。1969 年，1 元铸币发行和流通。特立尼达和多巴哥成为共和国后，特立尼达和多巴哥中央银行于 1977 年 6 月 6 日发行新设计的 50 元和 100 元纸币。在新纸币中，特立尼达和多巴哥国徽取代了女王像，并绘有当地的动植物和经济活动中有代表性的场面，以反映该国生活的画面。2002 年发行新的 1 元和 20 元纸币。2003 年发行新的 1、5、10 和 100 元纸币。纸币只有轻微变化。

现在，特立尼达和多巴哥流通的纸币面值为 1、5、10、20 和 100 元，2002 年升级版纸币分别为以下几种。1 元纸币为红色，正面中间是国徽，左侧有两只红色朱鹭；背面中间是中央银行大楼，右侧是利萨斯工业区。5 元纸币为绿色，正面中间是国徽，左侧是莫特莫特鸟；背面中间是中央银行大楼，右侧是市场。10 元纸币为灰色，正面中间是国徽，左侧是火烈鸟；背面中间是中央银行大楼，右侧为一艘货船。20 元纸币为紫色，正面中间是国徽，左侧是蜂鸟；背面中间是中央银行大楼，右侧是钢鼓。100 元纸币为蓝色，正面中间是国徽，左侧是极乐鸟；背面中间是中央银行大楼，右侧是海上石油钻台。

现在，特立尼达和多巴哥流通的铸币面值为 1、5、10、25 和 50 分。铸币正面为国徽，背面在 1976 年前为面值数字，独立后除面值数字之外还加上了国鸟或国花。铸币中 1 分和 5 分为铜币，其他面值的铸币为铜镍币。1 分铸币背面绘有花上的蜂鸟；5 分铸币背面绘有极乐鸟；10 分铸币背面绘有火焰般的木槿属植物；25 分铸币背面绘有查科尼亚花；50 分铸币背面绘有钢鼓。

委内瑞拉

国 名

委内瑞拉玻利瓦尔共和国（República Bolivariana de Venezuela）。位于南美洲大陆北部。西邻哥伦比亚，南接巴西，东与圭亚那接壤，北濒加勒比海和大西洋。1811 年 7 月 5 日，委内瑞拉宣布独立。1819～1829 年，其同哥伦比亚、巴拿马和厄瓜多尔组成"大哥伦比亚共和国"，1830 年建立委内瑞拉联邦共和国，1864 年改称委内瑞拉合众国，1953 年改为委内瑞拉共和国，1999 年改称委内瑞拉玻利瓦尔共和国。

过去一般认为，委内瑞拉（Venezuela）的国名是西班牙探险家阿方索·德奥赫达（Alfonso de Ojeda）所起的。1499 年，奥赫达带领一批殖民者，乘船从加勒比海出发向南驶去，抵达委内瑞拉境内的马拉开波湖。在很早以前，勤劳的印第安人就在湖区劳动生息，发展了自己的文化。奥赫达登岸之后，一派旖旎的风光出现在他的眼前。马拉开波湖波光粼粼，印第安人的舟筏穿梭于湖面上，岸边绿树成荫，青草茸茸。四周沃野千里，印第安人的住宅筑在露出水面的木桩上，星星点点，别有情趣。见此情景，奥赫达不由想起意大利举世闻名的水城威尼斯，那个城市被 77 条河流分割成 118 个小岛，居民的房屋多采用吊脚楼的形式盖在水上。奥赫达觉得这一带地方与威尼斯是那么相像，于是就把它称为"Venezuela"，意为"小威尼斯"。从此，委内瑞拉的名字也就流传开来，成为这个国家的正式名称。

然而，近年来，一些学者通过研究 1519 年马丁·费尔南德斯·德恩西索（Martín fernandez de Enciso）在西班牙塞维利亚出版的《世界各地区及行省特别是西印度群岛地理概要》（*Suma de Geografía que trata de todas las partes y provincias del mundo, en especial de las Indias*）和 1629 年安东尼奥·巴斯克斯·德埃斯皮诺萨（Antonio Vázquez de Espinosa）撰写的《西印度群岛扫描》（*Compendio y descripción de las Indias Occidentales*）得出结论，委内瑞拉不是来自西班牙语，而是地道的土著语。他们认为，"委内瑞拉"是一个印第安村落的名字，意为"大水"，因为这个村落紧靠马拉开波湖。

国　都

加拉加斯（Caracas）。这也是印第安语名字。加拉加斯是拉丁美洲的一个古老城市，至今已有 400 多年的历史。古时候，印第安加拉加斯族人就在这个地方繁衍生息，建立了居民点，以氏族名"加拉加斯"为该地命名（另说"加拉加斯"源于当地一种名叫"Caraca"的野花，它是富含蛋白质的药用作物）。16 世纪中叶，西班牙殖民者侵入这里，印第安人在瓜伊卡普罗率领下展开了英勇斗争。残忍的殖民者对印第安人进行了血腥镇压，大批印第安人惨遭杀戮。西班牙人用火与剑确定了他们的殖民统治。1567 年 7 月 25 日，西班牙殖民者迭戈·德洛萨达（Diego de Losada）在当地开始建立一座城市，城名在加拉加斯的基础上，又加上了带有殖民色彩的东西，称为"圣地亚哥德莱昂德加拉加斯"（Santiago de León de Caracas）。7 月 25 日建城日正好是西班牙保护神圣雅各（即圣地亚哥，耶稣十二门徒之一，详见智利条）的祭日，根据西班牙的习惯，遂为城名加上该使徒的名字。加上"莱昂"，则是奠基者洛萨达为了对当时的委内瑞拉都督佩德罗·庞塞·德莱昂（Pedro Ponce de León）表示敬意，因为莱昂都督曾授予他开拓疆土的权力（另说"圣地亚哥德莱昂"是为纪念西班牙古王国莱昂王国的圣地亚哥·德莱昂骑士团）。以后的几百年中，这座建筑在山谷里的小城慢慢发展起来，变成一座现代化城市。由于这座城市的名字太长，人们便习惯地把它简称为"加拉加斯"，并得到世界的公认。

国　庆

7月5日（1811年）。古时的委内瑞拉为印第安人阿拉瓦克族和加勒比族的居住地，1567年沦为西班牙殖民地。19世纪初，拉丁美洲人民反对西班牙殖民统治的斗争风起云涌。1810年4月，委内瑞拉爱国者从殖民当局手中夺回了政权，成立了"洪他"。翌年7月5日，国会在玻利瓦尔领导的"爱国社"的敦促下，发表了脱离西班牙殖民统治的独立宣言，这也是西属拉丁美洲的第一个独立宣言。后来，委内瑞拉就把这一天定为国庆，即"独立日"。

国　父

西蒙·玻利瓦尔（Simón Bolívar，1783～1830年）。拉丁美洲和委内瑞拉的民族英雄，被誉为南美洲的"解放者"和委内瑞拉的"祖国之父"。1783年7月24日，玻利瓦尔生于委内瑞拉的加拉加斯。青年时曾在欧洲留学，受到资产阶级启蒙教育的影响，并目睹了法国大革命的爆发，从那时起他便立志为委内瑞拉和整个拉丁美洲的解放事业奋斗终生。1806年，24岁的玻利瓦尔从欧洲回国后立即投身于反抗殖民统治的火热斗争中。第一委内瑞拉共和国覆亡之后，他和爱国志士一道在新格拉纳达（今哥伦比亚）重新组织革命武装。在人民的大力支援下，1813年8月玻利瓦尔领导的革命军解放了加拉加斯，建立了第二委内瑞拉共和国，玻利瓦尔被授予"解放者"的光荣称号。但是，在反动势力的疯狂反扑下，第二共和国不久又遭扼杀。玻利瓦尔毫不气馁，积蓄力量进行斗争。他提出废除奴隶制、确立民主体制等进步主张，得到拉美人民的热烈拥护。在海地的支持下，1816年11月，玻利瓦尔率军第二次在委内瑞拉登陆。1817年在安哥斯图拉成立第三委内瑞拉共和国，玻利瓦尔当选为总统和统帅。为使整个拉丁美洲从西班牙殖民统治的桎梏下解放出来，他率领一支2500人的队伍，于1819年6月开始向安第斯山进军。他们穿过原始森林，翻越崇山峻岭，解放了新格拉纳达，同年在波哥大成立了大哥伦比亚共和国。接着，玻利瓦尔命令得力助手苏克雷向西班牙殖民军的最后巢穴秘鲁和上秘鲁进军，在阿亚库乔全歼西班牙殖民军主力，生擒秘鲁总督，解放了南美洲最后一块土地。1830 年 12 月 17 日，玻利瓦尔在哥伦比亚圣玛尔塔市病逝，终年 47 岁。委内瑞拉人民永远铭记这位为拉丁美洲和委内瑞拉的独立和解放事业呕心沥血、出生入死的民族英雄，把他尊为"国父"，他的遗骸被葬入加拉加斯的伟人祠。1999 年，委内瑞拉共和国改称委内瑞拉玻利瓦尔共和国。不过，在委内瑞拉，人们对于史书上"玻利瓦尔死于肺结核"的记载存有争议。2010 年 7 月 16 日，查韦斯曾下令开棺检验玻利瓦尔的真正死因。

国　旗

委内瑞拉国旗由大小相同的黄、蓝、红三色横条色带组成。旗的上方为黄色，代表国家的丰富资源（一说其表示南美洲的土地）；中间为蓝色，代表广阔的海洋（一说其表示人民事业的崇高目标），上有 8 颗呈弧形的白色五角星，象征 8 个省；下方为红色，代表烈士们为独立洒下的鲜血。国旗长与高的比例为 3:2。关于国旗的颜色，存在一个趣闻。历史学家弗朗西斯科·埃雷拉·卢克（Francisco Herrera Luque）曾说：米兰达出访欧洲时，为寻求俄国对委内瑞独立运动的支持而会见俄国女沙皇。女沙皇询问他新国家国旗的式样，米兰达没有准备，信口回答："黄色，像你的头发；蓝色，像你的眼睛；红色，像你的嘴唇。"

三色旗是委内瑞拉人民争取独立和自由的象征。1806 年 2 月，委内瑞拉革命的"先驱者"弗朗西斯科·德米兰达（Francisco de Miranda）率领"利安德"号军舰，从纽约向委内瑞拉进发，三色旗在船上高高飘扬，但这次远征不幸失败。同年 7 月，他又率领船队从西班牙港出发，8 月 3 日在委内瑞拉科罗城附近登陆，4 日占领这座城镇后在政府大厦升起了鲜艳的三色旗。1811年 7 月 5 日委内瑞拉宣布独立，指定一个委员会负责选择国旗。7 月 7 日，议会正式通过米兰达在 1806 年远征时打过的三色旗为委内瑞拉国旗。7 月 14日，委内瑞拉国旗正式在加拉加斯圣卡洛斯军营升起，之后又在马约尔广场（今玻利瓦尔广场）上空飘扬。1817 年 5 月 17 日，委内瑞拉国会下令修改国旗，在旗上方黄色带上增添 7 颗蓝星，代表 1811 年宣告独立的加拉加斯、库马纳、巴里纳斯、玛格丽塔、梅里达和特鲁希略 7 个省。大哥伦比亚共和国解体后，1859 年委内瑞拉宣布重新采用 1817 年开始使用的国旗。1863 年，委内瑞拉对国旗做出修改，7 颗星改为白色，放在中间的蓝色带上。6 颗星在蓝带中央围成圆形，中心有 1 颗白星。1930 年 7 月 15 日再次修改国旗，7 颗星改为弧形。1954 年 2 月，在国旗黄色带上增添了委内瑞拉国徽。2006 年 3 月 7 日，全国代表大会根据 1817 年 11 月 20 日玻利瓦尔提出的主张，通过修改国旗的决议，决定在国旗中增添第 8 颗星，新增加的一颗星代表 1817 年摆脱西班牙统治并入委内瑞拉的圭亚那省。该法于 3 月 9 日第 38394 号公报公布后开始生效。1963 年 7 月 3 日，罗慕洛·贝坦科尔特（Rómulo Betacourt）总统曾下令将 3 月 12 日作为委内瑞拉“国旗日”，以纪念米兰达将军 1806 年 3 月 12 日在海地 Jacmel 湾第一次升起委内瑞拉国旗。2006 年 8 月 3 日，委内瑞拉总统查韦斯对国旗日的日期做了修改，下令每年 8 月 3 日为委内瑞拉“国旗日”，以纪念米兰达将军 1806 年 8 月 3 日在委内瑞拉科罗的拉贝拉（La Vela de Coro）第一次升起国旗。现在，政府等公共机构悬挂左上角绘有国徽的国旗，公民使用的国旗则不带国徽。

国　徽

　　1954 年 2 月 17 日，委内瑞拉国会以法律形式确定了国徽的样式。2006 年 3 月 7 日，全国代表大会通过国旗、国徽法修改法，3 月 9 日第 38394 号公报颁布后开始生效。2006 年 3 月，国徽做了一些修改。

　　委内瑞拉国徽主体图案是一个长方形盾牌。盾牌图案上方分成两部分，左部红底色中镶嵌着一捆 24 束麦穗，象征现今共和国 24 个州的团结和国家的丰饶；右部黄底色中是交叉在一起的古兵器，有剑、长矛、弓、箭囊中的箭和一把砍刀，象征着力量和胜利。左右各有两面委内瑞拉国旗，由月桂冠系结。图案下方蓝底色中绘有一匹向左奔驰的白色骏马，象征独立和自由。盾形主体图案的上端是两支交叉在一起的丰饶角，角下饰有绿叶和水果。盾形主体图案两侧各有橄榄枝和棕榈叶环绕，下面有黄、蓝、红三色带，左边色带用阿拉伯数字和西班牙文写有“19 de Abril de 1810”（1810 年 4 月 19 日）、“Independencia”（独立）的金字。1810 年 4 月 19 日是成立“洪他”和从殖民当局手中夺取政权的日子，宣布独立是在 1811 年 7 月 5 日。右边色带写有“20 de Febrero de 1859”（1859 年 2 月 20 日）、“Federación”（联邦）的金字，以纪念委内瑞拉联邦革命开始的日子。中间色带写有"República Boli-variana de Venezuela"（委内瑞拉玻利瓦尔共和国），表示团结、光荣和功勋。

2006年3月国徽修改前，国徽左上部绘有20束麦穗，代表委内瑞拉的20个州。2006年修改后的国徽增加的4束麦穗代表阿马库罗三角洲（Delta Ama-curo）、亚马逊（Amazonas）、巴尔加斯（Vargas）和首都区（Distrito Cap-ital），右上部增添的弓和箭是印第安武器的象征，增添的砍刀则代表农民。国徽下部的马原来是头朝右地奔跑，2006年改为头朝左地奔跑。

总统绶带

委内瑞拉总统绶带是在伊萨亚斯·梅迪纳·安加里塔（Isaías medina An-garita）执政时设立的，此后每届总统都拥有自己的绶带。1942年12月15日，委内瑞拉政府颁布有关总统绶带样式和大小的法令。委内瑞拉总统绶带由红、蓝、黄三色纵列构成，每条颜色宽幅相等，中间的国徽图案跨连黄、蓝、红三条色带。委内瑞拉的总统绶带是国家权力的象征，只有佩戴绶带的总统才是宪法总统，才真正代表着国家的尊严和权威。

总统旗

委内瑞拉总统旗为正方形，旗地为黄色，旗地中心为委内瑞拉国徽。舰船悬挂的海上总统旗旗地为蓝色，旗地中心为委内瑞拉国徽，四角各有一颗白色五角星，长与高的比例为3∶2。委内瑞拉总统乘坐汽车时悬挂的总统旗旗地为浅黄色，旗地中心为委内瑞拉国徽，长与高的比例为3∶2。

总统府

委内瑞拉总统府名为"米拉弗洛雷斯宫"（Palacio de Miraflores），西班牙语意为"观花宫"。观花宫位于加拉加斯，是委内瑞拉政府所在地，内设总统办公室。观花宫是委内瑞拉国家权力的中心，也是委内瑞拉的象征之一。1884年华金·克雷斯波（Joaquín Crespo）总统执政时，买下了称为"拉特里利亚"（La Trilla）的房产，准备推倒旧房，建设他的新居。意大利伯爵朱塞皮·奥尔西·德蒙贝洛（Giussepi Orsi de Mombello）负责兴建新居，但进展缓慢。后因政局原因，建筑工程被迫中断。1887 年，克雷斯波离开委内瑞拉，前往西班牙巴塞罗那。1892 年，他把加泰罗尼亚建筑师胡安·鲍迪斯塔·萨莱斯（Juan Bautista Sales）以及一批工匠、雕刻匠、瓦匠带回委内瑞拉重新建设观花宫，西班牙画家胡利安·奥尼亚特（Julián Oñate）参与了建筑的装饰工作。1898 年 4 月克雷斯波阵亡，未能入住已竣工的观花宫。1900 年西普里亚诺·卡斯特罗（Cipriano Castro）执政时，观花宫成为总统府。1923 年，因委内瑞拉独裁者胡安·维森特·戈麦斯（Juan Vicente Gómez）的兄弟克里索斯托莫·戈麦斯（Crisóstomo Gómez）在观花宫内被杀，观花宫被关闭。1935年埃莱亚萨·洛佩斯·孔特雷拉斯（Eleazar López Contreras）执政时，观花宫才作为总统府重新开放。观花宫是一座新巴洛克式风格的建筑，装饰豪华，拥有名贵的 18～19 世纪古典家具和阿图罗·米切莱纳（Arturo Michelena）、西里洛·阿尔梅达（Cirilo Almeida）等画家的著名画作。宫内设部长委员会大厅（Salón del Cosejo de Ministros）、会议大厅（Salón de Reuniones）、博卡亚大厅（Salón Bocayá）、潘塔诺·德巴尔加斯大厅（Salón Pantano de Vargas）、华金·克雷斯波大厅（Salón Joaquín Crespo）和阿亚库乔大厅（Salón Ayacucho）等，院子里有花园、雕像和大理石喷泉。此外，观花宫还是委内瑞拉第一批抗震建筑之一。

总统官邸

委内瑞拉总统官邸"拉卡索纳宫"（La Casona）位于首都加拉加斯，西邻弗朗西斯科·德米兰达大元帅公园（即东方公园），靠近弗朗西斯科·德米兰达大元帅机场。从 1964 年起，拉卡索纳宫成为委内瑞拉总统官邸，米拉弗洛雷斯宫则作为总统和委内瑞拉政府办公地。拉卡索纳宫原来是一个甘蔗庄园，被称为"拉帕斯托拉"（La Pastora）。殖民地时期，埃莉萨·埃尔维拉·鲁伊斯·米兰达·德勃兰特（Elisa Elvira Rúiz Miranda de Brandt）成为该庄园主人，其委托建筑师安德烈斯·恩里克·贝坦考特（Andrés Enrique Betancourt）把原来不大的房屋变为豪宅，但保留了殖民地时期的风格、院子和喷泉。

如今，拉卡索纳宫主要由总统办公室、第一夫人办公室和几个会议室和接待大厅组成。

总统办公室是总统处理国事的地方，室内陈设简朴，摆放文艺复兴时期风格的桃花心木雕花写字台和座椅。写字台后墙上悬挂 19 世纪末 20 世纪初委内瑞拉画家安东尼奥·埃雷拉·托罗（Antonio Herrera Toro）创作的基督像。厅内还有一幅由智利总统赠送的画家阿尔弗雷多·阿拉亚·戈麦斯（Alfredo Araya Goméz）创作的解放者西蒙·玻利瓦尔跃马杀敌的画像。图书室藏有西蒙·玻利瓦尔的传记和文件、历届总统的法令和著作。

召见厅（Sala Mayor de Audiencia）是总统召见官员和其他人的地方，厅内引人注目的摆设是 14 世纪风格的家具、3 米高的大钟以及画家佩德罗·森特诺·巴列尼利亚（Pedro Centeno Vallenilla）送给总统拉斐尔·卡尔德拉（Rafael Caldera）的西蒙·玻利瓦尔画像。

部长会议厅（SalaConsejo de Ministros）是总统召集内阁开会的大厅。厅内摆放有一 18 世纪法国风格的长桌，藏有拉斐尔·卡尔德拉总统委托画家蒂托·萨拉斯（Tito Salas）创作的 19 世纪总统画集。

安德烈斯·贝略厅（Sala Andrés bello）是一般会议厅，数把座椅呈半圆形围绕一个木桌。厅内悬挂着智利大学安德烈斯·贝略像的复制品。

西蒙·玻利瓦尔大厅（Salón Simón Bolívar）是最重要的招待大厅，厅中有全国最重要的艺术品之一——胡安·洛韦拉（Juan Lovera）所画的西蒙·玻利瓦尔像。厅内铺着西班牙塔皮塞斯皇家工厂制作的地毯，上面是路易十六时期风格的扶手椅和家具。此外还有法国画家卡米耶·皮萨罗（Camille Pissarro，1830～1903 年）的作品《马约尔广场》（Plaza Mayor）。

拉迪亚纳·卡萨多拉大厅（Salón de la Diana Casadora）因藏有阿图罗·米切莱纳（Arturo Michelena）的名著《迪亚纳·卡萨多拉》（Diana Casadora）而得名。厅内铺有法国地毯，陈设绿色的伊莎贝尔女王时期风格的木制家具和拿破仑三世时期制作的 Boulle 风格的家具。

大使大厅（Salón de los Embajadores）是最小的招待厅。厅内陈列路易十六时期风格的家具、19 世纪的法国钟表，其中一个钟表原属于拿破仑，后送其弟赫罗尼诺，最后被带到玻利瓦尔城。厅内还藏有委内瑞拉印象派画家埃米利奥·博焦（Emilio Boggio，1857～1920 年）、著名画家阿尔曼多·雷韦龙（Armando Reverón，1889～1954 年）和著名画家埃克托尔·波莱奥（Héctor Poleo，1918～1989 年）的油画。

国　歌

《光荣属于英雄的人民》（*Gloria al Bravo Pueblo*）。词作者为维森特·萨利亚斯（Vicente Salias），曲作者为胡安·何塞·兰达埃塔（Juan José Landaeta）。

萨利亚斯和兰达埃塔是委内瑞拉的爱国志士，都曾积极投入反抗西班牙殖民统治和争取独立的斗争。在火热的斗争中，诗人萨利亚斯饱含爱国热情，1810年写下了一首激动人心的爱国诗歌。同年，音乐家兰达埃塔为萨利亚斯的诗歌配曲。他们所创作的爱国歌曲开始叫《加拉加斯之歌》，后改为现名《光荣属于英雄的人民》。歌曲一经问世，立即为人们所传唱，并鼓舞人们起来进行争取独立和自由的斗争。这首歌曲后经几次修改，其中包括1881年爱德华多·卡尔卡尼奥（Eduardo Calcaño）、1911年萨尔瓦多·利亚莫萨斯（Salvador Llamozas）和1947年胡安·包蒂斯塔·普拉萨（Juan Bautista Plaza）所做的修改。从19世纪40世纪初开始，委内瑞拉人民已经把《光荣属于英雄的人民》这首爱国歌曲誉为"委内瑞拉马赛曲"。1881年5月25日，总统古斯曼·布兰科（Guzmán Blanco）宣布《光荣属于英雄的人民》为国歌，并于同日在加拉加斯联邦宫签字生效。2006年3月9日颁布的《委内瑞拉玻利瓦尔共和国国旗、国徽和国歌法》规定了演唱国歌的场合及违反规定的处罚条例。2007年5月25日，委内瑞拉总统查韦斯下令将5月25日作为"国歌日"，并宣布从2008年5月25日起每年都要庆祝"国歌日"。

委内瑞拉国歌词作者维森特·萨利亚斯1776年3月23日生于加拉加斯。青年时期在加拉加斯大学学习哲学，1798年毕业并获学士学位，1799年又获医学学士学位。1810年4月19日，加拉加斯爱国者发动起义，推翻了西班牙殖民政府，成立"洪他"。萨利亚斯和他的几位兄弟积极投身于这场运动中。他受"洪他"派遣，作为外交官前往库拉索和牙买加，通知它们委内瑞拉成立新政府，并促进同这两个岛的贸易关系。萨利亚斯是加拉加斯爱国社的成员和领导人之一。1811年9月，他被西班牙殖民军逮捕，先后被关押在拉瓜伊拉、卡贝略港和巴伦西亚。1813年被特赦释放，同年加入玻利瓦尔军队，并成为《加拉加斯公报》（*Gaceta de Caracas*）编辑。1814年7月8日，他乘船前往库拉索时，被西班牙海盗巴连特·博韦斯（Valiente Boves）扣押，先被带往卡贝略港，后关押在圣菲利佩堡。同年 9 月 17 日，他被胡安·曼努埃尔·卡西加尔（Juan Manuel Cajigal）处死。据说在刑场上，他英勇不屈，高喊道："上帝，如果你在天上接受西班牙人，我就抛弃你！"

委内瑞拉国歌曲作者胡安·何塞·兰达埃塔 1770 年 3 月 10 日生于加拉加斯，从小进入索霍神父的音乐学校，师从胡安·曼努埃尔·奥利瓦雷斯（Juan Manuel Olivares）。后在加拉加斯几个教堂乐队做过小提琴手和指挥，1811 年，他创办了音乐会社。兰达埃塔曾积极参加委内瑞拉争取独立的运动，1812 年 3 月 26 日遭遇地震不幸遇难。他的主要作品除国歌外，还有 1798 年与何塞·弗朗西斯科·贝拉斯克斯（José Francisco Velásquez）合作的 *Tantum ergo*，1799 年创作的 *Benedictus*，1800 年创作的 *Salve regina* 和 *Pésame a la virgen* 等。

关于委内瑞拉国歌词曲作者存在争议。一些历史学家认为词作者是安德烈斯·贝略（Andrés Bello），曲作者是利诺·加利亚多（Lino Gallardo），但上述说法还未能证实，也未得到认可。

委内瑞拉国歌共有三节，一般只唱合唱和第一节。

合唱：

> 光荣归于勇敢的人民，
> 他们甩掉枷锁，
> 尊重法律、
> 德行和荣誉。

第一节：

> 上帝呼叫，
> 砸碎枷锁。
> 茅屋的穷人，
> 要求自由。
> 曾耀武扬威的暴君，
> 被神圣的名字吓得发抖。

国歌合唱和第一节歌词原文为：

Coro：

Gloria al bravo pueblo

que el yugo lanzó

la Ley respetando

la virtud y honor.

I：

Abajo cadenas

gritaba el señor

y el pobre en su choza

libertad pidió

a este santo nombre

tembló de pavor

el vil egoísmo

que otra vez triunfó.

歌词原文源于 http：//www. venezuelatuya. com/。

国家格言

"正如我们看到的是未来"（Como vaya viniendo vamos viendo）。

国　语

西班牙语。1999 年制定的委内瑞拉宪法第 9 条规定西班牙语为委内瑞拉国语。委内瑞拉曾是西班牙的殖民地，绝大多数委内瑞拉人操西班牙语。委内瑞拉宪法第 9 条承认土著语具有合法地位，并应在共和国各地受到尊重。目前，委内瑞拉主要有阿拉瓦科语（arauaco）、加勒比语（caribe）、瓜希罗语（guajiro）、瓦拉奥语（warao）、奇布查语（chibcha）、图皮语（tupi）、佩蒙语

（pemón）、亚诺马米语（yanomami）、尤科帕语（yucpa）、巴里语（bari）、瓦尤语（wayuu）和阿努语（anu）等20多种土著语言，它们是印第安人的官方语言。此外，靠近巴西边境地区的居民多讲葡萄牙语，靠近圭亚那地区的居民则多讲英语。科洛尼亚托瓦尔（Colonia Tovar）是德国移民的聚集地，故那里的居民多讲德语。

委内瑞拉西班牙语与正统西班牙语在发音、构词、语法等方面有许多差异。委内瑞拉西班牙语中以"s"结尾的音节读成送气音，如"adios"读成"adioh"，"casas"读成"casah"。两个元音中的"d"不发音，如"melado"读成"melao"，"pedo"读成"peo"。后缀"ado""edo""ido"也相应读成"ao""eo""io"。与哥伦比亚、哥斯达黎加和古巴相似，委内瑞拉西班牙语中用后缀"ico"或"ica"连接以"t"为词根的名词，成为其缩小词，如"gato"（猫）变成"gatico"，"rato"（瞬间）变成"ratico"，"momento"（片刻）变成"momentico"。在委内瑞拉的农村地区，"madre"（母亲）和"papá"（爸爸）分别变成"mai"和"pai"。

委内瑞拉西班牙语受非洲语言、印第安语以及意大利语、葡萄牙语和法语的深刻影响。例如，源于非洲语言的"chévere"替代了"agradable"（令人高兴的）；用受法语影响的"petit pois"替代了"guisante"（豌豆）；用源于意大利语的"école cua"代替了"acá está"（在这儿）。委内瑞拉西班牙语引入了大量英语词汇，如"happy hour""watchman""lifting""celebrity"。有些单词在委内瑞拉西班牙语中改变了含义，如源于"burdo"（粗糙的，粗野的）的"burda"用来作"muy"或"mucho"（很，非常）的同义词，"La fiesta está burda de buena"等于"La fiesta está muy buena"（节日非常好），等等。

委内瑞拉各地区西班牙语也不尽相同。加拉加斯、苏利亚、安第斯和玛格丽塔岛四个地区所讲的西班牙语各有特色。加拉加斯西班牙语是委内瑞拉中部地区的语言，用来进行全国性交流。苏利亚是唯一用"vos"代替"tú"（你）的地区。安第斯地区则使用"usted"（您），不用"vos"。

国家勋章

解放者勋章（Collar de la Orden del Libertador）是委内瑞拉最高荣誉勋章。1922年6月13日，委内瑞拉国会颁布的有关"解放者勋章"的法律第一条指出，"解放者勋章"由秘鲁国会设立于 1825 年，被委内瑞拉所采用，以纪念解放者西蒙·玻利瓦尔，表彰为国家和社会做出突出贡献的人士。1854 年 3 月 11 日，何塞·格雷戈里奥·莫纳加斯（José Gregorio Monagas）执政期间，曾设立解放者荣誉勋章（Medalla de Distinción con el busto del LIbertador）。1880 年 9 月 14 日，总统安东尼奥·古斯曼·布兰科（Antonio Guzmán Blanco）设立了解放者勋章，授予对国家和社会做出贡献的人。1922 年胡安·维森特·戈麦斯执政时期对该勋章做了修改。解放者勋章分为金链（Collar）、大神鹰（Gran Cordón）、高官（Gran Oficial）、骑士团长（Comendador）、官员（Oficial）和骑士（Caballero）六级。解放者勋章可授予委内瑞拉人或外国人。金链级解放者勋章授予国家元首或继承王位的王子；大神鹰级解放者勋章授予副总统、议长、最高法院院长、部长、外国部长、大使、州长、总统秘书长；高官级解放者勋章授予最高法院法官、副议长、总检察长、军队总视察员、公使、驻外使团领导、加拉加斯和委内瑞拉大主教；骑士团长级解放者勋章授予参议员和众议员等；其他各级勋章授予相应级别官员。

委内瑞拉总统就职时被授予解放者勋章。根据解放者勋章授勋法，委内瑞拉总统将解放者勋章颁发给为国家做出突出贡献、工作卓越和为人类造福的人。金链级解放者勋章有玻利瓦尔半身像，大项链则由 10 个椭圆的环组成，环上饰有莨芳花叶，环边上写有斜体解放西蒙·玻利瓦尔名和姓的头一个字母"SB"，上有蓝色和红色釉。

安德烈斯·贝略勋章（Orden de Andrés Bello）是根据 1965 年 10 月 15 日委内瑞拉共和国官方公报第 27865 号（Gaceta Oficial de la república de Venezuela Número 27864）公布的委内瑞拉国会有关安德烈斯·贝略勋章的法律而设立的，旨在奖励在教育、科学研究和文学艺术领域表现突出的人士，同时可授予为文化领域提供服务并为文化发展做出杰出贡献的人士。该法第三条规定安德烈斯·贝略勋章分为金链（Collar）、一等（Primera Clase）、二等（Segunda Clase）和三等（Tercera Clase）四级。

弗朗西斯科·德米兰达勋章（Orden Francisco de Miranda）是 1943 年伊萨伊亚·梅迪纳·安加里塔（Isaías Medina Angarita）总统执政时设立的，以表彰对科学、国家进步和取得卓越成就的人，1943 年 7 月 14 日委内瑞拉共和国官方公报第 21152 号公布了设立该勋章的规定。弗朗西斯科·德米兰达勋章分为一等（Primera Clase）、二等（Segunda Clase）和三等（Tercera Clase）三级。

劳动功绩勋章（Orden al Trabajo en el Trabajo）是根据 1954 年 4 月 30 日委内瑞拉共和国官方公报第 24429 号（Gaceta Oficial de la república de Venezuela Número 24429）公布的委内瑞拉国会有关劳动功绩勋章的法律而设立的，旨在奖励长期以来工作效率高、品行优良的职员和工人，也可授予有其他突出表现的人。该勋章分为一等（Primera Clase）、二等（Segunda Clase）和三等（Tercera Clase）三级。

国　花

五月兰（Flor de Mayo）。其名源于 19 世纪庆祝传统节日"五月十字架节"（Cruz de Mayo）时使用此花，也有说法认为是因其五月开花，故称"五月兰"。学名"Cattleya Mossiae"。1818 年，威廉·卡特利（Willian Cattley）在英国种植了从巴西运来的第一批五月兰鳞茎，后来植物学家约翰·林德利（John Lindley）便以他的姓氏为这种花命名。1839 年，委内瑞拉种植了该花。兰花是世界名花之一，素有"天下第一香"的美称。委内瑞拉地处热带，兰花漫山遍野生长。花开时节，芳香四溢，清雅媚人。委内瑞拉共有 3 万多种兰花，5 万多种杂交兰花。在委内瑞拉的各种兰花中，"五月兰"尤受人们喜爱。五月兰是附生植物，带有高 15～20 厘米的假鳞茎。五月兰的种类很多，花色各异，花的直径为 20～25 厘米。有一些花的颜色纯白，有一些花的唇瓣和边上的萼片是白色的，有一些花是白色中带有深紫色斑点，有一些花是橙色的，有一些花的唇瓣则是深紫色的。根据委内瑞拉自然科学学会的长期研究，1951 年 5 月 23 日，委内瑞拉教育部和农业畜牧业部发布联合公报，宣布五月兰为国花。

国　树

美丽黄钟花树（Araguaney）。其名源于加勒比语"Aravenei"。学名"Tabebui Chrysanta"。"Tabebui"源于土著语。"Chrysanta"则派生于希腊语的两个词，意为"金花"，因花的颜色为金黄色。美丽黄钟花树还被称为"Aca-pro""Curarí""Araguán""Cañada""Flor Amarilla""Puy"。美丽黄钟花树

属紫葳科植物，是委内瑞拉本地树木，生长于海拔 400 ~ 1300 米的地区。它耐干旱，根深，树干笔直，呈圆柱形，直径 60 厘米，树高 6 ~ 12 米。生长缓慢，但持续时间长。这种树几乎常绿，但每年 2 ~ 4 月花开时节，美丽黄钟花树则呈现黄色，染黄了平原、山谷和山丘。它木质密、坚实，密度为 1.25 ~ 1.5。在潮湿地区保持完好，露天下不会出现裂纹，可做铁轨枕木、柱子、建筑材料和家具。1660 年建立圣米格尔德阿拉韦内耶南镇（San Miguel de Araveneyenan）时，首次提及这种树，其镇名就是为纪念美丽黄钟花树（Araguaney）。1905 年 4 月 10 日，西普里亚诺·卡斯特罗政府下令将 5 月 23 日作为"国树日"。1909 年改为 5 月 15 日。1948 年 5 月 29 日，委内瑞拉农业畜牧业部和教育部发布联合公报，宣布美丽黄钟花树为该国国树，这一天称为"国树日"（Día del Arbol）。但 1951 年 5 月 19 日委内瑞拉教育部又规定 5 月最后一个星期日为"国树日"，并延续下来。

国　鸟

拟椋鸟（Turpial）。学名"Icterus icterus"。它是美洲特有的一种中型鸣禽，长 17 ~ 54 厘米。筑巢于树上，其巢为囊状吊巢，故有吊巢鸟的别称。拟椋鸟除头部和双翼为黑白色外，全身为黄色或橙色，眼周围有浓密的小蓝色斑点。以果实和昆虫为食，喜独居或成双居。生活于热带地区，如平原、草木丛、落叶林和河边树林，从帕拉瓜纳半岛至瓜希拉，以及加拉比沿海地区、平原地区和奥里诺科河流域。委内瑞拉人民喜爱这种歌声婉转动听的鸣鸟，在 1957 年委内瑞拉自然科学学会主办的竞选中被选为国鸟。1958 年 5 月 23 日，委内瑞拉教育部和农业畜牧业部发布联合公报，正式宣布拟椋鸟为国鸟。

国　舞

霍罗波舞（Joropo）。它源于西班牙安达卢西亚地区流行的方丹戈舞（Fandango）和阿拉伯短歌音乐。方丹戈舞起源于非洲几内亚，带有浓厚的非洲特色。17 世纪初方丹戈舞传入委内瑞拉加拉加斯后，与印第安舞蹈和音乐相融合，加入了印第安传统乐器响葫芦，逐渐形成具有委内瑞拉特色的舞蹈，舞名也改称霍罗波舞。"霍罗波"一词来自阿拉伯语"Xaropo"，意为"糖浆"。委内瑞拉奴隶、混血种人和下层人民常聚在一起，在音乐声中跳起霍罗波舞。1749 年，西班牙殖民当局下令禁止霍罗波舞，舞者会被判刑 2 年，观者也会被监禁 2 个月。但霍罗波舞并未消失，顽强地在委内瑞拉留存下来，成为该国的象征之一。霍罗波舞的伴奏乐器主要有四弦琴、平原曼陀林、响葫芦和竖琴，主要舞步有华尔兹舞步、踢踏舞步和萨帕蒂奥舞步。在乐曲伴奏声中，舞者做出踢踏、快速旋转和各种复杂动作。委内瑞拉各个地区表演的霍罗波舞各具特色，在乐器使用上也有所不同。主要有平原地区霍罗波舞、中部地区霍罗波舞、东部地区霍罗波舞、瓜亚那地区霍罗波舞、中西部地区霍罗波舞和安第斯地区霍罗波舞。平原地区霍罗波舞伴奏乐器使用尼龙弦竖琴、四弦琴和响葫芦，但竖琴常被平原曼德林所取代。中部地区霍罗波舞使用金属弦竖琴、响葫芦和一种叫"布切"（Buche）的乐器，有时竖琴会被八弦曼陀林取代。沿海地区霍罗波舞受非洲舞蹈的影响，还使用鼓等源于非洲的乐器。东部地区霍罗波舞又称"戈尔佩舞"（Golpe），使用吉他、曼德林、四弦琴伴奏，有时加手风琴，有时也加一种类似小手风琴的名叫"奎雷塔"（Cuereta）的乐器。

国　食

梅查达肉（Carne Mechada）。它是具有委内瑞拉特色的佳肴，配料有牛肉、玉米油、英国酱油、蒜瓣、盐、黑胡椒、磨碎的欧芹萝子、洋葱、辣椒和西红柿。制作前先洗净牛肉，用刀把肉切成约 2 厘米厚备用。准备调味品。把玉米油、英国酱油、洋葱、蒜瓣、盐、黑胡椒和磨碎的欧芹萝子混合在一起，用其摩擦牛肉片，并浸泡 90 分钟。然后捞出，把肉放在金属盘上在火炉中烤。肉片的每面都烤约 10 分钟。预热煎锅，把肉两面炸至金黄色。肉变凉后用槌敲打，再把肉切成圆片。在锅里放上玉米油加热，把洋葱放入油中煎3~4 分钟至变黄。再加入辣椒和西红柿，炒约 5 分钟。最后再加盐和黑胡椒，和做好的肉放在一起便可以吃了。

宗　教

　　委内瑞拉宪法规定宗教信仰自由，但天主教为该国主要宗教，其次为新教。根据 2001 年 Encuesta Mundial de Valores 的调查，天主教教徒占全国总人口的 66.5%，新教教徒占 5.5%，其他宗教教徒占 1.6%，不信教者或信仰不明确者占 27.4%。而据同年委内瑞拉政府的统计数字，天主教教徒占全国总人口的 70%，新教教徒占 29%，其他宗教教徒占 1%。其他宗教包括伊斯兰教、犹太教等。

　　16 世纪，西班牙殖民者抵达委内瑞拉，罗马天主教也随之传入这个地区。1531 年 7 月 21 日，天主教教皇克雷芒七世下令在委内瑞拉科罗建立卡拉主教管区，首任主教为罗德里戈·德巴斯蒂达斯（Rodrigo de Bastidas）。1561 年 6 月 27 日第三任科罗主教、多明我会教士佩德罗·德阿格雷达（Pedro de Agreda）召开第一届委内瑞拉宗教会议。1634 年，胡安·洛佩斯·德阿古尔托（Juan López de Agurto）被任命为委内瑞拉主教，1637 年他把科罗主教管区迁往加拉加斯。西班牙国王费利佩四世下令在新的加拉加斯主教管区建立大教堂，地址选在 1641 年损毁的一座教堂的废墟上。1666 年，加拉加斯大教堂建成。17～18 世纪方济各会和多明我会传教士在委内瑞拉各地积极活动，使大批土著人皈依天主教。根据教皇庇护七世 1803 年 11 月 24 日训令，加拉加斯主教管区升格为大主教管区。1803 年，梅里达、瓜亚那成立主教管区。后来，巴基西梅托、卡拉沃沃和苏里亚等主教管区也先后建立起来。天主教势力不断壮大，天主教会成为殖民统治的重要支柱。

　　委内瑞拉独立后，其同罗马教廷的关系一度紧张。委内瑞拉方面认为，1818 年教皇发表的攻击委内瑞拉解放事业的文件是西班牙王室和罗马教廷勾结的产物。1830 年委内瑞拉脱离大哥伦比亚共和国成立独立国家后，国家长期处于混乱局面。委内瑞拉政府采取的一些取消天主教特权的措施，引起教会的反抗。1830 年委内瑞拉宪法没有明确承认天主教为国教，但宣布国王的教职人选推荐权有效。1834 年，委内瑞拉颁布宗教信仰自由法。加拉加斯大主教拉蒙·伊格纳西奥·门德斯（Ramón Ignacio Méndez）因反对宪法而被驱逐，支持他的一些主教被流放，一年半后他们才返回委内瑞拉。此后，门德斯因再次抗议委内瑞拉政府取消什一税而被永久驱逐出委内瑞拉。1870 年自由党人安东尼奥·古斯曼·布兰科执政后，实行社会改革，取消了教会的许多特权，没收了教会的大量财产，封闭了不少修道院和教会办的学校，废除了教会对墓地的控制，允许非宗教仪式结婚，并试图使委内瑞拉天主教会脱离罗马教廷。布兰科驱逐了反对政府的大主教西尔韦斯特雷·格瓦拉－利拉（Silvestre Guevara y lira），还逮捕了一些教士。1898 年西普里亚诺·卡斯特罗执政后，离婚法付诸实施。

1961 年 1 月 23 日颁布的委内瑞拉宪法，规定政教分离。天主教的影响不断下降，教区数量从 1960 年的 233 个降到 1990 年的 217 个。2000 年 3 月 24 日颁布的宪法重申政教分离，第 59 条规定教会的自主权和宗教信仰自由。现在，委内瑞拉天主教会有 5 个省教区（大主教管区）、1 个高级教士管区和 4 个代理主教管区。5 个省教区分别是加拉加斯大主教管区（下属巴伦西亚、马拉凯、卡拉伯索、洛斯特克斯、拉瓜伊拉和声卡洛斯 6 个主教管区）、玻利瓦尔城大主教管区（下属库马纳、巴塞罗那、玛格丽塔和马图林主教管区）、梅里达大主教管区（下属圣克里斯托瓦尔、特鲁希略和巴里纳斯主教管区）、马拉开波大主教管区（下属科罗和卡维马斯主教管区）和巴基斯梅托大主教管区（下属瓜纳雷和圣费利佩主教管区）。加拉加斯大主教为豪尔赫·利韦拉托·乌罗萨·萨维诺（Jorge Liberato Urosa Savino），他还是红衣主教。

委内瑞拉保护神

科罗莫托圣母（Coromoto）。委内瑞拉人对科罗莫托圣母的崇拜，源于有关科罗莫托圣母的传说。1591 年兴建瓜纳雷城时，当地印第安科斯佩人逃往城北的热带雨林。相传 1651 年某一天，印第安科罗莫托酋长和妻子前往山上开垦耕地。他们来到一条溪流前，忽然一个美丽无比的夫人踏着清澈溪流的水面出现在他们面前。夫人向他们微笑，用印第安语向酋长提议到有白人的地方，接受洒在头上的水，这样就能去往天国。恰巧一个名叫胡安·桑切斯（Juan Sánchez）的西班牙人路过那里，科罗莫托酋长向他讲述了刚刚发生的事。桑切斯带领科罗莫托酋长和其部落来到瓜纳瓜纳雷河与图库皮多河之间的角地，分给他们土地，并向他们讲解教义。一些印第安人接受了洗礼，皈依了天主教。科罗莫托酋长怀念雨林，不愿意接受洗礼，想逃回雨林。1652 年 9 月 8 日，科罗莫托酋长和妻子以及小姨子和外甥在茅屋中时，圣母突然显灵。科罗莫托酋长用弓箭向圣母射去，圣母消失得无影无踪，而酋长的手上却留下绘有圣母像的羊皮纸。外甥把胡安·桑切斯叫过来，桑切斯收起珍贵的圣物，转交给地方和宗教当局。1654 年，圣母像在瓜纳雷被保存起来。西班牙人利用这个传说，使众多印第安人皈依天主教。1942 年 5 月 1 日，委内瑞拉主教宣布科罗莫托圣母为委内瑞拉保护神。1944 年 10 月 7 日，庇护十二世宣布科罗莫托圣母为整个委内瑞拉的保护神，1952 年举行了为布科罗莫托圣母像加冕的仪式。

国　币

玻利瓦尔（Bolívar）。1 玻利瓦尔等于 100 分（Centimos）。委内瑞拉货币的名称是为了纪念拉丁美洲的"解放者"和委内瑞拉杰出的民族英雄西蒙·玻利瓦尔而起的。

哥伦布"发现"美洲前，美洲土著印第安人使用可可仁或金粉、金粒作为交易工具。1498 年，西班牙殖民者把金属货币带到委内瑞拉。因金属货币缺乏，库瓦瓜岛和玛格丽塔岛的珍珠成为 16 世纪委内瑞拉的主要交易工具。1589 年，加拉加斯市政会正式宣布玛格丽塔岛的珍珠为货币，这个决定实行到 1620 年。殖民地时期，委内瑞拉一直流通西班牙货币，很长一段时间还流通利马、波托西和墨西哥铸造的非正规形状的无边饰银币"马库基纳斯"（macuquinas）。1787 年，根据西班牙国王卡洛斯三世的命令，墨西哥造币厂为委内瑞拉和安的列斯群岛铸造了银币，但运到委内瑞拉和安的列斯群岛后并未流通。1788 年，这些银币被熔化，原因是它们与当时流通的合法货币类似，而实际价值减少了 40%。因货币短缺，当时一些商人用黄铜铸造出一种叫作"菲查"（Ficha）的代金牌，在委内瑞拉广泛流通。1802 年，为停止其他地区货币和菲查代金牌的流通，委内瑞拉都督曼努埃尔·德格瓦拉 – 巴斯孔塞洛斯（Manuel de Guevara y Vasconcelos）下令在加拉加斯铸造钱币。1810年 4 月，委内瑞拉爱国者在加拉加斯成立"洪他"，7 月发表独立宣言并成立委内瑞拉共和国。1812 年，爱国政府铸造了铜币和银币，并发行大量纸币。与此同时，殖民当局控制的圭亚那省、马拉开波等地也铸造了铜币。1817 年，玻利瓦尔部将何塞·派斯（José Paez）下令在巴里纳斯省铸造钱币，被称为"巴里纳斯钱币""考哈拉尔钱币""亚瓜尔钱币""阿查瓜斯钱币"。1819 ～

1830 年委内瑞拉在加入哥伦比亚共和国和大哥伦比亚共和国期间，波哥大、波帕扬、圣玛尔塔和帕斯托铸造了金币和银币，加拉加斯造币厂铸造了比塞塔和雷阿尔。1830 年大哥伦比亚共和国解体后，加拉加斯造币厂关闭，委内瑞拉货币处于混乱状态，外国货币大量流通。1844 年，英国铸造的第一批委内瑞拉共和国货币运到委内瑞拉。1863 年，委内瑞拉在国外生产了带有何塞·安东尼奥·派斯（José Antonio Paez）像的银币，但因派斯倒台而未发行。

1865 年，委内瑞拉国会下令建立加拉加斯造币厂。1879 年 3 月 31 日，委内瑞拉颁布货币法，法律规定：建立新的货币单位——银玻利瓦尔（bolívar de plata）；流通的外国货币仅限于瑞士、法国、比利时和意大利等拉丁货币协议国家的货币；用本国货币替代外国货币。1885 年加拉加斯造币厂落成后，委内瑞拉开始自己铸造货币。1886 年，加拉加斯造币厂铸造出 100 玻利瓦尔金币，命名为"帕查诺"（Pachano），以纪念加拉加斯造币厂第一任厂长哈辛托·雷西诺·帕查诺（Jacinto Regino Pachano）。后来，加拉加斯造币厂关闭，委内瑞拉重新在国外铸造钱币。

1974 年 10 月 30 日，委内瑞拉颁布中央银行法，授权委内瑞拉中央银行发行纸币和铸造铸币。2007 年，查韦斯总统下令实行货币改革，从 2008 年 1 月 1 日起发行新货币——强势玻利瓦尔（Bolívar Fuerte）。新货币由 7 种面值的铸币和 6 种面值的纸币组成：铸币为 1、5、10、12.5、25、50 分和 1 强势玻利瓦尔；纸币为 2、5、10、20、50 和 100 强势玻利瓦尔。原来流通的铸币 10、20、50、100 和 500 玻利瓦尔和纸币 500、1000、2000、5000、10000、20000 和 50000 玻利瓦尔被兑换成新币后停止流通。"强势玻利瓦尔"的提法是为了在新旧货币更替期方便识别，待过渡期结束后，委内瑞拉的货币名称仍为"玻利瓦尔"。

目前，委内瑞拉流通的纸币面值为 2、5、10、20、50 和 100 强势玻利瓦尔。

2 强势玻利瓦尔纸币为蓝色，正面绘有弗朗西斯科·德米兰达像，背面绘有国徽、海豚、古萨诺花和科罗沙丘国家公园。

5 强势玻利瓦尔纸币为橙色，正面绘有佩德罗·卡梅霍（Pedro Camejo）像，背面绘有国徽、平川、巨型犰狳。佩德罗·卡梅霍绰号为"第一黑人"，曾是奴隶，于委内瑞拉独立战争中加入玻利瓦尔的爱国军队，曾任何塞·安东尼奥·派斯率领的第一师骑兵团中尉军官。他作战勇猛、顽强，不怕牺牲，是 1819 年 4 月 2 日克塞利亚德尔梅迪奥战役中的 150 名长矛手之一，获委内瑞拉解放者勋章。1821 年 6 月 24 日，他在卡拉沃沃战役中身负重伤，为独立英勇献身。

10 强势玻利瓦尔纸币为橙色和蓝色，正面绘有瓜伊凯普罗酋长（Guaicaipuro）像，背面绘有国徽、卡奈马国家公园的乌凯马瀑布、阿尔皮亚鹰。瓜伊凯普罗是印第安特克斯部族和加拉加斯部族酋长。16 世纪 60 年代，他率领委内瑞拉中北部印第安人掀起反对西班牙殖民者的武装斗争，给予殖民统治沉重打击。后被殖民者杀害。

20 强势玻利瓦尔纸币为桃红色，正面绘有路易莎·卡塞雷斯·德阿里斯门迪（Luisa Cáceres de Arismendi，1799~1866 年）像，背面绘有国徽、马卡纳奥山和玳瑁龟。路易莎是委内瑞拉独立运动的女英雄，也是独立运动领导人之一胡安·包蒂斯塔·阿里斯门迪（Juan Bautista Arismendi）之妻。1815 年 9 月 24 日，她被西班牙保皇军逮捕，1816 年被押往加的斯。她英勇不屈，拒绝在忠于西班牙国王的宣言中签字。1818 年，她在革命者的帮助下逃离加的斯并返回委内瑞拉。1876 年，她的遗体葬入国家伟人祠。

50 强势玻利瓦尔纸币为绿色。正面绘有西蒙·罗德里格斯（Simón Rodríguez，1771~1854 年）像，背面绘有国徽、内华达山国家公园的圣克里斯托湖和花斑熊。西蒙·罗德里格斯是委内瑞拉教育家和启蒙思想家，曾做过玻利瓦尔的家庭教师，对玻利瓦尔的成长和走上为独立运动奋斗终生的道路发挥了重要的作用。1954 年，在他逝世 100 周年时，他的遗体被葬入国家伟人祠。

100 强势玻利瓦尔纸币为棕色和黄色，正面绘有"解放者"西蒙·玻利瓦尔像，背面绘有国徽、埃尔阿维拉山和美洲红冠鸟。

目前，委内瑞拉流通的铸币面值有 1、5、10、12.5、25、50 分和 1 强势玻利瓦尔，但 1 强势分铸币已不使用。1 和 5 分为铜色，10、12.5、25、50 分为传统的银色。1、5、10、25、50 分的正面有表示面值的数字和国旗上的 8 颗星，12.5 分的图案增添了棕榈枝叶。所有铸币的背面中心为委内瑞拉国徽，圆周写有西班牙文"República Bolivariana de Venezuela"（委内瑞拉玻利瓦尔共和国）。1 玻利瓦尔铸币正面绘有西蒙·玻利瓦尔像和写有西班牙文"BOLIVAR LIBERTADOR"（玻利瓦尔·解放者）的字样，以及阿拉伯数字"1"。

乌 拉 圭

国 名

乌拉圭东岸共和国（La República Oriental del Uruguay）。位于南美洲东南部乌拉圭河东岸，其名即源于此。殖民地时期，乌拉圭被称为"东岸"（Banda Oriental），独立运动初期被称为"东岸省"（Provincia Oriental），是拉普拉塔联合省（Provincias Unidas del Río de la Plata）的组成部分。1830 年 7 月 18 日颁布的第一部宪法，宣布国名为"乌拉圭东岸共和国"。随着时间的推移，"乌拉圭"成为该国的通称。

有人说乌拉圭（Uruguay）来自瓜拉尼语，其含义存在几种不同说法：一种说法认为，有一种属雉科名叫"乌鲁"（Uru）的小鸟栖息于乌拉圭河岸地区，乌拉圭（Uruguay）即意为"乌鲁河"；另一种说法认为"Urugua"意为"蜗牛"，乌拉圭（Uruguay）意即"蜗牛河"；诗人胡安·索里利亚·德圣马丁（Juan Zorrilla De San Martín）认为，乌拉圭是"彩鸟河"的意思；而按照耶稣教徒鲁卡斯·马通（Lucas Marton）编写的一本书中的说法，乌拉圭意为"给人带来食物的河"。还有人认为乌拉圭（Uruguay）源于艾马拉语"Uru-way"，意为"多好的天啊！"这是当地库利亚纳人（Qullana）在春天来临时发出的感叹。因为，太阳在乌拉圭地区温暖地照耀，雨后田野一片绿色，百花盛开。人们禁不住呼喊："¡Suma Uruway！"后来，库利亚纳人感叹的话语竟成为国家的名字。

1885 年春天，英国作家哈得逊来到乌拉圭，看到天空中弥漫着淡紫色的雾，遍地盛开紫色的花朵。美丽的景色给他留下了深刻的印象，于是他便以

"紫色国家"为题,写了一本关于乌拉圭的书。后来,"紫色国家"就成了乌拉圭的别称。乌拉圭景色秀丽,气候宜人,又实行过与瑞士相仿的国务会议制,故又有"南美的瑞士"之称。

国 都

蒙得维的亚(Montevideo)。位于拉普拉塔河河口北岸,濒临大西洋。全国政治、经济、文化中心和交通枢纽。蒙得维的亚花园遍布,玫瑰种类繁多,故有"玫瑰之城"的美誉。

1723 年,葡萄牙人在蒙得维的亚所在地建立了一座堡垒,第二年布宜诺斯艾利斯总督、西班牙殖民者布鲁诺·毛里西奥·德萨瓦拉(Bruno Mauricio de Zabala)赶走了葡萄牙人。后来,从布宜诺斯艾利斯迁来 7 户人家,又从加那利群岛迁来 15 户人家,组成了蒙得维的亚最早的居民。1726 年,城市开始兴建起来。1828 年,蒙得维的亚被定为乌拉圭的国都。

蒙得维的亚的名字由来存在好几种说法,但该词前一部分"蒙得"(Monte)是指"海湾对面的小山",人们对比没有异议,不同看法主要集中于该词的后一部分"维的亚"(video)。

广为流传的一种说法是,1519 年,航海家麦哲伦率领船只在南美洲沿岸航行时,在乌拉圭南部遇到暴风雨,他们被迫折入拉普拉塔河。忽然,一个执勤的水手发现前面有一座圆形的山,他情不自禁地高喊起来:"Monte Vide e!"译成中文就是"我看见了一座山!"这句话竟流传开来,于是蒙得维的亚(Montevideo)成为乌拉圭首都的名字,成为令人思古的名称。

第一种说法认为,"Montevideo"由"Monte VI D. E. O."组成,其中"Monte"意为"山","VI"是罗马数字"六","D."为"方向"的缩写,"E."为"东"的缩写,"O."为"西"的缩写。"Montevideo"即"东西方向的第六座山"。也就是说,它是麦哲伦船队从东向西的航行中遇到的第六座山。

第三种说法是以麦哲伦船队水手长弗朗西斯科·德阿尔沃(Francisco de Albo)的日记为依据,说城名与宗教有关。日记写道:"(1520 年 1 月)星期二我们从圣玛丽亚角(埃斯特角)沿东向西航行,地面多山,角前面有一状如草帽的山,我们称它为 Montevidi。"Ovidio 是葡萄牙布拉加城第三任主教,深受葡萄牙人尊敬,1505 年曾为他竖立纪念碑。因此,蒙得维的亚(Montevideo)是纪念这位主教而得名。但这种说法过于牵强，因而支持者不多。

第四种说法把蒙得维的亚（Montevideo）同意大利航海家阿梅里戈·韦斯普奇（Amerigo Vespucci）联系在一起。1502 年 3 月 10 日，阿梅里戈·韦斯普奇登上靠近蒙得维的亚的那座小山。在一块岩石上刻下"VIDI"。"VIDI"是"Vesputius invenit DI"一词首字母的缩写，意为"Vesputius 发现了 501"，"DI"是当时使用的罗马数字。

第五种说法认为其源于恰卢亚语的"Ovitti"，意为"尖利的山"。这是 20 世纪 20 年代小布埃纳文图拉·卡维利亚（Buenaventura Caviglia）博士提出来的，但支持者甚寡。

国　庆

8 月 25 日（1825 年）。1776 年乌拉圭沦为西班牙殖民地后，乌拉圭人民进行了反抗殖民统治的长期斗争。19 世纪初，在美国独立战争和法国资产阶级革命的影响下，乌拉圭人民要求独立的呼声越来越高。1811 年，在民族英雄何塞·赫瓦西奥·阿蒂加斯（José Gervasio Artigas）的领导下，乌拉圭人民发动了反对西班牙殖民统治的独立战争。在拉斯皮埃德拉斯战役中，爱国军队一举击溃西班牙殖民军。1815 年，爱国军队已控制整个东岸地区，并把阿根廷军队逐出蒙得维的亚。1816 年，葡萄牙入侵东岸地区，并于 1817 年 1 月占领蒙得维的亚。1820 年，阿蒂加斯的抵抗运动最终失败。1821 年，乌拉圭被并入葡属巴西，定名为西斯普拉丁省。1825 年 4 月19 日，胡安·安东尼奥·拉瓦列哈（Juan Antonio Lavalleja）率领 33 名东岸人，从阿根廷返回乌拉圭，发动反对巴西统治者的解放斗争，将巴西军队赶出国境。同年 8 月 25 日，乌拉圭正式宣布独立，这一天成为乌拉圭的国庆纪念日。

国　父

何塞·赫瓦西奥·阿蒂加斯。19 世纪初乌拉圭独立运动领袖，被尊为"乌拉圭国父"和民族英雄。1764 年 6 月 19 日，阿蒂加斯生于蒙得维的亚的一个土生白人家庭。在圣贝纳迪诺方济各会学校毕业后，回到其父庄园务农。1797 年，他参加了殖民当局的轻骑兵团队，抵抗葡萄牙人入侵。1807 年英军入侵蒙得维的亚时，阿蒂加斯曾积极投入反侵略的战斗，1810 年晋升为上尉连长。阿蒂加斯在布宜诺斯艾利斯期间，积极参与独立运动。十几年的部队生活使他看清殖民统治的腐朽，逐渐萌生要求独立和解放的思想。1810 年 5 月，阿根廷人民赶走西班牙统治者，成立爱国"洪他"。在阿根廷"五月革命"的影响下，1811 年 2 月，阿蒂加斯毅然与殖民军队决裂。他前往布宜诺斯艾利斯，参加拉普拉塔地区独立革命，被"洪他"任命为乌拉圭河东岸爱国军副司令。同年 4 月，他率领 150 名士兵回到乌拉圭，领导独立战争。在他的号召下，大批印第安人、黑人和高乔人加入革命队伍，起义军迅速发展到数千人，战斗力大增。在多次战斗中，起义军歼灭了大量西班牙军队。5 月，在拉斯皮埃德拉斯战役中，阿蒂加斯以少胜多，击溃西班牙殖民军，接着率部围攻西班牙人控制的蒙得维的亚。后因葡萄牙王室出兵干预，阿蒂加斯被迫率约 1.6 万人撤入阿根廷境内。在此后的几年中，阿蒂加斯领导人民一方面与殖民统治进行战斗，一方面同阿根廷吞并乌拉圭的企图进行斗争。1815 年 2 月，他率军攻占蒙得维的亚，成立议会和自治政府。1815 年 4 月，东岸和阿根廷东北部 5 省相继脱离拉普拉塔联合省，组成"联邦同盟"，阿蒂加斯成为"自由人民的保护者"（Protector de los Pueblos Libres）。9 月，他颁布《土地条例》，把土地分配给无地农民。在阿蒂加斯的领导下，1815 年整个东岸已为爱国者所控制。1816 年，葡萄牙军从巴西侵入乌拉圭，次年 1 月占领蒙得维的亚。阿蒂加斯又领导人民与侵略者进行艰苦的斗争，1820 年战败，流亡巴拉圭。此后他一直被巴拉圭独裁者弗朗西亚软禁，直至 1850 年 9 月 23 日逝世。1855 年，他的遗体被运回蒙得维的亚安葬。1923 年 2 月 28 日，为了纪念"东岸民族的奠基人"阿蒂加斯，蒙得维的亚独立广场上竖立起何塞·赫瓦西奥·阿蒂加斯将军骑在战马上的雕像。雕像高 17 米，重 30 吨，制作者为意大利雕塑家安赫尔·扎内利。1977 年 6 月 19 日，在雕像下修建了阿蒂加斯陵墓，安放了他的遗骸。阿蒂加斯是乌拉圭的民族英雄，他为乌拉圭的独立和解放事业贡献出自己的一切，为后来乌拉圭东岸共和国的成立打下了坚实的基础。乌拉圭人民世世代代敬仰这位坚强的斗士，并把他尊为"国父"。

国　旗

乌拉圭是世界上唯一采用国旗、阿蒂加斯旗和东岸三十三勇士旗三种旗帜作为国家象征标志的国家，平时这三种旗帜一起悬挂在政府部门的建筑物上，节日期间也同时飘扬在乌拉圭上空。

乌拉圭国旗是首届总统华金·苏亚雷斯（Joaquín Suárez）设计出来的，由白蓝相间的 17 条平行宽条组成，旗面左上角的白色正方形上，绘有一个金色人面形太阳，即"五月的太阳"。根据 1828 年 12 月 16 日颁布的法令，乌拉圭正式采用苏亚雷斯设计的国旗。1830 年 7 月 11 日，乌拉圭颁布新法令，将白蓝相间的 17 条缩减为 9 条，即由白蓝相间的 5 条白色、4 条蓝色的平行宽条组成，其中，第 1 条和第 9 条均为白色。9 条宽条代表当时组成共和国的 9 个省。长与高之比为 3∶2。旗面左上角的白色正方形上保留了金色人面形太阳，太阳直径占白色正方形的 11/15，四周有 16 条放射的光线，象征乌拉圭摆脱西班牙的殖民统治获得独立。历史上乌拉圭曾与阿根廷同为一个国家，因此，乌拉圭国旗的颜色和图案与阿根廷国旗有许多相似之处。此外，它的设计还受到了美国国旗的影响。

独立战争时期，乌拉圭曾使用红、白、蓝条旗，上写"不独立，毋宁死"的西班牙文字样。1825 年乌拉圭宣布独立后，开始采用天蓝色宽条的国旗。

阿蒂加斯旗由等宽蓝白蓝 3 条平行宽条组成，与蓝和白等宽的红色宽条从旗的左上角穿向右下角。与国旗的比例一样，长与高之比为 3∶2。阿蒂加斯旗是由何塞·赫瓦西奥·阿蒂加斯设计的。最初，他以 1812 年曼努埃尔·贝尔格拉诺为阿根廷设计的蓝白蓝旗为基础，在两条蓝色带上各加入一条红色带。后来，阿蒂加斯把两条平行红色带变为两条红色对角线带。最后，又改为一条红色对角线带，即现在的式样。为了纪念何塞·赫瓦西奥·阿蒂加斯，乌拉圭法律规定阿蒂加斯旗为国家象征之一。

东岸三十三勇士旗由等宽蓝白红三色平行宽条组成，中间白色宽条上写有西班牙文"LIBERTAD O MUERTE"（不自由，毋宁死）。东岸三十三勇士旗是这样产生的：1816 年，葡萄牙入侵爱国者控制的东岸地区。1817 年 1 月，葡萄牙军队占领了蒙得维的亚城。阿蒂加斯率军英勇抵抗，但终告失败。1821 年，葡萄牙宣布把东岸并入葡属巴西，定名为西斯普拉丁省。1825 年 4

月 19 日，以胡安·安东尼奥·拉瓦列哈为首的 33 名东岸人，从阿根廷回国，在阿格拉西亚达海滩登陆，发起反对巴西统治者的解放斗争。同年 8 月 25 日，乌拉圭正式宣布独立。

国　徽

乌拉圭国徽是由米格尔·H. 科佩蒂（Miguel H. Coppetti）设计的，1829 年 3 月 19 日乌拉圭颁布法令正式采用国徽。国徽为椭圆形，一条通过圆心的垂直线和一条水平线把国徽分为四个部分。左上部蓝色背景上绘有黄色的天平，代表平等和正义；右上部为白色土地上的蒙得维的亚山，作为力量的象征，山脚下的五条波状蓝带，象征海水；左下部为一匹驰骋奔腾之马，象征自由；右下部蓝色背景中有一头黄牛，象征乌拉圭的财富。象征和平与胜利的橄榄枝和月桂枝环绕在椭圆形图案两旁，下端被蓝色的绥带系结。椭圆形国徽上端是一个金色人面形太阳，即"五月的太阳"，象征乌拉圭的独立。

总统绥带

颜色同国旗，由白、蓝相间的 9 条白（5）蓝（4）相间的纵列色带构成，每条颜色宽幅相等，中间的刺绣国徽图案跨连 9 条色带。与普通国徽不同的是，蒙得维的亚山和奔腾的马背绣成黄色。乌拉圭的总统绥带是国家权力的象征，只有佩戴绥带的总统才是宪法总统，才真正代表着国家的尊严和权威。新总统在就职仪式上被授予总统绥带，在重要场合上总统须披挂总统绥带。自 1938 年阿尔弗雷多·巴尔多米尔（Alfredo Baldomir）就任总统时起，几届乌拉圭总统的绥带都由修女洛德斯（Lourdes）制作。洛德斯在缝制 2010 年 3 月就职的何塞·穆西卡（José Mujica）的总统绥带时，已是 85 岁高龄。渔业企业家阿尔韦托·费尔南德斯（Alberto Fernández）为制作总统绥带提供了资助。

总统旗

乌拉圭总统旗旗地为白色，旗地中央为乌拉圭国徽，四角各有一蓝色锚。长与高的比例为 3∶2。

总统府

乌拉圭总统府"执政塔"（La Torre Ejecutiva）于 2009 年 5 月 25 日落成，共 12 层，高 56 米。执政塔面对独立广场，当年总统塔瓦雷·巴斯克斯（Tabaré Vázquez）把总统办公地点从自由大楼（El Edificio Libertad）迁入此楼，政府占据执政塔最上面的 3 层，总统办公室设在第 11 层。自由大楼捐给国家卫生服务管理局（ASSE），改为了重伤病员医院。

总统官邸

乌拉圭总统官邸称为苏亚雷斯－雷耶斯总统官邸（La Residencia Presidencial de Suárez y Reyes），还被称为"皮里亚宫"（Palacio Piria）和"塔兰科宫"（Palacio Taranco）。苏亚雷斯－雷耶斯总统官邸位于普拉多区华金大街，背后是阿蒂利奥·隆巴尔多教授植物园。1907 年，阿德利纳·莱雷纳·德费恩（Adelia Lerena de Fein）买下地基，请法国青年建筑师胡安·马里亚·奥布里奥（Juan María Aubriot）为他建造一座三层楼房，1908 年楼房竣工。房主死后，房屋出售给德国人维尔纳·昆克（Werner Quincke）。随后，昆克又把房子卖给苏斯比埃拉·埃莱哈尔德（Susviela Elejalde）。埃莱哈尔德因债台高筑，便把房产转让给蒙得维的亚市政府。一对名叫路易斯·巴特烈·贝雷斯（Luis Batlle Berres）和马蒂尔德·伊瓦涅斯·塔里塞（Matilde Ibáñez Tálice）的青年男女在这座楼房前相识并相恋，不久便步入婚姻殿堂。1946 年，巴特烈当选副总统。1947 年，当选总统托马斯·贝雷塔（Tomás Berreta）执政不久后因病去世，巴特烈继任总统。在夫人的建议下，巴特烈选择上述楼房作为总统官邸。建筑师胡安·斯卡索（Juan Scasso）对建筑做了改造。从此之后，多位乌拉圭总统将其作为官邸。不过也有一些总统例外，如奥斯卡·赫斯蒂多（Oscar Gestido）和塔瓦雷·巴斯克斯便未入住苏亚雷斯－雷耶斯总统官邸，而是住在自己家中。巴斯克斯只在正式场合使用苏亚雷斯－雷耶斯总统官邸。现任总统何塞·穆西卡（José Mújica）则决定把苏亚雷斯－雷耶斯总统官邸改为总统博物馆，但保留总统办公室作会见外国元首之用。

国　佩

根据 1828 年 12 月 22 日法令和 1916 年 7 月 10 日第 5458 号法令的规定，乌拉圭国佩为蓝色和天蓝色，与国旗和阿蒂加斯旗颜色相同。

国　歌

《东岸人，不共和毋宁死》（*Paraguayos，República o Muerte*）。词作者为弗朗西斯科·阿库尼亚·德菲格罗亚（Francisco Acuña de Figueroa），曲作者为匈牙利作曲家弗朗西斯科·何塞·德瓦利（Francisco José Debali）。

1828 年 8 月乌拉圭获得独立时，还没有自己的国歌。同年，乌拉圭诗人弗朗西斯科·阿库尼亚·德菲格罗亚撰写了乌拉圭国歌歌词。1830 年，他把歌词手稿上交乌拉圭政府。1833 年 7 月 8 日，弗鲁克图奥索·里韦拉（Fructuoso Rivera）政府批准德菲格罗亚撰写的国歌歌词。后来，德菲格罗亚对歌词中嘲讽西班牙、葡萄牙和巴西的词句做了修改。1845 年 7 月 12日，修改后的国歌歌词获得通过。多年间，诸如安东尼奥·萨恩斯（Antonio Sáenz）、巴罗斯（Barros）等音乐家曾为国歌配曲，但均未得到政府和人民的认可。匈牙利作曲家弗朗西斯科·何塞·德瓦利为国歌配了曲，并于 1845 年7 月 19 日首次演奏。在配曲过程中，德瓦利因对西班牙语不是很精通，曾请费尔南多·基哈诺（Fernando Quijano）给他讲解国歌歌词的含义。然而，1848 年 7 月 25 日和 26 日乌拉圭政府公布的法令却宣布乌拉圭国歌词作者为弗朗西斯科·阿库尼亚·德菲格罗亚，曲作者为费尔南多·基哈诺。德瓦利公开辩称他才是真正的曲作者，保存下来的手稿和印刷物也都证实了他的说法。后来，人们公认德瓦利为国歌的作曲者。1938 年 5 月 20 日，法律批准了经赫拉尔多·格拉索 （Gerardo Grasso） 和贝诺内·卡尔卡韦克奇亚 （Benone Calcavecchia） 修改后的国歌。

词作者弗朗西斯科·阿库尼亚·德菲格罗亚 1790 年 9 月 20 日生于蒙得维的亚，1862 年 10 月 6 日因中风去世。其父母是来自西班牙的移民，他青年时代曾就学于布宜诺斯艾利斯圣卡洛斯学院，22 岁时写出诗歌《蒙得维的亚地方日记》（*El Diario del sitio de Montevideo*）。1814 年，他赴巴西里约热内卢任职，1818 年返回蒙得维的亚，任国家图书馆馆长。他是乌拉圭公共教育学院的创始人之一，还是乌拉圭著名诗人，代表作为《拉马拉姆布鲁纳达》（*La Malambrunada*），并创作了乌拉圭和巴拉圭国歌。除诗作外，他还写过一些剧本，并将许多拉丁文诗歌译成西班牙文，其作品收入 12 卷全集。

曲作者弗朗西斯科·何塞·德瓦利生于 1791 年，是匈牙利单簧管手、作曲家。1838 年，他抵达乌拉圭，翌年任弗鲁克托索·里韦拉总统护卫队军乐队指挥。1841～1848 年任蒙得维的亚喜剧院管弦乐队指挥，同时兼任军乐团指挥。1845 年，他为弗朗西斯科·阿库尼亚·德菲格罗亚创作的国歌配曲，同年 7 月 19 日首次公开演奏。他因长年在乌拉圭内地旅行演出，患有严重的风湿病，于 1859 年病逝。他一生创作了大量不同风格的作品。乌拉圭国家历史博物馆的音乐研究档案室保存了他的国歌乐曲的原始手稿以及 148 个乐谱，其中包括宗教音乐、经文歌、协奏曲、圆舞曲、波尔卡舞曲、玛祖卡舞曲、丘梯斯舞曲、沙龙音乐、进行曲、前奏曲、大量歌剧咏叹调的改编曲等。

乌拉圭国歌歌词分为十一节，此外还有合唱。现在一般只唱国歌的合唱与第一节。

合唱和第一节歌词为：

合唱：

> 东岸人，没有祖国，毋宁进坟墓，
> 得不到自由，毋宁光荣地死。
> 这是心灵的誓言，
> 完成它我们义无反顾。

第一节：

自由，东岸人的自由，

呼声拯救了祖国

崇高热情激励勇士们投入惨烈的战斗。

荣誉是我们应得神圣的礼物，

发抖去吧，暴君！

战斗中我们高呼自由，

死时也要把自由高呼。

合唱和第一节歌词原文为：

Coro：

Orientales，la Patria o la tumba.

Libertad，o con gloria morir.

Es el voto que el alma pronuncia，

y que heroicos，sabremos cumplir.

I：

Libertad，libertad Orientales

Este grito a la patria salvó.

Que a sus bravos en fieras batallas

De entusiasmo sublime inflamó

De este don sacrosanto la gloria

Merecimos：¡tiranos temblad！

Libertad en la lid clamaremos

Y muriendo，también libertad.

歌词原文源于 http：//www. taringa. net/。

国家格言

"不自由，毋宁死"（Libertad o Muerte）。

国　语

　　西班牙语。在发音、构词和语法方面，乌拉圭西班牙语和正统西班牙语存在一些差异。与许多拉美国家一样，乌拉圭西班牙语中字母"c"和"z"发音同"s"，字母"ll"发音同"y"。在词法上，它抛弃了缩小词"illo"，换之以"ito"。乌拉圭西班牙语既使用人称代词"tú"，又使用"vos"，这两个人称代词可用同样的变位动词，如"tú tenés"和"vos tenés"。

　　在乌拉圭西班牙语中，可看到欧洲语言、印第安语言的因素。在发音上，它受意大利语的影响，首都地区尤为明显，并吸收了不少意大利关于烹调和音乐的词汇。在内地和靠近巴西的地区，其居民所讲西班牙语受葡萄牙语的影响。在绮丽文体中，还可发现一些源于法语的词汇，如"bulevar"（大街）、"liceo"（学校）和"chofer"（司机）。在乌拉圭西班牙语中，至今还保留不少印第安查鲁阿语（charrúa）、米努阿内斯语（minuanes）、查拉语（charú）和瓜拉尼语（guarani）的地名和动植物名称。

国家勋章

　　乌拉圭东岸共和国勋章（Orden de la República Oriental del Uruguay）由1984年2月21日颁布的第15529号法设立，授予对乌拉圭做出重大贡献的外国人。勋章分为金链（Collar）、大十字（Cran Cruz）、绶带（Banda）、骑士团长（Comendador）、官员（Oficial）和骑士（Caballero）六级。

国　花

　　赛波花（Ceibo）。乌拉圭国花与阿根廷国花相同，大概因为两国是近邻的缘故。赛波树是南美洲土生土长的植物，属豆科植物，喜在湖、河、沼泽地区生长，特别是在拉普拉塔河与巴拉那河地区。除乌拉圭外，此树还可见于阿根廷、巴西和巴拉圭。这种树可高达20米，每年11月至次年2月花开时节，一串串洋红色花朵缀满枝头，美丽异常。赛波树不仅用作装饰和建筑木材，而且全身是宝。花朵可作染料，并可制作抗感冒的糖浆。煮过的树皮可作消炎的漱口水。在当地瓜拉尼人中，流传着关于赛波树的动人而又悲壮的传说。相传在拉普拉塔河畔，有一位名叫阿纳伊的善良而又勇敢的印第安姑娘。她热爱生活，热爱自己的家园。在拉普拉塔河畔，每天都可听到她那悦耳的歌声。然而，欧洲殖民者的入侵，粉碎了她平静的生活。阿纳伊和族人奋起反抗，后因寡不敌众被俘。一天深夜，她乘机用匕首刺伤昏睡的看守，逃入密林。看守的呼喊惊醒其他西班牙士兵，他们连夜追捕。最终，精疲力竭的阿纳伊再次落入魔掌。西班牙人把她绑在树上，堆上木柴后点起火来。第二天早晨，西班牙人惊讶地发现，在火烧印第安少女的地方，突然出现了一棵绿叶红花的大树，这棵大树就是阿纳伊变的赛波树，它象征着勇敢和不屈的精神。

国　树

赛波树（Ceibo）。乌拉圭和阿根廷国树。详见上述国花。

国　鸟

炉鸟（Hornero）。乌拉圭和阿根廷都把炉鸟当作国鸟。这种鸟属麻雀科，其脚爪 3 趾朝前，1 趾朝后，没有膜。羽毛不鲜艳，它的上部、双翼和尾巴为红棕褐色，颈部和腹部为灰赭色。炉鸟性情温和，善于行走，以昆虫和蛆为食，常出现于广场、公园和小路上。雌雄鸟终生相伴，一起鸣叫时犹如二重唱。它们不是候鸟，不迁徙。雌雄鸟共同筑巢于树枝、柱子或飞檐上，用唾液把衔来的泥土、草根、秸等搅拌，筑成泥炉形，其鸟名由此而来（西班牙语中"horno"意为"炉"）。巢重约 5 公斤，风干后非常结实，可挡风雨。鸟巢分为里外屋两部分。外屋前面有圆形的门，进门后有螺旋形通道。外屋和里屋隔开，以防止敌人袭击。里屋是雏鸟栖息的所在，可容 4 只雏鸟。炉鸟在春季下蛋，一般为 2～5 只。孵蛋期为 15 天，雌雄鸟共同负责。炉鸟每年筑新巢，抛弃的旧巢则被麻雀、燕子等鸟类占据。有时炉鸟也会把新巢筑于旧巢之上，看上去犹如一座二层楼房。

国　舞

佩里孔舞（Pericón）。佩里孔舞的创作者是乌拉圭音乐家赫拉尔多·格拉索（Gerardo Grasso，1860～1937 年）。这种舞是从欧洲流行的谢利托舞（Cielito）发展演变而来，被称为"佩里孔化的谢利托舞"，并成为独立的舞蹈。殖民地时期，欧裔农民经常跳这种舞。1887 年 8 月 3 日，佩里孔舞首次在蒙得维的亚艺术与职业学校演出。佩里孔舞与谢利托舞不同的是，一对对男女舞伴在一舞蹈指挥的带动下起舞。舞蹈指挥不时发出口令，使舞者的舞步和动作趋于一致。在西班牙语中，佩里孔（Pericón）即舞蹈指挥之意，其名也由此而来。佩里孔舞重要的舞步有"慢步走"（paseito al campo）、"转圈"（molinetes）、"小镜子"（el espejito）等。佩里孔舞也是阿根廷国舞。

国　石

紫水晶（Amethyst）。由希腊文"∧. M. T. H. Y. S. T"转译而来，意为"不醉酒"。据说，贞节女神狄安娜有一天得罪了酒神巴斯库。酒神为报私仇，准备迫害他遇到的第一个女人。恰巧一个美丽少女紫晶路过他的小道，他叫一只猛虎扑向少女，少女忙向狄安娜求救。贞节女神把少女变成一块纯净无瑕的白石头。酒神见此突然醒悟，将葡萄酒倒在紫晶石化的身体上以表歉意，并以少女的名字"Amethyst"来命名紫水晶。这个传说的流传使得人们认为用紫水晶杯饮酒能避免醉酒。紫水晶成分为二氧化硅，硬度为 7，因含铁、锰等矿物质而成紫色，有"玉石之王"之誉。很早以前，西方国家就把紫水晶视为神秘、高贵的宝石。天主教把它称为"司教石"，教皇的酒杯用紫水晶制成，主教们也都戴紫水晶戒指。据说凯撒大帝曾派几千人前往乌拉尔矿山寻找紫水晶。乌拉圭是紫水晶的主要产地之一，色泽美丽，晶莹剔透。乌拉圭出产的紫水晶是紫水晶中紫色的最高级色调，可制珍贵的珠宝和装饰品，还可制光学仪器和无线电器材等。乌拉圭人十分喜爱这种珍稀宝石，把它视为"国石"。

国　食

奇维托（Chivito）。奇沃（Chivo，山羊）的缩小词，意为"小山羊"。乌拉圭的一种三明治快餐食品，在全国各地都有出售。乌拉圭各地的三明治都有自身的特色和原料，但主要原料是相似的。奇维托使用的面包在乌拉圭称为"托儿图加"（Tortuga），意为"乌龟"。面包内的夹层以被木槌敲打变软的薄牛肉片为主。根据需要辅以火腿、熏猪肉、炸鸡蛋或煮鸡蛋，配上黑橄榄或绿橄榄、莴苣、西红柿片、炸红辣椒或煎红辣椒、泡菜、红甜菜、巢菜、卤茄、蘑菇等菜蔬、嫩玉米以及乳酪、蛋黄酱、盐等调料，吃时还可加入炸薯条。传说奇维托产生于20世纪60年代。当时一个阿根廷人来到乌拉圭，要一餐厅老板做一烤山羊。这个老板没有山羊，便利用厨房里的食物，做成风味独特的三明治，取名为"奇维托"。他所发明的奇维托很快风靡全国，后成为乌拉圭国食。

国　饮

马黛茶（Mate）。源于克丘亚语的"Mati"，意为"饮料"或"酒"。学名"llex paraguarensi"。南美广大地区都有马黛树，特别是在巴拉圭、阿根廷、乌拉圭和巴西南部地区。最早培植马黛树的是瓜拉尼人。马黛树是一种常青木本植物，树高可达15米。叶子长7～11厘米，宽3～5.5厘米，叶边为锯齿状。其花小，呈绿白色。把马黛树的叶子烘烤弄干、剁碎，研磨成粉末状，便成为乌拉圭人日常生活中不可缺少的马黛茶。乌拉圭人饮茶多用挖空的葫芦制成的茶壶，也用金属或硬木制作的茶壶。喝茶时把金属吸管插入茶壶内，以便过滤茶叶。马黛茶初喝时有些苦味，习惯后便觉芳香爽口。乌拉圭人喜欢家人或亲朋好友一起喝马黛茶，大家共用一支吸管，传来传去，谈笑风生，增进亲情和友情。马黛茶不仅能提神醒脑，而且因其富含维生素、矿物质、钙质、物嵌纤维等，故可补充人体欠缺的营养素，提升血液品质，并能促进肠道的蠕动，治疗便秘，还可治疗胃炎、尿道炎等。

宗　教

天主教是乌拉圭的主要宗教，但近年来，天主教教徒的人数不断下降。根据 20 世纪 80 年代后期的统计，天主教教徒还占全国总人口的 66%，而根据 2006 年乌拉圭国家统计局（Instituto Nacional de Estadística Uruguay）公布的数字，天主教教徒占全国总人口的比重已下降至 47.1%，新教教徒占 11.1%，犹太教教徒占 0.3%，非洲宗教信徒占 0.6%，无神论者或宗教信仰不明者占 17.2%，其他宗教信徒占 0.4%。只有不到一半的成年人口经常去教堂。

殖民地时期，乌拉圭属于布宜诺斯艾利斯主教管区，天主教在乌拉圭的影响小于它在其他拉美国家的影响，而且土著印第安人强烈反对改变宗教信仰。乌拉圭独立后，反对教会的思想遍及全国。1830 年，蒙德维的亚成为代理主教辖区，1878 年成为主教管区。乌拉圭虽规定天主教为国教，但天主教的特权受到限制：1837 年，世俗婚姻得到承认；1861 年，国家接管公共墓地；1877 年，颁布的教育法规定禁止在学校强迫进行宗教教育；1907 年，离婚合法化；1909 年，禁止在公立学校实施宗教教育；巴特列－奥多涅斯执政时期实施了许多限制天主教的措施，更改了宗教节假日的名称；1917 年，宪法规定政教分离。乌拉圭成为西半球和南美洲最不受教规约束的国家。1990 年，乌拉圭人把"圣周"称为"旅游周"。所以，乌拉圭是拉丁美洲最世俗化的国家。

1981 年，乌拉圭全国分为 221 个教区，共有 204 名主教。此外，还有 374 名修道士和 1580 名修女。每年有 3/4 的婴儿在教堂受洗。乌拉圭现有 9 个主教管区和蒙得维的亚大主教管区。1998 年 12 月，尼古拉斯·科图尼奥（Nicolás Cotugno）被任命为大主教。

国家保护神

国家保护神三十三人圣母（Nuestra Señora de los Treinte y Tres）。"三十三人"的名称同乌拉圭独立的历史密切相关。三十三人圣母像是 18 世纪中叶瓜拉尼工匠用巴拉圭雪松木制作的，圣母像高 36 厘米，是圣母升天巴洛克风格的木雕制品。19 世纪初，圣多明戈－德索里亚诺城印第安人安东尼奥·迪亚斯（Antonio Díaz）把它交给佛罗里达省平塔多教区的教堂，后又迁往佛罗里达城新建立的教堂。1825 年 4 月 19 日，胡安·安东尼奥·拉瓦列哈率领 33 名东岸人从阿根廷返回乌拉圭，在阿格拉西亚达海滩登陆，发起反对巴西统治者的解放斗争，并将巴西军队赶出国境。同年 8 月 25 日，爱国者在佛罗里达圣母像前正式宣布乌拉圭独立。此后，乌拉圭人民所尊崇的"自由女神"——圣母便被称为三十三人圣母。1857 年，曼努埃尔·奥里韦（Manuel Oribe，三十三英雄的二号领导人，后任乌拉圭总统）将军赠送佛罗里达圣母一顶金和宝石桂冠。1961 年 3 月 8 日，教皇若望二十三世为圣母像加冕，翌年 11 月 21 日，宣布三十三人圣母为乌拉圭保护神。此后，每年 11 月的"三十三人圣母节"便成乌拉圭的全国性节日。

国　币

乌拉圭比索（Peso Uruguayo）。辅币为分（Centésimo）。比索源于西班牙古币名。

乌拉圭在开始铸造本国钱币以前，曾使用西班牙、葡萄牙、拉普拉塔河联合省和巴西帝国的钱币。如葡萄牙占领期间，乌拉圭流通里约热内卢国家银行发行的纸币；1826～1829 年，乌拉圭流通布宜诺斯艾利斯国家银行发行的纸币。1829 年，乌拉圭宣布禁止流通布宜诺斯艾利斯国家银行发行的纸币和禁止引进外国各种铜币。

1839 年，法裔阿古斯丁·茹弗（Agustín Jouve）在蒙得维的亚开设的"阿梅利亚·茹弗厂"（Taller y Armería Jouve）最先铸造出乌拉圭钱币，随后蒙得维的亚造币厂（或称国家造币厂）也开始铸造本国钱币。从 1855 年起，一些国外造币厂开始为乌拉圭铸造钱币。同年，乌拉圭发行国库代金券，但只运作了 1 年时间。1862 年，乌拉圭正式采用十进位制，代金券作为一种纸币运行，比索下的小面值为十进位制。1855～1896 年，乌拉圭流通由国家机构、兑换公司和私人银行发行的各种纸币。1896 年 10 月 21 日，共和国银行开始运转，发行由布宜诺斯艾利斯银行南美纸币公司印刷的乌拉圭第一批纸币。纸币正面为一妇女头像和共和国国徽，背面为乌拉圭田野风光。因出现伪造现象，这些纸币在 1897 年便停止流通。后来，乌拉圭一部分纸币委托德国印刷。1914 年一战的爆发，乌拉圭纸币的印制地点由德国改为伦敦。

1966 年，乌拉圭中央银行（Banco Central del Uruguay）成立，负责发行乌拉圭货币。1974 年 12 月 16 日颁布法令，规定新比索（Nuevo Peso）代替旧比索。从 1975 年 7 月 1 日起，1 新比索相当于 1000 比索。从 1982 年起，乌拉圭出现连年严重的通货膨胀。1993 年 3 月正式用乌拉圭比索（Peso Uruguay）取代新比索，1 乌拉圭比索等于 1000 新比索。

1985 年军政权统治结束后，从 1986 年开始，乌拉圭文化名人画像开始出现在纸币上。这一年，200 新比索纸币绘有作家何塞·恩里克·罗多（José Enrique Rodó）像。此后，1991 年面值 10 万新比索纸币和 1994 年面值 100 乌拉圭比索纸币上出现了著名音乐家、作曲家爱德华多·法维尼（Eduardo Fabini）像；1990 年，面值 2000 新比索纸币绘有画家胡安·曼努埃尔·布拉内斯（Juan Manuel Blanes）像；1992 年，面值 20 万新比索纸币和 1995 年面值 200 乌拉圭比索纸币绘有律师和画家佩德罗·菲加里（Pedro Figari）像；1993 年，面值 50 万新比索纸币和 1994 年面值 500 乌拉圭比索纸币绘有法学家、政治家阿尔弗雷多·巴斯克斯·阿塞韦多（Alfredo Vásquez Acevedo）博士像；1990 年，面值 2 万新比索纸币和 1994 年面值 20 乌拉圭比索纸币绘有诗人胡安·索里利亚·德圣马丁（Juan Zorrilla de San Martín）像；1990 年，面值 5 万新比索纸币和 1994 年面值 50 乌拉圭比索纸币绘有教育家何塞·佩德罗·巴雷拉（José Pedro Varela）像；1999 年，面值 5 乌拉圭比索纸币绘有画家华金·托雷斯·加西亚（Joaquín Torres García）像；1995 年，面值 1000 乌拉圭比索纸币绘有女诗人胡安娜·德伊瓦武鲁（Juana de Ibarbourou）像。2003 年发行的 2000 乌拉圭比索纸币绘有达马索·安东尼奥·拉腊尼亚加（Dámaso Antonio Larrañaga）像。

现在，乌拉圭流通的纸币面值为 2000、1000、500、100、50 和 20 乌拉圭比索。

目前，乌拉圭流通的铸币面值为 10、5、2、1 比索和 50 分。根据乌拉圭颁布的第 18331 号法，2011 年乌拉圭发行的铸币正面是国徽，背面是国家动物图案。10 比索的动物是美洲狮；5 比索是美洲驼；2 比索是水豚；1 比索是犰狳。1 比索和 2 比索铸币由西班牙造币厂铸造，5 比索和 10 比索铸币由英国皇家造币厂铸造。

牙买加

国　名

牙买加（Jamaica）。位于加勒比海大安的列斯群岛西部，是加勒比海第三大岛，仅次于古巴和海地。阿拉瓦克人是该岛原住居民，称该岛为"Xay-maca"，意为"林木和水之地"或"泉水之岛"。后来，"X"变为西班牙文的"J"，岛名逐渐演变为"Jamaica"，并成为该国国名。1494年5月3日哥伦布登上该岛时，称其为"圣地亚哥"（Santiago）。

国　都

金斯敦（Kingston）。牙买加最大的城市和港口，位于牙买加岛东南部，北靠兰山，南临金斯敦湾。建于1693年，其名意为"国王之域"，以纪念英国国王威廉三世，即奥兰治的威廉亲王，他是荷兰执政威廉二世和英国国王查理一世之女玛丽公主的儿子。1872年，金斯敦被定为该国首都，1907年大地震后重建，因风景优美，被誉为"加勒比城市的皇后"。牙买加原首都为圣地亚哥德拉贝加（Santiago de la Vega），建于1523年，后改称"西班牙城"（Spanish Town）。

国　庆

8月6日（1962年）。哥伦布第二次远航美洲时，于1494年5月3日"发现"牙买加。1509年，牙买加成为西班牙殖民地。1655年英国舰队征服牙买加，根据《马德里条约》，1670年西班牙将牙买加岛转让给英国。此后，大批非洲黑奴被贩卖到牙买加，充当甘蔗种植园的劳力。1866年，牙买加成为英国直辖殖民地。1944年，牙买加获得自治。1958年1月，牙买加加入西印度联邦，第二年实行"内部自治"。1961年9月，牙买加退出西印度联邦。1962年8月6日，牙买加宣告独立，为英联邦成员国。8月6日这一天，成为牙买加独立日和国庆日。

国　旗

牙买加国旗是牙买加众议院的一个两党委员会设计的，于1962年8月6日牙买加独立时第一次升起。牙买加国旗为长方形，长与高的比例为2:1。两道交叉的对角黄色宽带将旗面分为四个等腰三角形，上下两个三角形为绿色，左右两个三角形为黑色。黑色象征人民的力量和创造力，黄色象征自然资源和明媚的阳光，绿色象征未来的希望和农业资源。牙买加对国旗的使用有下列规定：不允许国旗碰触地面；不能仅为装饰而使用国旗；与其他旗帜同时升起时，国旗不能小于其他旗帜；国旗损坏必须更换时，必须将旧旗烧掉；其他旗帜不能置于国旗之上或国旗之右，外国使馆、领事馆和外交使团除外；没有牙买加国旗，任何外国旗帜不能升起，外国使馆、领事馆和外交使团除外；国旗不能悬挂在车辆上，军队、警察和国家机构除外。

国　徽

牙买加国徽的主体为盾，盾面上绘有红十字，红十字上绘有5个菠萝。盾面两侧各有一印第安塔伊诺人（原称阿拉瓦克人）扶盾，左侧为女，右手持一筐菠萝；右侧为男，左手执弓。盾面上端有一皇室头盔和披风，头盔上立一条嘴略张的鳄鱼。盾面和印第安人之下的黄色飘带上用黑色大写英文写有国家格言"OUT OF MANY, ONE PEOPLE"（众族归一）。菠萝代表牙买加本地的水果，塔伊诺人代表牙买加的第一批居民，鳄鱼代表该国土生的爬行动物，头盔和披风代表牙买加过去是英国殖民地。牙买加发行的纸币、铸币和官方文件上都有国徽图案。

牙买加国徽由原殖民地国徽演变而来，只有很小的变化。原始国徽是1661年英国王室授给牙买加的，由威廉·桑克罗夫特（William Sancroft）设计，他于1677年任坎特伯雷大主教。但也有人认为牙买加国徽是当时的坎特伯雷大主教威廉·贾克森（William Juxon）设计的。盾面下写有拉丁文格言"INDUS UTERQUE SERVIET UNI"，意为"两个印第安人将如一人服务"。1957年，国徽略有变化，金色披风变为红色披风。1962年牙买加独立时，国徽又有小的变化，国家格言"OUT OF MANY, ONE PEOPLE"取代了原始国徽下面的原格言"INDUS UTERQUE SERVIET UNI"。鳄鱼由原来直接站在头盔上，改为站在头盔上的一根木头上。

总督旗

牙买加总督旗为长方形，旗面为深蓝色，旗地中央绘有王冠，王冠顶上站着一头金色雄狮，王冠之下的黄色飘带上用黑色大写英文写有"JAMAICA"（牙买加）。现任总督帕特里克·林顿·艾伦（Patrick Linton Allen）是牙买加第六任总督，2009年2月26日就任。艾伦1951年2月7日生于亚伯特兰区，青年时期就读于牙买加莫尼格师范学院，后就读于美国安德鲁斯大学，获得教育行政管理学博士学位。他从1986年起从事神职工作，曾任西班牙城基督复临安息会教堂牧师、西印度群岛安息会联盟主席等神职。

总督府

牙买加总督府称为"国王府"（King's House），亦称为总督府（Government House）。1690年之前，牙买加总督府在罗亚尔港。1762年，西班牙城新建总督府。1872 年金斯敦成为牙买加首都后，在原牙买加英国圣公会主教辖区主教宅第上兴建了新的总督府，称为"国王府"。1907 年毁于地震。不久之后，英国建筑师查尔斯·尼科尔森（Charles Nicholson）重建了国王府。国王府虽然仍是总督府，但国家重要礼仪活动也在这里举行，如内阁部长和最高法院法官的宣誓活动等。

总理旗

牙买加总理旗为长方形，旗面为蓝色。旗面内缘有长方形白线框，旗面四角各有一正方形白线框。旗面中央的白色圆盘内绘有总理徽。总理徽中间是盾形国徽，上有红十字和五个菠萝。盾徽两边各有两面国旗。盾徽和国旗上方的红色飘带上用大写英文写有"PRIME MINISTER JAMAICA"（牙买加总理）。白色圆盘左侧写有大写英文字母"P"，右侧写有"M"，是英文总理的缩写。现任总理布鲁斯·戈尔丁（Bruce Golding）于 2007 年 9 月就职。他生于 1947 年 12 月 5 日，青年时期曾就读于西印度大学莫纳分校，获经济学学士学位。1972 年成为牙买加历史上最年轻的众议员，1974 年起任牙买加工党总书记，1977 年成为参议员，1984 年改任工党主席。1995 年，他退出工党，组建全国民主运动党，并担任主席。2002 年重返工党，担任主席。2005 年 2 月，他当选工党领袖。

总理府

牙买加总理府称为"牙买加府"（Jamaica House）。位于金斯顿希望大道。1963 年 2 月 10 日，牙买加众议院通过决议，拨款 5.5 万英镑为牙买加总理修建官邸。1962 年牙买加独立时，就决定要修建总理府并举办了选拔总理府设计图和总理府名字的全国性比赛。设计师吕劳埃德·A. 希勒（Lloyd A. Shearer）和其合伙人马文·D. 古德曼（Marvin D. Goodman）拔得设计图的头筹，并得到 200 英镑奖金。接着进行了有数百人参加的总理府名称选拔比赛，74 人建议用"牙买加府"的名字，最后便以此为名，优胜者获得 100 英镑奖金。1963 年 7 月麦格雷戈和利维股份有限公司开始施工，1964 年 8 月竣工。

整座建筑包括两层主楼以及员工宿舍、门房等外室。主楼一层是宴会厅和总理书房，二层是两套卧室。1964 年，亚历山大·巴斯塔曼特（Alexander Bustamante）总理一家迁入牙买加府。1972 年，迈克尔·曼利（Michael Manley）总理重新装修了牙买加府，把总理办公室搬进牙买加府，原来的卧室和起居室变成办公室。1974 年，牙买加总理将官邸迁到礼宾府（Protocol House），1980 年又搬到新装修的"皇家谷"（Vale Royal），牙买加府则继续作为总理办公室。

国　歌

《牙买加，我们热爱的国土》（*Jamaica, Land We Love*）。词作者是休·布雷厄姆·舍洛克（Hugh Braham Sherlock，1905～1998 年），曲作者是罗伯特·查尔斯·莱特伯恩（Robert Charles Lightbourne，1909～1995 年）。

1961 年 9 月，牙买加宣布举行选拔国歌的比赛，议会组成的评选委员会负责确定国歌。1962 年 3 月 17～31 日，评选委员会共收到 100 多首参选歌曲。经过评选委员会认真评选，于 1962 年 7 月 19 日最终确定休·布雷厄姆·舍洛克作词、罗伯特·查尔斯·莱特伯恩作曲、梅普尔托夫特·普勒（Mapletoft Poulle）和普勒夫人（Mrs. Poulle）整理的歌曲《牙买加，我们热爱的国土》为国歌。1962 年 8 月 6 日正式定其为牙买加国歌，从此代替了英国国歌《神佑女王》（*God Save the Queen*）。牙买加法律规定，演唱或演奏国歌时，人们应立正、脱帽；当选总督或总理到达时演唱或演奏国歌第一节；公众集会可演唱或演奏国歌；学校开学或学期结束、独立庆祝活动升旗或降旗时演唱国歌。

词作者休·布雷厄姆·舍洛克 1905 年 3 月 21 日生于牙买加波特兰，毕业于凯恩伍的卫理公会神学院。1932～1937 年任特克斯群岛卫理公会牧师，1937～1940 年在牙买加任牧师。1956～1966 年成为牙买加卫理公会教区首任全国主席。1967～1972 年任加勒比和美洲自治卫理公会联合会首任主席，1960～1976 年任世界卫理公会委员会执委会副主席。1962 年，他撰写了抒情诗《牙买加，我们热爱的国土》，其于独立日成为牙买加国歌。

曲作者罗伯特·查尔斯·莱特伯恩 1909 年 11 月 29 日生于牙买加莫兰特湾。曾就学于牙买加学院，后赴英国求学。1951 年返回牙买加，任工业开发公司总经理。1958 年当选为西印度联邦议会议员，翌年辞职。1962 ～ 1972 年任贸易、工业和旅游部长。钢琴是他的业余爱好，于 1962 年为牙买加国歌谱曲。

国歌歌词第一段为：

> 永恒圣父保佑我国土，
> 用你强壮的手，
> 保卫我们远离邪恶享受自由。
> 光芒照耀，天长地久。
> 伟大的保护者，
> 请把智慧赐予我们的领袖，
> 正义真理我们永握在手。
> 牙买加，我们热爱的国土，
> 牙买加，牙买加，我们热爱的国土。

歌词第一段原文为：

> Eternal Father, Bless our Land,
> Guard us with thy mighty hand,
> Keep us free from evil powers,
> Be our light through countless hours,
> To our leaders, great defender,
> Grant true wisdom from above,
> Justice, truth be ours forever,
> Jamaica, land we love.
> Jamaica, Jamaica, Jamaica, land we love.

歌词原文源于 http：//www. jamaicans. com/。

国家格言

"Out of Many, One people"（众族归一）。

国　语

英语。牙买加官方语言为英语，政府机构、文化部门、通信部门都使用英语。在正规教育中，英语为标准语言。但大多数牙买加人既讲英语，又讲牙买加克里奥尔语，即帕托伊斯语（Patois），或者将二者结合起来讲。一部分外来移民讲爱尔兰语、苏格兰语，还有一部分人讲土著塔伊诺语和阿拉瓦克语。

帕托伊斯语是 17 世纪以来逐渐形成的一种语言。从西非和中非贩运来的黑人奴隶，从奴隶主那里学习英语的同时，也把非洲语言的许多因素融入英语中。随着长期以来各民族的融合，帕托伊斯语在受英语深刻影响的同时，还吸收了西班牙语、土著阿拉瓦克语、法语、汉语、葡萄牙语和印度语的词汇和句法。

尽管帕托伊斯语使用大量英文词汇，但在发音和词汇上也有很多差异。帕托伊斯语以 "s" 开头的单词中，"s" 不发音，如 "Snapper"（咬人的狗）。牙买加人常把词尾的字母 "r" 去掉，如 "dollar" 变成 "dolla"，"water" 变成 "wata"。帕托伊斯语中一些单词的字母发生了变化，如词中的 "t's" 有时变为 "k's"，"little" 变为 "likkle"，"bottle" 变为 "bokkle"。帕托伊斯语同英语的表达方式也有所不同，如英语 "My father took me to the cinema"（我父亲带我去电影院），帕托伊斯语则变为 "My father carried me to the cinema"；"I haven't see him six months"（我已经 6 个月没看到他），变为 "It is six months I don't see him"。

西班牙占领牙买加岛 160 多年，西班牙语对帕托伊斯语的影响显而易见。牙买加有许多地名源于西班牙语，例如，"干港"（Dry Harbour）源于西班牙语 "Puerto Seco"，因哥伦布曾在此地寻找水源而得名；"逃跑湾"（Runaway Bay）源于西班牙语 "Bahía de la Huída"，因 1665 年伊萨希岛西班牙都督乘一独木舟从该湾逃往古巴而得名；"魔鬼山"（Mount Diablo）源于西班牙语 "Diablo Monte"；村名 "奥拉卡贝萨"（Oracabessa）源于西班牙语 "Cabeza de Oro"，意为 "金顶"，因为该村不远处的一座山丘常被黄花覆盖。此外，牙买加还有许多河流沿用西班牙语名，如格兰德河（Río Grande）意为 "大河"，科布雷河（Río Cobre）意为 "铜河"；有些地名与西班牙语的河流有关，如 "奥乔里奥斯"（Ocho Ríos）意为 "八条河"，"里奥布埃诺"（Río Bueno）意为 "漂亮的河"。

非洲移民的语言也在牙买加地名中留下痕迹，如"尼亚姆"（Nyam），源于非洲语，意为"吃"，"布克拉"（Buccra）则意为"白色的"。

国家勋章

牙买加勋章制度是根据该国总理休·希勒（Hugh Shearer）总理的提议，于1969年7月18日牙买加公布《国家勋章和奖品法》后设立的。牙买加勋章制度共包括以下六种国家勋章和两种国家奖章。

国家英雄勋章（Order of National Hero）是牙买加最高荣誉勋章，授予出生于牙买加或去世前已获牙买加国籍、对牙买加做出突出贡献的人。勋章获得者得到"最杰出人"（The Rt Excellent）的称号。国家英雄勋章为十四角黄白色星，星的中心黑色圆盘中央绘有牙买加国徽，外环有绿色英文题词"He built a city which hath foundations"（他为一个城市奠基）。国家英雄勋章项链悬挂在黑、绿、黄三色系带上。牙买加先后有七位国家英雄获得国家英雄勋章。

国家勋章（Order of the Nation）仅次于"国家英雄勋章"，国家勋章授予牙买加总督和总理。现总理布鲁斯·格尔丁竞选时提出将不接受国家勋章，所以2002年他就职时未被授予国家勋章。国家勋章为十二角星，各角之间有菠萝。星的中心红色圆盘中央为金色牙买加国徽，绿色外环上写有黄色的英文题词"One Nation Under God"（神之下的一个国家）。国家勋章系在绿色窄线条的红色丝带上。

卓越勋章（Order of Excellence）与国家勋章同级且形状相同，但颜色和题词有些区别。卓越勋章授予现任或已去世的外国国家元首和政府首脑。蓝色外环上写有黄色的英文题词"Excellence through Service"（杰出服务）。卓越勋章系于带有等宽绿色和黑色线条的黄色丝带上。南非总统塔博·姆贝基（Thabo Mbeki）于2003年7月1日、西班牙国王胡安·卡洛斯（Juan Carlos）于2009年2月分别获赠卓越勋章。

功绩勋章（Order of Merit）为带有十二个尖顶的白色六角星，每个小星尖上都有牙买加蓝色的国花生命之木花。大六角星中心的白色圆盘上有黄色的牙买加国徽，红色外环上写有黄色英文题词"He that does truth comes into the light"（他让真理发扬光大）。功绩勋章系在栗色丝带上，授予在科学、艺术、文学等领域取得突出成就的牙买加人和外国人。

牙买加勋章（Orden of Jamaica）授予为牙买加做出突出贡献的牙买加人

和外国人。勋章用纯金制成，有白色的勋章链，链的末端是阿基果和叶，悬挂在深绿色丝带上。徽章中心的金色圆盘中央为牙买加国徽，绿色外环上写有金色题词"For a Covenant of the People"（为了人民的契约）。

荣誉勋章（Order of Distinction）分为"指挥官勋章"和"官员勋章"两种，授予为牙买加做出重要贡献的牙买加人和外国人。指挥官勋章为三角形，三角形中心黑色圆盘上绘有金色的牙买加国徽。三角形边缘上写有黑色英文题词"Distinction through Service"（服务得来的荣誉）。勋章通过顶上的白色饰物悬挂在由黑色、金色和绿色线条组成的丝带上。官员勋章也为三角形，三角形中间是黄色正方形，内绘白色牙买加国徽。官员勋章也悬挂在由黑色、金色和绿色线条组成的丝带上。与指挥官勋章不同的是，其勋章与丝带之间没有白色饰物。

荣誉徽章（Badge of Honour）授予在海外牙买加外交和领事使团的牙买加人和外国人。分为"勇敢服务""有功服务""长期忠诚服务"三类。"勇敢服务"类的荣誉徽章授予在特殊、危险情况下做出勇敢和英雄行为的人；"有功服务"类的荣誉徽章授予对牙买加有功的服务的人；"长期忠诚服务"类的荣誉徽章授予长期提供有价值服务并得到特别承认的人。三类荣誉徽章都用银制作，圆形，正面绘有牙买加国徽和生命之木树叶和花。荣誉徽章根据类别分别写有"为勇敢""为有功服务""为长期和忠诚服务"的英文题词，并写有受奖人名字和受奖日期。

荣誉奖章（Medal of Honour）为银质奖章，分为"勇敢"和"功绩服务"两类，授予军队、警察、消防队人员中的有功人员。荣誉奖章为圆形，直径3.5厘米。正面绘有牙买加国徽和英文国名"Jamaica"（牙买加）。背面写有"为勇敢"或"为功绩服务"的英文题词。

民族英雄

牙买加民族英雄共有七位。1969年，牙买加宣布保罗·博格尔、乔治·威廉·戈登、马库斯·莫西亚·加维、诺曼·华盛顿·曼利和亚历山大·巴斯塔曼特为民族英雄，1973年又宣布南尼和萨姆·夏普为民族英雄。民族英雄是牙买加最高荣誉，七位英雄的塑像屹立在金斯敦民族英雄公园内。每逢10月21日牙买加民族英雄日，人们纷纷来到塑像前，向他们表达敬慕之情。民族英雄同时获得牙买加最高勋章"民族英雄勋章"（Order of National

Hero）。以下是牙买加七位民族英雄简介。

保罗·博格尔（Paul Bogle,? ~ 1865 年）：浸礼会执事。反对英国殖民统治，曾领导 1865 年莫兰特湾黑人起义，后遭英国军队镇压，英勇牺牲。

乔治·威廉·戈登（George William Gordon, 1820 ~ 1865 年）：博格尔的合伙人。关心人民疾苦，曾参加 1865 年莫兰特湾起义，壮烈牺牲。1969 年牙买加货币实行十进位时，他的肖像绘在当时的 10 元纸币上，后来绘在 10 元铸币上。

马龙人的南尼（Queen of Maroons）：南尼是黑白混血儿，18 世纪初马龙人（牙买加黑人）领袖，曾在 1720 ~ 1739 年第一次马龙战争中与英国殖民者进行英勇战斗。牙买加人世代怀念南尼，尊她为民族英雄。1973 年 10 月，她被宣布为牙买加民族英雄，也是牙买加唯一一位女民族英雄，她的肖像绘在牙买加 500 元纸币上。

萨姆·夏普（Sam Sharp）：原为受过教育的城市奴隶，后成为牙买加浸礼会领导人。他利用宗教集会组织和发动奴隶展开反对英国殖民统治的斗争，并领导 1831 年 12 月 27 日的奴隶武装起义，后遭英国殖民当局残酷镇压，持续八天的起义失败。1832 年 5 月 23 日，他在蒙特哥贝广场被绞死。为了纪念萨姆·夏普，该广场后来被改名为萨姆·夏普广场。1973 年 10 月，萨姆·夏普被宣布为牙买加民族英雄。

亚历山大·巴斯塔曼特（Alexander Bustamante, 1884 ~ 1977 年）：牙买加政治家，1962 年牙买加独立后任首任总理。

诺曼·华盛顿·曼利（Norman Washington Manley, 1893 ~ 1969 年）：牙买加人民民族党创始人，1959 ~ 1962 年任牙买加总理。1969 年去世前不久，他被宣布为牙买加民族英雄。

马库斯·莫西亚·加维（MarcusMosiah Garvey, 1887 ~ 1940 年）：创建黑人改良联合会（United Negro Improvement Association），以加强黑人的团结，争取黑人权益。1940 年在英国去世，1964 年他的遗体被运回牙买加，葬于金斯敦民族英雄公园之中。

国 花

生命之木花（Lignum Vitae）。其名源于拉丁语，因其药用价值高而得名。学名 "Guiacum Officinale"。生命之木树是美洲热带地区和西印度群岛土生的树木，在牙买加北部和南部沿海地区干燥的林地生长得最为茂盛。生命之木树是常绿乔木，属蒺藜科，又称愈疮木。树高为 5 ~ 10 米，直径为 10 ~ 45 厘米。树干呈圆形，树皮呈淡褐色，表面光滑。它有引人注目的淡蓝色花朵和橙黄色果实，因而成为极具观赏价值的植物。有少数生命之木树的花呈白色。生命之木树是世界上最有使用价值的树木之一，其树干、树胶、果实、叶和花都可利用，特别是具有医疗作用，如树胶就一直作为通便药。16 世纪初，牙买加把生命之木树胶和水银混合制成药物出口欧洲，用于治疗梅毒和痛风。树干可以作为轮船的螺旋桨杆来支撑船体。因木质坚硬，它还可用来制作臼、锤、辘轳、警棍，有时还用来制作家具。

国　树

蓝色马奥埃树（Blue Mahoe）。其名源于印第安加勒比语，蓝色是指木上的蓝绿色条纹，十分漂亮。蓝色马奥埃树为木槿属植物，为牙买加岛特有的树木，生长很快，树高可达 20 米以上。绿色树叶宽大，花像木槿。开花时节，花的颜色从鲜黄色逐渐变为橙红色，最后成为绯红色。由于木材美观、坚硬、耐用，常被用来制作家具，还被用来制作板球、琴弓以及制作装饰物，如画框和雕刻品等。

国　果

阿基果（Ackee）。学名"Blighia Sapida"，是为了纪念 1793 年把阿基果从牙买加带入英国、把面包果带入牙买加的船长威廉·布莱（William Bligh）。阿基果是牙买加国果，也是该国国菜"阿基果与咸鱼"中的重要成分。阿基果源于西非，加纳的特威语（Twi）称其为"Ankye"。18 世纪时，西非黑奴将阿基果传入牙买加，从此在岛上扎根。阿基果树高可达 15 米，其果呈红色或黄色，个大，长 7.5 ~ 10 厘米。成熟时，在假种皮顶端露出黑亮的圆种子。根据假种皮的颜色，阿基国分为黄油色和奶油色两种。阿基果是美味的食用果，加调味品和咸鱼或咸猪肉即成牙买加的著名美食。阿基果含有毒素，成熟时和烹调时毒素会消失。但烹调时假种皮要弄干净，洗的水也要倒掉。牙买加是唯一以阿基果作为食材的国家，并将罐装阿基果出口海外。

国 鸟

博士鸟或医生鸟（Doctor - Bird），或称燕尾嗡嗡蜂鸟（Swallow Tail Humming Bird）。学名"Trochilus Polytmus"。博士鸟为牙买加本地特有的鸟，是320种嗡嗡蜂鸟中最突出的一种。羽毛色彩独特，呈艳绿色和黑色。成熟雄鸟有两条与众不同的长尾，飞行时长尾在后展开，尾长可达7英寸。雌鸟的尾羽没有雄鸟的长，其带有白色尾尖。博士鸟可向后飞，羽毛发出嗡嗡的响声。大部分生活于有开花植物的密林中，一部分生活在花园或公园中，主要以花蜜为食。博士鸟的名字源于其直立的黑色的冠羽和尾巴，很像旧时博士戴的大礼帽和穿的燕尾服。"医生鸟"这一名字则是因该鸟用来取植物花粉的长嘴很像医生的注射器。阿拉瓦克人称它为"神鸟"，相信博士鸟具有魔力，是死去灵魂的再生。牙买加很多农村地区都有杀死博士鸟将给自己带来厄运的传说。牙买加人喜欢博士鸟，在民间传说和民歌中经常提及博士鸟。

国家音乐

斯卡（Ska）。斯卡是20世纪50年代末牙买加出现的一种音乐和舞蹈，由于斯卡乐和舞蹈深受牙买加人民喜爱，很快流行全国。每逢节假日，牙买加人民在斯卡乐伴奏下，跳起欢快的斯卡舞。1967年，斯卡乐传到英国，80年代初传到美国，此后在澳大利亚、德国、意大利、西班牙和日本等国也都出现斯卡乐牙队。

斯卡音乐深受牙买加"门托"音乐（mento，西非黑奴的传统音乐）以及特立尼达和多巴哥"卡利普索"音乐的影响。斯卡的声乐则受到美国爵士乐和一种节奏极强、称为"Rhythm and blues"的美国黑人音乐的影响。斯卡音乐很像雷鬼音乐（Reggae），尽管斯卡是一种欢快的音乐形式，而雷鬼音乐是一种悲哀的音乐形式。斯卡乐乐队使用的乐器主要有鼓、吉他、键盘和号（萨克斯、长号和小号）。

国　菜

阿基果与咸鱼（Ackee and Saltfish）。制作这道菜时，先把咸鱼浸泡水中去除一些盐分，或在水中煮5～7分钟。清洗阿基果，去掉里面的籽和果核，反复清洗阿基果5次。将咸鱼切成片，去骨。微煎葱头片和甜椒环，留些煎过的葱头和甜椒环。然后加入咸鱼和阿基果，加大火，慢慢关火。放入黑胡椒，加入留着的葱头和甜椒环。阿基果与咸鱼可和煮过或煎过的香蕉一起食用。

国　酒

牙买加朗姆酒（Rum）。牙买加是世界闻名的朗姆酒生产国，也是加勒比最大的朗姆酒出口国之一。早在1655年英国舰队征服牙买加时，就开始向水兵分发当地的朗姆酒。朗姆酒又称糖酒、火酒，绰号叫"强盗之酒"，这是因过去活跃在加勒比海的海盗都喜欢喝朗姆酒。朗姆酒是制糖过程中的一种副产品，用甘蔗压出糖汁后，经发酵、蒸馏而成。朗姆酒分为金朗姆（又称琥珀朗姆）、银朗姆（又称白朗姆）、黑朗姆（又称红朗姆）、芳香朗姆，这几种朗姆酒牙买加都能生产。牙买加最有名的朗姆酒是J. Wray & Nephew有限公司生产的阿普尔顿种植园牌朗姆酒（Appleton Estates），此外，朗·庞德公司生产的摩根船长朗姆酒也很出名。

宗　教

牙买加宪法规定宗教信仰自由。由于牙买加曾是英国殖民地，并受美国影响，牙买加60%以上的人口信仰新教。根据牙买加2001年统计，新教教徒占人口的61.3%，天主教教徒只占4%。五大教派是神的教会（新教最大派别，占总人口的24%）、基督复临安息日教会（占11%）、浸礼会（占7%）、五旬节派教会（占10%）和英国圣公会（占4%），其他宗教还有巴哈教派、印度教、佛教、伊斯兰教、犹太教等。

1504 年西班牙殖民者在牙买加岛定居后，天主教最先在岛上扎根。1655 年英国控制牙买加岛后，英国圣公会成为国教。但整个 18 世纪，天主教都将黑人拒之门外。1754 年，摩拉维亚教派派出第一批传教士进入小城布莱克河，让有色人种皈依新教。随后，1783 年浸礼会、1789 年卫理公会、19 世纪初长老会先后来到牙买加，但遭到奴隶主和圣公会的抵制。1834 年，牙买加宣布废除奴隶制，1838 年奴隶得到解放。英国圣公会企图进行改革以吸引广大奴隶，但遭到大部分奴隶拒绝。1872 年，英国圣公会失去了国教地位。19 世纪末 20 世纪初，救世军、非洲卫理公会主教派、耶和华见证会、埃塞俄比亚东正教会、摩门教派和巴哈教派纷纷来到牙买加。1894 年，基督复临安息日教会抵牙买加，建立了北加勒比大学，不断扩大影响力，逐渐成为牙买加最大的教派之一。

国　币

牙买加元（Jamaican Dollar）。1 牙买加元等于 100 分（Cents），牙买加元于 1969 年开始发行。

1494 年哥伦布登上牙买加岛后，西班牙人用珠子、小件饰物、剪刀、镜子等和当地印第安塔伊诺人进行交易。1509 年，西班牙殖民者开始在岛上定居，他们从圣多明各引入西班牙铜币马拉维迪（Maravidi）。马拉维迪成为牙买加最早使用的货币，币上印有锚或西班牙国王像。

殖民地初期，牙买加岛主要流通西班牙和其美洲殖民地墨西哥与秘鲁铸造的钱币。西班牙银币的基本单位是雷阿尔（Real），金币的基本单位是埃斯库多（Escudo），但主要流通的金币是道布龙（Doubloon）和皮斯托莱（Pistole）。此外，牙买加还流通法国金币皮斯托莱（Pistole）和银币埃屈（Ecu）以及葡萄牙金币莫伊多雷（Moidore）等。

1822 年，英国政府下令在西印度群岛流通英国铸造的银币和铜币。由于牙买加钱币并不短缺，所以英币的流入遭到抵制。1825 年，英国强制牙买加发行英国的银币和铜币。从 1840 年 12 月 30 日起，英国货币成为牙买加货币，西班牙钱币则失去通货资格，只有道布隆一直维持到 1901 年 4 月 1 日。

1869 年，牙买加被授权铸造便士和半便士铜镍合金铸币，这是牙买加的第一批钱币。它们的重量与同值的英币相同，但背面有牙买加国徽。由于英国银币已被牙买加人所接受，因此未铸造高面值牙买加币。1880 年，牙买加铸造的硬币扩大到 1/4 便士。1937 年，牙买加铸造的低面值硬币用镍 - 黄铜合金币代替铜镍合金。

19 世纪中叶，牙买加使用的第一批纸币是由私人商业银行发行的。1836年成立的牙买加银行（Bank of Jamaica）是牙买加第一家私人商业银行，但该行未发行任何纸币。1837 年 5 月成立的殖民银行（Colonial Bank）发行了牙买加第一批纸币，1839 年成立的种植者银行（Planters' Bank）也发行了纸币，但 1851 年和 1864 年种植者银行和牙买加银行分别被清盘。1925 年，殖民银行与巴克利银行（Barclays Bank）合并，1926 年又与英（国）埃（及）银行股份有限公司（Anglo Egyptian Bank Ltd.）和南非国家银行股份有限公司（National Bank of South Africa Ltd.）合并，称为"Barclays Bank，Dominion，Colonial and Overseas – Barclays，D. C. O."，它以巴克利银行 D. C. O. 的名义发行了纸币。

1920 年 3 月 15 日，牙买加货币专员委员会（Board of Commissioners of Currency）根据 1904 年《纸币法》和 1918 年 17 号法发行纸币。1960 年 10月，《牙买加银行法》生效，牙买加银行成为牙买加唯一被授权发行纸币和铸币的银行。1969 年 9 月，牙买加货币改为十进位制，货币单位改为元（Dollar）和分（Cent）。

现在，牙买加流通纸币的面值为 50 元、100 元、500 元、1000 元和5000 元。

牙买加各面值纸币的大小都是一样，均为 145 × 68 毫米。各面值纸币都有自己独特的水印图案，即有特色的人物肖像。每张纸币都有两行数字，一行垂直数字在肖像的左面，一行平行数字在纸币的右面。每张纸币都有印制的日期和牙买加银行总裁的签名。除 1000 元和 5000 元外，其他面值纸币的正面都有特殊的象征标志。1000 元和 5000 元则在纸币的右下角有醒目的数字。每张纸币的正面都有牙买加民族英雄或原总理的肖像，背面则是地方景色和标志性建筑。

50 元纸币正面的左边为民族英雄萨姆·夏普像，中间为牵牛花。牵牛花为终年生攀援植物，花呈喇叭形，有粉红色、玫瑰色、红色、白色、蓝色或紫色。纸币的右面和左面各有一条看不见的垂直线。背面为蒙特哥贝著名的博士山洞海滩（Doctor's Cave Beach）。该海滩原为亚历山大·詹姆斯·麦卡锡

（Alexander James McCathy）所有，将其用作疗养胜地。当时只有一个博士山洞通往海滩。1906 年，麦卡锡博士将海滩捐出并用作公共海滩。

100 元纸币正面的左边为前总理唐纳德·桑斯特（Donald Sangster）像。桑斯特 1911 年 10 月 26 日生于牙买加圣伊丽莎白。曾学习法律，1937 年 8 月在法院任职。1949 年当选为众议员，翌年任工党政府的社会福利部长，1953 年任财政部长。1962 年牙买加独立后，再任财政部长。1964 年亚历山大·布斯塔曼特病倒后，他代理总理。1967 年 2 月桑斯特领导工党取得大选胜利，并任总理，但只任职两个月便倒台。正面中间是牙买加地图和蓝花楹（Jacaranda）。蓝花楹在阳光充足和土壤肥沃的地区生长很快，夏季开花，花呈喇叭形，有淡紫色、紫蓝色花朵，其叶像厥。纸币的右侧有两条看不见的垂直线。纸币的背面是高 200 米的杜恩河瀑布（Dunn's River Falls）。该瀑布距奥乔里奥斯城（Ocho Rios）1 英里，是世界上唯一在河口上形成的瀑布，也是牙买加的旅游胜地。

500 元纸币正面的左边为牙买加民族英雄马龙人的南尼像，中间是大而漂亮的木槿花。右边有两个看不见的小圆圈。纸币的背面是老牙买加地图和罗亚尔港（Port Royal）。罗亚尔港原称卡约德卡雷纳（Cayo Royal），是 17 世纪后期牙买加最重要的城市和糖、奴隶与原料贸易中心。曾遭大地震摧毁，18 世纪曾为重要的海军基地，现为牙买加重要的旅游中心之一。

1000 元纸币正面的左边为牙买加前总理迈克尔·曼利像。他是牙买加民族英雄诺曼·华盛顿·曼利之子，生于 1924 年 12 月 10 日。他从伦敦经济学校毕业后回国，积极参加工会运动；1969 年成为人民民族党主席，1972、1976 和 1989 年三次大选获胜，并担任总理；1992 年辞去总理和人民民族党主席职务；1997 年 3 月 6 日去世。纸币中间是燕尾嗡嗡蜂鸟。纸币背面是总理府——牙买加府。

5000 元纸币正面的左边为牙买加前总理休·希勒。他于 1967 年 4 月至 1972 年 3 月任牙买加总理，1990 年获牙买加勋章，2002 年获国家勋章。纸币中间为牙买加夜莺（Nightingale）。纸币背面为鸡蛋花（Frangipani）和从空中俯瞰的高速公路。

目前，牙买加流通的铸币面值为 1、10、25 分和 1、5、10、20 元。铸币的正面均铸有牙买加国徽，背面铸有牙买加民族英雄和总理像（1 分除外）。

1 分铸币于 1975 年 7 月流通，直径 21.08 毫米，重 1.22 克，十二边形，铝制，背面铸牙买加国果阿基果。

10 分铸币于 1995 年 4 月流通，直径 17 毫米，重 2.4 克，圆形，铜镀钢，背面铸牙买加民族英雄保罗·博格尔像。

25 分铸币于 1995 年 4 月流通，直径 20.00 毫米，重 3.6 克，圆形，铜镀钢，背面铸牙买加民族英雄马库斯·莫西亚·加维像。

1 元铸币于 1994 年 6 月流通，直径 18.50 毫米，重 2.9 克，圆形内含七边形，镍镀钢，背面铸牙买加民族英雄亚历山大·布斯塔曼特像。

5 元铸币于 1994 年 6 月流通，直径 21.50 毫米，重 4.30 克，圆形内含八边形，镍镀钢，背面铸牙买加民族英雄诺曼·华盛顿·曼利像。

10 元铸币于 1994 年 6 月流通，直径 24.50 毫米，重 6.00 克，圆形内含扇形，镍镀钢，背面铸牙买加民族英雄乔治·威廉·戈登像。

20 元铸币于 1994 年 6 月流通，直径 23.00 毫米，重 7.1 克，圆形内套圆形，外圈为镍黄铜合金，内圆为铜镍合金，背面铸牙买加民族英雄马库斯·莫西亚·加维像。

近年来，牙买加还发行过纪念币，包括金币、金银币和银币。

发行的纪念金币有：1995 年发行纪念鲍勃·马利（Bob Marley）诞生 50 周年的 100 元纪念金币；2008 年发行两种北京奥运会 250 元纪念金币，一种是北京奥运会－乌塞因·波尔特（Usain Bolt），另一种是 2008 年北京奥运会金牌获得者。

发行的纪念金银币有：2005 年发行纪念鲍勃·马利诞生 60 周年的 50 元纪念金银币；2008 年发行 2008 年北京奥运会－乌塞因·波尔特 100 元纪念金银币和 2008 北京奥运会金牌获得者 100 元纪念金银币。

发行的纪念银币有：1993 年发行纪念伊丽莎白女王加冕 40 周年的 10 元纪念银币；1995 年发行纪念加勒比银行成立 25 周年的 25 元纪念银币；1998 年发行纪念西印度大学成立 50 周年的 50 元纪念银币；1999 年发行千年庆典 50 元纪念银币；2002 年发行 2002 年世界青年锦标赛 25 元纪念银币。

智　利

国　名

智利共和国（República de Chile）。位于南美洲西南部，西靠太平洋，东枕安第斯山，南与南极洲隔海相望，是世界上地形最狭长的国家。它北与秘鲁和玻利维亚为邻，东与阿根廷交界。

"智利"（Chile）是个古老的印第安名字，其得名来源很多，同时也流传着不少动人的故事。

一种说法是，上帝造世界时，把最后一块泥土捏成长条粘在智利这个地方，由此形成这个南北长、东西窄的奇形国家。由于智利西临广阔无垠的太平洋，东依连绵起伏的安第斯山，古时交通十分不便，因此，生活在这里的印第安人便把它取名为"智利"，意为"世界的边缘"。

另一说法是，西班牙殖民者来到这里时，向当地印第安人询问这个地方的名字，印第安人不懂西班牙语，随口说道："智利！智利！"意思是"冷啊，冷啊！"以后"智利"一词竟变成这个国家的名字。还有一种说法认为，智利是由古印第安语的"雪"字演变而来的，有"寒冷的国家"的意思，这或许是因为它的南端距南极不远，天气较为寒冷的缘故。

智利的国名还可能源于该国中部地区一种鸟的名字。西班牙殖民者发现，这种鸟的鸣叫声很像西班牙语"Chilli"的发音，后来他们便把"Chilli"演化为"Chile"，作为该地区的名字。智利教士莫利纳也说，智利（Chile）是翼上有黄色斑点的一种鸟的名字，来自印第安马普切语的"trih o chi"。

不过，有些人认为智利不是鸟的名字，18世纪智利编年史学家迭戈·德罗萨莱斯说智利是印加人征服此地前的一位酋长的名字。智利历史学家里卡多·拉特查姆则把智利同印加人联系在一起。他说秘鲁地区有一条名为智利（Chile）的河流，印加人征服智利后，把家乡这条河流的名字引入了智利。还有人说智利来自艾马拉语的"ch'iwi"，意为"冰"。此外，也有人说其是来自艾马拉语的"chilli"，意为"大地尽头"。

智利盛产铜，已探明的铜矿储量为 74 亿多吨，是世界第三大产铜国，它拥有世界上最大的露天铜矿和地下铜矿，有"铜的王国"之称。

国　都

圣地亚哥（Santiago）。圣地亚哥是一座美丽多姿的城市。碧波粼粼的马波乔河从城边缓缓流过，终年积雪的安第斯山仿佛像一顶闪闪发光的银冠，给圣地亚哥增添了动人的风韵。这座具有近 500 年历史的南美古城是智利首任都督佩德罗·古铁雷斯·德巴尔迪维亚（Pedro Gutiérrez de Valdivia，1500～1553 年）于 1541 年 2 月 12 日建立的，命名为圣地亚哥·德新埃斯特雷马杜拉（Santiago de Nueva Extremadura）。该地名中的"圣地亚哥"（Santiago）是为了纪念使徒和西班牙保护神圣地亚哥（Apostol Santiago）。圣地亚哥是耶稣十二使徒之一圣雅各的西班牙语读音。圣雅各和他的兄弟圣约翰是加利利海的渔夫，是最早受耶稣感召的门徒。圣雅各是使徒中的核心圈内人物之一，他见证过耶稣的一些重大事迹，如主显圣容和耶稣在客西马尼园中忧伤祈祷。耶稣死后，圣雅各在巴勒斯坦宣讲福音，并曾在西班牙布道。公元 44 年，犹太国王希律·亚基帕一世下令把他斩首，他成为第一个殉难的使徒。据传，他的尸骨被埋葬在西班牙的加利西亚首府圣地亚哥·德孔波斯特拉（Santiago de Compostela）。9 世纪圣雅各的墓地被发现后，千百年来，每年都有数十万世界各地的天主教教徒前来朝圣，圣地亚哥·德孔波斯特拉遂成为天主教朝圣胜地之一。西班牙殖民者在征服智利的过程中，遭到印第安人的英勇抵抗，他们往往乞求神明的佑护。巴尔迪维亚建城时，便把城名取作圣地亚哥，意图得到这个保护神的庇护，并把天主教强加于印第安人头上。圣地亚哥名字中的"新埃斯特雷马杜拉"（Nueva Extremadura）是巴尔迪维亚为纪念自己在西班牙的出生地埃斯特雷马杜拉（Extremadura）而添加的。埃斯特雷马杜拉是位于西班牙西部的一个自治区，由卡塞雷斯省和巴达霍斯省组成，首府为梅里达。

国 庆

9月18日（1810年）。哥伦布"发现"新大陆后，西班牙殖民者纷纷拥入美洲。1535年，西班牙殖民军从秘鲁侵入智利，遭到印第安人的激烈抵抗。殖民军伤亡惨重，被迫退回秘鲁。1540年，巴尔迪维亚率军第二次进入智利，到1546年征服了智利的北部和中部，从此智利沦为西班牙殖民地。19世纪初，随着独立运动在拉丁美洲的广泛开展，智利也爆发了反抗殖民统治、争取民族独立的斗争。殖民当局进行残酷镇压，逮捕了大批爱国者。在1810年布宜诺斯艾利斯"五月革命"的影响下，圣地亚哥市民于同年7月11日走上街头集会游行，他们拥向市议会，抗议殖民当局的镇压，并要求建立智利自己的"洪他"。在群众斗争的压力下，智利都督被迫同意召开公开的市议会。1810年9月18日，市议会在圣地亚哥商业法庭大厅召开，到会代表350人。在"我们要'洪他'"的呼声中，智利都督被迫把政权交给地方议会。议会宣布成立智利第一届国民政府，解散西班牙王室的检审庭，颁布准许自由贸易的法令，建立与布宜诺斯艾利斯"洪他"的联系。后来，西班牙殖民者卷土重来，重新恢复对智利的殖民统治。智利人民通过武装斗争，终于打败西班牙殖民军，于1818年宣布独立，成立智利共和国。智利政府把具有历史意义的1810年9月18日定为国庆日，每年国庆智利放假3天，并在圣地亚哥的库沙诺广场举行阅兵活动。

国 父

贝尔纳多·奥希金斯（Bernardo O'Higgins，1778~1842年）。智利民族独立运动的主要领袖，智利近代史上杰出的政治家和军事家，智利人民把他誉为"解放者"和"国父"。1778年8月20日，奥希金斯生于智利奇廉城，其父曾任智利都督和秘鲁都督。1798年，他去英国留学，结识了拉丁美洲独立运动的"先驱者"米兰达。他受到独立思想的熏陶，参加了争取祖国独立的秘密组织"劳塔罗"。1802年，奥希金斯因父去世而回国继承遗产。他在康塞普西翁省开始从事革命宣传活动，团结和组织爱国志士进行斗争。1810 年 9 月，在智利爱国者赶走智利都督和成立国民政府的斗争中，奥希金斯发挥了重要作用。1813 年，秘鲁总督派遣殖民军镇压智利革命，奥希金斯率领军队为保卫祖国浴血奋战，表现出非凡的军事才能，被誉为"能干的将军"。1814 年，他被任命为爱国军总司令。此后，西班牙殖民军利用优势兵力和爱国军队中的内部分歧，攻陷了圣地亚哥，在智利恢复了殖民统治。奥希金斯率领 3000 军民越过安第斯山，到达阿根廷的门多萨，与南美的"解放者"圣马丁会合。奥希金斯和圣马丁结为亲密的战友，一起制订了解放智利的计划，并组织了"安第斯山军"，奥希金斯任远征军副司令。1817 年 1 月，他们二人率领远征军穿越安第斯山进入智利，2 月 12 日在查卡布科击溃殖民军。13 日，先头部队开进圣地亚哥，14 日圣马丁和奥希金斯的革命军进入圣地亚哥。在圣马丁的提议下，奥希金斯成为智利的"最高执政者"。1818 年 2 月 12 日，智利正式宣告脱离西班牙而独立，成立共和国。同年 3 月，奥希金斯在同殖民军的作战中右臂负伤。4 月 5 日，圣马丁率领军队在迈普平原与殖民军展开决战。奥希金斯带伤率援军与圣马丁会合，歼灭了西班牙殖民军在智利的主力，使智利获得了真正的独立。奥希金斯在智利建立共和政体，实行了一系列进步的社会改革。他遭到保守势力和教会的反对，在康塞普西翁等地还发生了反对他执政的暴乱。1823 年 2 月，奥希金斯被迫辞职，和其母、其妹与其子流亡秘鲁，定居于利马。1842 年 10 月 24 日，奥希金斯去世，葬于利马。

奥希金斯对智利的独立和解放做出了重要的贡献，智利人民深深怀念他。1869 年，智利人民把他的灵柩由秘鲁运回智利，1872 年 5 月 19 日举行了隆重的葬礼。这一天，同时举行了奥希金斯铜像揭幕式和盛大的游行。从此以后，每年他的诞辰就成为智利的重大节日之一。1978 年是奥希金斯 200 周年诞辰，这一年被命名为解放者贝尔纳多·奥希金斯年。1979 年 8 月 20 日在奥希金斯 201 周年诞辰之际，圣地亚哥 3 万多名群众在总统府对面的布尔内斯广场隆重举行奥希金斯遗体重新安放仪式。他的遗体被安放在新落成的"祖国圣坛"（Altar de la Patria）内，布尔内斯广场也改名为"解放者广场"。"祖国圣坛"的设计者为法国雕刻家卡里耶－伯吕塞（Carrie－Beluse）和智利雕刻家尼卡诺尔·普拉萨（Nicanor Plaza）。圣地亚哥最重要的街道奥希金斯大街也以他的名字命名，大街上矗立着神采飞扬的奥希金斯铜像。智利人民世世代代铭记奥希金斯，把他尊为智利的"国父"。智利一首著名的颂歌唱道：

奥希金斯，智利人民的父亲，

你是美洲的一位伟人，

你是祖国的前哨，

你是民族的代表。

你的英勇业绩和光荣的花果，

已成为一首归于智利的进行曲，

国父，奥希金斯，

你是祖国不朽的伟人。

　　智利人民也把帮助他们推翻西班牙殖民统治、创建智利共和国的圣马丁将军尊为智利的"国父"（详见阿根廷国父）。

国　旗

　　智利的国旗为长方形，分上下两部分。下部为红色，占旗面的1/2。上部左边为蓝色，右边为白色，共占旗面的1/2，而蓝色又为白色的1/2。蓝色为正方形，上绘一颗白色五角星。旗中红色代表烈士们为智利独立和解放洒出的鲜血（一说代表先烈鲜血染红的国花可比伟）；白色象征安第斯山的白雪；蓝色象征海洋和天空；白色五角星代表激励人民勇往直前的英雄主义精神，象征智利国家的三权——行政权、立法权和司法权。国旗长与高的比例为2:1。

　　殖民地时期，智利使用宗主国西班牙的国旗。1810年5月，智利圣地亚哥爆发反抗西班牙殖民统治的大规模起义，9月18日成立"洪他"和第一届国民政府。1811年11月，激进派军人何塞·米格尔·卡雷拉（José Miguel Carrela）通过军事政变成为"洪他"实际领袖。卡雷拉下令采用自上而下白、蓝、黄平行相等的长方形三色旗，白、蓝、黄一说分别象征人民的尊严、法律和力量，另一说分别代表安第斯山的白雪、蓝色的天空和金色的麦田。1812年7月4日，在美国领事乔尔·罗伯特·波因塞特（Joel Robertt Poinsett）举办的庆祝美国独立36周年的晚宴上，第一次升起由卡雷拉之妹哈维拉·卡雷拉（Javiera Carrera）缝制的智利国旗。同年9月30日，智利政府正式批准该国旗为国家象征。1814年5月保王党和爱国者签订"利尔卡伊协议"后，保王党弗朗西斯科·德拉拉斯特拉（Francisco de la Lastra）掌握了执政大权，他下令废除爱国者使用的国旗，恢复西班牙国旗。同年 9 月，重掌政权的卡雷拉再次采用爱国者的国旗。但 10 月爱国军队兵败兰卡瓜战役，西班牙军队占领圣地亚哥，又恢复了西班牙帝国国旗。

1817 年 2 月，圣马丁和奥希金斯率领的安第斯山军在查卡布科战役中大获全胜，把西班牙殖民者驱逐出智利。为庆祝胜利，安第斯山军升起一面阿根廷国旗，但人们希望能够拥有智利自己的国旗，以区别于其他国家。同年 5 月，查卡布科战役英雄、阿根廷人胡安·格雷格里奥·拉斯埃拉斯（Juan Gregorio Las Heras）将军为智利设计出蓝、白、红平行相等三色国旗，蓝、白、红三色是马普切人在反对西班牙殖民统治斗争中曾使用的旗帜的颜色。这面国旗被称为"过渡国旗"，但因其易同法国与荷兰国旗相混淆，所以仅使用了 5 个月智利政府便决定修改国旗式样。1817 年 10 月 18 日，奥希金斯下令批准由查卡布科战役英雄、西班牙人安东尼奥·阿科斯（Antonio Arcos）设计的现国旗。但一些历史学家认为，设计者应为从 1758 年起定居于智利的西班牙商人格雷戈里奥·德安迪亚 - 巴莱拉（Gregorio de Andía y Valela）。1818 年 2 月 12 日，智利正式宣告脱离西班牙而独立，独立战争著名英雄托马斯·吉多（Tomás Guido）将军第一次升起智利国旗。

智利的国旗日为每年的 7 月 9 日，纪念 1882 年太平洋战争康塞普西翁战役中牺牲的 77 名智利军人。法定每年悬挂智利国旗的时间是 5 月 21 日、9 月 18～19 日，其他时间则未得授权不能随意悬挂。

国　徽

智利国徽图案的正中为一饰有金边的上蓝下红两色盾，盾面中央绘有一颗白色五角星，上述三种颜色与国旗相同。盾的右侧有一只智利国鸟大兀鹰，左侧则有一头叫作"韦穆尔"的智利特有的鹿，两只动物都头顶金色王冠，它们共同扶持着盾。盾的上方是由红白蓝三色羽毛组成的冠羽，下方是智利国花可比伟图案，图案前的白色飘带上用西班牙文写有智利格言"POR LA RAZÓN O LA FUERZA"（为了真理，或为了国力）。

　　智利国徽的设计者是英国人卡洛斯·伍德·泰勒（Carlos Wood Taylor）。1832 年 8 月，智利总统何塞·华金·普列托（José Joaquín Prieto）把国徽式样提交国会，1834 年 6 月 26 日正式采用该国徽。

　　同智利国旗一样，智利国徽也多次变动。殖民地时期，智利使用的是西班牙国徽。第一面智利国徽是 1812 年 9 月 30 日在圣地亚哥武器广场庆祝第一届国家"洪他"成立大会上，由临时"洪他"主席何塞·米格尔·卡雷拉宣布的。这面新国徽出现在总统府莫内达公正厅悬挂的一块画布上。此外，它还出现在智利三色旗的中央。国徽的中央为一个圆柱，代表自由之树。柱顶是地球，地球之上有一把长矛和棕榈叶相交叉，在上面是一颗白色五角星。圆柱左侧站着一名手扶长矛的印第安男人，右侧则是一名手持长弓的印第安妇女。徽面的上方写着拉丁文"Post Tenebras Lux"（黑暗过后是曙光），徽的下方写有拉丁文"Aut Consiliis Aut Ense"（是忠告，还是用剑）。

　　1817 年 6 月，上述国徽图案经过修改，仅保留了圆柱、地球和白色五角星，徽的上方写有"Libertad"（自由）。同年 10 月，国徽再次修改，取消了"自由"的字样，增添了两面交叉的旗。

　　智利宣布独立后的第二年，1819 年 9 月 23 日，智利参议院通过了新的国徽，被称为过渡国徽。椭圆盾底色为深蓝，盾中央的白色大理石墩座上有一根陶立克式的圆柱，柱顶为新美洲大陆，上方写有"Libertad"（自由）的字样，字上有一颗白色五角星，代表圣地亚哥省，圆柱两侧各有一颗星，分别代表康塞普西翁省和科金博省。两束月桂枝环绕椭圆形盾，它们被三色带系在一起。盾的两侧是骑兵、步兵、炮兵等使用的各种武器交叉在一起。

总统绶带

　　由蓝、白、红三色纵列构成，每条色带颜色宽幅相等。贝尔纳多·奥希金斯最早使用总统绶带。1831 年，随着何塞·华金·普列托就任总统，总统绶带成为智利总统权力的象征。只有佩戴绶带的总统才是宪法总统，才真正代表国家的尊严和权威。19 世纪时期，总统绶带都是由卸任总统传给新任总统。1915 年，由于卸任总统拉蒙·巴罗斯·卢科（Ramón Barros Luco）与当选总统胡安·路易斯·圣弗恩特斯（Juan Luis Sanfuentes）身材差距太大，智利设计了新的总统绶带。从那时起，每位总统都拥有自己的总统绶带。有些总统佩戴的总统绶带含有国徽图案，如 1927～1931 年和 1952～1958 年任职的卡洛斯·伊瓦涅斯·德尔坎波（Carlos Ibáñez del Campo）、1946～1952 年任职的加布里埃尔·冈萨雷斯·魏地拉（Gabriel González Videla）和 1993～1990 年任职的奥古斯托·皮诺切特·乌加特（Augusto Pinochet Ugarte）。国徽图案在绶带中间，跨连三条色带。总统绶带采用手工缝制，约 75 厘米长，13厘米宽。

奥希金斯徽章

一般来说，总统绶带是总统权力的象征，但在智利，根据传统，奥希金斯徽章（Piocha de O'Higgins）才是总统权力真正的象征。奥希金斯徽章别在总统绶带的下端，形状为五角星，直径约 7 厘米。奥希金斯下令将徽章别在总统绶带下端，故徽章以奥希金斯名字命名。1823 年 1 月奥希金斯被迫辞职后，把这枚徽章赠予何塞·格雷戈里奥·阿戈梅多（José Gregorio Argomedo）总统。1872 年，在阿拉梅达大街奥希金斯纪念碑揭幕式上，费德里科·埃拉苏里斯·萨尼亚图（Federico Errázuriz Zarñatú）总统接受了奥希金斯徽章，别在了总统绶带的下端，从此这个传统便延续下来。在每届总统就职仪式上，卸任总统都要把奥希金斯徽章交给当选总统。1973 年，皮诺切特发动军事政变，总统府被炸期间奥希金斯徽章不见踪影。军政府期间，智利按照原徽章的照片，又重新制作了一枚新的奥希金斯徽章。

总统旗

总统旗也是智利总统标志和总统权力的象征之一。智利国旗的中央添加国徽就成为智利总统旗。智利总统旗飘扬在总统府拉莫内达宫，出现在有总统参加的重要仪式上，并悬挂于总统乘坐的舰船和出行的车辆上。升起总统旗时，不能同时在同一地点升起国旗。禁止公民升起总统旗。

总统府

"拉莫内达宫"（Palacio de la Moneda）。它是一座具有新古典主义风格的建筑。拉莫内达宫西班牙语意为"货币宫"，因为这里曾是造币厂。

1548 年，圣地亚哥市政会为解决流通货币短缺的问题，要求印度等地事务委员会（Consejo de Indias，这里指西印度）授权制造货币。1732 年，圣地亚哥市政会再次要求西班牙国王建造货币制造厂。两年后，智利贵族托马斯·阿苏亚·伊图尔戈延（Tomás Azúa Iturgoyen）被任命为西班牙宫廷代表智利利益的代理人，负责执行该计划。因殖民地资金短缺，阿苏亚建议国王由私人筹钱建造货币制造厂。1743 年 10 月 11 日，西班牙国王费利佩五世（Felipe V）签署建立造币厂的敕令。居住在智利的西班牙人弗朗西斯科·加西亚·维多夫罗（Francisco García Huidobro）奉圣地亚哥市政会之命建造造币厂，并成为造币厂终身司库。1749 年，智利第一家造币厂开始在莫兰德大街和韦尔法诺大街之间的"旧宫"（Palacio viejo）运转，同年 9 月 10 日生产出第一批钱币，半盎司金币上铸有费尔南多六世（Fernando VI）半身像。

由于造币厂的盈利很大，1770 年西班牙王室决定与维多夫罗终止合同。1772 年 6 月 15 日，王室接收造币厂，并迁至前国会大楼所在地。后印度等地事务委员会下令建造新的造币大楼。1782 年，西班牙建筑师华金·托埃斯卡（Joaquín Toesca）负责建设新的造币厂。开始选址在今中央市场附近，但 1784 年马波乔河洪水泛滥，冲垮了在建的建筑，只得另迁至现址（原耶稣会马克西莫·圣米格尔学校）。1799 年托埃斯卡遇刺去世，但造币厂工程还未完工。西班牙国王任命米格尔·马里亚·阿特罗（Miguel María Atero）和伊格纳西奥·德安迪亚·巴雷拉（Ignacio de Andía Varela）为新的工程指挥。1805 年，皇家造币厂竣工，共花费 100 万比索。智利独立后，造币厂大楼分为三部分：总统官邸、政府办公地和大楼南部的造币厂。该建筑曾遭 1850 年地震和 1855 年大火破坏，后修复。1886 年执政的何塞·曼努埃尔·巴尔马塞达（José Manuel Balmaceda）总统入住时，曾对拉莫内达宫进行全面修缮。20 世纪 30 年代，造币厂从总统府迁出。1951 年，拉莫内达宫成为智利国家级历史遗迹。1973 年，皮诺切特发动军事政变，阿连德总统被杀，总统府也遭到严重破坏，

1981 年才修复。为纪念阿连德总统，拉莫内达宫北门外的宪法广场上矗立了一座阿连德总统铜像。2003 年，拉莫内达宫东门重新开启（政变军人从东门运出阿连德遗体后一度关闭），并命名为"民主之门"。

国　佩

　　智利国佩为圆形，从外向里的颜色分别为红、白、蓝，蓝色圆中有一颗银星。1812 年 9 月 30 日，智利政府批准其为该国国佩。

　　殖民地时期，智利使用宗主国西班牙红色的国佩。1810 年 5 月，智利圣地亚哥爆发反抗西班牙殖民统治的大规模起义。9 月 18 日成立"洪他"和第一届国民政府。1811 年 11 月，激进派军人何塞·米格尔·卡雷拉通过军事政变成为"洪他"实际领袖。1812 年，卡雷拉下令采用由黄白蓝三色条纹组成的国旗，同时规定采用以国旗颜色为基础的国佩。该国佩从外到内的三色是白、蓝、黄，象征人民的尊严、法律和力量。1813 年年初，西班牙殖民军从秘鲁攻入智利，爱国军队佩戴白、蓝、黄三色国佩与殖民军浴血战斗。1814 年 5 月，保王党和爱国者在毛莱河支流利尔卡伊河畔签订《利尔卡伊协议》。重新执政的保王党宣布卡雷拉政府采用的国旗和国佩为非法，代之以西班牙的国旗和国佩。同年 9 月，卡雷拉推翻了保王党执政官，重新掌握政权，恢复了原来他执政时采用的国旗和国佩。此后，西班牙军队再次从秘鲁进攻智利。10 月，爱国军队在兰卡瓜战役中失利，接着圣地亚哥落入敌人手中，西班牙恢复在智利的殖民统治，并恢复西班牙帝国国佩和其他象征标志。1817 年 1 月，圣马丁和奥希金斯率领安第斯山军越过安第斯山进入智利，击溃殖民军，8 月解放圣地亚哥。1818 年 2 月，智利宣布独立。以奥希金斯为首的智利政府采用了新的国佩。该国佩以过渡国旗为基础，一说认为从外到里的颜色为红、白、蓝，取代黄色的红色象征兰卡瓜战役中烈士流出的鲜血。另一说则认为红、白、蓝三色是马普切人反抗西班牙殖民者使用的标志的颜色。19 世纪下半叶，智利军队曾弃用这种国佩，但阅兵礼服仍使用原来的国佩。19 世纪末，智利军队和警察部队的军帽再次佩有小型金属制国佩。20 世纪初，国佩的蓝色上增添了一颗银星，以同国旗更为一致。1967 年 10 月 18 日，智利总统爱德华多·弗雷·蒙塔尔瓦（Eduardo Frei Montalva）下令，规定国佩与国徽、国旗和总统旗一起作为国家的正式标志。但是，1980 年智利宪法第二条规定国旗、国徽和国歌为国家标志，而国佩则失去了原有的地位。

国　歌

《智利国歌》（*Himno Nacional de Chile*）。这是一首进行曲，4/4 拍，由欧塞维奥·利略（Eusebio Lillo ）和贝尔纳多·德贝拉 - 平塔多（Bernardo de Veray Pintado）作词，拉蒙·卡尼塞尔（Ramón Carnicer）作曲。国歌有六节和合唱，但正式场合只唱第五节和合唱。欧塞维奥· 利略为六节歌词作者，贝尔纳多·德贝拉 - 平塔多则是合唱部分的作者。

1819 年 7 月 19 日，奥希金斯政府下令为新诞生的独立国家——智利创作国歌，并委托诗人贝尔纳多·德贝拉 - 平塔多撰写了国歌歌词，它成为智利的第一首国歌。同年 9 月智利国庆期间，借用阿根廷国歌的曲子演唱了德贝拉 - 平塔多创作的国歌。后来，智利政府委托秘鲁作曲家何塞·雷文特（José Revente）为智利国歌配曲。德贝拉 - 平塔多不喜欢雷文特的配曲风格，于是又请智利音乐家曼努埃尔·罗夫莱斯（Manuel Robles）为智利国歌配曲。1820 年 8 月 20 日，德贝拉 - 平塔多作词、罗夫莱斯作曲的国歌在圣地亚哥的多明戈·阿特亚加剧场正式演奏和演唱，受到人们的热烈欢迎。1827 年，智利驻英国公使马里亚诺·埃加尼亚（Mariano Egaña）请西班牙作曲家拉蒙·卡尼塞尔为贝尔纳多·德贝拉 - 平塔多的国歌歌词重新配了曲。1828 年 12 月 23 日，在爱音协会举办的音乐会上演奏了新国歌，拉蒙·卡尼塞尔的配曲取代了曼努埃尔·罗夫莱斯的配曲，并得到人们的认可。

智利独立战争结束后，西班牙承认智利独立，两国建立外交关系。1846 年，西班牙驻智利代办萨尔瓦多·塔维拉（Salvador Tavira）对智利国歌歌词中有关西班牙的一些词句表示不满。智利总统曼努埃尔·布尔内斯·普列托（Manuel Bulnes Prieto）为了改善同西班牙的关系，委托智利诗人欧塞维奥·利略在保留拉蒙·卡尼塞尔的谱曲的情况下重新填写歌词。安德烈斯·贝略（Andrés Bello）审阅和通过了欧塞维奥· 利略填写的歌词，但对合唱部分不予认同。于是，利略将贝尔纳多·德贝拉 - 平塔多撰写的国歌的合唱部分保留了下来。根据总统佩德罗·蒙特（Pedro Montt）的要求，1909 年利略对国歌歌词做了些修改。同年 8 月 12 日，智利教育部公布了修改后的智利国歌。

1941 年 6 月 27 日，智利政府颁布第 3737 号令正式批准修改后的智利国歌。智利国歌歌颂了智利人民经过流血的斗争，获得了自由和独立，并立下为自由而献身的誓言。在世界各国国歌中，智利国歌是较长的一首，全曲 58 小节又 1/2 拍，3 分钟才能唱完，但智利政府规定只唱第五节与合唱。1973 ~ 1990 年奥古斯托·皮诺切特军政权时期，唱国歌时增添了有关军队内容的第三节。随着 1990 年智利民主化，废除了军政权时期的规定，恢复国歌只唱第五节与合唱的传统。

智利国歌词作者欧塞维奥·利略是著名作家、诗人，又是一位政治家和商人。1826 年 8 月 14 日生于圣地亚哥，曾在国家学院（Instituto Nacional）学习，是安德烈斯·贝略的学生。他参与创建该学院的文学协会（Sociedad Literaria）。他做过统计局官员，并为《圣地亚哥杂志》《拉巴拉》《人民之友》等报刊撰稿。1844 年，他所创作的诗歌《祖国日的反响》（*Un Eco al Día de Patria*）荣获国家学院文学协会奖，并刊登于同年 9 月 18 日瓦尔帕莱索《商业公报》和圣地亚哥《世纪报》上。1847 年，他受委托填写了国歌新歌词，并在国庆期间正式演唱。后来，他因参加 1851 年革命和加入"平等协会"（Sociedad de la Igualdad）而被流放到瓦尔迪维亚。在那里他乘一艘小船前往利马，利略在玻利维亚期间成立了拉巴斯银行，并从事矿业。1875 年，利略回国后被选为圣地亚哥市市长，一年后被智利总统任命为库里科行政区长官。他是自由党政治家。1882 ~ 1888 年担任参议院议员，1882 ~ 1883 年和 1883 ~ 1884 年是政府委员会和外交委员会成员，1886 年任内政部长，1886 年 11 月 22 日至 1887 年 7 月 1 日任参院副议长。他曾出版神话故事《爱情疯子》（*Loco de Amor*）和诗集《两个灵魂和利马女人》（*DosAlmas y La mujer limeña*）以及历史剧《圣布鲁诺》（*San Bruno*）。他的代表作品还有《藤忍冬》（*Madreselva*）、《罗莎和卡洛斯》（*Rosa y Carlos*）、《一滴眼泪》（*Una lágrima*）和诗歌《愿望》（*Deseos*）等。1910 年 6 月 18 日，利略在圣地亚哥省多多明戈街的住所中去世。

国歌合唱部分词作者贝尔纳多·德贝拉 - 平塔多 1780 年生于阿根廷圣菲，1807 年从圣菲利佩大学毕业后担任律师，曾因反对殖民统治而被关押。1810 年智利"洪他"成立后，阿根廷政府任命他为驻智利"洪他"外交代表。他曾为智利独立英勇战斗，后加入安第斯山军。1819 年，他创作第一首智利国歌歌词，1847 年歌词被欧塞尼奥·利略的歌词取代，但他的合唱部分被保留了下来。

　　智利国歌曲作者西班牙音乐家和作曲家拉蒙·卡尼塞尔 1789 年 10 月 20 日生于西班牙塔拉萨，1855 年 3 月 17 日在马德里去世。卡尼塞尔早年从师布埃纳文图拉·费利乌（Buenaventura Feliu），后参加教堂合唱队，并学会管风琴。17 岁时迁往巴塞罗那，从师弗朗塞斯科·克拉尔特（Francesc Queralt）和卡莱斯·巴格尔（Carles Baguer），开始接触意大利歌剧，并逐步走上音乐之路。1808 年，他迁往巴利阿里群岛，成为梅诺卡的管风琴师。1814 年返回巴塞罗那时，他已经成为作曲家。他创作的 *Adela de Lusignato*，*Elena e Constantino* 等歌剧大获成功。他的重要作品还有 *Don Giovanni Tenorio*，*Cristóbal Colón* 等。他成为马德里皇家剧院的指挥和音乐学院第一位作曲法教授。此外，他还是巴塞罗那圣克鲁斯剧院指挥。他是 19 世纪上半叶西班牙最重要的音乐家之一，对西班牙歌剧的发展做出了重大贡献。1827 年，拉蒙·卡尼塞尔在英国期间，智利驻英国公使马里亚诺·埃加尼亚（Mariano Egaña）请他为贝尔纳多·德贝拉 - 平塔多的智利国歌歌词重新配曲。1828 年 12 月，拉蒙·卡尼塞尔的配曲取代了曼努埃尔·罗夫莱斯的配曲，并得到人们的认可。

　　智利国歌歌词为：

　　第五节：

> 智利，你蔚蓝的天空那么晶莹，
> 阵阵微风吹拂你的面容。
> 田野上繁花似锦，
> 再现伊甸园幸福的风景。
> 上帝赐你的壁垒，
> 是巍峨的雪峰。
> 大海是你安静沐浴的地方，
> 光辉未来势必成行。

　　合唱：

> 亲爱的祖国，
> 在你祭坛上请接受宣誓，智利：
> 要么成为自由的坟墓，
> 要么成为反抗压迫的避难地。

智利国歌第五节和合唱原文为：

Quinta Estrofa：

Puro，Chile，es tu cielo azulado，
puras brisas te cruzan también，
y tu campo de flores bordado，
es la copia feliz del Edén.
Majestuosa es la blanca montaña，
que te dio por baluarte el Señor，
y ese mar que tranquilo te baña，
te promete futuro esplendor.

Coro：

Dulce Patria，recibe los votos，
con que Chile en tus aras juró.
Que o la tumba serás de los libres，
o el asilo contra la opresión.
que o la tumba serás de los libres，
o el asilo contra la opresión，
que o la tumba serás de los libres，
o el asilo contra la opresión，
o el asilo contra la opresión，
o el asilo contra la opresión.

歌词原文源于 http：//www. informacion - chile. cl/。

国家格言

"为了真理，或为了国力"（Por la razón o la fuerza）。1812 年，智利第一面国徽上的国家格言为拉丁文 "Aut consillis aut ense"，意思是 "为了忠告，或为了利剑"。从 1818 年起，智利货币中不再使用 "Aut consillis aut ense"，

改成了西班牙文"Por la razón o la fuerza"。例如，1837 年和 1852 年铸造的银币（1/2、1、2 和 8 雷阿尔）、1818 年和 1834 年铸造的金币（1、2、4 和 8 埃斯库多）上都有国家格言"Por la razón o la fuerza"。1834 年批准使用至今的国徽原始设计图中，有无格言"Por la razón o la fuerza"存在争议。但在 1854 年总统旗上的国徽中，可能有格言"Por la razón o la fuerza"。1920 年 9 月 4 日，国防与海军部颁布的第 2271 号令正式把格言"Por la razón o la fuerza"包括在国徽中。1967 年 10 月 18 日，内政部发布总统爱德华多·弗雷·蒙塔尔瓦（Eduardo Frei Montalva）颁布的第 1534 号令，批准使用格言"Por la razón o la fuerza"。

国　语

西班牙语。智利人称自己使用的西班牙语为卡斯蒂利亚语，因为最早来到智利的西班牙人来自卡斯蒂利亚。智利西班牙语同正统西班牙语以及拉美其他国家的西班牙语存在很多差别。

在发音上，智利西班牙语同拉美其他国家西班牙语的一个共同特点是，把字母"c""z"发成"s"，字母"ll"发成"y"。然而，它掺杂了相当数量的本地土著语言词汇，特别是马普切语和艾马拉语词汇，而且发音也有所不同，如字母"ch"发成"ts"或"sh"。

在词汇上，智利西班牙语中有一些独特的单词或词组，如"guagua"（婴儿）、"¿cacha?"（你懂我的话吗？）、"denante"（一会儿之前）。智利人把西班牙语名词或形容词扩展成第一变位动词，如"teatro"（剧院）扩展成"teatralizar"，"entrar"（进入）加前缀扩展成"dentrar"，土著语单词"cahuiin"扩展为动词"cahuinear"。智利西班牙语吸收了拉美大陆的克丘亚语、加勒比语、纳华语、图皮 - 瓜拉尼语的大量词汇。世界五大洲语言也丰富了智利西班牙语的词汇，如英语、希腊语、波斯语、法语、意大利语。

在语法上，智利西班牙语经常使用指小词，如"un poquito"（一点儿）、"más ratito"（更多一会儿）。智利西班牙语常使用双直接补语，如"La fui a verla"（我去看了她）。专有名词加冠词，如"Juan y María"（胡安和玛丽娅）变成了"el Juan y la María"。智利底层人民所讲的西班牙语第二变位动词的变位被第三变位动词变位规则所替代，如"tenemos"（我们有）变成"tenimos"。

国家勋章

智利颁发给文职人员的勋章主要有以下几种。

智利功绩勋章（La Orden al Mérito de Chile）前身为功绩勋章（Al Mérito），是根据赫尔曼·列斯科（Germán Riesco）总统执政时期智利国防部 1906 年 9 月 14 日下达的第 1350 号令设立的。最初，功绩勋章只有两级，至 1925 年，该勋章分为高官（Gran Oficial）、骑士团长（Comendador）、官员（Oficial）和骑士（Caballero）四级。1929 年，该勋章改称为"智利功绩勋章"，共分为金链（Collar）、大十字（Gran Cruz）、高官（Gran Oficial）、骑士团长（Comendador）、官员（Oficial）和骑士（Caballero）六级，只授予对智利做出重大贡献的外国人。

贝尔纳多·奥希金斯勋章（Laorden de Bernardo O'Higgins）是根据 1956 年智利政府颁布的第 272 号令设立的，只授予外国人。分为大十字（Gran Cruz）、高官（Gran Oficial）、骑士团长（Comendador）、官员（Oficial）和骑士（Caballero）五级。

共和国服务功绩勋章（Condecoración Servicios Meritorios a la República）是根据 1985 年智利政府颁布的第 435 号令设立的，授予对智利服务突出的智利公民。该勋章分为高官（Gran Oficial）、大骑士团长（Gran Comendador）和骑士（Caballero）三级。

此外，智利还有加布里埃拉·米斯特拉尔勋章（La Condecoración Gabriela Mistral）和巴勃罗·聂鲁达艺术和文化功绩勋章（La Orden al Mérito Artístico y Cultural Pablo Neruda）等。

国　花

可比伟（Copihue）。学名"La Lapageria"，属丁香花科植物。1977 年，智利内政部颁布第 62 号令，规定可比伟花为智利国花。可比伟花是一种野百合花，有六片钟形花瓣，多为红色，也有玫瑰色和白色，生长于瓦尔帕莱索第五区和洛斯拉戈斯第十区的森林中。可比伟花不仅美丽多姿、质朴可爱，而且具有顽强的生命力，可以从每年 9 月初一直盛开到翌年冬至，几乎长艳不败。可比伟花商业价值极高，因长期遭疯狂采摘而濒临灭绝，是智利森林法保护的植物。在智利，有一首歌颂可比伟的脍炙人口的民歌，名叫《红色的可比伟》，歌中唱道：

我是一颗红红的明星，
来自荆棘丛林。
在幽静的夜晚，
我那鲜红的花瓣开得更娇艳。

我那盛开的花瓣，
怒放在安第斯山崖边。
不论是在破晓的黎明，
还是在宁静的夜晚，
在我那红色的花朵里，
隐藏着阿拉乌干人血泪斑斑！

今天，战火和野心，
毁坏了印第安人的山崖和茅屋，
使我饱尝痛苦倒悬。
我那鲜红的颜色好像在诅咒，
用无比的愤怒，
在林莽里埋葬我的痛苦。
四周狮吼虎啸，
印第安同胞在期待着我，
他们为我纵情痛苦。

这首歌唱出了印第安阿拉乌干人在殖民统治下悲惨的境遇和英勇的反抗。相传可比伟原来只有蓝白两色，后来阿拉乌干人及其民族英雄劳塔罗（Lautaro）用鲜血把花染红。阿拉乌干人是生活在智利中南部的印第安人，他们以渔猎为生，独立地过着原始社会的生活。西班牙殖民者占领智利后，阿拉乌干人从未停止过抵抗。他们的领袖劳塔罗童年时被西班牙军俘虏，在军队中学会了骑马、击剑和使用火药。他从西班牙军队中逃走后，便召集和指挥阿拉乌干人，四处奔袭西班牙殖民者。在1553年的一次战斗中，劳塔罗还活捉了智利第一任都督巴尔迪维亚。他对这个恶贯满盈的刽子手说："你来到我们这儿，是为了抢夺金子，现在我来满足你的愿望，把你所能用的金子都给你。"说着便用滚烫的金子溶液灌进巴尔迪维亚的喉头，使他接受了印第安人的惩罚。几次胜利之后，在劳塔罗率领阿拉乌干人渡过马塔基托河准备进攻圣地亚哥时，由于叛徒的出卖，遭到西班牙殖民军的袭击，劳塔罗不幸负伤牺牲，起义军也被敌人击溃。传说第二年春天，在烈士们洒满热血的土地上，开满了一簇簇灿若云霞、红艳似火的可比伟花。智利人民热爱可比伟花，把它定为国花，并视其为争取自由和独立与民族精神的象征。

关于可比伟花，智利还流传另一传说：马普切部族公主伟斯（Hues）和佩文切部族王子可比（Copih）双双陷入爱河，彼此不能分离。一天他们在纳韦尔湖畔幽会时，被公主之父科皮涅尔发现。他怒不可遏，用长矛刺穿了这对恋人的心脏，并抛入湖中。傍晚，马普切人和佩文切人得知消息后纷纷来到湖边悼念公主和王子。天亮时，被两朵硕大的花缠绕的长矛突然浮出水面，一朵花如同血一样鲜红，另一朵花宛若白雪。人们把公主和王子的名字结合起来称呼这种花，名叫可比伟（Copihue），以永远怀念这对为爱情献身的恋人。

国　树

南美杉（Araucaria）。该名源于阿劳科地区（Arauco）的名称。该树的另一名称为"Pehuén"。南美杉高大挺拔，树高可达30～80米。笔直的树干呈圆柱形，直径超过2米。随着树木的成熟，树干下面的树枝逐渐消失，树的顶端角锥形树冠像是一把伞。树冠上有3～7个树枝，与树干成直角，被叠瓦状排列的树叶所覆盖。南美杉树叶常绿、无柄、坚硬、呈披针状。叶长3～4厘米，宽1.5～2厘米，叶呈暗绿色，有光泽。雌雄异株。雄株花朵是圆柱形柔荑花絮状的锥状体，在树枝的末端，呈暗褐色，长8～12厘米，直径为4～5厘米，上有多刺的螺旋形鳞片，花开时散出大量花粉。雌株花朵为绿色锥状体，直径15～20厘米，由众多皮质的、带刺的鳞片组成，它们开在新枝端。南美杉通过风媒传粉。1月施肥后，雌株锥状体木化变硬，16～18个月后，锥状体打开，散出 120～200 颗种子。种子为长方形，也有楔形，长 4～5 厘米，宽 1.5 厘米，平均重 3.8 克。马普切人把这种树的种子当作食物。南美杉是优质木材，广泛用于建筑和家具，如房屋、地板、楼梯、天花板、柱、窗、包装箱等。南美杉现有 19 种，分布于智利和阿根廷的巴塔哥尼亚地区以及哥伦比亚、委内瑞拉、巴西、巴拉圭等南美国家。1976 年，智利宣布南美杉为"天然纪念物"。为了保护这种珍贵树木，智利立法禁止随意砍伐。

国　鸟

大兀鹰（Cóndor）。学名"Vultur gryphus"。又名秃鹰、美洲神鹰，属鹰鹫猛禽类，是世界上最大的飞禽。一般长 1.5 米，重 10 公斤，有些可达 15 公斤。翼展开达 4 米，张开翅膀占地 7 平方米。它又是寿命最长的飞禽，能活约 50 年。英国伦敦动物园豢养的一只名叫"库齐阿"的大兀鹰，活了 72 岁，创鸟类存活时间最长的世界纪录。大兀鹰的头和颈部裸出，仅披锦羽，故称大兀鹰。它的羽毛颜色随年岁增长而变异。幼雏为灰色，后变为咖啡色，再后来翅膀前部变为白色。8 岁过后，羽毛丰满，变得乌黑发亮。颈项下部有白色羽毛脖圈，前额下部脖圈有开口。头部、颈部脱毛处为棕色。雄鹰头顶还长有鲜红的肉冠。大兀鹰栖息于智利安第斯山的悬崖峭壁上，可飞行在 5000～6000 米以上的高空。它是美洲少有的长嘴猛禽，爱吃骆马和羊驼等腐尸，也常袭击牛、羊、鹿和其他畜类，甚至敢同美洲虎较量。目前，在智利约有 3500 只大兀鹰，智利人民把它定为国鸟，并作为国徽、军徽的主要标志之一。

国　兽

韦穆尔鹿（Huemul）。学名"Hippocamelus bisulcus"。它是智利和阿根廷之间安第斯山地区特有的鹿，属鹿科。韦穆尔鹿体型中等，以食树枝叶和草为生。毛为暗咖啡色，略掺杂黄色。浓密的毛有助于抵抗冬日的寒冷，可在冰冷的江河、湖泊水中游泳。一年脱毛两次，秋季和春季各一次。毛的颜色类似于岩石、土地、草木丛和树干，可起保护作用。雄韦穆尔鹿体长可达 160 厘米，高 90 厘米，重 40～100 公斤，尾长 10～20 厘米，耳长可达 25 厘米，可动。雄性有两角，冬季脱落，春季长出新角。雌韦穆尔鹿体型略小。近年来，因捕杀过度、城市化、生存环境的恶化、工业活动的增多、输油和输气管道的开通、家狗的增多和疾病的传入，韦穆尔鹿数量急剧减少，濒临灭绝，南美洲仅存 2000 只。过去从圣地亚哥到麦哲伦海峡都有韦穆尔鹿生存，而现在它只生活于第十一区以及第十区和第十二区的部分地区。从 1929 年开始，智利便立法保护韦穆尔鹿。近年来更是加强了保护的力度，智利全国动植物保护委员会（CODEFF）专门设立了几处韦穆尔鹿保护区。智利人民喜爱这种珍稀动物，把它定为国兽，并作为国徽、军徽的主要标志之一。

国　石

青金石（Lapizlazuli）和孔巴尔巴利塔石（Combarbalita）。1984 年 9 月 20 日，智利政府颁布第 62 号令，宣布将青金石作为智利国石。1993 年又宣布孔巴尔巴利塔石与青金石并列为智利国石。

青金石是世界上稀有的一种半宝石的矿石，为天蓝色，并有金黄的星点，可制作宝石。世界上只有阿富汗、俄罗斯的西伯利亚、加拿大和智利产青金石。智利的青金石储量和产量最多，产地为科金博省奥瓦耶夫金德的安第斯山脉和安塔佛格斯塔两地。从 20 世纪中期起，智利开始在 3600 米高、冰雪覆盖的安第斯矿区开采青金石。矿层非常坚硬，开采非常困难，需要使用机械。每年 5 月，采摘葡萄的季节过后，手工艺者开始在车间从事雕刻青金石工艺品的工作，8 月或 9 月向游客推销。从 1990 年开始，智利的安第斯弗洛雷斯公司（Flores de los Andes）除制作青金宝石外，还把它的副产品——一种绘画用的颜料投入市场。

孔巴尔巴利塔石是一种装饰用火山石，产生于 7 万~8 万年前，主要成分是石英和硅石以及铜氧化物和银氧化物。孔巴尔巴利塔石有多种颜色，唯一产地是圣地亚哥以北 500 公里的第四区利马里省的孔巴尔巴拉（Combarbala），并以该地名作为石名。孔巴尔巴拉镇各小村镇的经济活动完全围绕孔巴尔巴利塔石，手工艺者用手锯、錾刀和半圆凿把孔巴尔巴利塔石分割成片后磨光，再把片拼在一起，制成工艺品和其他制成品，如铃铛、烛台、盒、杯、托盘、彩饰的蛋、鸟、人物、蔬菜和动物等。

国 舞

奎卡舞（Cueca）。世界上专门选定国舞的国家可谓凤毛麟角，智利就是这少数国家之一。奎卡舞是一种两人对跳的舞，男女舞伴手捏花巾，在《美丽啊，美丽啊，智利》的乐曲声中翩翩起舞。他们旋转跳跃，舞步轻盈，动作简单而优美，令人赏心悦目。奎卡舞是 100 多年前智利独立初期由秘鲁民间舞蹈萨马奎卡舞（Zamacueca）传入后发展而成的，带有西班牙、非洲和土著印第安舞蹈的影响。舞名在智利简化为奎卡。最初由竖琴和吉他伴奏，后来又加入了手鼓、大号、小号、二十五弦琴、小五弦琴等乐器。据说，奎卡舞的舞姿和舞步是模仿雄鸡振翅向母鸡追逐的动作设计出来的。奎卡舞在智利有多种风格，最主要的是北方奎卡舞和奇洛埃奎卡舞，此外还有布拉瓦奎卡舞、土著奎卡舞、乡间奎卡舞、华尔兹奎卡舞、喜剧奎卡舞、法尔塞亚达奎卡舞、长奎卡舞、码头奎卡舞、罗瓦塔奎卡舞等。各种风格的奎卡舞在服装、舞姿等方面各有特色，但都表现了男女之间的相互嬉戏和甜蜜的爱情。智利人民非常喜欢这种轻快活泼的舞蹈，每逢佳节和迎宾时都要跳奎卡舞以示庆祝和欢迎，它也是家庭舞会必跳之舞。1979 年 9 月 18 日，智利政府专门发布一项法令，规定奎卡舞为智利的国舞。现在，每年的智利国庆节，人们都要在圣地亚哥的广场上跳起欢快的奎卡舞。男女舞伴随着乐曲轻歌曼舞，互相追逐嬉戏，别有趣味。在舞蹈结束后，阅兵式才开始进行。2012 年 9 月智利南部大学民间歌舞团访华时，笔者亲眼观看了智利舞蹈演员所跳的精彩的奎卡舞。

国家运动

驱牛（Rodeo）。智利本地的体育运动。运动员配对参加比赛，每对两名骑士。驱牛在运动场进行，运动场为圆形，半径为 20.5 米，内有一小的畜栏。畜栏内的牛体重都在 400 公斤左右。首先，每对骑手从畜栏中将牛赶出。一名骑士负责驱牛，称为"驱牛骑士"（jinete al arreo）；一名骑士负责阻止牛越过 12 米长的苇墙，称为"动手骑士"（jinete a la mano）。在场边观测室的裁判根据骑士的技术、阻牛的部位（牛的肩胛骨、两肋等部位）为每对骑士打分或罚分。前后共进行 4 次阻牛，每次不超过 2.5 分钟。最后得分多的一对选手获胜。

驱牛运动在殖民地时期之初已经产生。1557～1561 年执政的智利都督加西亚·乌尔塔多·德门多萨（García Hurtado de Mendoza）下令 7 月 25 日使徒圣地亚哥节那天，在圣地亚哥兵器广场举行驱牛运动。后来，圣地亚哥市政会把驱牛日期改为 10 月 7 日的圣马科斯节。17 世纪末，驱牛运动开始正规化。1860 年，驱牛运动的场所从方形改为圆形，称为"半月"（Medialuna）。1927 年，卡洛斯·伊瓦涅斯·德尔坎波政府颁布有关驱牛运动的法律。1961 年 5 月 22 日，智利驱牛运动联合会成立。该会拥有 34 个分会，辖 300 家以上俱乐部。1962 年 1 月 10 日，国家体育委员会和智利奥委会宣布驱牛为国家运动。每家驱牛俱乐部至少拥有 30 对骑士，各俱乐部 8 月至来年 4 月举办驱牛比赛，选拔出的优胜者最后参加在兰卡瓜举行全国性的驱牛比赛。1949 年举行的首届全国驱牛锦标赛冠军为埃内斯托·桑托斯（Ernesto Santos）和何塞·古铁雷斯（José Gutiérrez），2009～2010 年度冠军为克里斯托瓦尔·科蒂纳（Cristóbal Cortina）和维克托·贝尔加拉（Víctor Vergara）。

国　食

智利馅饼（Empanada）。智利馅饼是智利人非常喜欢也是经常食用的一种面食，特别是在 9 月国庆节期间，家人们或亲友们围坐在一起，品尝着馅饼，喝着红酒，非常惬意。智利馅饼是从西班牙传入的，据说早在 13 世纪时西班牙文献中便有了对这种食品的记载。智利馅饼形状类似我国北方人包的饺子，呈半月形，边上有褶，但个头比饺子要大，而且不是水煮，是经炉内烘烤或在油锅内油煎。智利馅饼的馅主要是切成丁的牛肉和洋葱，智利人称其为"皮诺"（Pino），再加上煮熟的鸡蛋、橄榄和葡萄干。复活节期间，智利人有不吃牛肉的宗教习惯，馅饼馅改为海鲜馅或乳酪。2012 年 9 月 18 日，在智利驻华使馆举行的国庆招待会上，与会者们就饶有兴趣地品尝了独具特色的智利馅饼和智利红酒。

国　酒

皮斯科（Pisco）。智利国酒的名称与秘鲁一样，为此两国对该酒品牌的归属争执不休。2005 年 7 月，联合国知识产权组织将皮斯科酒的"国籍"划归秘鲁，但智利不服裁决。

智利皮斯科酒的生产已有 400 多年的历史。1541 年，智利都督区引进第一批葡萄。1548 年，塞雷纳建立第一批葡萄庄园，这里的土壤、气温和来自埃尔基河的水非常有利于葡萄的生长。1551 年，塞雷纳开始收获葡萄。由于葡萄甜度很高，塞雷纳很早就开始生产优质葡萄酒和烧酒。1678 年，塞雷纳拥有四家批发酒的酒店。18 ～ 19 世纪，智利的烧酒已使用"皮斯科"的名称。1830 年，拉蒙·路易斯·阿尔瓦雷斯（Ramón Luis Alvarez）在其巴里利亚尔阿尔托葡萄园开始生产名为"阿尔瓦雷斯皮斯科"（Pisco Alvarez）的瓶装酒。1883 年，智利生产的"皮斯科鹰"（Pisco Cóndor）牌皮斯科酒已成为具有世界水准的商业品牌。1889 年巴黎世界博览会上，智利皮斯科生产商展出了"Pisco Tres Cruces""Luis Hernández""Pisco Alvarez"等品牌的皮斯科酒。目前，智利用于酿造皮斯科酒的葡萄园面积为 10500 公顷，年生产1.4 亿公斤葡萄。皮斯科酒主要在阿塔卡马区和科金博区生产。2006 年，智利生产皮斯科酒 4900 万升，出口 130 万升，对象国主要是美国、日本、阿根廷和欧盟国家。智利主要有两家生产皮斯科酒的企业，CAPEL 公司占市场份额的55.24%，CPCH 公司占 44.17%。2008 年 4 月，智利皮斯科全国领导委员会规定，每年 5 月 15 日为"全国皮斯科酒节"。在 2010 年布鲁塞尔世界大赛上，智利生产的两种皮斯科酒获金奖，一种皮斯科酒获银奖。

宗　教

智利宪法规定宗教信仰自由，但大多数人信奉罗马天主教。据 2002 年统计，智利 15 岁以上人口中的天主教教徒有 785 万，占总人口的 69.96%；新教教徒有 170 万，占 15.14%；包括犹太教、佛教、伊斯兰教等在内的其他宗教教徒有 49.3 万人，占总人口的 4.4%。据 2006 年 POLL 调查，天主教教徒占人口的 61%，新教教徒占 17%，其他宗教教徒占 1%，不信教者或情况不明者占 21%。

天主教在智利历史上占有非常重要的地位。16 世纪，随着西班牙殖民者征服智利，天主教在智利各地传播开来。1566 年，圣地亚哥大教堂开始兴建，1600 年竣工。后经几次强震破坏，大教堂几乎完全损毁，1748 年重建。16 世纪末或 17 世纪初，耶稣会开始在阿劳科人中传道。1767 年，耶稣会被驱逐出智利，1843 年耶稣会又重返智利。天主教是殖民统治的重要支柱之一。智利独立后，采取了一些限制天主教的措施。1824 年，智利政府没收教会财产，固定教士的工资，取消农产品什一税，天主教堂房产归国家所有。然而，天主教依然被视为国教。1833 年智利宪法规定"智利共和国的宗教是罗马天主教，排斥任何其他宗教的公开仪式"，天主教正式成为智利的国教，并一直延续了 100 年。从 19 世纪 40 年代开始，来自德国新教地区的主要是路德教的移民，随后是英国圣公会、安息日基督复临派、长老会、卫理公会等教派教徒陆续抵达智利，新教开始在智利传播。天主教不再是智利的唯一宗教。19 世纪下半叶，智利实行司法改革，1883 年天主教教会法庭被置于法律监督下，1884 年允许实行世俗婚礼和开放世俗墓地。1883 年，智利与罗马教廷在任命主教问题上发生冲突。1888 年，经过协商，二者的关系得以维持，罗马教廷使臣得以长期驻在圣地亚哥。尽管 1918 年智利再次定天主教为国教，但 1925 年智利颁布的宪法规定天主教和国家分离，并规定宗教信仰自由，天主教在智利的国教地位宣告结束。不过，天主教在智利仍享有特权地位。国家根据宪法规定要向天主教会支付大量资金，同时授权总统与梵蒂冈达成契约，进一步加强天主教在智利的地位。1945 年，智利出现首位红衣主教。20 世纪 70 年代开始，天主教在智利的影响力有所下降，天主教教徒人数有所减少，新教教徒人数不断上升，但天主教仍是智利占压倒优势的宗教，是智利社会的重要组成部分，具有很大的影响力。1987 年，若望·保禄二世成为第一个访问智利的罗马教皇。1999 年智利颁布的宗教法虽禁止宗教歧视，但天主教仍享有特殊待遇。

国家保护神

卡门圣母（Vigen del Carmen）。1595 年，圣奥古斯丁教派的教士抵达智利，宣布崇拜卡门圣母，并建立教友会，从此智利开始崇拜圣母玛利亚。17

世纪末，第一批从玻利维亚丘基萨卡来到智利的卡门教派的教士建立了修道院，在发展对卡门圣母的崇拜中发挥了重要作用。那时，智利大部分民宅都安放了圣母像，庄园、教堂和教区都崇拜卡门圣母。

独立初期，爱国军将卡门圣母视为保护神并对她宣誓忠诚。1817 年 1 月 5 日，圣马丁正式宣布卡门圣母为安第斯山军保护神，并把指挥权杖放在圣母的右手上。同年 2 月 11 日，奥希金斯宣布卡门圣母为智利军队的保护神。1818 年 4 月 5 日迈普战役胜利后，奥希金斯下令在迈普建立还愿教堂，以纪念迈普战役并感谢卡门圣母。在太平洋战争中，智利军人胸前都有卡门圣母披肩。1923 年 10 月 24 日，教皇庇护十一世颁布圣谕，宣布即日起卡门圣母为智利保护神。1926 年 12 月 19 日，在科西尼奥公园圣地亚哥主教拉斐尔·爱德华兹（Rafael Edwards）组织的 50 万人参加的宗教仪式上，给圣母像戴上了智利女王王冠。1987 年教皇若望·保禄二世访问智利期间，他在还愿教堂举行了迈普卡门圣母像加冕礼。

国　币

智利比索（Peso）。从独立时期开始，智利一直以比索作为货币单位。因通货膨胀，1959 年，智利货币单位变为埃斯库多（Escudo），但 1975 年又恢复比索为货币单位。20 世纪 90 年代因恶性通货膨胀，分币取消。

智利货币有近 300 年的历史。殖民地时期，智利使用的货币是金币和银币，被称为复本位制（金和银同时都作为本位货币的制度）。金币称为盎司（onzas）或埃斯库多（escudo），银币称为雷阿尔（real）或比索（peso），俗称"杜罗"（duro）。殖民地时期之初，智利没有造币厂，也没有自己的货币。1548 年，圣地亚哥市政会曾要求西印度委员会同意其建立造币厂，但遭拒绝。1624 年和 1730 年圣地亚哥市政会多次要求授权在该城铸造货币，也都无结果。1743 年，富商弗朗西斯科·加西亚·维多夫罗要求西班牙国王费利佩五世批准他自己出资建立圣地亚哥造币厂。1743 年 10 月 11 日，费利佩五世发布批准建立圣地亚哥造币厂的敕令。1749 年 9 月 10 日，圣地亚哥造币厂铸造出智利第一批半盎司金币，金币上有西班牙国王费尔南多六世头像。

1817 年圣地亚哥解放后，奥希金斯下令铸造雷阿尔银币和比索银币，替代殖民地时期的货币，1818 年又下令铸造埃斯库多金币。新钱币绘有安第斯山和喷发的火山，周围有西班牙文"Chile Independiente"（独立的智利）环绕。另一种钱币绘有打碎爪上锁链的智利国鸟大秃鹰。1822 年，奥希金斯下令铸造"瓦尔迪维亚币"（valdivianas），用于瓦尔迪维亚的贸易活动。在科金博城附近发现银矿后，智利于 1828 年开始铸造银币，以解决那里的货币流通问题。1834 年，因智利造币厂还不掌握制造铜币的技术，智利开始发行在英国铸造的分值铜币（centavo），以满足低值货币的需要。铜币样式简单，正面有一颗星。1844 年，智利铸造的钱币已出现国家格言"Por la razón o la Fuerza"（为了真理，或为了国力）。1851 ~ 1853 年，智利开始使用十进位制，废除西班牙的币制，停止发行雷阿尔和埃斯库多。1885 年，智利开始采用金本位制，比索与英镑的汇率限定为 $13\frac{1}{3}$ 比索等于 1 英镑（1 比索等于 1 先令 6 便士）。

智利是第一个发行纸币的南美洲国家。早在 1840 ~ 1844 年，瓦尔迪维亚省的财政部门发行了面值为 4 雷阿尔和 8 雷阿尔的纸币。1865 年，智利颁布银行法，允许建立拥有发行纸币权力的私人银行。20 世纪 70 年代，一批私人银行开始发行纸币，大部分纸币在美国和英国印制。纸币上绘有交通工具、城市风景以及历史人物。

由于私营银行纸币发行混乱，1878 年智利政府开始发行在美国和英国印制的纸币，纸币上绘有智利圣地亚哥的标志圣卢西亚山。1898 年，智利政府禁止流通私人银行发行的纸币。1914 年，智利建立了一些印制纸币的车间，1918 年成立了智利财政印刷厂，这一年还以金本位作为货币单位的基础。1925 年，智利中央银行成立，负责发行货币。首次发行的纸币的面额为 5、10、50、100、500 和 1000 比索的纸币上有政府纸币的印记。1932 年，智利停止使用金本位制。1931 ~ 1933 年，中央银行发行的面值为 1、5、10、20、50、100、500、1000、5000 和 10000 比索的纸币开始正常流通。从那时起，纸币上开始出现智利的历史人物像和有关智利历史的绘画，如智利的发现等。

1943 年和 1947 年智利分别停止生产面值为 1 比索和 20 比索的纸币，其他面值的纸币继续生产至 1959 年，1958 年又增添发行面值为 50000 比索的纸币。1959 年，智利用新的货币单位埃斯库多代替比索，1 埃斯库多等于 1000 比索。因通货膨胀严重，1975 年 9 月 29 日智利颁布第 1123 号法令，重新以比索替代埃斯库多。1 比索等于 1000 埃斯库多。1984 年，1 比索等于 100 分（centavos）。

　　智利现在流通的纸币面值为 500、1000、2000、5000、10000 和 20000 比索。

　　500 比索纸币为咖啡色、紫色、赭色、黑色和绿色混杂，1977 年发行。纸币正面为圣地亚哥奠基人佩德罗·德巴尔迪维亚像。这幅画像是西班牙画家 E. 卢卡斯（Lucas）于 1853 年创作的，后由西班牙国王伊莎贝尔二世（Isabel II）赠予智利，现保存在圣地亚哥市政会。纸币背面是画家佩德罗·利拉（Pedro Lira）的画作《圣地亚哥的建立》。

　　1000 比索纸币为绿色，1978 年发行。纸币正面为身着太平洋战争期间智利军服的步兵上尉伊格纳西奥·卡雷拉·平托（Ignacio Carrera Pinto）像。纸币背面是矗立在首都圣地亚哥解放者贝尔纳多·奥希金斯大道上的康塞普西翁战役英雄纪念碑。卡雷拉 1848 年 2 月 5 日生于圣地亚哥，青少年时期曾在阿根廷的门多萨生活过 10 年，1871 年返回圣地亚哥。太平洋战争爆发时入伍，1881 年晋升为上尉。他在塔克纳战役中负伤，伤愈后又参加乔里略斯战役，因作战勇猛、冷静而受到司令员的表彰。随同智利军队攻占利马，1882 年 7 月 9 日在康塞普西翁阵亡。

　　2000 比索纸币为紫色，1997 年和 2004 年发行。纸币正面右侧为智利独立的奠基者之一曼努埃尔·罗德里格斯·埃尔多伊萨（Manuel Rodríguez Erdoysa）像，中间为智利雕刻家布兰卡·梅里诺·利萨纳（Blanca Merino Lizana）雕刻的曼努埃尔·罗德里格斯·埃尔多伊萨策马扬刀的雕像。纸币背面为洛斯多米尼科斯教堂。

　　1981 年发行的 5000 比索纸币为红色。纸币正面右侧为智利著名诗人、诺贝尔文学奖获得者加布里埃拉·米斯特拉尔（Gabriela Mistral）像，左侧为象征母爱的母与子雕像。纸币背面为 1945 年她所获得的诺贝尔文学奖金质奖章背面的图案。2009 年发行的 5000 比索为玫瑰色，正面仍为加布里埃拉·米斯特拉尔像和国花可比伟花，背面为拉坎帕纳国家公园和一只雕鸮。加布里埃拉·米斯特拉尔原名露西亚·戈多伊·阿尔卡亚加（Lucia Godoy Alcayaga），1889 年生于智利北部科金博省比库尼亚城艾尔基山谷的小镇。从小喜爱写诗，14 岁便开始发表诗作。在当地小学任教时，她与铁路职员罗梅里奥·乌雷特相恋，后乌雷特自杀身亡。1911 年以后，她在各地中学任教。1914 年加布里埃拉·米斯特拉尔发表《死的十四行诗》，表达对逝者的怀恋和个人的忧伤，获圣地亚哥举办的"花节诗歌比赛"第一名。1922 年，她的第一本诗集《绝望》在纽约出版，第二本诗集《柔情》在西班牙马德里出版，第三本诗集

《有刺的树》于 1938 年出版。1945 年，她获得诺贝尔文学奖，成为拉丁美洲第一位获得该奖的诗人。1954 年，她的最后一本诗集《葡萄区榨机》出版。1957 年 1 月 10 日病逝于纽约。

1989 年发行的 10000 比索纸币为蓝色。纸币正面为弗拉加塔·阿图罗·普拉特·查孔（Fragata Arturo Prat Chacón）像，纸币背面为其出生地圣阿古斯丁庄园的房子。2010 年发行的 10000 比索纸币也为蓝色，纸币正面是弗拉加塔·阿图罗·普拉特·查孔像以及国花可比伟花，纸币背面为阿尔韦托·德阿戈斯蒂尼国家公园和一只秃鹰。阿图罗·普拉特是智利历史上的知名人物之一，1848 年 4 月 4 日生于智利八区——比奥比奥区纽夫来省宁韦村的圣阿古斯丁庄园。他青年时期就读于海军学校，1865 年参加抗击西班牙舰队的战斗。在 1879 年开始的太平洋战争中，在同秘鲁舰队进行伊基克海战时，他率领"埃斯梅拉达"号英勇战斗。在舰船破损的情况下，他跳上敌船，战斗到最后一息。阿图罗·普拉特成为智利的英雄，受到智利人民的尊敬。

1998 年发行的 20000 比索纸币为棕褐色、绿色和赭色。纸币正面右侧为安德烈斯·贝略像，纸币中间为受圣地亚哥法院宫正面浮雕启迪的雕刻：书、墨水瓶和羽毛笔，桂枝围绕着羽毛笔，纸币背面为智利大学主楼。2010 年发行的 20000 比索纸币为橘黄色。纸币正面为安德烈斯·贝略像和国花可比伟花，纸币背面为纳图拉尔·萨拉尔·苏里雷纪念碑和火烈鸟。安德烈斯·贝略 1781 年生于委内瑞拉加拉加斯，从小受到良好的文化教育。19 岁时毕业于圣罗莎学院，获文学学士学位。1810 年，他投笔从戎，参加委内瑞拉独立战争，后被派往英国。1843 年，他任智利大学校长，并出版《智利民法》一书。他曾撰写《委内瑞拉历史概要》，还曾编写《拉丁美洲用西班牙语语法》。安德烈斯·贝略在拉美文化史上占有重要地位，被誉为"美洲的导师"。

在智利人的日常谈话或交易中，一些纸币或硬币有特殊的别名，如称 100 比索为"帕洛"（palo，意为"棍子"）或"瓜通"（guatón，意为"肚子大"）；称 1000 比索纸币为"卢卡"（luka 或 luca）；称 500 比索硬币为"基纳"（quina）；称 100 比索硬币为"甘巴"（gamba）。智利人有时还以纸币上的人物作为该币的代称，如称 5000 比索纸币为"加布里埃拉"（gabriela）或"加维"（gabi）；称 10000 比索纸币为"阿图罗"（arturo）或"阿图里托"（arturito，arturo 的缩写词）。人们在称 1000 比索为卢卡的同时，也将 2000 比索称为 2 个卢卡，5000 比索称为 5 个卢卡，10000 比索称为 10 个卢卡。

目前，智利流通的铸币面值为 1、5、10、50、100 和 500 比索。

1 比索铸币，含铝 98%，其他金属 2%。重 0.7 克，直径 15.50 毫米，八角形。正面为贝尔纳多·奥希金斯像，并写有西班牙文"REPUBLICA DE CHILE"（智利共和国）和"LIBERTADOR B. O'HIGGINS"（解放者贝尔纳多·奥希金斯）的字样。铸币背面写有西班牙文"1 PESO"（1 比索）字样。1992 年 3 月发行。

5 比索铸币，含铜 92%，铝 6%，镍 2%，重 2.2 克，直径 15.50 毫米，八角形。正面为贝尔纳多·奥希金斯像，并写有西班牙文"REPUBLICA DE CHILE"（智利共和国）和"LIBERTADOR B. O'HIGGINS"（解放者贝尔纳多·奥希金斯）的字样。铸币背面写有西班牙文"5 PESOS"（5 比索）字样，周围有桂枝环绕。1992 年 5 月发行。

10 比索铸币，含铜 92%，铝 6%，镍 2%，重 3.5 克，直径 21 毫米，圆形。正面为贝尔纳多·奥希金斯像，并写有西班牙文"REPUBLICA DE CHILE"（智利共和国）和"LIBERTADOR B. O'HIGGINS"（解放者贝尔纳多·奥希金斯）的字样。铸币背面写有西班牙文"10 PESOS"（10 比索）字样，周围有桂枝环绕。1990 年 9 月发行。

50 比索铸币，含铜 92%，镍 6%，铝 2%，重 7 克，直径 25 毫米，十边形。正面为贝尔纳多·奥希金斯像，并写有西班牙文"REPUBLICA DE CHILE"（智利共和国）和"LIBERTADOR B. O'HIGGINS"（解放者贝尔纳多·奥希金斯）的字样。铸币背面写有西班牙文"50 PESOS"（50 比索）字样，周围有桂枝环绕。1981 年 9 月发行。

100 比索铸币，含铜 92%，镍 6%，铝 2%，重 9 克，直径 27 毫米，圆形。硬币正面正中为智利国徽，上面写有西班牙文"REPUBLICA DE CHILE"（智利共和国）字样。铸币背面写有西班牙文"100 PESOS"（100 比索）字样。周围有两束桂枝环绕，在下面交叉。1984 年 11 月发行。

新 100 比索铸币中心是阿尔帕克锌白铜（70% 铜，15% 镍，15% 锌），外周是合金（92% 铜，6% 铝，2% 镍），重 7.58 克，直径 23.5 毫米，圆形。铸币正面为一位马普切妇女坐像。上方用西班牙文写有成弧形的"REPUBLICA DE CHILE"（智利共和国）字样，下方用西班牙文写有"PUEBLOS ORIGINARIOS"（土著人民）和"MAPUCHE"（马普切人）的字样。铸币背面正中上方为智利国徽，下方用西班牙文写有"100 PESOS"（100 比索）字样，周有桂枝环绕。2001 年 12 月发行。

500 比索铸币中心是合金（铜 95%，铝 5%），外周是阿尔帕克锌白铜（铜 70%，镍 15%，锌 15%），重 6.5 克，长 26 毫米，圆形。铸币正面为枢机主教劳尔·席尔瓦·恩里克斯（Raúl Silva Henríquez）坐像。上方用西班牙文写有呈弧形的"REPUBLICA DE CHILE"（智利共和国）字样，下方为呈弧形的桂枝。铸币背面用西班牙文写有"500 PESOS"（500 比索）的字样。铸币周围由桂枝环绕，上方两桂枝之间有一颗五角星。2000 年发行。劳尔·席尔瓦·恩里克斯 1907 年 9 月 27 日生于智利塔尔卡，1999 年 4 月 9 日在圣地亚哥去世。1959～1961 年任瓦尔帕莱索主教，1961～1983 年任圣地亚哥大主教。皮诺切特军政府时期曾为人权而斗争。1978 年曾获联合国人权奖。

参考书目和网站

李春辉:《拉丁美洲史稿》,商务印书馆,1983。

李春辉、苏振兴、徐世澄主编《拉丁美洲史稿》第三卷,商务印书馆,1993。

中国社科院拉美所:《拉丁美洲历史词典》,上海辞书出版社,1993。

E. 布拉德福德·伯恩斯:《简明拉丁美洲史》,湖南教育出版社,1989。

艾·巴·托马斯:《拉丁美洲史》商务印书馆,1973。

李明德主编《简明拉丁美洲百科全书》,中国社会科学出版社,2001。

李建中:《简明拉丁美洲文化词典》,旅游教育出版社,1997。

焦震衡编著《外国象征标志手册》,新华出版社,1988。

焦震衡编《世界地名故事》,科学普及出版社,1983。

焦震衡、杜福祥编著《外国名胜大观》,科学普及出版社,1985。

焦震衡等:《巴西》,世界知识出版社,2000。

焦震衡:《委内瑞拉》,社会科学文献出版社,2005。

徐世澄:《古巴》,社会科学文献出版社,2003。

曾昭耀:《玻利维亚》,社会科学文献出版社,2005。

王晓燕:《智利》,社会科学文献出版社,2004。

徐世澄:《墨西哥》,世界知识出版社,2000。

尼·斯洛尼姆斯基:《拉丁美洲的音乐》,人民音乐出版社,1983。

中国外交部网站:httip://www.mfa.gov.cn/。

Francisco Alejandro Vargas, *Los Símbolos Sagrados de la Nación Venezolana*, Ediciones Centauro, Caracas, 1981.

Iván Darío Parra, *Francisco de Miranda y los Símbolos Venezolanos*,

Paedica, 2000.

Marcos Garfias Dávila , *Orígen de los Símblos Patrios* , Municipalidad Metropolitana de Lima Dirección Municipal de Educación y Cultura , Lima, 2005.

Antonio Cacua Prada, *Los Símbolos Patrios*, Academia Colombiana de Historia, Bogotá, Colombia , 1999.

Luis Antonio Bohórquez Casallas, *Símbolos patrios colombiano*, Presidencia de la República, Bogotá, 1980.

Pedro Alfonso Espidia, *Los Símbolos Patrios de la República de Colombia*, Best Sellers S. A. S. .

Constitución Política de Colombia, Educar Grupo Editorial, 2005.

Luis Valencia Avaria, *Simbolos Patrios*, Eitorial Gabriela Mistral, Santigo de chile, 1974.

Guillermo Solera Rodríguez, *Símbolos de la Patria*, Editorial Antonio Lehmann, San José, 1968.

Pedro Rafael Gutiérrez, *La Bandera Argentina*, *Origen de las Banderas Centroamericanas : Hipólito Bouchard Abanderado de la Independencia de América Central*, Lena, San José de costa Rica, 1983.

Ana Patricia Pacheco Ureña, *Los Símbolos Nacionales de Costa Rica : colección de documentos/comp*, Ministerio de Cultura, Juventud y Deportes, Centro de Investigación y Conservación del Patrimonio Cultural, Imprenta Nacional, San José, 2003.

Enrique Ayala Mora, *Ecuador : Patria de Todos*, Universidad Andina Simón Bolívar/Corporación Editora Nacional, Quito, 2004.

Belisario Fernández, Eduardo Hugo Castagnino, *Guión de los Simbolos patrios*, *La Obra*, Buenos Aires, 1962.

Juan José Ciácera, *Escudos Provinciales de la Argentina*, Consejo Federal de Inversiones, Buenos Aires, 1996.

Guillermo Palombo, Valentín A. Espinosa, *Documentos para la Historia de la Bandera Argentina*, Instituto de Estudios Iberoamericanos, Buenos Aires, 2001.

Juan José Ciácera, *Escudos Provinciales de la Argentina*, Consejo Federal de Inversiones, Buenos Aires, 1996.

A. Núñez Jiménez, *Símbolos oficiales de Cuba*, Bohemia La Habana, 1981.

Escuela Normal Superior de Nuevo León, *Los Símbolos de la Patria*: *Ley sobre las Características y el uso del Escudo*, *la Bandera y el Himno Nacionales*, Dirección General de educación Pública, Departamento de Prensa y Publicidad, México, 1969.

Peter R. Bacon, *Flora & Fauna of the Caribbean*: *an Introduction to the Ecology of the West Indies*, *Port of Spain of Trinidad and Tobago*, Key Caribbean Publications, 1978.

Oscar Schmieder, *Geografía de América Latina*, Fondo de Cultura Económica, México, 1980.

Diccionario Geográfico Universal, Editorial América, S. A., 1982.

12, 000 Minibiografías, Editorial América, S. A., Panamá, 1986.

Peter Waldmann, *América Latina*, Editorial Herder, Barcelona, 1984.

Roberto Blancarte, *Historia de la Iglesia Católica en México*, Fondo de Cultura Económica, México, 1992.

Banderasy Escudos del Mundo, Editorial América, S. A., Panamá, 1986.

Lia Osorio Machado, *Brasil*, Ediciones Anaya, Madrid, 1988.

Pedro Cunill Grau, *Venezuela*, Ediciones Anaya, Madrid, 1988.

Isabel Aretz, *América Latina en Su Musica*, Siglo Veintiuno, 1980.

Fernando Arellano, *El Arte Hispanoamericano*, Universidad Católica Andrés Bello, Caracas, 1988.

John Charles Chasteen, *National Rhythms*, *African Roots*: *The Deep History of Latin American Popular Dance*, 2004.

Celeste Fraser Delgado and José Esteban Muñoz, eds., *Everynight Life*: *Culture and Dance in Latin/o America*, 1997.

Patrick Taylor ed., *Nation Dance*: *Religion*, *Identity*, *and Cultural Differences in the Caribbean*, 2001.

Molly Ahye, *Cradle of Caribbean Dance*, *Port of Spain of Trinidad and Tobago*, Heritage Cultures, 1983.

Celeste Fraser Delgado and José Esteban Muñoz, eds., *Everynight Life*: *Culture and Dance in Latin/o America*, 1997.

Katherine Dunham, *Dances of Haiti*, 1983.

Julie Taylor, *Paper Tangos*, 1998.

Hermano Vianna, *The Mystery of Samba: Popular Music & National Identity in Brazil*, trans. by John Charles Chasteen, 1999.

http: //ilas. cass. cn/.

http: //news. xinhuanet. com/st/.

http: //baike. baidu. com/.

http: //image. baidu. com/.

http: //news. sohu. com/.

阿根廷

http: //www. bsasfotos. com/.

http: //www. me. gov. ar/.

http: //www. elhistoriador. com. ar/.

http: //flagspot. net/.

http: //www. museo. gov. ar.

http: //www. crwflags. com/ .

http: //turismo. org/.

http: //www. lanacion. com. ar/.

http: //www. mundoencolores. com/.

http: //www. taringa. net/.

http: //www. medals. org. uk/.

http: //www. tripgarden. com/.

http: //www. clubeco. com. ar/.

http: //www. aquifolklore. com. ar/.

http: //www. aquifolklore. com. ar/.

http: //www. embajada-argentina. org. py/.

http: //es. netlog. com/.

http: //www. esto. es/.

http: //www. sitiosargentina. com. ar/.

http: //www. destinoarg. com/.

http: //www. basilicadelujan. org. ar/.

http: //www. easybuenosairescity. com/.

http: //www. billetesargentinos. com. ar/.

http：//www. museo. gov. ar/.

http：//es. wikipedia. org/.

安提瓜和巴布达

http：//www. capitalcityof. com/.

http：//www. panoramio. com/.

http：//www. antiguanice. com/.

http：//seaburn. com/ .

http：//www. royalcollection. org. uk/.

http：//www. foreignaffairs. gov. ag/.

http：//www. squidoo. com/.

http：//www. ab. gov. ag/.

http：//www. foreignaffairs. gov. ag/.

http：//www. classified-ads-antigua. com/.

http：//www. antiguanet. net/.

http：//www. geographia. com/.

http：//www. atsnotes. com/ .

http：//www. eccb-centralbank. org/.

http：//www. educationcaribbean. com/.

http：//www. classified-ads-antigua. com/.

http：//flags-and-anthems. com/.

http：//www. everyculture. com/.

http：//www. worldatlas. com/.

http：//caribtourism. net/.

http：//www. caribbeanamericanfoods. com/.

http：//www. antiguanet. net/.

巴巴多斯

http：//www. barbados. org/.

http：//www. funbarbados. com/.

http：//www. boycevoice. com/.

http：//www. mybarbados. org/.

http：//www. barbadosparliament. com/.

http：//www. ehow. com/.

http：//www. epicureantourist. com/.

http：//www. ronesdelmundo. com/.

http：//hanyu. iciba. com/ .

http：//www. centralbank. org. bb/.

巴哈马

http：//cruises. about. com/.

http：//www. career-reports. com/.

http：//bahamasschools. com/.

http：//www. bahamaslibraries. org/.

http：//www. robinsonlibrary. com/.

http：//www. bio. miami. edu.

http：//bahamasschools. com/.

http：//www. bahamas. gov. bs/.

http：//www. bahamaslibraries. org/.

http：//www. my-bahamas-travel. com/.

http：//www. centralbankbahamas. com/.

http：//www. websters-online-dictionary. org/.

http：//www. wetings. com/.

巴西

http：//whc. unesco. org/.

http：//www. profesorenlinea. cl/.

http：//www. aboutbrasilia. com/.

http：//www. letras. com. br/.

http：//www. trueknowledge. com/.

http：//www. brazil. org. za/.

http：//www. bcb. gov. br/.

http：//www. profesorenlinea. cl/.

http：//www. brasil. org. co/.

http：//www. viajeabrasil. com/.

http：//www. people. com. cn/.

http：//www. heraldicamesoamericana. com. mx/ .

http：//zh. cantorion. org/ .

http：//www. brasil. org. com/.

http：//www. sitographics. com/.

http：//www. embajadadebrasil. com. gt/ .

http：//www. tuvida. aol. com/ .

http：//www. fernandodannemann. recantodasletras. com. br/ .

http：//www. brasilemb. org/ .

http：//www. msymboll. totalh. com/ .

http：//www. bcb. gov. br/.

http：//docs. google. com.

http：//reviews. ebay. com/ .

http：//www. nationalanthems. info/ .

http：//www. wazamar. org/ .

http：//www. caribeinsider. com/.

秘鲁

http：//www. clubdeexploradores. org/.

http：//www. peruhoyusa. com/.

http：//www. peru. com/.

http：//util. peru. com/.

http：//www. profesorenlinea. cl/.

http：//www. redperuana. com/.

http：//www. rree. gob. pe/.

http：//letrasyalgomas. foroes. net/.

http：//www. globalexpresstours. com/.

http：//www. embajadadeperu. org/.

http：//www. directoalpaladar. com/.

http：//www. larepublica. pe/.

http：//www. corazones. org/.

http：//www. bcrp. gob. pe/.

http：//www. munlima. gob. pe/ .

http：//listas. 20minutos. es/.

http：//www. musicaperuana. com/ .

http：//www. enjoyperu. com/.

http：//www. perutravels. net/ .

http：//www. limaeasy. com/ .

http：//www. todaslassangres. com/.

http：//museobcr. perucultural. org. pe/ .

http：//www. peruecologico. com. pe/ .

http：//www. prolades. com/ .

http：//www. internationalcenter. com/.

http：//www. ask. com/.

玻利维亚

http：//www. boliviaturismo. com. bo/.

http：//www. chuquisaca. gob. bo/.

http：//www. embajadadebolivia. com. ar/.

http：//www. aporrea. org/.

http：//www. bolivia. com/.

http：//www. redpizarra. org/.

http：//www. lastfm. es/.

http：//www. eabolivia. com/.

http：//saludambiental. bvsp. org. bo/.

http：//www. boliviabella. com/.

http：//www. catedralescatolicas. com/.

http：//www. dinerodelmundo. es/.

http：//www. himnobolivia. com/ .

http：//eju. tv/.

http：//www. gratisweb. com/.

http：//boliviano. jimdo. com/ .

http：//www. proyectobolivia. es/ .

http：//www. mongabay. com/.

http：//countrystudies. us/ .

http：//plumadeacero. blogspot. es/.

http：//boliviabb. com/ .

http：//intercambios. 50webs. com/ .

http：//www. bcb. gob. bo/.

http：//www. fmbolivia. net/.

多米尼克

http：//www. whataboutu. com/.

http：//www. dominica. gov. dm/.

http：//dominicanewsonline. com/.

http：//presidentoffice. gov. dm/.

http：//dressdominique. com/.

厄瓜多尔

http：//www. newworldencyclopedia. org/.

http：//nimg. sulekha. com/ .

http：//ec. china-embassy. org/.

http：//musicaecuatoriana. julio-bueno. com/.

http：//www. presidencia. gov. ec/.

http：//www. casamuseoeduardofrei. cl/.

http：//soccer. titan24. com/.

http：//ecuador. pordescubrir. com/.

http：//www. ecostravel. com/.

http：//www. enciclopediadelecuador. com/.

http：//the. pazymino. com/.

http：//www. laguia2000. com/ .

http：//estrada. bz/.

http：//www. posters2prints. com/.

http：//ecuador. pordescubrir. com/ .

http：//www. asambleanacional. gov. ec/.

哥伦比亚

http：//www. colombia. travel/.

http：//www. presidencia. gov. co/.

http：//www. jeanpaulleblanc. com/.

http：//pwp. supercabletv. net. co/.

http：//www. colombiaya. com/.

http：//pwp. supercabletv. net. co.

http：//www. hotelclub. com/.

http：//www. turiscolombia. com/.

http：//www. colombia. ru/spa/ .

http：//home. tiscali. nl/.

http：//www. welovebogota. com/ .

http：//ipsnews. net/ .

http：//www. todacolombia. com/ .

http：//www. colombia-sa. com/ .

http：//www. bibliotecapiloto. gov. co/ .

http：//www. absolut-colombia. com/ .

http：//www. mercaba. org/.

http：//www. cec. org. co/ .

哥斯达黎加

http：//www. 513hy. com/.

http：//www. guiascostarica. com/.

http：//mcr. cr/.

http：//www. costaricalinda. com/.

http：//www. editorialcostarica. com/.

http：//www. decostarica. info/.

http：//www. icomoscr. org/ .

http：//randy-m. hubpages. com/.

http：//www. bccr. fi. cr/.

http：//www. guiascostarica. com/ .

http：//www. epdlp. com/ .

http：//www. mep. go. cr/ .

http：//www. correos. go. cr/ .

格林纳达

http：//news. lvyou168. cn/.

http：//www. silvertorch. com/ .

http：//www. gov. gd/our_ nation/.

http：//www. wildlifeextra. com/.

http：//www. flickr. com.

http：//www. gembeachresort. com/.

http：//www. eccb-centralbank. org/ .

http：//www. thegrenadarevolutiononline. com/ .

http：//www. atsnotes. com/.

古巴

http：//www. ecured. cu/.

http：//banderacubana. com/.

http：//www. juanperez. com/.

http：//www. historyofcuba. com/.

http：//www. tvyumuri. icrt. cu/.

http：//members. fortunecity. com/.

http：//www. venezuelaencuba. co. cu/.

http：//www. nacion. cult. cu.

http：//www. josemarti. cu/.

http：//www. cubaliteraria. com /.

http：//www. radioangulo. cu/ .

http：//www. cubadebate. cu/.

http：//www. ecured. cu/.

http：//diariosocialrd. com/.

http：//www. cosasdelcaribe. es/.

http：//www. bc. gov. cu.

http：//blogdeviajesalcaribe. com/ .

http：//www. habanaenlinea. cu/.

http：//juanaislaymujer. blogcip. cu/.

http：//www. aguadadepasajeros. bravepages. com/ .

http：//www. pprincipe. cult. cu/evento/.

http：//www. historyofcuba. com/ .

http：//diariosocialrd. com/ .

http：//www. conexioncubana. net/ .

http：//lecturas. cibercuba. com/ .

http：//www. canalsocial. net/ .

http：//www. edutourstocuba. com/.

圭亚那

http：//gosouthamerica. about. com/.

http：//www. guyanalive. com/.

http：//www. travelguyana. org/.

http：//www. guyanalive. com/.

http：//www. food. com/ .

http：//www. bankofguyana. org. gy/.

http：//www. travelguyana. org/ .

http：//www. landofsixpeoples. com/.

http：//www. foodofsouthamerica. com/.

http：//www. lamaproducciones. com/.

http：//www. daggarjon. com/ .

http：//www. bankofguyana. org. gy/.

墨西哥

http：//www. biografiasyvidas. com/.

http：//bicentenario. com. mx/.

http：//www. oocities. org/.

http：//www. alumnosonline. com/.

http：//www. arts-history. mx/.

http：//plantas. facilisimo. com/.

http：//www. inah. gob. mx/.

http：//portal. sre. gob. mx/.

http：//www. topics-mag. com/.

http：//www. ahorre. com/.

http：//www. aguacatesdemexico. com/.

http：//www. tequila. net/.

http：//www. vagabondjourney. com/.

http：//www. catholic. org/.

http：//www. banxico. org. mx/.

http：//www. e-allmoney. com/.

http：//www. plata. com. mx/.

http：//www. presidencia. gob. mx/.

http：//www. visitchapala. com/ .

http：//www. espanolsinfronteras. com/ .

http：//www. elporvenir. com. mx/ .

http：//www. s9. com/ .

http：//www. paises. com. mx/.

http：//www. americas-fr. com/.

http：//respuesta. mexicotop. com/ .

http：//mgossart. free. fr/ .

http：//www. ensubasta. com. mx/.

http：//www. irlaiks. lv/ .

http：//foro. univision. com/t5/ .

http：//enciclopedia. us. es/ .

http：//www. mexicoadventure. com/ .

http：//www. mexico-tenoch. com/ .

http：//www. mexicovacationtravels. com/ .

http：//www. topics-mag. com/internatl/ .

http：//www. hudong. com/ .

苏里南

http：//guiaviaje. billetes. com/.

http：//www. devsur. com/.

http：//www. nationalanthems. info/.

http：//ifarm. nl/.

http：//www. jeanpaulleblanc. com/.

http：//www. nickerie. com/.

http：//www. blurtit. com/.

http：//www1. nhl. nl/.

http：//www. visualgeography. com/.

http：//surinamese_ dollar. coinsandbanknotes. info/.

特立尼达和多巴哥

http：//www. encyclopedia. com/.

http：//trinidadguardian. tripod. com/.

http：//www. thepresident. tt/.

http：//www. discover-tt. com/.

http：//users. rcn. com/.

http：//www. thepresident. tt/.

http：//www. news. gov. tt/.

http：//www. nalis. gov. tt/.

http：//www. pronaturephotographer. com/.

http：//www. central-bank. org. tt/.

委内瑞拉

http：//www. fotw. net/.

http：//www. arqhys. com/.

http：//www. buscabiografias. com/.

http：//www. venezuelatuya. com/.

http：//venciclopedia. com/ .

http：//www. venezuelaenguatemala. net/.

http：//www. rena. edu. ve/.

http：//www. viajejet. com/.

http：//www. kalipedia. com/.

http：//www. a-venezuela. com/ .

http：//www. webdelprofesor. ula. ve/ .

http：//www. une. edu. ve/ .

http：//www. gobiernoenlinea. ve/ .

http：//html. rincondelvago. com/.

http：//www. venezuela. org. ec/.

http：//www. elsalvador. com/ .

http：//www. monografias. com/.

http：//www. simon-bolivar. org/.

http：//www. larepublica. com. uy/ .

http：//www. mpd. gob. ve/ .

http：//www. venezuela-online. net/ .

http：//www. venezuelaenguatemala. net/ .

http：//www. numismatica. com. ve/ .

http：//sei. gov. cn/ .

http：//www. une. edu. ve/ .

http：//www. larepublica. com. uy/ .

http：//www. mpd. gob. ve/ .

http：//www. logoscorp. com/ .

http：//www. gobiernoenlinea. ve/ .

http：//www. sanrau. com/.

http：//www. infancia-misionera. com/ .

http：//www. efemeridesvenezolanas. com/.

http：//www. nationsencyclopedia. com/ .

http：//www. canalsocial. net/ .

乌拉圭

http：//www. rau. edu. uy/.

http：//www. elhistoriador. com. ar/.

http：//fotospl. prensa-latina. cu/.

http：//www. ultimasnoticias. com. uy/.

http：//www. embajadadeuruguay. org/.

http：//www. biografiasyvidas. com/.

http：//www. uruguayeduca. edu. uy/.

http：//www. tordesillasrefugiohotel. com/.

http：//www. alimentacion-sana. com. ar/.

http：//www. iglesiauruguaya. com/.

http：//www. bcu. gub. uy/.

http：//www. enlacesuruguayos. com.

http：//www. uruguay. cl/ .

http：//www. papelymoneda. com. ar/ .

http：//destinia. com/.

http：//www. billetes-mercosur. com. ar/ .

http：//users. movinet. com. uy/.

http：//knol. google. com/ .

http：//www. uruguayosenespana. com/ .

http：//ks. cn. yahoo. com/ .

http：//www. caminandosinrumbo. com/ .

http：//www. mercaba. org/ .

http：//descorriendoelvelo. spaces. live. com/ .

http：//www. mapsofworld. com/.

牙买加

http：//www. newworldencyclopedia. org/.

http：//kingshouse. gov. jm/.

http：//www. opm. gov. jm/.

http：//www. jamaicans. com/.

http：//www. thecaribbeanamphibian. com/.

http：//www. jamaicaobserver. com/.

http：//www. jamaicans. com/.

http：//www. opm. gov. jm/.

http：//www. jis. gov. jm/.

http：//www. embajadadejamaica. com/.

http：//www. foodnetwork. com/.

http：//www. boj. org. jm/.

智利

http：//www. welcomechile. com/.

http：//www. educarchile. cl/.

http：//serenisimo. wordpress. com/.

http：//www. bernardoohiggins. cl/.

http：//www. fotw. net/.

http：//www. embachile. co. cr/.

http：//www. biografiasyvidas. com/.

http：//www. informacion-chile. cl/.

http：//www. embachile. co. cr/.

http：//www. chilebosque. cl/.

http：//www. gochile. cl/ .

http：//www. chile. com/.

http：//www. biblioredes. cl/.

http：//www. thisischile. cl/.

http：//www. exchile. com/.

http：//www. rutaschile. com/.

http：//www. iglesia. cl/.

http：//www. bcentral. cl/.

http：//www. latinamericanstudies. org/ .

http：//www. joeskitchen. com/ .

http：//www. biografiasyvidas. com/ .

http：//www. escolares. net/.

http：//www. profesorenlinea. cl/ .

http：//www. march. es/.

http：//www. icarito. cl/ .

http：//www. biblioredes. cl/.

http：//www. chilecollector. com/.

http：//artesaniapopular. suite101. net/ .

http：//www. periodismo. uchile. cl/.

http：//spanish. news. cn/economia/.

http：//mmpchile. c5. cl/ .

http：//www. rodeochileno. cl/.

http：//www. fotolog. com/ .

http：//www. freerepublic. com/focus/f-religion/2466250/posts.

http：//www. newadvent. org/.

图书在版编目（CIP）数据

拉美和加勒比国家象征标志手册 / 焦震衡著 . —北京：社会科学
文献出版社，2015.3
（中国社会科学院老年学者文库）
ISBN 978 - 7 - 5097 - 6688 - 0

Ⅰ . ①拉… Ⅱ . ①焦… Ⅲ . ①国家表征 - 拉丁美洲 - 手册
②国家表征 - 西印度群岛 - 手册 Ⅳ . ①D773.021 - 62 ②D775.021

中国版本图书馆 CIP 数据核字（2014）第 247894 号

· 中国社会科学院老年学者文库 ·

拉美和加勒比国家象征标志手册

著 者 / 焦震衡

出 版 人 / 谢寿光
项目统筹 / 高明秀 张金勇
责任编辑 / 张金勇 吴陈锐

出 版 / 社会科学文献出版社 · 全球与地区问题出版中心（010）59367004
地址：北京市北三环中路甲 29 号院华龙大厦 邮编：100029
网址：www. ssap. com. cn
发 行 / 市场营销中心（010）59367081 59367090
读者服务中心（010）59367028
印 装 / 三河市尚艺印装有限公司

规 格 / 开 本：787mm × 1092mm 1/16
印 张：27 字 数：469 千字
版 次 / 2015 年 3 月第 1 版 2015 年 3 月第 1 次印刷
书 号 / ISBN 978 - 7 - 5097 - 6688 - 0
定 价 / 98.00 元

本书如有破损、缺页、装订错误，请与本社读者服务中心联系更换